珍藏本·增订本
纪念版

汉译世界学术名著丛书

阿拉伯伊斯兰文化史

第二册

近午时期（一）

〔埃及〕艾哈迈德·爱敏 著

朱凯 史希同 译

纳忠 审校

商務印書館
SINCE 1897
The Commercial Press

كتاب على طراز « فجر الإسلام » يبحث جزؤه هذا فى الحياة الاجتماعية
والثقافات المختلفة فى العصر العباسى الأول

تأليف

أحمد امين

الجزء الأول

本书根据黎巴嫩贝鲁特阿拉伯图书出版社第十版译出

审校者序言

《阿拉伯伊斯兰文化史》八册本的主要内容，已在第一册"译者序言"中作了简要的介绍，本文仅就"近午时期"三册(即全书第二、三、四册)内容中两个重要问题，加以介绍。

百年翻译运动

公元八世纪中叶，阿拔斯王朝建立后，阿拉伯人的军事扩张基本停止，帝国的局势日渐安定。随着政治和经济的迅速发展，文化生活也出现了一派繁荣景象，阿拉伯语也有了很大的发展。因此，阿拔斯封建统治阶级，迫切希望汲取先进文化，希望把波斯、印度、希腊、罗马……的古代学术遗产译为阿拉伯语，以满足帝国各方面的需要。

阿拔斯王朝首先关心波斯古籍的翻译。因为阿拔斯家族推翻倭马亚王朝，建立自己的王朝，主要依靠以艾布·穆斯林为首的波斯人的力量。因此，波斯人大受重用。初期八十年内，七代哈里发时代的军政大权几乎都掌握在波斯人的手中，学术文化也向着"阿拉伯波斯文化"的方向发展。波斯籍的文人学者，一方面希望青云直上，猎取高官厚禄；一方面怀有民族情绪，力图宣扬波斯文化，以提高自己的地位。他们争先恐后地学习阿拉伯语，对翻译波斯典籍也颇感兴趣。另外，阿拔斯新都巴格达位于旧波斯萨珊王朝首都泰息丰附近。泰息丰在萨珊王朝立国的四百余年间，曾经是波斯文化的中心，这对阿拔斯王朝初期的文化和经济的发展是有重大影响的。

在阿拔斯王朝初期，波斯萨珊王朝时代的古籍大部分已译为阿拉伯文。这个时期影响最大的波斯籍翻译家首推伊本·穆加发（公元727年卒），曾译《波斯诸王史》，成为历史学家塔巴里编著历史巨著《先知与帝王历史》的根据。又译《阿伊拿玛》，是一部记载波斯历代风俗习尚与法律的著作，约一千余页。穆加发最重要的译作是《卡里莱和迪木乃》，又名《印度寓言》，以及马兹达教派的宗教著作《王冠》。阿拔斯初期所译的波斯著作，多半是文学与历史。有一本民间传说，名《千篇故事》，为后来《一千零一夜》的蓝本。进入公元九世纪后，琐罗亚斯德教的圣经《阿味斯塔》及其注释《僧达味斯达》已译为阿拉伯文。阿拔斯王朝初期，阿拉伯人兼通波斯文和阿拉伯文者很多。其中专门从事波斯文的研究，同时又用阿拉伯文写诗著文者，也不乏其人。但其文笔与思维，处处带有浓厚的波斯色彩。

不少波斯学者，既精通波斯文，又通晓阿拉伯文。他们将古代波斯文学——诗歌、散文、故事、寓言……译为阿拉伯文。自己也用纯正而优美的阿拉伯文写下了大量的诗歌散文。其中伊本·穆加发为阿拉伯散文开创了一个新时代，成为阿拉伯散文的鼻祖。又如公元九世纪中叶的母撒·雅撒尔开设讲座时，右边坐阿拉伯学生，左边坐波斯学生；他分别用阿、波两种语言讲课和答辩。出自其门墙的学者，既学会了阿拉伯人丰富而优美的辞章，又掌握了波斯人深刻而隽永的哲理。这是阿拉伯人前所未有的，也是阿拔斯王朝前期阿拉伯文化的重要特点之一。

波斯自古产生逍遥派和自然派的诗人，清谈豪饮，沉浸享乐。上自王公大臣，下至中上之家，大都半天作乐，半天工作。歌姬艺人带着各种歌曲、各种舞蹈，到各个城市和各个村镇。阿拉伯人统治波斯后，特别是阿拔斯王朝前期（公元750—844年），从半岛大量移民到波斯后，阿拉伯人多和波斯人聚居。他们走出帐幕，离开那单调的、粗放的游牧生活，来到繁荣富庶的“新土地”上，很快习染上这种奢侈放荡的生活。因此，阿拔斯王朝前期的歌艺最盛，歌姬舞女又多为波斯人。巴格达原为波斯旧地，阿拔斯王朝特别重用波斯人，沿袭波斯旧制，接受波斯文化的影响极深。巴格达皇宫中，歌女如云，笙歌达旦，真是“仙乐风飘处处闻”了。《一千零一夜》中描写的巴格达，就是波斯情调的巴格达。盲诗人巴沙尔（公元696—783年）是当时巴格达情诗和酒诗大王，善于用阿拉伯文写出波斯情调的诗歌。他又喜欢在家里招致男女青年，听他弹琴歌唱。青年男女大受其影响。社会风气较百年前有极大的变化。这个时期的阿拉伯诗歌，充满了过去波斯诗歌的情调，大多是风花雪月、谈情说爱、歌咏酒事的篇章。

伊斯兰兴起前，阿拉伯人本来住在无垠的广漠里，映入眼帘者，无非是如火的骄阳、密语的群星、悠悠的明月、狂舞的风儿。沙漠里似乎有一种自然的音乐——单调而凄惨、雄壮而威严的音乐。诗人发出来的言语，自然成为单调不变的诗歌。他们也有酒诗、爱情诗，但所歌咏的事物，不外骆驼、羚羊、红花、美女之类的日常事物。当然也常歌颂爱情，缅怀逝去的佳偶。但歌词含蓄而朴素，不似阿拔斯时代的诗歌那样放荡不羁。例如伊斯兰以前歌咏两个情人的诗，有这样的句子：

共乘驼轿，情语绵绵；
驼鞍有情，左右款摆。

——伊姆拉·盖斯

阿拔斯时代的情诗却大不相同了：

小眠之后，黑夜将我俩聚在一起，
一颗心儿紧贴住另一颗心，
我俩同度春宵。
如将杯酒浇注我俩紧贴的心间，
也不会漏下一滴到地上。
……

——艾布·努瓦斯（公元762—813年）

以遁世思想寓于诗歌，这也是从阿拔斯朝兴起的：

你们生是为了死，
你们建筑是为了毁灭——
你们人人必将毁灭。
为什么建筑？
我们每人都将化为尘土，
都将化为原来的一抔尘土。
死亡呀，不可避免的死亡。
死吧！我并不留恋这今生。

*　　*　　*

我忙忙碌碌地寻找你呀，红尘！

我没有找到什么，

只是烦恼、忧愁、苦闷。

——艾布·阿塔希叶（公元750—825年）

这一类表达厌世思想的诗歌，在伊斯兰兴起前后，并没有这样表露无遗，因为贝都因人很少有厌世的诗歌；而伊斯兰教则重视人生，反对弃绝现实，反对出家修行。因此伊斯兰初期没有修道院，没有出家的修士与修女。上面提到的阿塔希叶的诗歌，无疑是深受波斯摩尼教影响的，也是往后苏菲派（神秘派）诗歌的来源。此类诗歌，在阿拔斯王朝时代，和风情诗歌并行，风靡一时。

* * *

阿拉伯人和印度人接触，早在伊斯兰之前。古代印度和西方的交往，多经过阿拉伯地区，由印度洋扬帆西行，到阿拉伯半岛南部，或从亚丁湾进入红海，直达红海北端的伊勒（亚喀巴），再经埃及陆路入地中海。或取道阿拉伯半岛的西海岸，经汉志地区，直达沙姆西岸海港，入地中海转西方。印度的宝石、刀剑、香料，早为阿拉伯人所称道，并见诸古代诗歌。阿拉伯人征服波斯后，准备进攻印度。第三任哈里发奥斯曼（公元644—656年在位）曾派人往印度察访。结果认为水源不足，果实稀少，盗贼横行，社会混乱；驻军少必失败，驻军多则缺粮，因而取消进军计划。过了半个世纪，到了倭马亚王朝瓦立德一世执政时代（公元705—715年），派大将嘎西姆进攻印度，印度西北部被纳入阿拉伯帝国版图。从此阿拉伯人和印度人发生了更加密切的关系，特别是在宗教文化上发生了交流：阿拉伯语和伊斯兰教传入印度，而印度文化亦进入阿拉伯帝国，主要发生于阿拔斯王朝时代。

阿拉伯伊斯兰文化受印度文化的影响有直接的和间接的。商业的交通、政治的统治、印度学者和阿拉伯学者来来往往，接触很多，这是直接的影响。波斯和印度相毗连，波斯受印度的文化影响极深。印度的许多古籍被译为波斯文，然后再从波斯文译为阿拉伯文，这是间接的影响。如前面提到的《卡里莱和迪木乃》(《印度寓言》)和《一千零一夜》中的部分故事，便都是间接从波斯文译为阿拉伯文的。

阿拉伯人接受印度文化的东西很多，首先为哲学、宗教，还有数学与天文。阿拉伯人原来索居广漠，游牧为生。白天酷热，活动多在夜间和早、晚。万里黄沙，东西莫辨，全靠观察星象来指引方向。伊斯兰教兴起后，各地穆斯林每天按时做五次礼拜时，必须面对麦加克尔白(天房)，白天靠太阳，夜晚察星位，才能确定克尔白方向。因此，穆斯林十分重视星象学。阿拔斯王朝的第二任哈里发曼苏尔便是一个星象学家，喜欢接近波斯和印度的星象学家，和他们谈论天象学问。公元770—771年，有一位印度星象学家，往见曼苏尔，并提交了一篇有关天文数理的论文，叫做《信德罕德》，论述诸星运行的规律。曼苏尔命法撒利译为阿拉伯文。这本天文学著作，在阿拉伯天文学界流行了五十年之久。到了第七代哈里发麦蒙(公元813—833年)的末年，才开始研究托勒密的著作。印度天文学和数学，引发了阿拉伯人对这两门学问的浓厚兴趣，进而翻译了托勒密和欧几里得的著作，并作了极其深入的研究，产生了不少著名的天文学家和数学家，如巴塔尼、比鲁尼、花剌子密……对天文学和数学做出了伟大的贡献。如今流行于世界的“阿拉伯数字”，就是印度人发明的。阿拉伯人从印度引进了这种数字，然后又传入西方。因此，阿拉伯人称之为“印度数字”，西方人则称之为“阿拉伯数字”。现在世界通用的“零”的符号，也是阿拉伯人从印度引进后传到西方的。“零”的符号在印度原为“点”(·)，传入西方后改为“圈”(0)。可是至今阿拉伯人仍使用(·)，足见印度文化对阿拉伯文化影响之深。

另一种影响是文学。伊斯兰教兴起前，阿拉伯人和印度交易的时期，印度语中的术语被转为阿拉伯语者很多。《古兰经》里有不少印度词汇，如姜、麝香、胡椒……都是印度产物，阿拉伯不生产这些东西，自然不可能有这类词汇，只能将印度词汇音译过去，时间久了便演变成为阿拉伯语词汇。阿拉伯语的修辞学也受印度语修辞的影响。有一本论演说的印度著作，被译为阿拉伯语。书中有一段文章说：“演说家应特别注意修辞。演说家修辞的要点首为心神宁定，态度端庄，忌冗词，戒蔓语。演说的人必须注重自己的身份，官员不用市井俗语，国王不用街场俗话。不必咬文嚼字，不必太过典雅，除非听众是文人学士。”后来阿拉伯文章重视修辞学，这多少受了印度语的影响。

印度的故事小说颇为丰富，阿拉伯人极其欣赏。著名的(《卡里莱和迪木乃》《印度寓言》)以及《水手辛底巴德游记》等都是来源于印度的。伊本·奈迪姆在他的学术名著《目录大全》中，列举了许多被译为阿拉伯语的印度故事。

阿拉伯文学受印度影响最深者莫如寓言、谚语、格言等。这些文体言简意赅，是由大众的经验、阅历形成的。类似文学，又不似文学作品那样畅达，但却言简易懂，很适合阿拉伯人的民族性，容易接受，容易流传。如："不使用的金钱等于陋币"、"不助人的朋友就是坏友"、"令人畏惧的君王是为昏君"、"不生产的土地是为瘠地"。又如："有三件事非大智大勇者不能为，即君王施仁政、泛海经商、抗拒敌人。"这一类谚语和格言从印度传入阿拉伯。经过融合、充实丰富后，发展成为阿拉伯文苑中的琪花瑶草。

*　　　*　　　*

公元九世纪，阿拔斯人和拜占庭的关系有所缓和。交通畅通，商旅发达，国库充实，翻译事业有了政治和经济基础。翻译希腊古籍的事业极为繁荣。到了第七代哈里发麦蒙时代，译书事业达到顶峰，蔚为中世纪著名的"翻译运动"。在麦蒙的提倡、鼓励和支持下，穆斯林学者，以及阿拔斯王朝治下的非穆斯林学者争赴君士坦丁堡、塞浦路斯等地，搜集古籍。麦蒙本人和拜占庭皇帝之间，有了密切的联系。麦蒙写信给这位皇帝，要求允许巴格达派代表团到君士坦丁堡去搜求古籍，并请求协助。麦蒙的要求得到允许，于是麦蒙派遣哈查吉·本·玛它尔和伊本·巴图力格前往。麦蒙在巴格达建立了一座综合性学术机构，称为"智慧宫"。从君士坦丁堡和塞浦路斯搜求到的古籍，运到巴格达，收藏在"智慧宫"。于是巴格达成为汇集古典文化遗产的宝库。据说大学者叶海亚·本·马赛维也到过君士坦丁堡。麦蒙还命沙克尔的三个儿子：穆罕默德、艾哈迈德和侯赛因等翻译希腊古典名著为阿拉伯文。接着麦蒙派大翻译家侯奈因率领另一代表团到君士坦丁堡求书，带回大批稀世珍本；接着即着手翻译。

麦蒙本人是一位博学多才的学者，特别爱好古希腊哲学，诸如苏格拉底、柏拉图、亚里士多德的著作，一旦译为阿拉伯文，他总是

先读为快。据伊本·奈迪姆在《目录大全》中记载，麦蒙夜梦一人，容光焕发，红须、宽额、碧眼，和蔼可亲，走到麦蒙床沿坐下。麦蒙非常严肃地问他："你是何人？"答："我是亚里士多德。"这可能是附会之说。可是麦蒙迷恋希腊哲学，熟读亚里士多德的书，对亚里士多德产生了深厚的感情，入睡后，在梦中有所反映，这也是可以理解的。

阿拉伯人的翻译事业始于倭马亚王朝，不过倭马亚王朝时代的译书，多为穆斯林和非穆斯林的个人事业，零星翻译，没有计划。到了阿拔斯王朝前期，译书成为国家的一项主要事业，有领导、有计划地进行。国家投入巨资，建立机构，组织人力，从各地延聘大批翻译家，专职进行，在精神上、物质上有优厚的待遇。翻译的范围极为广泛。

"智慧宫"中的图书馆、研究院和翻译馆，是继被焚毁了的"亚历山大图书馆"之后，规模最大的综合性学术机构。麦蒙命叶海亚·马赛维主持"智慧宫"。翻译馆里有两位大翻译家，一个是侯奈因·本·易司哈格，一个是萨比特·本·古赖。侯奈因出身奴籍，为沙姆聂斯托利派的基督教徒。自幼好学，曾到巴格达投身于叶海亚·本·马赛维的门下学习。后从大医学家兼药物家吉卜利勒当学徒。学成后，哈里发麦蒙召他去主持"智慧宫"。侯奈因把大量希腊古籍译为阿拉伯语和沙姆语。亚里士多德的几十部著作，几乎全是他一手翻译的；一部分直接译为阿拉伯文，大部分则是先从希腊文译为沙姆文，再由其助手译为阿拉伯文。侯奈因卒于公元873年。根据伊本·奈迪姆在《目录大全》中的记载：侯奈因精通沙姆文、希腊文和阿拉伯文，曾访问过拜占庭与塞浦路斯各国,遍读群书,搜寻古籍。萨比特·本·古赖,生于公元835年,卒于公元901年。原为希拉城的萨比教徒,后到巴格达从事翻译工作。主要翻译希腊数学和天文学。麦蒙创建的"智慧宫"(一说是拉希德创建,麦蒙扩建)在公元九世纪的一百年内,兴盛不衰。阿拔斯王朝前期留下来的极为丰富的翻译典籍,对后期极盛时代学术文化的创造发展,产生了难以估量的影响。

此外,早在倭马亚王朝时代出现的各个伊斯兰教派,到了阿拔斯王朝,变得更为复杂。本书第四册(近午时期[三])有详细的阐述。

学术文化的记录与编纂

阿拔斯王朝前期,教育事业极其发达。大城市,特别是首都巴格达,清真寺成为传授知识的教育场所。著名学者都在清真寺开设讲座。并经常举行学术讨论会,各派学者到会自由发表自己的学术观点,进而互相辩论。例如穆阿台及勒派的创始人瓦绥勒,开始参加他的老师哈桑·巴士里的讲座,后来他对老师的某些学术观点持不同看法,师生发生辩论,无法取得一致。最后瓦绥勒终于离开老师的讲座,自己到大寺的另一隅,自创学派,招授门徒,和老师对立,故这个学派又被称为"分离派"。足见当时讲学的优良风气。

清真寺不仅讲授语法学、圣训学、法律学、教义学、哲学,也讲授自然科学。这种自由学风,颇受哈里发的支持和鼓励。哈里发自己多延聘著名的学者,为诸子的太傅。

教育事业多半是私人自由举办的,国家很少提供经费,国家预算中亦无教育经费一项，仅由哈里发和大臣们向学者馈赠。因此，国家既不设置也不干预教学纲领，除非讲授内容背叛伊斯兰的基本精神。教育大门向任何人敞开。清真寺里倚柱而设立的半圆圈讲座，虽平民百姓、贩夫走卒，亦能自由听讲、质询和辩论。因此，阿拔斯王朝前期，涌现出大量出自寒门的学者。如平民诗人艾布·阿塔希叶原是陶器工人；大诗人艾布·泰玛姆乃一背着水囊沿街叫卖的水贩；著名法学家、大法官艾布·尤苏福原是陶器工人。

穆斯林学者的学术旅行蔚然成风，这对学术文化的发展起了很大作用，当然这和政治局势之安定、生活条件之丰裕是分不开的。学者们除到东西方的通都大邑互访外，还到穷乡僻壤和游牧地区访问，汲取纯洁的语言，搜集朴实的文学素材。圣训学者到各地搜集圣训，历史学家征集史料，地理学家察访河海道里。自从哈里发麦蒙与拜占庭的关系得到缓和后，麦蒙曾派遣侯奈因组织学术访问团，访问君士坦丁堡，请求拜占庭皇帝代为搜集希腊古籍，从而掀起了翻译希腊古籍的百年“翻译运动”。

公元九世纪上半叶，记录抄写古籍与传说之风，大为盛行。记录下来的阿拉伯古代传说，大半为诗歌、寓言与散文。这里应当阐述一下推动记录古代文化遗产的因素：

在阿拔斯前期，“新穆斯林”（麦瓦里）已形成一股强大的力量，还有其他千千万万有文化的阿拉伯人，不会满足，甚至不会轻信流行了数百年的口头传述，不论是诗歌散文，或是历史故事，特别是关于“圣训”以及圣战的传说。他们迫切需要获得更可靠的资料。

另外，穆斯林学者研读希腊古籍，接触了种种自然科学以后，深感阿拉伯古代传说之不足，需要获得更原始、更可靠的资料。

一些严谨的穆斯林学者，担心流传了几百年的口头学问日久失真，甚至伪造。特别是阿拉伯学者，面对泛滥一时的"反阿拉伯人思潮"（舒欧比亚）[①]，深恐有人故意歪曲或抹杀阿拉伯学问。这自然也促使他们搜求、考察、研究和记录古代阿拉伯学问，以维护阿拉伯人昔日的光荣。

在阿拔斯王朝前期日益错综复杂的伊斯兰学派，也都希望从阿拉伯文化遗产中，寻找自己的论据。

也许是历史的巧合，公元八世纪中叶，中国造纸术传入阿拉伯后，大大便利了记录、誊抄、校正、诠释、写作、翻译等工作，在阿拉伯伊斯兰文化的迅速发展中，发挥了极其巨大的作用。在各大城市，特别是在首都巴格达，纸店和书店林立，盛况空前。学者们争先恐后地涌进书店，搜寻书籍。他们在书店埋首阅读，流连忘返，甚至在书店通宵达旦，阅读不息。

记录工作，首先着重语言文学。一方面，"库法派"和"巴士拉派"的语法学家，争赴游牧区，搜集原始语汇，有的经年累月在游牧区记录所闻。另一方面，居城的语言学家，每见一个来到城市的游牧人（贝都因人），就向他请教词汇。这样集腋成裘，汇编成册。他们着重研究《古兰经》词汇的多种用法，把伊斯兰前和伊斯兰后的

① "舒欧比亚"，阿拉伯语，意为"民族主义"。"民族"一词为复数。意为阿拉伯人以外的"各民族主义"。"舒欧比亚"否定阿拉伯人的优点与功绩，夸耀阿拉伯人以外的各个穆斯林民族。这个"词"不容易准确汉译，至今也没有定译，只好暂时译为"反阿拉伯人思潮"。

用法加以比较研究，以确定《古兰经》经文的确切含义。

其次是记录圣训，追溯圣训传述家的线索，探索其生平，分清其真伪。搜集圣训的工作，分为三个阶段：搜集圣训文本，整理分类，编纂圣训词汇专书。

历史的搜集记录，和圣训的搜集是分不开的，是同时并进的。其一，记录传说已久的伊斯兰前各部族战争的历史，这类历史传说被称为“阿拉伯人的日子”。其二，搜集编写先知传记与圣战纪实，然后扩大到四大哈里发对外扩张的战史，以及圣门直传弟子和再传弟子的传记。例如早期历史学家伊本·赛德的《人名词典》(*Al-Tabaqat*)便是一部主要是圣训学家的传记著作。

第三，是历史故事的搜集和编纂。

阿拉伯人特别重视谱录学，这首先由于各部族间之争胜、各个部族夸耀自己的祖先。大扩张后，两座新都——库法与巴士拉各有其谱录学家。

到了公元八世纪末，积累了几代人的经验，在麦地那、巴士拉、库法、福斯塔特各地，遗留下丰富的文化遗产。后人继承下来，并加以融会贯通后，总结为下面两点：

1. 利用圣训学家传述的资料，并学习圣训学家严谨的学风，纠正过去“地方主义”的偏向，离开自己狭隘的小圈子，走到外面的广阔天地，寻求学问，探求真理。在浩瀚无边的文化遗产中，搜集、鉴别圣训与历史的资料。

2. 公元九世纪的历史学家，进一步重视地方志的编写，如台伊夫尔的《巴格达志》、艾兹迪的《摩苏尔志》。同时，公元九世纪，波斯人的民族自豪感，达到前所未有的程度。波斯历史学家的著作，夸大颂扬呼罗珊各地的光荣历史。不仅夸耀伊斯兰以前波斯人的业绩，也颂扬其后波斯人的贡献；各地方志，记载了当地圣训学家、哲学家、历史学家，以及诗人、文豪的事迹。

公元八世纪，阿拉伯伊斯兰学术有了明确的分类，既打上“伊斯兰精神”的烙印，又带有明显的阿拉伯思维。这是阿拉伯文化与各族文化融合的结果。

公元八世纪以希腊哲学和逻辑为基础的各种伊斯兰学派也有了明显的发展，特别是提倡理智自由的穆阿台及勒派，得到哈里发麦蒙的支持，发展更快。

阿拉伯文化不仅在首都巴格达开花结果，而且在东西各地发扬光大：东起波斯的尼沙浦尔，西至安德鲁斯的科尔多瓦，无不出现文化高潮。看来是分散的，实际上是一致的。新的文化激流正在激荡着一切传统文化的内容与形式。

* * *

（附）

这里顺便提一个阿拔斯时期文化的重要特点，即歌女与阿拉伯文学的关系。

在第一册《黎明时期》的“译者序言”中，我约略提到“奴隶与释奴（麦瓦里）”对阿拉伯伊斯兰文化的贡献，此处简单提一下女奴与文化的问题。阿拔斯王朝上层人物，十分重视女奴的教育，尤其重视教授女奴音乐与歌唱。阿拔斯王朝时代的音乐是颇为发达的，社会各阶层都爱好音乐，街市与公共场所都有职业歌女，都是女奴的身份。文学书中对于音乐与歌女的描写非常丰富。因此，女奴的教育以音乐和歌唱当先。阿拉伯人自古多歌手，喜欢吟咏诗词。故歌手必须先通晓诗律，背诵古诗，然后还要兼习舞蹈。优秀的歌女多半学有根底，色艺双全。她们的身价视其学养与色艺而定，有身价值三十万金（第纳尔）者。歌女对于阿拔斯王朝时代文学、艺术影响很大。哈里发麦蒙时代是阿拉伯文化的黄金时代。在首都巴格达，一方面是学术思想的广泛交流，另一方面是文学艺术的频繁活动。有如两大急流并行向前。在哈里发的皇宫里，一面是年轻美貌的姑娘们歌舞达旦，一面是严肃、庄重的学者埋首精研。皇宫有如大海，万江流入，兼容并蓄，织成"阿拉伯伊斯兰文化"的一幅百花图。但这是阿拔斯王朝前期百年的情况，那个时期，哈里发们有学问、有魄力，较为公正，能够使学术生活与艺术生活并行不悖。公元九世纪中叶之后，哈里发昏庸愚昧，不学无术，饱食终日，不理正业，日夜惟沉湎于欢歌宴舞的放荡生活。于是"学艺之都"，变成罪恶渊薮。

歌女对于阿拉伯文学艺术的贡献是不可磨灭的，她们来自不同的地区，各有其不同的习俗，各有其不同的教养与才艺。到了首都巴格达后，又受到阿拉伯学艺的教养，彼此间不免受到阿拉伯的影响。然后波斯、罗马、希腊、埃及、苏丹、北非……各地的歌女混在一起，又发生了融合。因此，巴格达的音乐与歌唱便成了东西各民族艺术的混合产物，不再是纯粹的阿拉伯艺术了。

歌女是中世纪阿拉伯诗歌、散文中最重要的题材。当时的阿拉伯伊斯兰社会中，自由妇女是最受束缚的，不能随意出入公共场所，不能在外人面前揭开面纱，更不能与外人交谈。而职业歌女都是奴隶身份，不受约束。另外，歌女通常多才多艺、性情温柔，最受诗人的欢迎，也最能启迪那些放荡诗人的"诗情"。无怪阿拔斯王朝时代的诗歌充斥着风花雪月的篇章。歌女中多旁通各种学艺，尤擅长诗词，她们的作品往往非自由妇女所能及。

纳　忠

1987年10月

目　　录

第二篇 阿拔斯王朝前期的文化

塔哈·侯赛因序

某戏剧评论家想撰文赞扬他十分中意的一部作品，故事的主角是他的好朋友，他估计对朋友的赞扬会招致指责，但他果断地、毫无保留地将赞美献给了这位朋友，并坦率地宣告：把友谊当作一种手段，去剥夺朋友的权利、掩盖朋友的美德，是对朋友的背叛。这种消极的奉承使你犹豫和保留，使你只能送给他们一点苍白的赞扬，以便不被指责为过分捧场和偏爱，使读者不会质疑你的公正和独立的立场。

该评论家认为，这种交往之道是不可原谅的背叛，是丑恶的欺侮，同时也是某种对人性的贬损和深深的误解。我与这位评论家的看法是一致的。评论家不应人云亦云。他只应对自己和读者负责，只应相信纯粹的事实，而不管人们对这个事实是满意还是不满意，也不管是符合还是背离读者的喜好。

我的批评常依此道行事，尽力做到不因友谊而亏负朋友，也不因争论而亏负对手。亏负不仅仅是因为其作者是你的朋友或对手而无视他的文学或学术作品，贬低他的价值。还有一种更加丑恶和可怕的亏负和不公，那就是赞扬不该赞扬的人，或者过分地吹捧他。或者因为他是你的对手，就赞扬他，因为你不愿人们说你与他因争论过而不公正地对待他。

我不想以过分的赞誉或漠然视之背叛我的朋友——艾哈迈德·爱敏，我只想忘记我们的友谊，无视(哪怕只是瞬间)我们之间那种纯洁之至而且凌驾于任何利益和俗务之上的兄弟情谊；我只想公平地对待他，我想证明我确实思考过，努力过，一心想找出书中的重大缺陷，以飨读者，但我却一无所获。

此非我之过。艾哈迈德·爱敏不带任何私人感情和情绪，以勤奋、忠诚和超凡的克服困难的能力完成了这部著作。欲望总是在捉弄人，但却让学者们今生能读到此书，真是莫大的幸运。

是的，此亦非我之过，因为艾哈迈德·爱敏进行了深入研究，他善于阅读，理解透彻，推论准确。这些都不是我的过错，还有一事也不是我的过错，即艾哈迈德·爱敏在完成这一切之后，同时得益于这一切，他在阿拉伯文学研究上打开了一扇大门。在整个近代，学者和文学家们都曾站在这扇门前，走来走去，有时还敲敲门，但这扇门始终没有为他们打开，只有艾哈迈德·爱敏成功地打开了这扇大门，人们才能看到门后的事实真相，从而使研究者、学者和文学家喜笑颜开。这一切丝毫不是我的过错。如果因为一位埃及学者成功地取得了这样显赫的成功，并赠给阿拉伯语一本史无前例的著作，就一定要责备一个人的话，那就责备这位学者本人，惩罚艾哈迈德·爱敏吧，因为是他取得了这样的成功。

艾哈迈德·爱敏给他的书取了《近午时期》这样一个书名。他当然知道近午是在黎明之后降临。他既然已经彰显了黎明时期，理所当然应该进入近午时期。至于我，则和他的见解一致。但我一开始读这卷书，便有一种如骨鲠在喉、不得不一吐为快的感觉。担心继续读下去会破坏我的印象，但是，我读呀读，直到读完呈献给读者的这本书，结果，我最初的印象变得更加清晰、更加完美、更加有力。我的猜想一点点得到证实，最后变得确信无疑，我很高兴推荐给各位读者这本书。它给阿拔斯王朝初期的伊斯兰史投射出一道耀眼的光芒，如同近午时的阳光放射出的光芒一样。

《伊斯兰近午时期》一书研究伊斯兰历二世纪的穆斯林的精神生活的历史，它就是伊斯兰史的近午时期，因为它向世人异常清晰地彰显了这段生活，美妙绝伦，光彩夺目。我真不知道应该祝贺谁取得了这样大的成就，是艾哈迈德·爱敏，因为他努力了，坚持了，直到取得成功；还是埃及大学，因为它选择了艾哈迈德·爱敏，给他提供了各种研究方式和手段。也许最好是既不祝贺艾哈迈德·爱敏，也不祝贺埃及大学，而是祝贺阿拉伯语的读者们，那些关注书写阿拉伯语各学科历史的人，那些发掘至今仍然处于不为人所知状态的语言宝藏的人。他们是最有权利接受祝贺的人。因为正是他们将在近午的光芒照耀下，沿着一条清晰的平坦的道路走向目的地。

从今天起，穆斯林的生活将不再像从前一样，不再是含糊不清的，不再是杂乱无章的。以前，史学家们谈起这个时代总是粗略的，而不是确实的；猜想的，而不是确信的。那个时代已经过去了。史学家面前隔着一幅厚厚的幕帐的时代已经过去了。艾哈迈德·爱敏揭开了幕帐。今后，研究文学史的人能够在正确的道路上，心明眼亮地从事他们的研究，去求真，去求实。

由于阿拉伯人和其他民族的人的混杂，由于阿拉伯思想和外族思想的交汇，由于翻译和翻译家、著述和著者的种种原因，当文化史家谈到阿拔斯时代伊斯兰生活的发展时，使用了许多含糊不清、模棱两可的语言，令我们郁闷，让我们心烦。这些文字直到现在,都是一些符号,表达许多意思,但什么也没有说清楚,在研究者面前描绘出数不胜数的杂乱图景,它模糊不清,飘忽不定,时远时近,人们想要靠近它,却抓不到它。有时,思想上的懒惰也让我们远离它,而思想上的懒惰正是我们这个时代的通病。

现在好啦。这些图景得到了最好的矫正,变得无比清晰。以至当我们谈起阿拉伯民族或者伊斯兰民族在伊斯兰历二世纪的发展时,我们知道,甚至能感觉到这些发展的真实情况及其根源和结果。当我们谈起这一时期穆斯林的社会生活时,我们不再含糊其词,而是会说一些有根有据、清楚无误的话语。这些话语说明了这一生活的性质,以及在此基础之上不同种族、不同地域、不同性格的个人和集体之间的交往,说明了不同种族之间通婚、混血、融合的性质,还说明了那些被抹杀了个性和社会性的具有奴隶身份的人的性质,所有这一切,都熔化在一个熔炉中,这个熔炉就是伊斯兰国家,形成一个全新的性格,即伊斯兰民族的性格。

是的,它也阐明了构成伊斯兰民族社会机体的从事各种不同行业的各个阶层,这些行业都是机体所需要的,不仅仅是为了生存,也是为了改善和提升生活水平,生活中能得到最大的物质、思想和精神上的享受。

从现在开始,当我们再谈到希腊文化时,绝不会再把它理解为仅是指哲学这一模糊的概念了,而是能够准确地知道阿拉伯人从希腊学到了多少,怎样获取的,从哪里获得的? 如何使用、如何仿效、如何消化的? 印度文化和波斯文化也是一样。更透彻地说,我不知道,任何一个阿拉伯文学史的研究者在探索阿拉伯人和印度人或者是阿拉伯人和波斯人之间的联系时,能否像艾哈迈德·爱敏一样成功。求真主宽恕,或者干脆直说吧,我不知道有哪位研究阿拉伯文学史的人能像艾哈迈德·爱敏一样,成功地把阿拉伯人和印度人,或者是把阿拉伯人和波斯人联系在一起。

在完成这一切之后,艾哈迈德·爱敏是第一个用阿拉伯语诠释这一切的人,凡是认真、诚实而非胡闹、迷茫的研究者都认可他的诠释。

如果现在我们谈论基督教文化和犹太教文化,就跟以前的理解大相径庭了,我们认识到穆斯林和犹太教徒、基督徒之间的交往已在他们之间产生了种种思想上的影响。

但是,我们将会知道这些影响的性质、程度和根源。我们将用穆斯林创造的文学、科学和艺术来洞察这种新生活的现象。

我可以说,当艾哈迈德·爱敏被挑选来撰写本书时,他一定像一个战士一样,为自己确立了一个目标,而且发誓不达目的决不罢休。这个目标就是:消除伊斯兰历二世纪至三世纪中叶,伊斯兰思想生活上的含糊不清、杂乱无章的状态,这种状态一直持续到被他澄清为止。当时,他每个星期都会带着一些在这场艰巨且持久的战斗中获取的美好而精彩的战利品来看望我,我则和他分享他的胜利的喜悦和成功的幸福。

我不想被人说成是故意巧舌如簧,我只想让你确信,我说的都是事实,没有任何美化,没有任何装饰。撰写此书是作者和含混杂乱之间的一场激烈的漫长的乏味的战争。作者每前进一步,都要停下脚步,整理胜利果实,你在本书的每一章节都能看到他的美好的成果。与此同时,他也在准备新的进攻,以便不断地攻城掠地,夺取新的胜利。

尽管作者尽力不让你体味他的艰辛、困苦、磨难和他遭遇的各种难题的折磨，但你在本书的每一章节后面都会感同身受。你能感受到作者是如何小心翼翼地缓步前行，给你展示许多细微的枝节，你好像沉迷于细节之中，仿效查希兹喜欢的东拉西扯。但是，请对这种缓慢和细节保持镇定和耐心，和作者一起小心翼翼地缓步前行，你会看到这种镇定、耐心和小心翼翼的结果比你所想象的更正确，比你所期待的更珍贵。作者并没有进退维谷，反倒是目标明确，步履坚定。因为他没有偏离目标，没有失去对学术的忠诚和从事现代研究的学者必须具备的实证精神。

不要害怕这种缓慢，也无须同情这种拖延，因为你绝不会感到厌倦，不会对本书感到一刻的厌烦，因为作者知道怎样引导你在漫长的道路上前行直至终点，知道怎样在这条摆满鲜花的路上愉悦你的双眼，知道怎样在这条路上回放美好的乐声以愉悦你的双耳。我敢断言，你将需要重读某些章节，你将会看到作者在缓慢中有时是快步前行的。

我证明，艾哈迈德·爱敏在本书中实现了学术和艺术的双赢。是他，前所未有地揭示了伊斯兰思想生活的真谛，并将其以一种没有学术冷漠、却深含艺术甜美的方式呈现出来。

让读者享受本书的每一章节吧，让作者享受胜利者的不掺杂任何杂质的喜悦吧，让艾哈迈德·爱敏以谦逊、宽容的态度度过的这种勤奋、丰富、多产的生活，成为那些想要在埃及过上学者生活的人的有益的借鉴和优秀的榜样吧。

塔哈·侯赛因

1933年

著 者 序 言

奉至仁至慈的安拉之名。一切赞颂，全归安拉。求安拉赐福于使者穆罕默德。

研究某个民族历史的研究者所遇到的最困难之处，也许就是对其思想史从发轫至上升期的研究和对其宗教史及其各种观点和教派的研究。其原因是：对物质一类问题的研究，其范围是清楚的、有限的，其变迁也是显而易见的。而对思想的研究，如果你想搞清楚它是怎样产生的，怎样发展的，以及产生和滋养这些思想的原因和因素是什么，期间又发生了哪些变化，以致改变和磨砺了这些思想，那就困难得多，会使研究者殚精竭虑，难以为继。因为思想在初始阶段并无踪迹可循，其形成的因素也可能出乎意料，而影响其改变的因素又十分模糊。宗教派别的起因也许没有表现在其教义之中，起因也许是政治性的，但表面上看起来却与一切政治无涉。其起因可能是败坏宗教的，但却以热衷宗教的面目出现。某一教派也许是非常优秀的，但却被其仇敌歪曲得一无是处。因此，研究者常陷于彷徨与迷茫之中，只求一线光明指引，或望路上有迹可循。

除此之外，思想是多种多样的，意见更是五花八门，每个时代的问题也与前一时代不同。当研究者看到这一切，第一反应会认为这些都是新的:新的思想、新的意见、新的问题,与前人毫无关联,于是便想办法,找出两者之间或许存在着某种亲缘关系和某种原由。

为真主撰写思想史的历史学家所付出的艰辛与其所得到的结果是多么不对称、不协调啊!

撰写《伊斯兰近午时期》各册仍遵循撰写《伊斯兰黎明时期》一样的原则,即尊重和忠于事实。如果做到了这一点,那要赞美真主的护佑;如果没做到,那责任在笔者。人各有志,各有所求。

我所说的《伊斯兰近午时期》指的是阿拔斯王朝的前一百年(伊斯兰历 132—232 年),即指从王朝的建立到瓦西格出任哈里发。这是一个具有独特的学术色彩的时代,也是一个具有独特的政治和文学色彩的时代。其特点是:波斯因素占据压倒优势、享有一定程度的思想自由、穆阿台及勒派权倾朝野、文学包括诗歌和散文染上了历代都会仿效的色彩。同时,这也是一个用阿拉伯语著书立说、将外国语言转变为阿拉伯语言的时代。所有这些都是空前绝后的。这些独特的色彩使瓦西格时代巍然屹立,足以为之扬名立万。为了阐明一种思想,我有时将其与前面时代的思想相联系,同样,为了思想的连贯我有时也会跨越这一时代,进入以后的时代。

我将本册分为四个篇章:

第一篇　阿拔斯王朝前期的社会生活,包括有巨大影响的学术和艺术。

第二篇　阿拔斯王朝前期的各种文化,宗教的和非宗教的。

第三篇　阿拔斯王朝前期的学术活动、学术中心、思想自由及各地区学术活动的特点。

第四篇　阿拔斯王朝前期的宗教派别：产生的历史、著名人物和重要事件。

我原本估计本册的篇幅与《伊斯兰黎明时期》相当，但开始撰写后，题目不断扩展，内容汹涌而至，面对许多事先未曾料到的课题，刹不住，只好顺其自然，一路写下去。最后篇幅竟达到《伊斯兰黎明时期》的一倍多。不得不将其分为两个部分，每个部分两个篇章。

今天奉献给各位读者的是第一部分，希望在他们还没有读完第一部分时，第二部分就会送到他们手中。

每个题目只是一笔带过，如走马观花。如果每一章节都言无不尽，那每个章节都会成为一本书。如果能成功地激发起研究者的批评、纠正错误和继续研究的兴趣，我就心满意足了。真主将来要和我们结算的。

艾哈迈德·爱敏

伊斯兰历1351年斋月23日

公元1933年1月19日

第一篇

阿拔斯王朝前期的社会生活

前　　言

在历史学家笔下，倭马亚王朝和阿拔斯王朝是两个泾渭分明的时代，仿佛历史的一页已经随着倭马亚王朝的倒台而结束，新的一页随着阿拔斯王朝的建立而开始，而生活在这两个时代的伊斯兰民族彼此间也是互不相涉。历史学家们的这种描述与实际情况大相径庭，特别是在社会生活和理性生活方面。

在伊斯兰和倭马亚时代，曾经发生过许多影响深远的重大事件，倭马亚人的垮台和阿拔斯人的崛起并没有削弱这些事件的影响。伊斯兰教教义和阿拉伯语的传播就是其中之一，它不仅影响了被占领国，自身也受到这些国家的影响。因此，对于伊斯兰教教义和阿拉伯语来说，阿拔斯王朝的建立并没有掀开崭新的一页，只是为其广泛传播铺平道路而已。征服民族和被征服民族相互融合的过程也是一个极好的例证。此种融合发端于欧麦尔时代，开始不久，便因被征服民族的怔营惶怖而暂时停止了。以后，被征服民族又通过通婚，皈依伊斯兰教，学习阿拉伯语而接受了伊斯兰的社会制度，其结果便出现了兼有阿拉伯血统和外国血统并带着不同民族在生理、思维、道德、精神等方面种种特点的一代新人。这一代新人在倭马亚时代便出现了，而在阿拔斯时代更有所增加。民族融合的结果是各民族开始互相取长补短，阿拉伯人向波斯人和罗马人学习文明生活，波斯人则向阿拉伯人学习宗教和语言。

倭马亚时代开始的不同民族融合的过程在阿拔斯时代更有所发展，因此，我敢说：如果倭马亚人的统治延续到阿拔斯时代，则在历史上出现于阿拔斯王朝的学术运动和社会改革运动仍会出现，其情形必与历史上的实际情况相似。其根据如下：

1. 倭马亚王朝后期的学术运动、宗教派别、社会制度和前期相比已经发展到更高阶段。此时，哈瓦立及派的教义已汇编成册；穆阿台及勒派进一步扩大，有些哈里发也变成了它的信徒；清真寺的经堂教育组织起来了，学者们开始研究宿命和非宿命方面的问题并与犹太人和基督教徒展开辩论；编译中心成立了；书法艺术也诞生了。凡此种种，不胜枚举。如果阿拔斯王朝学术运动的发展只是阿拔斯人的功劳，那倭马亚王朝后期的学术运动和前期相比应该是没有多大差别的。

2. 倭马亚人逃往安德鲁斯[①]之后建立的王国[②]与阿拔斯王朝同期，其对学术的鼓励，对翻译、著述的提倡并不亚于阿拔斯人，其文化和文明程度亦不逊色。两者间的最大差别在于：阿拔斯人的文化环境是古伊拉克、波斯和希腊文化，而安德鲁斯倭马亚人的文化环境则是拉丁文化，至于发展学术文化并尽可能多地采纳适合其国情的社会制度的愿望则两者是相同的。

---

① 安德鲁斯：又译安达卢西亚：今西班牙南部。——译者

② 史称“后倭马亚王朝”或“科尔多瓦哈里发国家”。公元750年倭马亚王朝被阿拔斯王朝推翻后，王室遗族阿卜杜·拉赫曼（公元756—788年在位）逃往安德鲁斯，756年据安德鲁斯独立，定都科尔多瓦，称“后倭马亚王朝”（公元756—1031年）。——译者

产生以上情况的原因是：伊斯兰帝国的发展经历了若干自然发展的阶段，一个阶段、一个阶段地顺序前进，从游牧生活到文明生活，然后，再发展到更高阶段。阿拔斯王朝建立后，阿拉伯民族继续向文明生活前进，这是环境使然，把阿拔斯王朝的出现说成是从无到有突兀而起的事情是绝对错误的。

当然，也有一些事情，如波斯势力对伊斯兰帝国的控制，从沙姆[①]迁都伊拉克等，都是随着阿拔斯王朝的建立而产生的，有的甚至是阿拔斯人努力促成的。这些事情对学术活动和社会运动产生了不小的影响，但这些运动毕竟是次要的，就是没有这些运动，阿拉伯民族迟早也要走向文明。在倭马亚时代，特别是后期，波斯势力显著增强，即便没有阿拔斯人提供的条件，它也能寻找别的机会扩展自己。首都还在沙姆时，伊拉克人不就已经投入学术运动了吗？我们确实看到：在倭马亚时代，哈桑·巴士拉及其弟子们领导的宗教运动和艾布·阿慕尔·本·阿拉及尔撒·本·欧麦尔·萨格非领导的语言运动都在巴士拉得到了发展和加强。以上两种运动在阿拔斯时代的发展不过是学者们学术活动的自然延续罢了。

无疑，阿拔斯王朝的社会生活使学术和文学带有特色，表现出许多倭马亚时代所没有的特点。

在下一章，我们将作进一步的分析，但对社会生活的介绍将局限在对学术和艺术发展有重大影响的方面。

① “沙姆”：过去通称“大沙姆”地区，包括今天的沙姆、黎巴嫩、巴勒斯坦和约旦。——译者

第一章　阿拔斯王朝前期伊斯兰帝国的居民

无疑，不同民族之各具特色犹如人之各不相同一样。不同民族在风俗习惯、生活经验、思维方式、才干能力、文化水平、感情色彩以及智力发达的程度方面都不相同，各民族的文学也绝无雷同之处，不同民族的文学来自其所在地区的自然环境，源于本民族的历史和幻想，源于国王和平民、智者和平庸之辈、有用之才和罪犯，源于本民族的政治制度，一句话，民族文学来自与本民族生活有关的一切。

我们可以说，阿拔斯王朝前期的伊斯兰帝国是由不同民族组成的，有马格里布人、埃及人、沙姆人、阿拉伯半岛人、伊拉克人、波斯人以及中亚细亚各族人。各民族五彩纷呈，但都从属于一个伊斯兰政权，构成一个统一的伊斯兰帝国。每个民族都有自己鲜明的特色，如阿拉伯人便以善于吟诗著称于世。艾哈迈德·本·艾比·杜瓦德说过："凡阿拉伯人皆擅吟诗，唯其熟练程度不同。"[①]而信德人[②]则以金钱交易和草药研究著称。查希兹说过："信德人

① 艾布·法拉吉：《诗歌集》，第20卷，第51页。

② 信德：地名，位于巴基斯坦南部。——译者

天生会做银钱买卖。巴士拉城里的钱庄没有一家不是信德人开的。穆罕默德·本·赛开尼买了一个名叫艾布·拉瓦亨的信德奴隶，此人为其主人赚了大量银钱。此外，本地药店几乎没有一家没有信德童仆，其经验之丰富、对草药之谙熟、待人接物及招揽顾客之热诚均高人一等。”[①]木鹿[②]人和呼罗珊人以吝啬著称。《罕世璎珞》一书写道：“人们一致认为木鹿人是吝啬的，其次是呼罗珊人。”素玛迈·本·艾施莱斯说过：“我在任何地方看到的公鸡都对母鸡亲切召唤，情意绵绵，唯独木鹿的公鸡好吃独食，由此，我便知木鹿人的吝啬是表现在吃食方面。我在木鹿见一小孩手持鸡蛋，便对他说：把鸡蛋给我吧！小孩答道：你手太小，拿不了。于是，我又知道木鹿人的吝啬完全出于其本性。”[③]

也门人重情，汉志人矫情，而伊拉克人则以风趣幽默著称。

查希兹曾历数当时各民族的特长，他说：“中国人擅长手工艺，什么铸造、熔炼、花样翻新的印染、旋工、雕刻、绘画、织布，无一不精。希腊人善于雄辩，而不好动手，精通格言和文学。阿拉伯人又有所不同，他们既非商人，又非工匠；既非医生，又非会计；既不务农，这样可以免于吃苦受累，又不种地，这样可以免得缴租纳税……；既不靠在秤上要手腕谋生，又不懂银钱出纳和度量衡，只有在他们把兴趣转向吟诗作词、巧言舌辩、语言变化、跟踪调查、传播消息、背诵家谱，以星辰辨别方向，以遗迹认明道路，探究事物之本，鉴别良马利剑，背诵口头文学，领悟客观事物，判断好坏优劣

① 查希兹：《动物志》，第3卷，第134页。

② 木鹿：地名，在伊朗境内。——译者

③ 伊本·阿卜杜·莱比：《罕世璎珞》，第3卷，第361页。

时，才能得心应手。萨珊家族[①]的特点是精通统治术和政治，而土耳其人则擅长骑马打仗。当然，并非全体土耳其人都骁勇善战，正如不是每个希腊人都善于思索，每个中国人都心灵手巧，每个阿拉伯人都出口成诵一样，只是某一个特点在某一个民族身上表现得更普遍、更完全、更明显、更持久罢了。”[②]查希兹在谈到黑人时说过：“他们不用训练，天生就会按照音乐节拍击鼓、跳舞。世界上没有哪个民族比他们的嗓音更美妙。”[③]又说：“印度人以数学、占星术、医术、旋工、木工、绘画及种种奇巧工艺闻名。”[④]

各民族的爱好和政治倾向也各自不同。伊本·古太白的话证明了这一点，他曾说过：“穆罕默德·本·阿里·本·阿卜杜拉·本·阿拔斯对他亲自挑选出来准备加以训练从事宣教工作的人士说：‘库法人中有阿里的什叶派，巴士拉人中有信仰实力的奥斯曼派，后者的信条是：真主的奴仆宁愿被杀而决不杀人。阿拉伯半岛上的居民是无拘无束、放任自由的，同异教徒没什么两样，但用基督教徒的道德规范衡量，他们还是穆斯林。沙姆人只认得艾布·苏福扬家族，[⑤]只知道服从麦尔旺人，不知其他。沙姆人对我等态度冷淡，甚至深怀敌意。麦加和麦地那人曾被艾布·伯克尔和欧

① 萨珊家族：从公元 226 年起，至公元 640 年阿拉伯人占领波斯止，统治波斯的最后一个家族。——译者

② 查希兹：《书信集》，第 41 页及以后各页。

③ 同上书，第 63 页。

④ 同上书，第 73 页。

⑤ 艾布·苏福扬（公元 564 年或 565 年—653 年）：麦加贵族领袖，属麦加古莱氏部落倭马亚家族。曾反对穆罕默德在麦加传教，率军同穆罕默德作战。后皈依伊斯兰教。其次子穆阿威叶建倭马亚王朝，是王朝第一任哈里发。——译者

麦尔所统治。但你等切不可小看呼罗珊人，他们那里人口众多，人人吃苦耐劳、心境平和、心胸坦荡，没有因为爱好不同、派别各异而分化，也没有因为宗教信仰问题而烦恼。那里既没有腐败，也没有阿拉伯人的忧愁；既没有宗派之林立，也没有部落之结盟。呼罗珊人仍处在受歧视、受压迫、受欺侮、受压抑的境况中，故寄厚望于各国。呼罗珊人是优秀的士兵，他们肩宽膀圆，虎背熊腰，相貌威严，声如洪钟，言语粗犷，能言善辩。”①

每个民族内部又有不同的派别，各派仍然保持着自己特殊的仪式和习惯，如：犹太人仍维持其传统习惯——不和外族人通婚；基督教徒仍恪守其宗教仪式和习俗；而拜火教徒则仍在修筑祭坛，点燃圣火。

在文学方面，不同民族也各具特色。波斯人有自己的文学，反映本民族的历史和社会生活；伊拉克人也有本民族古老的文学，借鉴外国文学而形成自己的特色；埃及人也有自己的文学。此外，还有印度文学、沙姆文学、希腊罗马文学。

还有地域的差别，有的民族住居高山之上，有的民族栖身在平原；有的地方严寒刺骨，有的地方酷热难熬；有的民族生活在海滨，有的民族托迹于沙漠。这种种地理、气候的不同造成了各个民族在风俗习惯、民族特性和气质方面的不同。

以上我们举了几个例子说明各民族的差异，正是这些差异构成了阿拔斯王朝前期的伊斯兰帝国。该帝国就像一个容器，各种物质在里面熔化，产生了化学变化。有一些强有力的因素帮助了

---

① 伊本·古太白：《史事泉源》，第1卷，第204页。

各民族的融合，这点我们在本书第一卷中已经谈到了，但有一件事，曾经产生过明显的影响，必须详加说明，这就是“混血的过程”。

所谓“混血”，指的是属于不同民族的一男一女结为夫妻，产生了后代，在这新的一代的血管里，流淌着两个民族的血液。在阿拔斯王朝前期，这类事情屡见不鲜，司空见惯。其根源是不同民族的接触和伊斯兰胜利后实行的奴隶和释奴制度。于是，一个个伊斯兰家庭，特别是哈里发、王公贵族以及有钱人的家庭都变成了不同民族的混合体，这种家庭产生的后代当然带有不同民族的特色。下面试以艾布·加法尔·曼苏尔家族①为例说明之。艾布·加法尔的一个妻子叫艾尔娃，是曼苏尔·希木叶里之女，为艾布·加法尔生了迈赫迪和大加法尔，另一个妻子是倭马亚家族的女人，生了一个女儿，叫阿里娅②。此外，他还收纳了两名女奴为妾，一个是库尔德人，生了小加法尔；另一个是罗马人，叫高里，生了萨里哈·米斯钦。和后来的人相比，艾布·加法尔·曼苏尔并非纳妾最多的人。“拉希德·佐哈有两千名女奴，包括歌女和酒女，一个个服饰华丽、披金戴银。”③“据说，穆台瓦科勒有四千嫔妃。”④纳妾的情况将在谈到女奴时详加说明。

当时，众多的女奴或分给占领者，或在奴隶市场上出售，或被当作珍玩、钱财一样互相馈赠。各民族的自由女人也可以和异族的男子通婚。女奴和自由女人生育了不少后代，其数目超过纯血

① 艾布·加法尔·曼苏尔：阿拔斯王朝第二任哈里发。——译者

② 伊本·阿卜杜·莱比：《罕世瓔珞》，第3卷，第298页。

③ 艾布·法拉吉：《诗歌集》，第9卷，第88页。

④ 麦斯欧迪：《黄金草原》，第3卷，第308页。

统的阿拉伯人。和非阿拉伯人比，阿拉伯妇女是很少的，因此，阿拉伯人和非阿拉伯人通婚的欲望就更加强烈了。他们喜欢女奴胜过喜欢自由女人，其原因有二：一是被征服民族的多数妇女比阿拉伯妇女容貌更加秀丽。文明富裕的生活、舒适的自然环境给她们增添了姿色，那白白的皮肤、金黄色的头发、碧蓝碧蓝的眼睛，美不可言。另一个原因，正如查希兹所说，当时与自由女人结婚的习俗与今天的习俗大同小异。男人根本看不到他要娶的那个女人，只能听媒婆信口开河地胡吹乱捧，兴许男女双方根本合不拢。而女奴就不同了，男人在占有某个女奴之前总能看到她的面孔。所以，查希兹说："女奴比大多数索要巨额财礼的自由女人更能得到男人的欢心。有些人是这样解释的：男人在占有某个女奴之前，对她的一切已经了如指掌，心满意足之后才决定买下来。而自由女人却要由其他女人来评价她的姿色，问题恰恰在于这些评价别人的人却一点也不懂什么是女人之美，更不懂什么是男人之需。只有男人才有眼力，而她们充其量只会说：她鼻梁挺直像宝剑，眼睛大大似羚羊，颈项长长如银壶，鬈鬈秀发似串珠……还有许多形容女性美的说法，结果是爱还是恨就靠怎么说来定了。"

阿拉伯人中有一种广为流传的说法："女奴可以自由买卖，自由女人却是男人脖子上的枷锁。"也有这样的说法："喜欢轻装短打的人怎会喜欢长衣长衫？蓄留短发的人怎会放长头发？喜爱女奴的人怎能接受自由女人？"

各个地方的人都喜欢邻近地区或被征服地区的异族女人。"巴士拉人最喜欢印度妇女、少女和古拉①地方的女人；也门人最

① 古拉：地名，在今阿富汗境内。——译者

喜欢埃塞俄比亚妇女和少女；沙姆人最喜欢罗马妇女和少女。每个民族都喜欢被自己民族俘获的女人，只有个别例外，而例外是没有标准的。”[①]

以上我们谈到了不同民族之间婚配的情况，由此产生了带有特色的一代新人，包括一些哈里发在内。黑祖兰是一个女俘虏，来自赫尔舍乃地区[②]，正是她为穆罕默德·迈赫迪[③]生了穆萨·哈迪[④]和哈伦·拉希德[⑤]；还有萨珊王朝国王亚兹德·吉尔德的王子菲鲁兹的女儿沙赫赛夫拉姆，为瓦立德·本·阿卜杜·迈立克生了亚齐德·本·瓦立德[⑥]和伊卜拉欣·本·瓦立德。此外，麦尔旺·本·穆罕默德[⑦]是库尔德女奴所生；艾布·加法尔·曼苏尔[⑧]是努比亚女奴赛拉玛所生；麦蒙[⑨]是女奴马拉基勒所生，穆阿台绥姆[⑩]是女奴马尔黛所生；瓦西格[⑪]是女奴盖拉退斯所生；穆台

① 查希兹：《书信集》，第75页。

② 赫尔舍乃，地名，位于马耳他附近。——译者

③④⑤⑧⑨⑩⑪ 见阿拔斯王朝世系表：

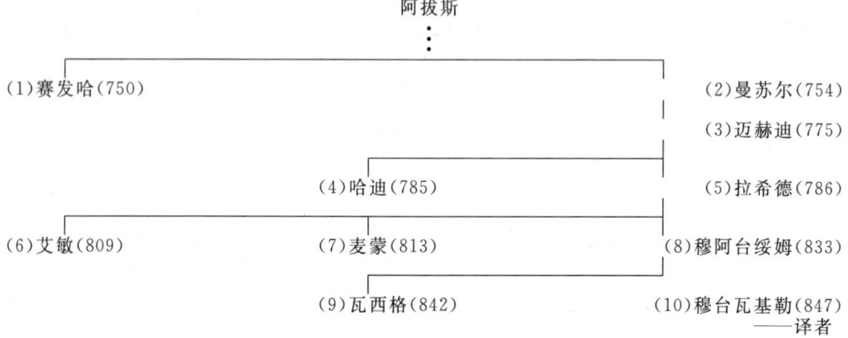

⑥ 亚齐德·本·瓦立德：倭马亚王朝第十二任哈里发。——译者

⑦ 麦尔旺·本·穆罕默德：倭马亚王朝最后一任哈里发。——译者

瓦基勒是女奴舒加阿所生。学者、诗人也有这种情况。艾斯马尔说过:“本来,麦地那城的大多数居民都憎恶养女奴,但自从涌现出了阿里·本·侯赛因、卡塞姆·本·穆罕默德和萨利姆·本·阿卜杜拉等人,在伊斯兰法学和信仰的虔诚方面超过了麦地那人之后,麦地那人便开始蓄妾了。”①

混血儿根据遗传法则从父母双方吸收了各自的优点,因而比其他人更为优越。阿拉伯人自古以来就相信远缘结婚比近亲结婚好,常言道:“宁远勿近,方为良缘。”

有诗为证:

近亲结婚体必弱,异族联姻壮又强。

近亲婚配愁不尽,生子瘦弱病久长。

据说:“欧麦尔看到一群身材瘦小的古莱氏族人,便问他们:‘你们为何如此瘦小?’回答是:‘近亲结婚所致。’欧麦尔便说:‘是呵!结婚血缘宜远不宜近。’从此,他们便和血缘远的人结婚,因而得了强壮的子嗣。”

事实是支持这种观点的。阿拔斯时代出生的人因为母亲来自不同的民族,因而体魄强壮,在智力和手艺方面都很出色。一位将领说过:“论勇敢善战,世上无人能比呼罗珊人。”②艾斯马尔说过:“堂妹们更温顺,而外来的姑娘更会生孩子。论勇敢无人比得上波斯人的儿子。”还说:“有些人说:罗马女人生的孩子骄矜自负、吝啬成性;西西里人生的孩子邋里邋遢、低贱下流;黑种女人生的孩子

① 伊本·阿卜杜·莱比:《罕世瓔珞》,第3卷,第296页。

② 脱夫尔:《巴格达史》,第143页。

勇敢、慷慨；黄种女人生的孩子多生多育、身体柔软，善于甜言蜜语；阿拉伯女人生的孩子狂妄自大、嫉妒心强。”[①]查希兹说：“埃塞俄比亚男人和白种女人生的黑白混血儿比亲生父母还要健壮。白种女人和印度男人生的混血儿，体魄虽比不上双亲那样强壮，面貌却更加清秀俊美。”[②]当他谈到基督教徒在外表和智力方面都胜过犹太人时，说：“以色列人只和以色列人通婚，外族人不能和他们掺和，再优秀的种族也不能改变他们的血统。”[③]

打开《诗歌集》，就会发现阿拔斯王朝前期蜚声汉志和伊拉克的女歌唱家多是麦地那出生的混血儿或是由她们调教出来的学生。麦地那的混血女子，父亲一般都是阿拉伯人，母亲一般都是非阿拉伯人。如果考察一下学者和文学家的身世及她们祖先所属的种族，就会发现他们中许多人的父母都是混血儿，还会发现呼罗珊地区的混血儿，乃至所有非阿拉伯人居住地的混血儿都以勇敢著称。古时，也门出现过一个优秀的种族，被阿拉伯人称之为“混血儿”。“当埃塞俄比亚的赛义夫·本·基亦赞找波斯王求援时，波斯王派遣他们援救赛义夫，于是，他们便占领了也门，开始治理也门，并和阿拉伯人通婚，他们的孩子便被称作‘混血儿’，这一称呼始终没有离开过他们，因为他们的父母确是不同族的。”[④]这个部族中产生过塔乌斯·本·凯桑和瓦哈布·本·穆奈比赫等著名学者。这些混血儿，一般父亲是波斯人，母亲是阿拉伯也门人。而阿

① 安查里：《文学家论文集》，第 1 卷，第 207 页。

② 查希兹：《动物志》，第 1 卷，第 71 页。

③ 查希兹：《书信集》，第 1 卷，第 169—170 页。

④ 《阿拉伯大辞书》，“伊本”条。

拔斯王朝的混血儿，多数人的父亲是阿拉伯人，母亲是非阿拉伯人。

*　　*　　*

既有血缘的混合，就必然有精神的融合。不同民族的智慧来源于不同的血统。波斯人有波斯人的智慧，但他们后来皈依了伊斯兰教，学习了阿拉伯语，结果，就使得两种智慧合而为一，从而产生了许多新思想、新观念。信奉基督教的希腊人和东罗马人以及信奉犹太教的伊拉克人和信奉伊斯兰教的阿拉伯人交往，互相交换意见，交流思想，讲述故事，从而产生了新的思想。由此可见，广义的包容一切文化在内的“阿拉伯文学”并不仅仅是阿拉伯民族的文学，而是一种混合体，一种带有阿拉伯伊斯兰特性的混合体，“阿拉伯文学”的称谓就是由此而来的。让我们举例说明之。我们认为，蒙昧时代[①]的阿拉伯文学才是真正的阿拉伯文学，周围其他民族的影响是极少、极轻的。这种文学中压倒一切的强有力的精神正是阿拉伯精神。这种文学最好地刻画了阿拉伯人的日常生活，最全面地反映了阿拉伯人的社会生活——他们的幻想、狩猎的方法、参加过的战争、沙漠游牧生活，以至喜怒哀乐，无所不包。如果我们跳回到阿拔斯时代去，就会发现那一时代的人，特别是皈依伊斯兰教，控制着国家机构的波斯人不能用波斯人的口味来欣赏蒙昧时代的阿拉伯诗歌，他们只会欣赏其熟悉的内容，如歌唱爱情和饮酒作乐的诗歌。于是，出生于呼罗珊的爱情诗人阿拔斯·本·艾哈奈弗和母亲是波斯人的艾布·努瓦斯便脱颖而出了。蒙昧时

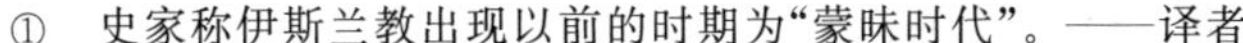

① 史家称伊斯兰教出现以前的时期为“蒙昧时代”。——译者

代的阿拉伯人也有情诗和饮酒诗，但脱拉发的饮酒诗和艾布·努瓦斯的饮酒诗相比，乌姆鲁乌·盖斯的情诗和阿拔斯的情诗相比，简直不可同日而语。关于这个问题，查希兹说过一段很有意思的话："乌姆鲁乌·盖斯的诗：'她说：驼轿载着我俩东摇西摆'和阿里·本·加赫米的诗：'主赐良宵喜重逢，两情缱绻紧相依；同衾共枕长眠夜，杯酒滴落未湿巾。'岂能同日而语。"[①]

造成这种差别的原因不仅仅是文化，更重要的是不同种族的通婚和不同思想的融合，就像诗里表现出来的那样。波斯人吸收了阿拉伯诗的韵律和风格，同时，又保留了波斯人的想象和趣味。请看胡雷米的诗吧，他在这首诗中描述了巴格达城的风貌，表现了该城在艾敏和麦蒙之争中所遭受的苦难，诗的开头是这样的："日月无情多灾祸，巴城为何泪水多。"[②]

在他的诗中，你感受到一种舒展的叙事的节奏，这种节奏是阿拉伯诗歌中不曾有过的。再看看伊本·穆加发的散文吧！他引用了多少印度、波斯、阿拉伯各种各样的格言呵！还有《一千零一夜》和《卡里莱和迪木乃》[③]以及白迪阿和哈利勒的迈高马特（又译麦卡梅）笔法[④]。这一切，土生土长的阿拉伯人是一无所知的。无疑，这些文学现象的出现正是我们已经指出过的民族融合的结果。如

① 安查里：《文学家论文集》，第2卷，第68页。

② 塔巴里：《先知与帝王历史》，第10卷，第176页。

③ 《卡里莱和迪木乃》，阿拉伯寓言故事集。阿拉伯作家伊本·穆加发（公元724—759年）由古波斯巴列维文转译，改写成阿拉伯文。全书五十多个故事，多为针砭时弊之作。——译者

④ 公元10世纪，在阿拔斯王国出现的一种新的文学形式——韵文故事的形式，由一个讲故事的人贯穿全篇。——译者

果阿拉伯人、波斯人始终囿于一偶，互不来往，这一切便不会发生。这种情况在各个学术领域都发生了，以后我们将分章评述。

总而言之，思想的融合如同血缘的混杂一样，产生了具有新特点的一代新人。

*　　　　*　　　　*

尽管各民族之间存在着种种差别，但有一种精神却始终飘荡在伊斯兰世界上空，这就是东方精神，这种精神把整个伊斯兰世界——不分民族和种族——汇合在一起了。这种精神进入希腊，便征服了希腊哲学，使之披上东方精神和启示的外衣；这种精神使历史学家、社会学家认识到东方各民族不同于西方的共同特点；这种精神正是东方人在东方的自然环境和社会环境中铸造出来并世世代代流传下来的；这种精神使东方人能够欣赏西方人所不能欣赏的东西，使他们用不同于西方人的模式去理解各种事物，使他们拥有一种在许多方面迥异于西方文明的东方文明。佛教、犹太教、基督教等各种宗教使东方精神带上了非物质的色彩，相信世上有主宰，渴望死后进天堂，畏惧火狱，并相信在尘世的幸福和感官的享受之外还有另外一种精神的幸福。在伊斯兰教诞生并将其影响传播到东方各国之后，东方精神就更加发扬光大，更加趋于统一了。东方各民族服从同一种法律的约束，遵守共同的制度，讲同一种语言，大多数人还信仰同一种宗教。尽管交通不便，但学者们的游学却极其频繁，他们切磋学问，交换观点，宣传宗教，谈论政治。哈里发们也从都城派人到四面八方去传达内容大致相同的上谕。

所有这一切把各个不同的民族统一起来，形成了一个有着共同的文学、文化和学术的统一民族。

第二章　阿拉伯人与释奴之间的斗争

看来，蒙昧时代的阿拉伯人并没有很强的民族意识，他们只有部落意识。如果我们考察一下蒙昧时代的阿拉伯诗歌，就会发现，这些诗歌充满了部落意识，在诗歌中，阿拉伯人颂扬本部落的功业和美德，同时，却讥讽其他部落。但我们很少看到，在哪一首阿拉伯诗歌中，阿拉伯人以自己是阿拉伯人而自豪，或以自己属于阿拉伯民族而夸耀。其原因再清楚不过了，即蒙昧时代的阿拉伯人，准确地说还不是一个民族，他们还没有共同的语言和宗教，也还没有共同的民族愿望，连成为一个民族的基本条件也不具备。这些条件就是：由一人或数人构成领导集团，在全体成员面前享有发号施令的权力。阿拉伯人部落生活的特点是绝不容许这种情形出现的。

还应指出，当时也没有什么东西鼓励阿拉伯人去接受民族的思想，因为这种思想并不能使他们感到自己的伟大和自豪。在他们周围，有波斯人和东罗马人，在这些人面前，阿拉伯人很难看到自己的力量，相互之间在商业方面的往来，也不是完全平等的，而是一种穷人对富人、弱者对强者的关系。有些阿拉伯商人到波斯和罗马经商，看到了这两个国家的强盛，便自我菲薄起来。确实出现过一些传说，包括古塔米转述自凯勒比人的话，否定我们的看法。古塔米谈到阿拉伯代表团晋见波斯国王的情景，谈到努尔曼[①]以阿拉伯人及其对各民族（包括波斯人）广施恩德而自豪的故事。古塔米曾这样说过：任何民族若与阿拉伯人相比，阿拉伯人在自尊、坚毅、面容之英俊、身材之威武、性格之慷慨、语言之机智、思维之敏捷等各方面均超过对方。但我们十分怀疑这种说法的正确性。这样重要的话，从未听到倭马亚王朝的任何人说起过，只从阿拔斯王朝的凯勒比人那里听到过，而凯勒比人恰巧是以捕风捉影著称的。这些话里艺术加工的味道之浓，也说明它是伪造的。我们掌握了许多证据可以否定这种说法，如著名的再传弟子、萨都斯地方土生土长的阿拉伯人盖塔戴在分析《古兰经》文“你们原是在一个火坑的边缘上的，是真主使你们脱离那个火坑”[②]时说过：“这些活着的阿拉伯人原是地位最卑微、生活最艰苦、迷误最深、身无片缕、饥肠辘辘的人，他们在波斯和东罗马两头雄狮前面被驱赶着，在他们国家，没有任何东西值得别人羡慕。生前，他们度日如年，死后还要永堕火狱。他们被人宰割，而无力侵犯他人。真的，我们真不知当时地球上的居民中还有谁比他们更倒霉、更渺小。后来，尊严的真主带来了伊斯兰教，传给他们《古兰经》，使他们投入圣战，给他们开辟生路，并使他们成为统治万民的国王。”[③]

一个阿拉伯部落在祖高尔战役中打败了波斯军队，这一仗本无足轻重，却被阿拉伯人视作巨大的荣誉。哪个民族的军队没有

① 努尔曼（公元580—602年在位）：绰号艾布·卡布斯，希拉王国的国王，因欲摆脱波斯人的控制而被波斯国王关进监狱，死在狱中。——译者

② 马坚译：《古兰经》，3:103，中国社会科学出版社1981年版。——译者

③ 塔巴里：《古兰经注》，第4卷，第25页。

打过败仗呢？但阿拉伯人却以祖高尔战役为荣，仿佛他们从来没有想象过能够打败波斯人似的。这个故事有力地证明了我们说的这句话：阿拉伯人在祖高尔战役中虽然打胜了，但他们并没有歌颂阿拉伯民族对波斯人的胜利，他们歌颂的是参战各部落——西巴尼人、伊吉利人、叶什库利人的胜利。这一片颂扬声并没有体现出广义的阿拉伯精神。

塔巴里告诉我们：当欧麦尔决定攻打波斯时，阿拉伯人都很惧怕波斯人，不知怎样和波斯人作战。塔巴里说：由于波斯人的权势、勇猛、尊严及对其他民族的压迫，使波斯人的面孔在阿拉伯人（穆斯林们）眼里成了最为狰狞可怖的一副面孔。他还提到穆桑纳·本·哈利萨说的一番话："众人啊，不要害怕这副面孔，我们已经舒舒服服地在波斯过了一个秋天，我们战胜了他们的优势兵力，把他们的军队分割为二，然后，一举歼灭之。我们的先辈打败过他们，真主保佑，我们也能打败他们。"[①]

综观以上各点，我们看到：蒙昧时代的阿拉伯人是以其部落为荣的，他们赞颂的是本部落的美德。当哈吉布·本·祖拉来把自用的弓交给波斯国王作为抵押以赎回自己的儿子时，以此为荣的也是台米姆部落。每个部落都颂扬本部落的诗人和勇士，很少有人能够超越部落的范围，去颂扬民族的美德。

伊斯兰教诞生后，阿拉伯人变成了一个民族，具有了我们已经指出过的民族的特征，即：统一的语言、统一的宗教、统一的情感归属，并由一个统一的政府领导着。阿拉伯人成为一个统一的民族

① 塔巴里：《先知与帝王历史》，第 4 卷，第 61 页。

后，便战胜了当时两个最大的民族——波斯和罗马。尽管如此，部落精神并未泯灭，于是，便出现了两种倾向并列的局面——一种倾向于本部落、本部族和本家族；另一种倾向于阿拉伯血统、阿拉伯民族和阿拉伯种族。在伊斯兰教初期是两者并存的局面，既有人如同蒙昧时期的人一样颂扬信仰伊斯兰教的本部落，也有人颂扬阿拉伯民族。

有诗为证：

骏马飞驰现敌前，消灭阿丁[①]弹指间；

枪挑两大帝王冠，驰越宏大凯旋门。

第一句观点代表了部落的宗派主义。倭马亚时代的历史事件和诗歌说明了这种观点，而且，只有用这种观点才能解释得通。下面我们举例说明之：

一个也门哈扎伊马·阿萨德部落人赞扬本部落英雄叶海亚·本·哈彦称：

也门部落齐奋起，奉献牺牲为一人，

若无我族血性在，阿德南人充家人，

心中只有盖哈坦，他族绝不装心里。

艾兹德地方一位德高望重的长者谈到过当地一个人的事情，穆邦莱德转述道：此人绕行天房时，口里喊着父亲的名字，当有人问他为什么不呼喊母亲的名字时，他说：她是台米姆族人。[②]

底阿比勒颂扬也门，历数也门人的美德，并反驳库迈特对尼扎

① 阿丁：古阿拉伯部落名。——译者

② 台米姆族：阿拉伯部落名，居住在阿拉伯半岛北部。——译者

尔[1]的赞颂,其颂诗长达六百行。

句首为:

轿上贤妻把眼睁,你我夫妻四十整。

麦斯欧迪谈到过库迈特和底阿比勒的两首诗,说:

"库迈特的诗加剧了尼扎尔人和也门人之争。尼扎尔人自诩胜过也门人,也门人自夸胜过尼扎尔人。各派夸耀本派之长,群众也分为不同的派别,无论在游牧人还是在定居人中,宗派主义都极度膨胀。后来,麦尔旺·本·穆罕默德·贾阿迪[2]开始倒向尼扎尔人,反对也门人,结果也门人便脱离了麦尔旺,响应了阿拔斯的号召[3]。"

许多阿拉伯统治者都有这种恶劣的宗派主义倾向。一个人掌了权,他那个部落的人便以为他们统统掌了权。当伊本·胡贝拉治理伊拉克时,法扎莱族便以为自己掌权了;而当哈立德·本·阿卜杜拉·盖斯里取代伊本·胡贝拉时,盖斯里族又趾高气扬起来,法扎莱族便抬不起头了。费勒兹德格说过:

法扎莱一旦受难,盖斯里其乐悠悠。

到了阿拔斯时代,穆阿宁·本·扎伊德·谢依巴尼开始统治也门,出于对勒比尔和尼扎尔族的偏爱,屠杀了一批也门人;阿曼

---

① 尼扎尔:阿拉伯半岛北部一部落名。——译者

② 麦尔旺·本·穆罕默德(公元692—750年),倭马亚王朝最后一任哈里发。——译者

③ 倭马亚王朝末期,受倭马亚家族残酷压迫、剥削的农民、奴隶、手工业者和对倭马亚王朝心怀不满的波斯贵族、释奴,以及什叶派的信徒,在恢复穆圣的叔父阿拔斯的后裔的权力、地位的口号下,发动了反对倭马亚家族的斗争,史称"阿拔斯的号召"。——译者

和巴林的统治者俄格白·本·萨利姆便仿效他的做法，出于对葛哈唐人的偏爱，而屠杀了一批盖斯人。

这种例子很多，不胜枚举。我们感兴趣的是第二种观点——阿拉伯人反对释奴的观点。

阿拉伯人信奉伊斯兰教，听到至高无上的真主的训示："真主所喜悦的宗教，确是伊斯兰教。"[①]"舍伊斯兰教而寻求别的宗教的人，他所寻求的宗教，绝不被接受，他在后世，是亏折的。"[②]他们坚信伊斯兰教是最好的宗教，而周围的人都在迷误中。他们坚信自己是伊斯兰教的保卫者，是正教的捍卫者，他们有责任号召所有的人摒弃原来的信仰，改奉伊斯兰教。圣战开始了，阿拉伯人战胜了波斯人，摧毁了他们的宝座；他们还战胜了东罗马人，打败了他们的军队，占领了许多地方。总之，他们看到原来在波斯和罗马人手中的世界霸权突然转到了自己手里，所向无敌的波斯人臣服在自己的统治之下，而原来希望打开沙姆、埃及的大门互通贸易的罗马人也逃回老家去了。这一切提高了阿拉伯人的士气，许多人便得意忘形了，以为自己血管里流的血是不寻常的，没有波斯人、罗马人以及其他人的血。这种妄自尊大的情绪控制着他们，使他们用一种主人对待仆人的态度来看待其他民族。倭马亚政权就是建立在这种观点之上的。说实在的，在这方面，阿拉伯人并没有遵循伊斯兰教的教义。至高无上的真主说："信士们皆为教胞。"[③]先知

① 马坚译：《古兰经》，3:19。——译者

② 同上书，3:85。——译者

③ 同上书，49:10。——译者

说："阿拉伯人胜过外族人的只有虔诚的信仰。"欧麦尔也说过："如果哈齐法的释奴萨利姆还活着，我必委以重任。"这里所说的阿拉伯人，指的不是全体阿拉伯人，很多优秀的阿拉伯人遵循伊斯兰教的教义，把信仰而非血缘当作德行的标准。"阿里·本·艾比·塔里布对贵族和平民、阿拉伯人和非阿拉伯人一视同仁，也不奉承那些首领和酋长们。无疑，这成了阿拉伯人背弃他的原因之一。"[①]马达巴尼说："阿里的朋友们走到他跟前，对他说：穆民的领袖呵！把这些钱分了，让那些可能反对你的人富裕起来吧！对阿拉伯人和古莱氏贵族要看得重于释奴和非阿拉伯人。他们对阿里说此话时，穆阿威叶[②]正在用钱做交易，可阿里却答道：难道你们要我以不公正的手段来赢得胜利吗？"[③]可是，多数阿拉伯平民、倭马亚王朝的统治者和总督们都怀着强烈的阿拉伯宗派情绪，歧视外族人，在文学书籍和历史事件中有许许多多证据。

诗人贾利尔路经恩伯里族投宿，该族不但没有款待他，反而向他索要饭钱。为此，贾利尔吟道：

酋长马利克，胆敢拒来客。

损教又丢脸，却称没什么。

卖你当奴才，羞耻悔不得。

穆拜莱德说，释奴们大都否认这首诗，因为它贬低了他们。认为此等污蔑并非自己的过错。[④]

---

① 伊本·艾比·哈底德：《辞章之道注释》，第1卷，第180页。

② 穆阿威叶（公元？—680年），全名穆阿威叶·本·艾比·苏福扬，倭马亚王朝第一任哈里发。——译者

③ 伊本·艾比·哈底德：《辞章之道注释》，第1卷，第182页。

④ 穆拜莱德：《辞章集成》，第1卷，第273页。

穆赫塔尔在欧贝德拉·本·齐亚德阵亡的哈齐尔战役中对易卜拉欣·本·艾施特尔说："你的士兵都是红种人(指释奴)。战斗一开始，他们便会逃之夭夭。还是让阿拉伯人骑马驰骋，让红种人在马前步行吧。"①

《诗歌集》中写道：一个释奴和赛里姆族的阿拉伯姑娘订婚，后来又正式结了婚，穆罕默德·本·巴希尔·哈利及骑着马跑到麦地那，向麦地那总督易卜拉欣·本·希沙姆·本·伊斯玛仪告状，总督便派人去该释奴家里，把他和妻子隔离开，抽了他两百鞭子，还把他的头发、胡子和眉毛统统剃光。

穆罕默德·本·巴希尔有诗：

秉公裁断依教律，皆因尔是执法人。

鞭打二百示戒惩，刮去眉毛与胡须。

恩赐已有波斯女，贪心释奴复何求。

公正判决合情理，释奴理当配奴婢。②

倭马亚王朝的重臣哈查吉严格执行这一政策，在所有奈伯特人的手上统统打上印记。

哈查吉走到瓦绥脱地方，把奈伯特人都赶走了。他还写信给他在巴士拉的代理人哈克姆·本·阿尤布说：信到之日，即刻将你身边之奈伯特人尽行驱逐，他们对宗教和现世都是一种罪孽。哈克姆在复信中写道：除能背诵《古兰经》或通晓伊斯兰教法者外，我已将奈伯特人驱尽了。哈查吉又写了一封信给他，说：信到之日，

① 穆拜莱德：《辞章集成》，第1卷，第274页。

② 艾布·法拉吉：《诗歌集》，第14卷，第150页。

你须立即召唤身边之医生，并躺在他们面前，由他们来确认你属于何族。如在你身上发现了奈伯特人的血脉，应立即切断。[①]

根据哈查吉的命令，库法的教长只能由阿拉伯人担任。赛义德·本·贾比尔和伊本·艾施阿斯一起背叛了哈查吉。哈查吉逮捕赛义德后，对他说：库法只许阿拉伯人当教长，可你来了以后，我却让你当了教长，难道不是这样吗？赛义德答道：是的。哈查吉又问：我委任你为法官，库法人闹腾起来了，说什么：只有阿拉伯人才能做法官。我便任命艾布·伯尔德·本·艾比·穆萨·艾施阿里担任法官，同时，又命令他，没有你的同意不许断案。难道这不是事实吗？赛义德又答道：是事实。哈查吉又说：我的亲朋密友无一不是阿拉伯权贵，我们让你参加我们的夜谈，不是吗？答：是的。哈查吉最后说：那你为什么要背叛我呢？！[②]

艾斯法哈尼说：在阿拔斯王朝之前，如果阿拉伯人手上拿着东西从市场出来，看见一个释奴，就可以命令他帮忙，释奴不会拒绝，他的主人也不会反对，如果看见一个释奴骑着驴子，也可以叫他下来；如果有人想跟一个女释奴结婚，只需得到她的主人的同意，而无须征询其父亲或祖父的意见。[③]

贾里尔·本·赫托发曾写诗来赞美释奴，使他们欣喜若狂。
释奴们聚集在他周围，向他致意，并送给他一百件衣服。[④]

但阿拉伯人却瞧不起混血儿——上一节我们谈到过他们中的

---

① 安查里：《文学家论文集》，第 1 卷，第 218 页。

② 穆拜莱德：《辞章集成》，第 1 卷，第 397 页。

③ 安查里：《文学家论文集》，第 1 卷，第 220 页。

④ 艾布·法拉吉：《诗歌集》，第 7 卷，第 65 页。

佼佼者及其特点——把阿拉伯人和女奴生的孩子叫做“杂种”。《阿拉伯大辞书》写道：“杂交一词带有贬义，杂种也是贬义词，用来称呼阿拉伯人和女奴生的孩子。”

伊本·阿卜杜·莱比说过：“倭马亚人不让女奴生的孩子做继承人，认为这样做不合适。”艾斯马尔解释这句话的意思，说：“一般人以为倭马亚人拒绝任命女奴生的孩子担任官职是出于对他们的轻视，这是不对的，其实，他们是怕自己的产业落入同父异母兄弟的手里。”对以上两种分析，我们更倾向于前者，因为它更符合事实和逻辑，倭马亚人的全部政策也说明了这一点。倭马亚人无论任命一个省长，或是法官，甚至是率领众人进行礼拜的教长，都很注意是不是纯粹的阿拉伯血统。在这方面，他们并不像艾斯马尔说的那样求助于星相学的帮助。仅仅因为哈立德·本·阿卜杜勒·盖斯里的母亲是一个罗马女奴，倭马亚人任命他为伊拉克总督便遇到不少困难，他本人也屡遭诗人们的讽刺挖苦。否定艾斯马尔的解释，我们有以下有力的证据：倭马亚人确实任命了女奴生的亚齐德·本·瓦利德、伊卜拉欣·本·瓦利德和麦尔旺·本·穆罕默德担任官职，如果他们相信占星术，就不会重用这些人了。起用这些人的原因是：在倭马亚王朝后期，释奴开始得势，在其权势面前，倭马亚人不得不做出某种让步的姿态。

有一个贝都因人，走到法官赛瓦尔跟前，对他说：我父亲去世了，留下我和弟弟（边说，边在地上画上两道线），还有一个杂种（说着，又在另一边画上一道线）。我父亲的财产应该怎样分呢？法官说：如果没有别的继承人，就把钱分成三份。那个贝都因人说：我想你没有听懂我的意思，我是说，父亲留下我、我弟弟和一个杂种。

赛瓦尔说:钱在你们三人之间平分。贝都因人说:难道杂种跟我们兄弟拿一样多的钱吗？赛瓦尔说:是的。贝都因人勃然大怒,对法官说:“以真主的名义起誓,你的母亲不是贝都因人。”[①]查希兹讲完这个故事后说:“阿比得·基拉比家境贫寒但能言善辩,我问过他:给你一千袋钱,你愿做个杂种吗？他回答道:我不愿轻贱任何东西。我又对他说:信士们的领袖也是女奴生的。他说:真主使信士们受辱了。”

阿里的后裔穆罕默德·本·阿卜杜勒写信责备艾布·加法尔·曼苏尔道:“你应该知道,我绝不是被迫入教的人的儿子,也不是恶魔的儿子,在我的血管中,绝没有女奴的血,我也从来没有被奶妈哺育过。”

倭马亚政权确实不是伊斯兰政权。伊斯兰政权主张人人平等,善有善报,恶有恶报,不管是阿拉伯人还是释奴都是一样。而在倭马亚政权下面,统治者不是百姓的公仆,统治阿拉伯人思想的不是伊斯兰的观念,而是蒙昧时代的观念:是非对错皆因人而异。同一件事,如果是本部落的人干的,就是对的;如果是释奴或其他部落的人干的,就是错的。现在,我们并不想探究释奴在阿拉伯政权下的生活和在波斯、罗马政权下的生活相比是幸福还是不幸,这是研究政治的人所感兴趣的问题。

这里,我们必须再次指出,上面谈到的这种冷酷无情的观念并不是全体阿拉伯人的观念,它只是阿拉伯游牧人和当权者中占统治地位的观念,而在学术界和宗教界中,平等的观念倒是主要的。

---

① 伊本·古太白:《史事泉源》,第2卷,第61页。

学者，不管是释奴，还是阿拉伯人，都以学术成果来为自己增光添彩。再传弟子中就有人是释奴，人们像尊敬阿拉伯人一样尊敬他们，只有宗教和学问才能区别他们的地位不同。阿拉伯人祖赫里、麦斯鲁格·本·艾吉达阿、舒莱哈、赛义德·本·穆赛布和格塔德是再传弟子；释奴哈桑·巴士里、穆罕默德·本·西林、赛义德·本·米贝尔、伊脱邑·本·也撒尔、勒比尔·赖伊和伊本·米赖吉也是再传弟子。不管是阿拉伯人还是释奴，都纷纷向他们学习教义。哈桑·巴士里甚至敢于批评倭马亚王朝的哈里发们。他批评过亚齐德·本·穆赫莱布[1]，说亚齐德一伙和倭马亚人都已脱离正道，陷入迷误之中。他说过这样的话：真主啊！我多么希望大地沉沦，将他们统统吞没。亚齐德带着人来找他算账，有人拔出宝剑，想要杀他，亚齐德却命令他把剑收起来，并对他说：如果你杀了他，支持我们的人就要造反了。[2] 他死后，人们都跟在灵柩后面送葬，清真寺里都没有人做午祷了。哈查吉[3]杀了几千阿拉伯人和释奴，并没有人责备他，而在他杀害了以学识渊博、信仰虔诚而著称的释奴赛义德·本·加比尔之后，却受到了严厉的谴责。

各种历史书和传记记载的这些故事说明当时释奴既遭到鄙视又受到尊敬的情况。乍一听，两者之间似乎有矛盾，其实，并没有什么矛盾。实际上，鄙视释奴的只是政界人士、各部落的上层人士

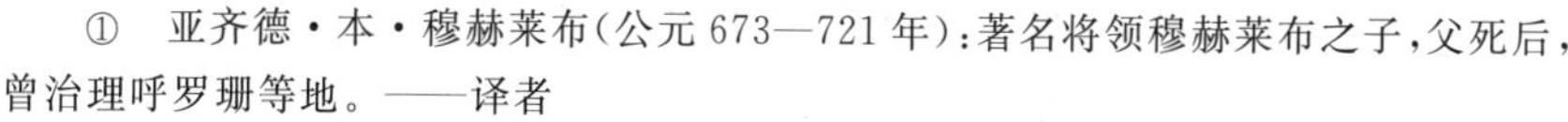

① 亚齐德·本·穆赫莱布（公元673—721年）：著名将领穆赫莱布之子，父死后，曾治理呼罗珊等地。——译者

② 伊本·赫里康：《人物传记》，第2卷，第408页。

③ 哈查吉：全名哈查吉·本·优素福·赛格非，倭马亚王朝的著名将领，以暴虐闻名，卒于公元714年。——译者

和游牧人，而宗教界和学术界人士并不以种族和血缘为重，他们只以宗教和学问为重，以宗教和学问画线。

* * *

与阿拉伯人的宗派主义相抗衡的是释奴，特别是波斯人的宗派主义。他们对阿拉伯人的胜利感到疑惑不解，有人说这是命运开的玩笑。在阿拉伯人面前，他们为昔日的光荣感到自豪，他们是伟大文明的主人，最善于治国安邦。阿拉伯人统治国家不能没有他们的帮助，而由他们来统治，则于阿拉伯人毫无所求。

波斯人没有什么部落观念，也不像阿拉伯人那样重视宗谱。[①] 他们有时倒表现出某种地域观念，如呼罗珊人就是地域观念很强的人。波斯人的民族观念最重，这是很自然的，因为他们从久远的时代起，就跨越了游牧时代，进入了文明时代，变成了一个民族——从完全和准确意义上来说的民族。从倭马亚时代起，就开始自矜于阿拉伯人——这在伊斯玛仪·本·叶撒尔的诗中可以读到。他常在诗中歌颂波斯人的光荣业绩。一次朝见哈里发希沙姆·本·阿卜杜·迈立克，哈里发命他作诗，他便顺口吟诵起来：

吾与尔祖身高贵，门庭可处有灰尘。
名门望族荣无比，唇枪舌剑遐迩闻。
奋身捍卫祖功业，休管帝王与权尊。
波斯豪杰多侠义，骏马轻裘客盈门。

---

① 伊本·赫勒敦：《历史绪论》。

波斯帝王谁堪比，荣耀功勋世绝伦。

沙场血战先士卒，土皇马帝丧胆魂。[①]

旌旗斧钺蔽天日，雄师威风荡乾坤。

若问我是哪一个，小小精生无敌人。

希沙姆听罢勃然大怒，说："你竟敢当着我的面作诗夸耀你自己和你族中的异教徒！"便命左右把他扔到水池里去淹死，仆从们照办，伊斯玛仪差点儿一命呜呼。哈里发又命将他驱逐出境，立刻被放逐到汉志去了。[②]

倭马亚人采取了激烈的行动以便阻止反阿拉伯宗派主义的发展，并且断然惩罚了有关的人员。反阿拉伯宗派主义便由公开的宣传一变而为秘密的号召，这就是阿拔斯的号召。

但我们应该再次明确指出，这种宗派主义并不是全体波斯人的观点，有些波斯人，如我们称之为再传弟子的那些人，伊斯兰教教义已经深入到他们内心深处，他们绝不会忘记，阿拉伯人给了他们数不清的好处——正是阿拉伯人把他们从琐罗亚斯德教的迷误中拯救出来，皈依了伊斯兰教，走上了信主唯一的正道。学术界和宗教界的波斯人并不信什么阿拉伯主义或波斯主义，只信主张人人平等的伊斯兰教。但许多下层人民和权贵却憎恨阿拉伯人，尤其是阿拉伯统治者和倭马亚家族。《诗歌集》作者写道："有一天，伊斯玛仪·本·叶撒尔求见埃姆里·本·亚齐德·本·阿卜杜·麦立克，被拦在门外很久才允许进屋，伊斯玛仪哭着走进去，埃姆

① 土皇马帝指土耳其及罗马皇帝。——译者

② 艾布·法拉吉：《诗歌集》，第4卷，第120页。

里见状便问：艾布·法伊德，你哭什么？伊斯玛仪说：我怎么能不哭呢？凭着我和我父亲的主张，却被阻于门外。埃姆里再三表示歉意，但他仍哭个不停，直到埃姆里又说了几句很诚恳的话，才算停止哭泣。他刚走出屋子，就有一个男人追上来，对他说：请告诉我，伊斯玛仪，你和你父亲的主张究竟是什么？伊斯玛仪说：就是对阿拉伯人的憎恨。伊斯玛仪把女人休了，父亲也去世了，他母亲每天在祈祷的地方咒骂麦尔旺[①]及其家族。有人对他说：说吧，万物非主，唯有真主。他便说：真主诅咒麦尔旺。诅咒麦尔旺就可以接近至高无上的真主，可以代替对真主的祈祷。”

释奴们对倭马亚政权恨之入骨，处心积虑地要推翻它。他们的想法是：倭马亚人执法不公，我们眼看着政权由一个哈里发传给另一个哈里发，暴政却依然如故。真主啊！只有欧麦尔·本·阿卜杜·阿齐兹是个例外。阿拉伯人是统治者，大权在握，绝不会把政权让给波斯人。一旦发出推翻阿拉伯人的政权的号召，反倒会使阿拉伯人和非波斯籍的释奴联合起来对付我们。还是让我们呼吁将哈里发的宝座由倭马亚人转给哈希姆人吧！哈希姆人也是阿拉伯人，和穆圣的血缘关系比倭马亚人更近，这种关系使我们的号召带上宗教色彩，更易于为人接受，深入人心。此外，如果我们帮助哈希姆人夺得政权，他们的行动在我们的策划下得到成功，新政权表面上属于他们，骨子里却归我们所有。那时，我们将登上高位，主持国政，而把显赫的气派、外在的形式留给哈里发。总之，他

---

① 麦尔旺(公元692—750年)：全名是麦尔旺·本·穆罕默德，倭马亚王朝最后一任哈里发。——译者

们得到的只是表面的东西，我们得到的却是真货。这也许就是提出阿拔斯主义口号的波斯人心里想的最重要的东西。奈斯尔·本·撒亚尔向纳扎尔人和也门人发表演说时，曾经提醒他们注意这一内部的敌人，他说：

赖比阿的弟兄们！

战火早已点燃，敌人开始行动。

你等为何内战不休，智者忠谏充耳不闻。

伊卜拉欣·伊玛木在写给艾布·穆斯里姆·呼罗珊尼的信中说："如果你能使整个呼罗珊地区无一人说阿拉伯语，说则格杀勿论，那就干吧！身高五拃[①]以上的少年违反这一条的都应该格杀勿论。要警惕身边的敌人——木达尔人，把他们赶尽杀绝，不让有一个木达尔人逍遥法外。"[②]

呼罗珊是"阿拔斯号召"的发源地。当时的呼罗珊是一片很大的地方，比今天伊朗的霍腊散地区面积大一倍，木达尔人和也门人的王公贵族统治着这个地区，实行的是一种阿拉伯式的统治，或者说是一种部落式的统治。这种情况加剧了阿拉伯人和波斯人，以及也门人和木达尔人之间的仇恨。艾兹德族代表也门人，台米姆族和盖斯族代表木达尔人，都想压倒对方，南面为王。也门人掌权了，便帮助也门人，而鄙视其他人，反之亦然。波斯人夹在两派之间不知如何是好。穆赫莱布·本·艾比·苏弗拉及其家族统治呼罗珊多年，他们是艾兹德人，即也门人，他们的政权是阿拉伯的部

① 拃：量词，表示张开的大拇指和小指两端间的距离。——译者

② 伊本·艾比·哈底德：《辞章之道注释》，第1卷，第309页。

落政权，他们大权在手，富甲天下，便以钱财、权位帮助也门人。马达邑尼说："亚齐德·本·穆赫莱比的代理人卖了一批西瓜，得到四万迪尔汗，这是亚齐德的家当换来的一点收获，亚齐德知道了，便对他说：给我留下两个人，把这些钱分给艾兹德族的老婆子们。"[①]当时，欧麦尔·本·阿卜杜·阿齐兹十分憎恨亚齐德·本·穆赫莱比家族，他说：这些人为富不仁，我不喜欢他们。[②] 巴希利亚人（也就是木达尔人）古太白·本·穆斯里姆统治呼罗珊时，"部落酋长们对他十分冷淡，因为他一贯看不起他们。"[③]后来，木达尔人奈斯尔·本·撒亚尔受命治理呼罗珊。"他在呼罗珊待了四年，所用之人无一不是木达尔人。"[④]由于以上原因，及其他种种因素，也门人和木达尔人的关系恶化了。

当阿拉伯人觉察到波斯人正在联合起来对付他们时，便想统一阿拉伯人的思想，团结自己的队伍。奈斯尔·本·撒亚尔向阿拉伯人发出警告：波斯人要摧垮阿拉伯人。当务之急是阿拉伯人要像波斯人一样团结起来。我们看到，事情的发展远不止于此。"勒比尔、木达尔、也门等阿拉伯部落一致决定发动战争，杀死艾布·穆斯里姆·呼罗珊尼。"[⑤]但艾布·穆斯里姆一伙策划阴谋，重新挑起了阿拉伯各部落的不和。"艾布·穆斯里姆写信给谢班·哈里吉，信中既谴责了也门人，也责备了木达尔人，他还嘱咐

① 伊本·赫里康：《人物传记》，第 2 卷，第 395 页。
② 同上书，第 404 页。
③ 伊本·艾比·哈底德：《辞章之道注释》，第 1 卷，第 309 页。
④ 伊本·赫勒敦：《历史绪论》，第 3 卷，第 97 页。
⑤ 同上书，第 121 页。

给木达尔人送信的人，把责备木达尔人的信给也门人看，又嘱咐给也门人送信的使者把责备也门人的信给木达尔人看。”[①]他还派人带口信给也门人的领袖阿里·本·克尔马尼，说：“奈斯尔·本·撒亚尔刚刚杀了你的父亲，并把他钉在十字架上，难道你能跟他和解吗？我简直无法想象你会同他在同一个清真寺里做礼拜。”[②]在这一番策划之后，艾布·穆斯里姆终于成功了。“奈斯尔·本·撒亚尔找到艾布·穆斯里姆，要求他和木达尔人站在一起；与此同时，勒比尔和葛哈唐人也派人求见艾布·穆斯里姆，提出同样的要求。书信来往若干时日之后，艾布·穆斯里姆便命令双方派代表团来会见他，以便做出抉择。各方的代表团来了，艾布·穆斯里姆听了双方的陈述。”然后，宣布了他的选择：“我站在阿里·本·克尔马尼一边，站在葛哈唐和勒比尔族一边……”木达尔族代表团深受屈辱，满面忧伤地起身离去了。[③]

也门人、勒比尔人以及波斯人都奋起反对倭马亚王朝。在那些和倭马亚王朝作过战的统帅和领袖中有许多阿拉伯人，其中葛哈托巴·塔依的权势最大，他曾向呼罗珊居民发表演说，用一种奇特的语气贬低阿拉伯人，抬高波斯人。他简直比波斯人还波斯人。他是这样说的：呼罗珊居民啊！这个国家原本属于你们祖先，他们公正清廉，因而能够所向无敌。可是，后来他们变得暴虐无道。至高无上的真主大发雷霆，剥夺了他们的权力，并让大地上最卑贱的民族来征服他们，统治他们，奴役他们的子孙后代。这些新的统治

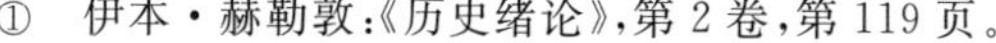

① 伊本·赫勒敦：《历史绪论》，第 2 卷，第 119 页。

② 塔巴里：《先知与帝王历史》，第 9 卷，第 97 页。

③ 同上。

者曾主持正义，信守诺言，扶危济贫，但后来，他们也变了，变得强横霸道，竟然恐吓圣裔——那些忠义虔诚的人们。既然你们要求报仇，真主便授权予你们，向他们复仇，给他们以最严厉的惩罚。[①]在阿拉伯人完成了自己的使命后，艾布·穆斯里姆便杀死了阿拉伯人的领袖以示惩罚。

*　　　*　　　*

倭马亚王朝垮台了，阿拔斯王朝建立起来了。波斯人实现了他们的部分愿望，但并非全部愿望，其最大愿望是建立由波斯国王统治、由波斯大臣辅佐的波斯王国。他们所得到的成果并非一钱不值。阿拔斯王朝的哈里发们，以及学者和历史学家们都相信阿拔斯王朝是建立在波斯人肩膀上的。达乌德·本·阿里[②]在演说中说：库法人啊！我们一直受人压迫、欺凌，权利得不到保证，后来，真主派来了呼罗珊人，帮助我们扫除了障碍，恢复了权利，建立起我们自己的国家。真主让你们看到了你们一向期待和盼望的一切——哈希姆人的哈里发登上宝座，他帮助你们战胜了沙姆人，为你们脸上增光添彩。[③] 艾布·加法尔·曼苏尔说过："呼罗珊人啊！你们是我们的支持者，与我们志同道合。"[④]查希兹也说过："阿拔斯人的国家是外族人和呼罗珊人的国家，而麦尔旺人的国家则是阿拉伯人和贝都因人的国家。"[⑤]由于阿拔斯王朝是在呼罗珊

① 塔巴里：《先知与帝王历史》，第 9 卷，第 106 页。

② 达乌德·本·阿里，哈里发曼苏尔的叔父。

③ 塔巴里：《先知与帝王历史》，第 9 卷，第 127 页。

④ 麦斯欧迪：《黄金草原》，第 2 卷，第 190 页。

⑤ 查希兹：《修辞与阐释》，第 3 卷，第 206 页。

诞生的,所以,巴格达的呼罗珊门也叫作国门。[1] 曼苏尔在去世前嘱咐儿子道:“吾嘱尔善待呼罗珊人。呼罗珊人乃吾儿左臂右膀,曾为社稷尽忠效力,吾儿应对彼等广布仁爱,多施恩惠,宽宥其过错,奖励其功勋,抚恤其死后留下之眷属及子嗣。”[2]

接踵而来的便是波斯人权势的增长,以致历史学家们把波斯势力的增长和阿拉伯势力的削弱视为阿拔斯时代最大的特点之一。

但阿拉伯人究竟衰弱到了何种程度呢?阿拔斯王朝波斯人的权势和倭马亚王朝阿拉伯人的权势能相提并论吗?阿拉伯人和释奴之争就此消失了吗?实际情况并非如此。阿拔斯王朝的哈里发是哈希姆阿拉伯人,至少从父系来说是这样,他们以此为荣,视为最珍贵的东西。尽管他们始终牢记波斯人的帮助,但绝不会忘记自己的阿拉伯属性。一旦感到波斯人在与自己争权夺利,就会像曼苏尔惩罚艾布·穆斯里姆、拉希德惩罚伯尔麦克家族、[3]麦蒙惩罚法得勒·本·赛赫勒一样地惩罚波斯人。在阿拔斯王朝前期,波斯人权势极大,但这并不意味着阿拉伯势力已经销声匿迹。最大的官职如大臣之职是在波斯人手里,但哈里发是哈希姆阿拉伯人,他手下既有阿拉伯将领、省长,也有波斯将领、省长。比如,曼苏尔军队就是由也门人、木达尔人、勒比尔人和呼罗珊人四部分人组成。[4] 麦蒙任命塔希尔管理警察的同时,也任命了一批哈希姆

① 麦斯欧迪:《黄金草原》,第 2 卷,第 183 页。

② 塔巴里:《先知与帝王历史》,第 9 卷,第 219 页。

③ 伯尔麦克家族,一个著名的波斯家族,在公元 750—803 年期间,执掌朝政,权势极大。公元 803 年受到哈里发拉希德严厉打击,从此一蹶不振。——译者

④ 塔巴里:《先知及帝王历史》,第 9 卷,第 282 页。

人统治沙姆各省。[①] 曼苏尔任命穆罕默德·本·哈立德·本·阿卜杜拉·盖斯里治理两大圣地，[②]拉希德也任命许多阿拉伯人治理各地。[③] 在阿拔斯时代，阿拉伯王公贵族、大臣将领中声名显赫者大有人在，如赛义德·本·赛勒姆·巴赫利、穆阿尼·本·扎依德·谢巴尼、艾布·杜莱夫·伊吉利、鲁哈·本·哈提姆·本·格比萨、穆赫莱布·本·艾比·苏弗拉、素玛迈·本·艾施莱斯等人。

因此，可以这样说：阿拔斯人的起义使天平偏向波斯人一边，但阿拉伯人仍然存在，这就使得双方之间的斗争仍在继续进行。下面，让我们做一简单介绍。

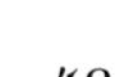

我们看到，这个时代的人仍然喜欢以阿拉伯宗系和血统自诩，连艾布·穆斯里姆·呼罗珊尼也给自己编造了阿拉伯宗谱，说他是赛里脱·本·阿卜杜拉·本·阿拔斯的后裔。[④]《诗歌集》告诉我们：和拉希德关系密切的易司哈格·摩苏里在拉希德御前和伊本·加米阿辩论，双方相持不下，伊本·加米阿破口大骂，易司哈格便投靠了阿拉伯人哈齐·本·赫齐迈，被收为释奴。易司哈格有诗吟道：

如若吾是自由身，哈齐父子欺吾心；

扬眉吐气不屑顾，坐摘星辰不起身。[⑤]

这个故事再清楚不过地说明：那个时代的非阿拉伯人，包括有

---

① 脱夫尔：《巴格达史》，第 64 页。

② 杰赫谢亚里：《大臣和书记传记》，第 138 页。

③ 塔巴里：《先知及帝王历史》，第 10 卷，第 112 页。

④ 同上书，第 9 卷，第 167 页。

⑤ 艾布·法拉吉：《诗歌集》，第 5 卷，第 56 页。

权有势者也需依附阿拉伯人以求自保。《诗歌集》中提到这样一个故事：阿里·本·哈利勒有一个波斯朋友，外出多年，回到库法时已成巨富，自称出身于台米姆部落，阿里写诗讽刺道：

朝为释奴身，暮为阿拉伯人。

其实非此非彼，两边皆非人。

嗅嗅苦艾花，从此换金身，

攀得形相似，粗劣哪堪问。

《诗歌集》还提到这样一件事：瓦利卜·本·胡巴布自称出身阿拉伯宗系，艾布·阿塔希叶在诗中写道：

瓦利卜啊！你自称阿拉伯人；

椰枣优劣混难分，

当个好释奴吧！

海阔天空任你飞。

凭真主起誓，

你是释奴身。[①]

还有一个人也自称出身阿拉伯宗系，拜沙尔有诗吟道：

甚怜阿慕尔，只是玻璃身。

身世何渺小，提灯难找寻。

穆哈莱德·摩苏里说：

对我来说，你是个阿拉伯人。

阿拉伯人，好个阿拉伯人！

① 艾布·法拉吉：《诗歌集》，第16卷，第149页。

睫毛眼面全是苦艾、茵陈。①

倘若当时阿拉伯人的地位和作用真是低落到了某些历史学家描写的那种状况，上面读到的攀附阿拉伯宗系并以此自豪的行为能够达到这种程度吗？

我们看到这场阿拉伯运动推动着一场波斯运动。伊斯玛仪·本·叶撒尔等人在倭马亚时代曾经发出微弱的声音，随即遭到迫害，但这一声音在阿拔斯时代已经变成了强有力的自由的声音。波斯运动的领袖拜沙尔在诗中表达他对呼罗珊自豪的感情时，写道：

堪笑空自大，妄言贱吾门，
诬人原自诬，永世为痴人。
吾族高天日，令尔气断魂，
呼罗珊至尊，族谱入青云。

诗人拜沙尔这样夸赞非阿拉伯人：

族人鬼缠身，争问我何人，
吾乃一名士，为何无所闻，
问者需努力，知我高贵身，
来自阿米尔，②望族及名门。
谱系流长远，波斯古莱氏人。

这几行诗是当着迈赫迪的面吟诵的，并没受到惩罚。伊本·叶撒尔吟诗时，哈里发希沙姆只是问他：你是哪族人？答：我是骑士最多、杀敌最勇敢的图哈力斯坦人。③

① 安查里：《文学家论文集》，第1卷，第222页。
② 阿米尔：阿拉伯部落名。——译者
③ 图哈力斯坦：地名，在今阿富汗境内。——译者

他在诗中否认隶属关系：

吾乃真主一释奴，其余皆系小人身。
凭君功勋绩，耀尔高贵身，
尔主极尊贵，胜过台米姆。
即使古莱氏人，也无法相提并论，
归去投尔主，无人敢阻拦，
尔主至尊至大，赞词天下闻。

他还号召释奴摆脱对阿拉伯人的依附关系。《诗歌集》写道：一个宰德·谢里夫族的人对拜沙尔说："拜沙尔，你带坏了我们的释奴。你号召他们和我们疏远，抛弃'隶属关系'，引诱他们返回故宗，而你本人出身不明不白，你的宗系不干不净。"拜沙尔回答说："真主啊！我的出身比黄金还尊贵，我的宗系纯洁无疵。可你的宗系呢，世上没有一只狗愿意跟随你。"[①]

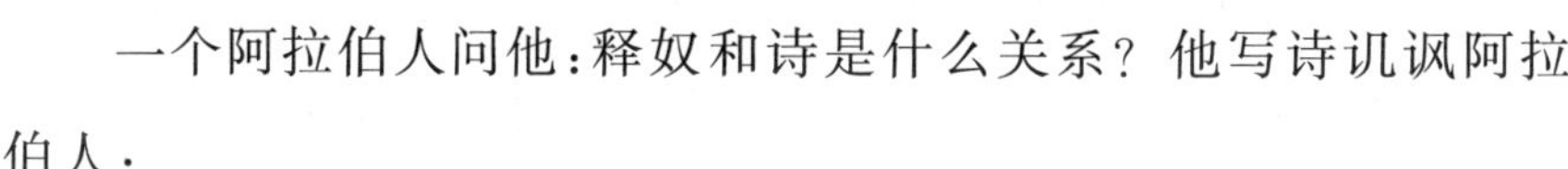

一个阿拉伯人问他：释奴和诗是什么关系？他写诗讥讽阿拉伯人：

赤裸无衣着绫罗，邀友谈笑酒酣畅，
牧人之子夸自由，岂知大祸正临头，
尔用演词谤释奴，鼠辈得意妄贵尊，
昔日口渴无清泉，与犬共饮舔四邻，
松鸡尚且难到手，怎能再把箭猪擒，
画蛇添足多此举，牧羊跑到不毛地。[②]

---

① 艾布·法拉吉：《诗歌集》，第 3 卷，第 51 页。
② 同上书，第 33 页。

拜沙尔有很多这样的诗，说明他是敌视阿拉伯人运动的领袖，而他们能够肆意讽刺挖苦阿拉伯人，这种情形也是倭马亚时代所没有的。

号召将宗系归于科斯拉[①]的宣传日渐增多了，贾哈扎在诗中吟道：

众人争归科斯拉，奈伯特人今何在？[②]

*　　　*　　　*

无疑，波斯人的势力在阿拔斯前期增强了，而且在与日俱增。

正式任用释奴担任公职的情况在倭马亚时代是很少见的，绝无仅有的几次任命也曾引起公愤。比如，当时任用过肯德的释奴莱贾·本·海依沃，还曾任命释奴欧麦尔·本·阿卜杜·阿齐兹为古拉山谷的长官，但这几件事都受到谴责。但在倭马亚时代罕见的事到了阿拔斯时代却变得司空见惯了。曼苏尔率先大量任用释奴。苏郁退说："曼苏尔率先任命释奴担任公职，其地位在阿拉伯人之上。曼苏尔之后这种事情便多起来了，最后连阿拉伯人的领袖地位都丧失了。"我们之所以这样说并非曼苏尔之前的哈里发从未任用过释奴，我们只是说：曼苏尔使任用释奴成为一个基本原则，并使他们的地位高于阿拉伯人。正是在这个意义上，我们说，曼苏尔是始作俑者。杰赫谢亚里在他的著作《历代大臣传记》中写道：曼苏尔任命担任公职者多为释奴。[③] 麦斯欧迪在谈到曼苏尔时说："他是率先任用释奴、仆役担任公职，委以重任，并使其地位

① 科斯拉：古代波斯国王的称号。——译者

② 安查里：《文学家论文集》，第2卷，第223页。

③ 参看杰赫谢亚里：《历代大臣传记》，第139、153、155、157页。

高于阿拉伯人者。从他儿子起，以后历任哈里发均纷纷效仿，从此，阿拉伯人的权势、地位丧失殆尽，阿拉伯民族沉沦、灭亡了。”[①] 塔巴里写道：“曼苏尔有一名棕色皮肤的仆人，十分能干。一天，曼苏尔对他说：你是什么种族的人？答曰：阿拉伯人，穆民的领袖！又问：哪个部族的阿拉伯人？答曰：哈兰族人。我在也门被俘，被施以腐刑，从此为奴。曾服侍过倭马亚人，后转到宫中伺候您。曼苏尔说：你真是个好孩子！但我宫中不允许阿拉伯人伺候内眷。走吧，真主原谅你，到你愿意去的地方去吧。”[②]《诗歌集》写道：艾布·努里莱站在艾布·加法尔门前求见，不允，却见一群呼罗珊人出出进进，并把他奚落了一番，他们看见一个骨瘦如柴的阿拉伯老人，又取笑了一阵。

尽管如此，曼苏尔还是任用了一些阿拉伯人。他曾任命赛勒姆·本·古太白·巴赫里治理巴士拉，同时，他也任命了一位释奴治理巴士拉和乌布来各地。[③] 前面，我们还谈到过，艾布·加法尔的军队是由阿拉伯人和非阿拉伯人组成的。

拉希德上台后，波斯人得力于伯尔麦克家族之助势力更大了，成为国家事务的实际支配者。随着整个波斯民族势力的增强，波斯人个人的势力也增强了。他们采取了一项严密的政策，塔巴里曾经谈到过他们的做法，即“由伯尔麦克人法德勒·本·叶海亚在呼罗珊组建了一支非阿拉伯人的军队，称为阿拔斯军，使其归附于阿拔斯人名下。这支军队人数达到五十万人之多，其中两万人驻

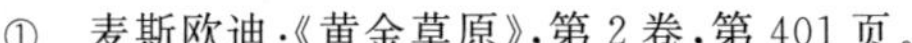

① 麦斯欧迪：《黄金草原》，第 2 卷，第 401 页。

② 塔巴里：《先知和帝王历史》，第 9 卷，第 316 页。

③ 伊本·古太白：《史事泉源》，第 1 卷，第 290 页。

扎在巴格达，称作‘库伦比亚军’，其余留在呼罗珊，保留原建制”。[①]

在麦蒙时代，他们的势力又有所增强。波斯人取得了第二次胜利，其意义不次于阿拔斯人战胜倭马亚人的胜利，因为大多数波斯人拥戴麦蒙，而大多数阿拉伯人则拥戴艾敏，麦蒙的胜利遂被视作波斯人的胜利。脱夫尔在其所著《巴格达史》一书中写道："外国人骑着快马，手持弓箭，在麦蒙面前驰骋。"[②]塔巴里写道："一个沙姆人多次晋见麦蒙，对他说：穆民的领袖啊！像对待呼罗珊的波斯人一样对待沙姆的阿拉伯人吧！麦蒙说：沙姆兄弟，你的要求太过分了。只要我的国库里还有一个迪尔汗，我就不允许盖斯人离开军队。至于也门人，我不喜欢他们，他们也不喜欢我；至于古达阿族，其领袖们都是苏福扬的追随者，无时无刻不盼着苏福扬家族东山再起；还有勒比尔族，当真主从木达尔人中选出其先知时，他们就对真主心怀不满了……忘掉真主对你的所作所为吧！"[③]

穆阿台绥姆上台后，土耳其人便取代了波斯人，把波斯人和阿拉伯人，都整了一通，这方面的情况在谈到阿拔斯王朝后期的历史时将详加说明。

* * *

释奴，尤其是波斯籍释奴的势力表现在以下几个方面：

一、哈里发宫中释奴充斥，后宫宦官众多。在后宫使用宦官不是阿拉伯人的习惯，而是从拜占庭人那里学来的。

① 塔巴里：《先知与帝王历史》，第10卷，第62页。

② 脱夫尔：《巴格达史》，第15页。

③ 塔巴里：《先知与帝王历史》，第10卷，第296页。

二、内阁等重要机构几乎全被波斯人控制着。

三、波斯新年、戴礼帽等波斯传统风俗流传日广。

四、波斯文化的传播。后面将专章论述。

阿拉伯人没有向释奴的势力屈服，他们进行了抵抗。阿拉伯人和释奴之间的斗争以多种形式进行着。时而激烈，时而和缓。有时，斗争需要在哈里发周围策划阴谋，阿拉伯人便使用谋略来对付释奴，释奴们也如法炮制，其结果是哈里发不得不对大臣们严加惩治，以致有人这样说：

圣裔宰相身皆死，异族怀恨反为臣。

大臣们的历史是由一连串的灾难构成的。无可否认的是：许多灾难的产生是由于哈里发们在阴谋的笼罩下感觉到了波斯人势力的膨胀，并且发现他们背着自己独断专行。伊本·赫勒敦说：“伯尔麦克家族之所以连连遭到镇压，主要是他们对国事独断专行，并侵吞国税。拉希德要一点点钱都得不到。他们控制了拉希德，和他共同掌权，而拉希德则失去了主事的权力。他们的影响大为膨胀，声势显赫，他们的儿子们和代理人也占据了国家要职，无论是内阁、文书处、兵部、侍从，无论是文还是武，都在他们的掌握之中。”他还说：“伯尔麦克家族得到的颂扬连哈里发也得不到。他们给亲朋好友许多赏赐，控制了许多村镇田庄。他们的独断专行遭到亲信的抱怨和上层人士的憎恨。竞争和妒嫉出现了，阴谋诡计在他们身边策划着，就连哈里发加法尔的外戚——葛哈托巴人也向他们施展阴谋。”①

① 伊本·赫勒敦：《历史绪论》，第13页。

阿拉伯人奈伊姆·本·哈齐姆和波斯人法德勒·本·赛赫勒在麦蒙御前展开辩论。法德勒主张由阿拉维派继承哈里发王位，奈伊姆便对法德勒说："你是想把哈里发王位由阿拔斯人手上转到阿里的子孙手上，然后，通过施展阴谋诡计，将王位最后转给波斯国王科斯拉的后裔。"①

许多占据高位的波斯人总是尽其所能地迫害阿拉伯人，艾弗兴对艾布·德尔弗·伊吉利的迫害就是一例。艾弗兴是小亚细亚艾施鲁桑地区的波斯人，是穆阿台绥姆军队的司令，他从内心深处痛恨阿拉伯人，曾扬言："如果我战胜了阿拉伯人，就要用大棒敲碎那些阿拉伯权贵们的脑袋。"②

我们在以后谈到"伪信"时，还将提到此人。而艾布·德尔弗·伊吉利则是纳扎尔地方的阿拉伯人，过着阿拉伯式的生活。他慷慨大方、勇敢无畏，深受众人赞扬。他家的门对诗人、文学家和乞丐总是敞开着的，他的钱财也常分给他们。他也是穆阿台绥姆手下的一名将领。"他是部落的领袖，是伊吉利等地的勒比尔族人的首领，是一个有名的诗人和歌唱家，也是一个勇士和英雄。"③

台努赫在他的著作《紧张后之宽松》一书中写道：艾弗兴要杀害艾布·德尔弗，便将他铐上手铐，让他坐在自己跟前的皮垫子上，怒声痛斥了一番。麦蒙和穆阿台绥姆的法官阿拉伯人艾哈迈德·本·艾比·杜瓦德闻讯后，知事情火急，匆匆赶到艾弗兴处，未经通报便闯进艾宅，对艾弗兴说："艾布·德尔弗是阿拉伯人的

① 杰赫谢亚里：《大臣和书记传记》，第292页。

② 查希兹：《修辞与阐释》，第3卷，第33页。

③ 麦斯欧迪：《黄金草原》，第2卷，第277页。

骑士和显贵，请手下留情，饶他一命。如果你认为他无权享受这一恩惠，权当赐给全体阿拉伯人好啦。你也知道波斯国王较阿拉伯国王更加受到尊敬，从科斯拉到努尔曼都是如此。你是波斯人的后裔，对一位阿拉伯显贵，请予宽容”。艾弗兴拒绝接受他的规劝。伊本·艾比·杜瓦德明白自己在穆阿台绥姆跟前的地位，可以用哈里发的名义说话，便对艾弗兴说：我是穆民的领袖派来的使者。他说了这样的话：跟卡塞姆·本·尔撒不用多说，告诉他一句话就行了：“如果你杀了他，你将被处死。”后来，艾哈迈德跑到穆阿台绥姆那里把自己说的话一五一十地禀告他，得到了他的认可。就这样，一位阿拉伯的大人物从一位波斯大人物手上得救了。[1] 在那个时候，艾哈迈德·本·艾比·杜瓦德常利用职务之便，紧急时刻拯救阿拉伯人。他常对穆阿台绥姆说：“某人是哈希姆家族的，某人是古莱氏族的，某人是安萨利族的，某人是阿拉伯人。”他总是苦苦哀求，直到哈里发应允为止。[2]

阿拉伯人和释奴之争的另一种形式是用文学的形式吹嘘自己的宗族，这种文学上的斗争在倭马亚时代是很盛行的。如波斯人阿卜杜勒·本·塔希尔和倭马亚阿拉伯人穆罕默德·本·亚齐德之争。前者夸耀自己的波斯谱系，后者便以自己的阿拉伯谱系回敬之。阿卜杜勒曾吟诗一首，炫耀祖先的业绩和杀死艾敏的功劳。其诗曰：

免开尊口少言谈，何暇与尔费周旋，

---

① 台努赫：《紧张后之宽松》，第 2 卷，第 68 页。

② 麦斯欧迪：《黄金草原》，第 2 卷，第 294 页。

吾人宗谱尔知晓，先辈个个是英豪，
先父功高盖世，谁人能与相比，
君不见艾敏葬身处，[①]世人议论纷纷，
长眠地下土为寝，精灵下世扭乾坤，
挥戈直指纳依奈，[②]驰骋疆场无挡敌，
呼罗珊人挥宝剑，骁勇胜似虎下山，
杀敌争先谁肯后，献身真主无懦夫。[③]

穆罕默德·本·亚齐德说，我听到这首诗，真为阿拉伯人愤愤不平。异族人竟敢在阿拉伯人面前自吹自擂，吹嘘他用兄弟的剑而不是他本人的剑杀死了阿拉伯人的王，并肆意贬低阿拉伯人。我回敬了一首诗，诗的开头是这样：

众说纷纭休惊愕，胡言乱语皆邪恶，
拜火之徒哪堪训，劣种无行怎论提，
夸耀家谱混血儿，尔父乃是卑贱人，
杀人凶手需抵命，以血还血理自成。

诗中还写道：

未见血统荣宗绩，功勋显赫系他人。
贱民诋毁擅中伤，王侯之举亦不仁。

波斯人以诗回敬之，诗云：

波斯上层皆显贵，只因不是部落人，

---

① 艾敏（公元787—813年）：阿拔斯王朝第六任哈里发，与其弟麦蒙争夺哈里发位，公元813年遇害。——译者

② 纳依奈：地名。——译者

③ 台努赫：《紧张后之宽松》，第1卷，第74页。

主宰乾坤称王侯，非比汝辈牧羊人。

此诗传出后，又有阿拉伯人作诗反驳之，其诗曰：

劝尔莫猖狂，自比波斯王，

王若循此道，御座亦动摇。

阿拉伯人和释奴之间的斗争还有第三种形式，即学术方面的斗争，我们以后将谈到。

这场斗争的结果是阿拉伯人的失败和释奴的胜利。但应该说明的是，阿拉伯人的完全失败是在政治和行政方面，而在宗教和语言方面，阿拉伯人倒是胜利了。波斯的琐罗亚斯德教无法和伊斯兰教并驾齐驱，释奴们使用的各种不同的语言也不能影响阿拉伯语的地位，只能为它服务，并从各方面帮助它提高。释奴们在为政治目的而奋斗并取得胜利的同时，也为宗教和语言而工作着——制定语法，解词释义。不时喷吐毒焰的异教运动，虽然留下了微不足道的影响，但被强力压制住了。用波斯语取代阿拉伯语的努力在阿拔斯王朝前期并没有得到什么响应，阿拉伯语仍是正式语言，既是宗教语言，又是学术语言，释奴们也争先恐后地学习阿拉伯语，精通的程度不次于阿拉伯人。下面仅举一例说明之：艾布·穆斯里姆·呼罗珊尼精通阿拉伯语，并能读懂短长格诗。[①] 当时多数精通阿拉伯语的作家都是波斯人。艾斯麦伊在谈到这种现象时说：在一个阿拉伯国家讲波斯语是最叫人尴尬的事情。[②]

① 艾布·法拉吉：《诗歌集》，第18卷，第123页。

② 伊本·古太白：《史事泉源》，第1卷，第296页。

第三章　舒欧比亚主义

综上所述，我们可以说：在阿拔斯王朝前期，有三种观点占据统治地位：

第一种观点认为阿拉伯人是最优秀的民族，其理由可概述如下：

（一）阿拉伯人一直享受着独立。在蒙昧时代，他们与波斯、罗马两国相邻。这两个国家东征西伐，建立了泱泱大国，拥有无数兵卒、武器、装备。尽管如此，他们却从未敢侵犯阿拉伯人的独立，未敢践踏阿拉伯人的家园。恰巧相反，他们百般奉承阿拉伯人。在希拉，[①]他们求助于赖赫米人；在沙姆，求助于格沙尼人，赠给他们钱财，赏赐他们房舍，以求得他们的保护，免受半岛上的阿拉伯人的侵扰。可以说，波斯、罗马两个大国对阿拉伯人的需要胜过阿拉伯人对他们的需要。

持这种观点的人并不认为波斯、罗马两国之所以偏安一隅，不敢进犯，是因为阿拉伯半岛上没有什么令人垂涎的资源。他们认为：波斯、罗马之所以隔河相望，不敢轻举妄动，是因为阿拉伯人的勇敢和坚定。他们有力量在这片土地上进行游击战，任何正规军

① 希拉：地名，在今伊拉克境内。——译者

队都不能适应其作战方法，更不能与之抗衡。

在宗教方面，阿拉伯人不仅保持了伊斯兰教的独立，而且还剥夺了波斯人的独立，使波斯人臣服于他们的统治；阿拉伯人还击溃了罗马军队，把他们逐出国境。

（二）阿拉伯人具有许多优秀的道德品质。他们最慷慨大方，最急公好义。有客来访，他们会立即迎上前去，表示欢迎，并会把自己唯一的一头骆驼宰了来款待客人。他们听到呼救，会飞奔上前。他们又是最忠实可靠的民族，一言既出，铁板钉钉。朋友有难相投，便以邻居之礼相待，尽邻居之责，使朋友在他们家里像孩子在父母身边一样自由自在。此外，他们还是最善于辞令的民族。他们是诗歌之源，他们急智如涌，妙语如珠，他们的话语花样翻新，为他人所不及。他们又是最注重谱系的民族，无一人不知自己之宗族及祖先之名姓。如果有人列入他人宗族，大家均知其伪。阿拉伯人牢记其谱系，并据此建功立业。

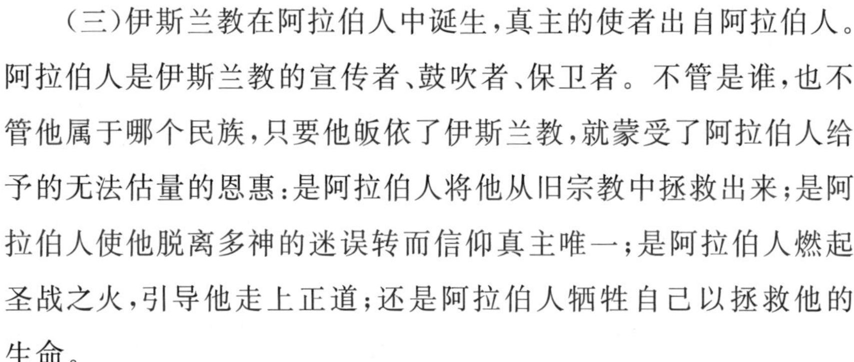

（三）伊斯兰教在阿拉伯人中诞生，真主的使者出自阿拉伯人。阿拉伯人是伊斯兰教的宣传者、鼓吹者、保卫者。不管是谁，也不管他属于哪个民族，只要他皈依了伊斯兰教，就蒙受了阿拉伯人给予的无法估量的恩惠：是阿拉伯人将他从旧宗教中拯救出来；是阿拉伯人使他脱离多神的迷误转而信仰真主唯一；是阿拉伯人燃起圣战之火，引导他走上正道；还是阿拉伯人牺牲自己以拯救他的生命。

以上是持第一种观点的人最重要的论据。

据说，有一次一群人和伊本·穆加发在米尔拜德地方聚会，当伊本·穆加发问起哪个民族最有理智时，大家面面相觑，以为他要大家回答他的老家波斯，便答道：波斯人。伊本·穆加发却说：不对。波斯人虽然拥有辽阔的土地，并从他们中涌现出伟大的国王，还征服过众多的民族，但他们并没有用自己的头脑发明过什么东西，也没有创造过什么哲理。众人又说：罗马人?！伊本·穆加发说：罗马人都是工匠。众人又说：中国人?！答道：中国人妙语连珠。又问：印度人?！答：印度人是哲学家。又问：苏丹人?！答：真主子民中最低劣者。众人说：那你说吧。伊本·穆加发说：阿拉伯人。众皆哗然。伊本·穆加发说："我原本就知道你们不会同意。我虽然不是出身名门，但却不乏学识。阿拉伯人是独特的。阿拉伯人是骆驼和羊的主人，是毛和皮的享用者。他们每个人都贡献出力量，作出努力，同甘共苦，共同奋斗。阿拉伯人聪明睿智，写什么，像什么；做什么，成什么。一支生花妙笔，肆意褒贬。他们还善于自我教育，靠着认真的态度、热诚的心肠、能言善辩的口才提高自己的地位，……真主通过他们传播伊斯兰教，使之留传到末日来临……因此，谁损害他们的权利，谁就要倒霉；谁对他们忘恩负义，谁就要遭殃。"①

据说，伊本·穆加发在谈到诗及诗的特色时说过："还有什么样的智慧能比一个阿拉伯牧童的智慧更卓绝、更奇特的呢！他从来没有到过农村，也从来没有吃过一顿饱饭；他生性孤僻，远离人群，只喜欢荒郊野外、飞鼠羚羊；他惯与鬼魅为伍，与精灵结伴。但就是这样一个牧童，一旦作起诗来，就能描写出闻所未闻、见所未见的景象来，他还能评论各种品德的优劣，时而赞美，时而讥讽，时

① 伊本·阿卜杜·莱比：《罕世璎珞》，第2卷，第50页。

而谴责。人们对他怎样描写，怎样赞扬，都不为过。”[1]我们虽有一些理由怀疑伊本·穆加发的这些言论是否正确，但不管怎么样，我们还是引用了，因为它代表了第一种观点。

查希兹说：“世上没有一种语言比智慧过人、能言善辩的阿拉伯游牧人的语言更加有益、更加华丽、更加动听、更加使人心旷神怡、更加符合健康理智的逻辑、更加有利于锻炼口才。”[2]

代表第一种观点的是阿拉伯贵族和游牧人，也有虔诚信仰伊斯兰教、衷心热爱穆圣和阿拉伯人（因为先知是阿拉伯人，而他们也是经阿拉伯人之手皈依伊斯兰教的）的外族人。

第二种观点认为阿拉伯人并不优于其他民族，他们认为，没有任何一个民族比另一个民族优越。“所有的民族都是由同一块泥土造成，来自同一个人的血统。”个人之间有优劣，民族之间没有优劣。“人之优劣不在父亲或父辈的功勋，而在他自己的作为、品德的高贵和勤奋的程度。君不见意志薄弱、无所作为者即使出身哈希姆、倭马亚、盖斯家族的显赫名门也不能飞黄腾达。高贵者乃行为高贵、意志坚定者也。”[3]

持这种观点的人主张民族平等。认为阿拉伯人不能因其为阿拉伯人而优于其他民族，反之亦然。无论是阿拉伯血统还是非阿拉伯血统都不是决定优劣的因素，决定优劣的因素在一些人是宗教——仅仅是宗教，而在另一些人则是高尚的品德。关于这一点，《古兰经》写道：“众人啊！我确已从一男一女创造你们，我使你们

① 《文萃》，第2卷，第2页。

② 同上。

③ 伊本·阿卜杜·莱比：《罕世璎珞》，第3卷，第89页。

成为许多民族和宗族，以便你们互相认识。在真主看来，你们中最尊贵者，是你们中最敬畏者。”[①]圣训写道：“阿拉伯人仅以信仰虔诚而优于外族人。”“信士的血是一样的，只有良心决定谁更接近真主。对教外之人他们抱成一团。”麦蒙说：“高贵的品德等于高贵的谱系。有的阿拉伯贵族比非阿拉伯贵族强，但也有非阿拉伯平民比贵族强的；非阿拉伯人中，有的贵族比阿拉伯贵族强，但也有阿拉伯平民比贵族强的。”[②]

伊本·古太白在为阿拉伯人辩护，并分析了阿拉伯人优于其他民族的特点后，又回过头来批评阿拉伯人，确定了平等的原则，在其最后一本著作《阿拉伯人的优势》一书中，说：“公平地说，所有的人都来自同一个父亲和母亲。他们由泥土造成，还要回到泥土中去。他们都要经过尿道，全身沾满污浊，这就是他们的最高的宗系，这种宗系使有理智的人放弃了自尊、自大和以宗系而自诩。真主才是他们的归宿，在真主那里，宗谱断了线，门第落了空，只有以虔信、服从真主为谱系的人才能得免。”[③]

持第二种观点的人，其理由是：每个民族都有好人、坏人，每个民族也都有优点、缺点。实际衡量的最佳标准是宗教和道德。以这两个标准衡量民族是不可能的，衡量个人却是可能的。说一个人比另一个人好，是指其宗教信仰和品德，绝无其他标准。持这种观点的人被称作“平均主义者”，即主张民族平等，不承认一民族优

① 马坚译：《古兰经》，49：13。——译者

② 安查里：《文学家论文集》，第1卷，第219页。

③ 伊本·阿卜杜·莱比：《罕世璎珞》，第2卷，第53页。

于另一民族的人。伊斯兰教的精神和原则是支持这一派的观点的，所以，大多数阿拉伯和非阿拉伯宗教人士和学者都属于这一派。

第三种观点倾向于贬低阿拉伯人的作用，主张其他民族优于阿拉伯人，其理由如下：

（一）每个民族都有足以自豪的特长，唯独阿拉伯人例外。如罗马人以其权势、城市众多、文明发达而自豪；印度人以哲学、医学、人口众多、江河纵横、物产丰富而自豪；中国人以工艺和美术而光耀四方。唯独阿拉伯人，我们找不到什么特长足以与上述各民族抗衡。阿拉伯的土地是荒芜的，生活是原始的。在蒙昧时代，他们穷到杀子果腹，终日征伐抢掠不得安生。做一点小小不言的好事，如给受饥挨饿的人一点残羹剩饭，给伤病者一点救济，就又是诗，又是散文地大肆宣扬，得意忘形地自吹自擂。

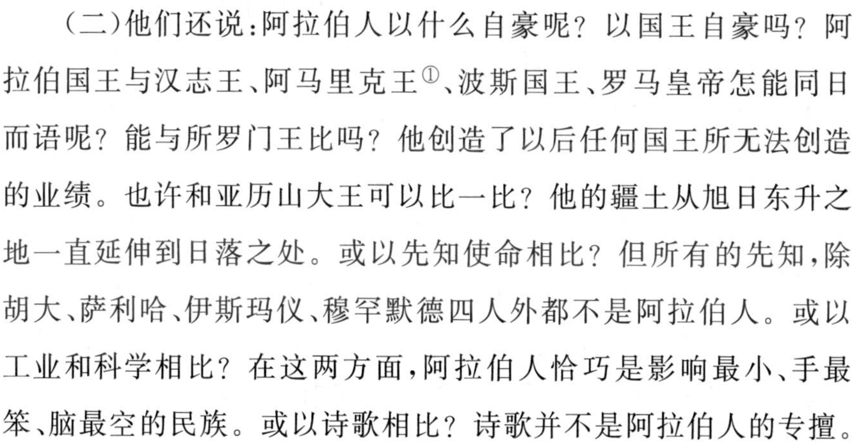

（二）他们还说：阿拉伯人以什么自豪呢？以国王自豪吗？阿拉伯国王与汉志王、阿马里克王[①]、波斯国王、罗马皇帝怎能同日而语呢？能与所罗门王比吗？他创造了以后任何国王所无法创造的业绩。也许和亚历山大王可以比一比？他的疆土从旭日东升之地一直延伸到日落之处。或以先知使命相比？但所有的先知，除胡大、萨利哈、伊斯玛仪、穆罕默德四人外都不是阿拉伯人。或以工业和科学相比？在这两方面，阿拉伯人恰巧是影响最小、手最笨、脑最空的民族。或以诗歌相比？诗歌并不是阿拉伯人的专擅。

① 阿马里克人为汉志以北地区的古阿拉伯人，约在公元前1730年占领埃及，统治埃及达一个半世纪之久。——译者

希腊罗马人都有韵律整齐的诗。或以讲演和修辞比？无论是波斯人，还是希腊、罗马人都有精美绝伦的讲演、出神入化的修辞。在列举了这一切之后，阿拉伯人还有什么可以自豪的呢？是以慷慨大方和忠实可信自豪吗？在这方面，他们说的远远超过做的。他们以家族宗系自豪。但在蒙昧时代，他们的婚姻并不恪守伊斯兰教熟知的方式，而是实行一妻多夫制。在战争中，他们掠夺他人的妻女，不履行结婚手续就占为己有。谁又知道自己的父亲是谁呢？

（三）如果你们以伊斯兰教而自豪，则伊斯兰教并非阿拉伯人所独有。它是大众的宗教，伊斯兰教本身也反对他们的观点。伊斯兰教摧毁了蒙昧时代的宗派主义，确定敬畏真主为衡量高贵的尺度。伊斯兰教存在于我们和你们之间。对世界事物，我们最得其真髓和精妙。

这一派人有些瞧不起阿拉伯人，肆意贬低他们的作用，把所有其他民族都置于阿拉伯人之上。他们一直固守着原来的宗教，或者虽然皈依了伊斯兰教，信仰却没有进入他们心里。有些人被民族主义情绪所控制，他们憎恨阿拉伯人。因为阿拉伯人推翻了他们的国王，破坏了他们的独立。

以上就是阿拔斯王朝前期出现的三个派别的不同观点，他们互相争辩不休。后两派被称作“舒欧比亚派”，其实，第二派才真正符合这一名称的含义。他们常常打着“舒欧比亚”（人民）的口号，意思是：各民族人民，包括阿拉伯人和非阿拉伯人在内，都没有贵贱之分，“平等主义”或“舒欧比亚（人民）主义”对他们都是适宜的，说明人民是平等的，但他们选定了后面一种称呼，便被称作“舒欧比亚主义”。因此，伊本·古太白在《罕世璎珞》中说：“舒欧比亚主义者即平等主义者。"《大辞典》写道:"舒欧比亚主义者是一个派别,主张阿拉伯人并不优于非阿拉伯人。"但我们看到他们也用这个名字来称呼第三种人。如果我们读过查希兹和《罕世璎珞》的作者等人写的书,我们就会发现他们将反对阿拉伯人的人统统称之为"舒欧比亚主义者"。看来,"舒欧比亚主义者"这一称呼的出现晚于平等主义者,就像历史上第三派的出现晚于第二派一样。这种情况是不足为奇的。在倭马亚时代,阿拉伯人是征服者,第一种观点正处于登峰造极的时期。在这种情况下,释奴们自然只能呼吁平等,他们的全部愿望就是赢得平等的权利。后来,双方之间的争论愈演愈烈,到了拉希德和麦蒙时代,释奴们感到自己的力量和权势越来越大,第三派便应运而生。这一派人贬低阿拉伯人的作用,抬高他们自己,于是,"舒欧比亚主义"的称呼便落到他们身上,成了第二和第三两派人的共同称呼,甚至更多地用来称呼第三种人。《阿拉伯大辞书》写道:"舒欧比亚主义者贬低阿拉伯人的作用,认为阿拉伯人对于其他民族并无恩德可言。"

从以上介绍中我们可以得出这样的结论:"舒欧比亚主义"一词来自舒欧比(人民),即谢阿比(人民、民族)一词的复数,系指民族,比部落大,比部落完整。祖白尔·本·白卡尔说过:"民族,然后依次是部族、部落、氏族、家族。"根据这一标准,阿拉伯人是一个民族,波斯人是一个民族,罗马人也是一个民族。有人说"舒欧比亚"这一名称来自至高无上的真主的话:"众人啊!我确已从一男一女创造你们,我使你们成为许多民族和宗族,以便你们相互认识。"他们说:"舒欧比"指的是非阿拉伯各民族,而宗族指的是阿拉伯各部落,但在我们看来,这种分析是不对的。最有力的证据是:

在《古兰经》的这一节降下时，阿拉伯人还不懂“舒欧比”的意思。塔巴里曾介绍过许多圣门弟子和再传弟子对这一节经文的解释，他们都说：“舒欧比”的意思是遥远的谱系，或者是部族或部落。说“舒欧比”指的是外国民族，宗族指的是阿拉伯部落，这是一种舒欧比亚主义的分析，是非阿拉伯人提出来的。他们竟因真主首先提到非阿拉伯人，便得出了非阿拉伯人优于阿拉伯人的结论。伊本·古太白说：“听说有一个波斯人用真主所说的话来辩解。”真主说：“众人啊！我确已从一男一女创造你们，我使你们成为许多民族和宗族，以便你们互相认识。”此人便说：“舒欧比亚”指非阿拉伯各民族，宗族指阿拉伯各部族，先提到的优于后提到的。平等主义者也引用这节经文来为自己的观点辩解，但他们在两方面误解了经文的意思。一、先提到的不一定是更优秀的。真主说：“精灵和人类的群众啊！”[①]这里，精灵在人类之前被提到，但人类优于精灵。二、对于民族这一称呼来说，非阿拉伯人并不先于阿拉伯人。每一种人都在增加，人多了就要分群，结果便分离出来了许多民族。

在对这节经文作出上述解释之后，“舒欧比亚主义”的叫法很可能是从舒欧比一词演变来的。但这种解释是建立在错误的基础之上的。我们倾向于认为“舒欧比亚主义”这个名称只是在阿拔斯王朝前期才开始使用。之所以这样说，有两种猜测，其一：我们曾经说过，要求与阿拉伯人平等或轻视阿拉伯人的观点，只有在阿拔

① 马坚译：《古兰经》，6：130。——译者

斯王朝前期才能以一种清晰有力的形式出现在拥护者面前。在这之前，这种观点只是一种隐蔽的形式加以表露。只要一出现，就会被熄灭。对名称的需要就说明这种观点已经变成了普遍的信仰，而拥护者已经形成了一个派别。其二：在倭马亚时代，我们没有看到谁用这个名字来称呼持这种观点的人。确实，艾布·法拉吉在《诗歌集》中说：伊斯玛仪·本·叶撒尔是舒欧比亚主义者。但是再清楚不过的是，阿拔斯时代的艾布·法拉吉用这个名称来称呼伊斯玛仪是很恰切的。因为他提高了非阿拉伯人的地位，他还当着希沙姆·本·阿卜杜·迈立克的面吟诗歌颂波斯人的功绩，但他并不是说，伊斯玛仪·本·叶撒尔那时就以舒欧比亚主义者著称。这就像人们称赛尔曼·法里西[①]为苏菲派[②]，但从来没有人说过：苏菲派一词在赛尔曼时代就已经出现了。麦斯鲁格也说过："一个舒欧比亚派的人皈依了伊斯兰教，以前他是交人头税的，入教后，欧麦尔命令不向他收税了。"麦斯鲁格是倭马亚时代的再传弟子。伊本·艾西尔分析这段话中的"舒欧比亚"指的是非阿拉伯人。《阿拉伯大辞书》写道："'舒欧比'可能是舒欧比亚的复数，指的是贬低阿拉伯人作用的人，就像叶胡迪（犹太人）和木旧西[③]（琐罗亚斯德教徒）分别是叶胡迪亚和木旧西亚的复数一样。"我们不赞成《阿拉伯大辞书》的这种解释，因为它是后人分析出来的，是根

① 赛尔曼·法里西：圣门弟子，公元655年卒。——译者

② 苏菲派：阿拉伯文 ṣūfi 的音译，原意为"羊毛"。因该派成员身着粗毛织衣以示生活简朴，故名。伊斯兰教的神秘主义派别。主张苦行、禁欲，注重自身苦修。——译者

③ 叶胡迪与木旧西均为阿拉伯文音译。——译者

据麦斯鲁格时代以后的情况作出判断。我们认为，麦斯鲁格只是想说明非阿拉伯民族中某某人皈依了伊斯兰教，仅此而已。

如上所述，应该说，倭马亚王朝出现的多数派别的名字是没有关系名词中“亚呜”这个字母的，如“哈瓦立及派”、“什叶派”、“麦尔吉阿派”、“穆阿台及勒派”等，而在倭马亚时代后期和阿拔斯时代才出现关系名词的“亚”，如“贾赫米亚派”、“盖德里亚派”、“拉温迪亚派”、“胡拉米亚派”、“舒欧比亚派”等。最早使用“舒欧比亚”一词的书是查希兹的《修辞与阐释》。

从对舒欧比亚主义的研究中可以得出以下结论：

（一）舒欧比亚主义的鼓吹者是依靠伊斯兰教的教义进行宣传的，因为伊斯兰教不主张在民族间分高低优劣，真主对人的奖励和惩罚是根据人的行为，而不是根据种族来确定的，在真主面前，奴隶或卑贱的奈巴特人兴许处于最高品级，而拥有众多妻妾子女，家财万贯的奴隶主倒可能处于最低品级。后来，逐渐由此发展到贬低阿拉伯人的作用，突出其他民族的优点。阿拔斯王朝时波斯人显赫的权势显然助长了这种观点的传播。

（二）舒欧比亚主义不是一种具有明确的教义和具体的仪式的信仰，这和我们所说的宗教派别是不一样的。关于宗教派别，我们可以说，这是沙斐仪派，这是哈乃斐派。并能指出各派观点上的分歧和宗教仪式的不同。我们还可以说，此人是逊尼派的信徒，此人是穆阿台及勒派的信徒。但对舒欧比亚主义，我们就不能这样说了，因为它是一种观点，远非一种信仰，就像贵族主义和民主主义一样。其实，它就是一种民主主义，和阿拉伯人的贵族主义相抗衡，因此，我们无法确定谁是它的信徒。它的信徒分布在每个国家、每个地区，来自不同的种族，就像我们今天无法统计信仰民主主义和社会主义的人一样。

（三）舒欧比亚主义因支持民族主义和宗教的宗派主义，而使自身得到了发展。因为阿拉伯人剥夺了波斯的独立，统治了埃及、沙姆和马格里布，这些国家的居民不是阿拉伯人，其结果是许多波斯人都怀念他们的国家和民族的独立，许多沙姆和埃及的基督教徒都憎恨将基督教的罗马人赶出他们的国土的阿拉伯穆斯林，希望自己统治自己，或至少是由基督教徒来统治。

诚然，皈依伊斯兰教的波斯人、埃及人、沙姆人、安德鲁斯人没有这样激烈的民族主义情绪，但并不是所有的人都从心坎里信仰伊斯兰教，他们的感情也还没有达到以宗教感情战胜民族感情的程度。

（四）综上所述，可以得出如下结论：舒欧比亚主义者不是清一色的，其中有波斯人，有奈巴特人，也有科卜特人[①]和安德鲁斯人，均各具特色。波斯人的舒欧比亚主义采取伪信和叛教的形式；奈巴特人的舒欧比亚主义表现在对土地和农业的狂热情绪，把耕地种田的生活置于沙漠放牧生活之上；科卜特人对阿拉伯人发动了若干次暴动，企图把阿拉伯人驱逐出境，最后一次科卜特大暴动发生在麦蒙时代。失败后，便转而“玩弄阴谋诡计，终于得以在土地税法的制定上插一手”。[②] 在安德鲁斯，伊本·格尔西亚脱颖而出，发表了关于舒欧比亚主义的论文，许多学者起而攻之。

① 科卜特人：埃及的土著居民，信仰基督教。——译者

② 麦格里基：《埃及志》，第1卷，第79、80页。

（五）舒欧比亚主义内部还有不同的派别，有温和派，也有极端主义的激烈派。温和派的人主张阿拉伯人和其他民族的人平等相处，另有一些人则贬低阿拉伯人的作用，抹煞他们的优点。他们把阿拉伯人和伊斯兰教区分开来，攻击阿拉伯民族，对伊斯兰教却不置一词。他们声明：伊斯兰教是大众的宗教，不是阿拉伯一个民族的宗教。前面引述过许多谴责阿拉伯人的言论都是这一部分人发表的。从这个意义上说，也可以把伊本·赫勒敦看作是舒欧比亚主义者。在本书第一册《阿拉伯伊斯兰文化史（黎明时期）》中，我们概要地介绍了他对阿拉伯人的看法。[①] 这些看法对于阿拉伯人来说是十分偏激和冷酷的，最为偏激的舒欧比亚主义者也很少达到如此露骨和尖锐的程度。但在我们看来，他还是一个在伊斯兰教范围内自由思考的真正的穆斯林。还有一些人不把阿拉伯人和伊斯兰教区分开来，他们对阿拉伯人的仇恨导致其仇恨和阿拉伯人有关的一切，包括伊斯兰教。查希兹在谈到这些人时说过："敌对情绪也许是由宗派主义产生出来的。怀疑伊斯兰教的人都受到了舒欧比亚主义的影响。他们憎恨某一事物，就连有关的人也一起恨上了；他们憎恨某一种语言，便憎恨使用这一语言的地区。事情就是这样，陈陈相因，最后以脱离伊斯兰教而告终，因为伊斯兰教是阿拉伯人带进来的，也是阿拉伯人首先信仰的。"[②]这一派呼吁人们摆脱舒欧比亚主义，因为舒欧比亚主义可能走向叛教。

---

① 参看《阿拉伯伊斯兰文化史（黎明时期）》，第 39—40 页。——译者

② 查希兹：《动物志》，第 2 卷，第 68 页。

（六）我们看到在哈瓦立及派、什叶派和穆阿台及勒派之间有某种共同之处。正如读者所知，哈瓦立及派主张哈里发不一定是古莱氏人，也不一定是阿拉伯人。据我看，既然大多数哈瓦立及派人都是纯粹的阿拉伯人，他们散布这种观点的目的就不是为了贬低阿拉伯人，提高非阿拉伯人。他们的观点是在阿里和穆阿威叶之间出现分歧时产生的，当时，舒欧比亚主义还未形成。看来，哈瓦立及派的出现完全是出于改善穆斯林事务的愿望，是伊智提哈德[①]的结果。关于穆阿台及勒派，麦斯欧迪说："包括迪拉勒·本·阿姆鲁、苏玛迈·本·艾施莱斯、阿姆鲁·本·奥斯曼·查希兹在内的一批教义学家声称：挑选哈里发，奈巴特人应先于阿拉伯人。"以上三人都是穆阿台及勒派的头面人物。但笔者认为，麦斯欧迪（及朱尔德·齐海尔）的看法是错误的。其错误在于，迪拉勒和他的朋友们比哈瓦立及派走得更远，他们不光说过："哈里发不一定是古莱氏人，也不一定是阿拉伯人。他们还说过：推选哈里发，非阿拉伯人（哪怕是奈巴特人）应优先于古莱氏人，因为他一旦暴虐不公，很容易被拉下台来。赖瓦维对穆斯林姆所著《圣训实录》的解释可以证明这一点。他说："据说迪拉勒·本·阿姆鲁说过：非古莱氏的奈巴特人和其他民族的人在推选哈里发时应优先于古莱氏人，因为这些人任哈里发后，一旦出事，就可以毫不费劲地拉下马来。迪拉勒的这种谬论是令人难以置信的。"有些人从迪拉勒及其朋友的话里得出这样的结论是错误的，正确的理解应该是：阿

① 伊智提哈德：阿拉伯文 Ijtihād 的音译，意为"尽力而为"。伊斯兰教教法专用词。指伊斯兰教公认的权威学者根据伊斯兰教立法原则提出的个人意见。——译者

拉伯人较其他民族更为尊贵，从阿拉伯人当中挑选宗派主义不太严重而容易免职的人是更有利的。他之所以特别提到奈巴特人，是因为奈巴特人是卑贱的典型。特别是查希兹，很难把他算作舒欧比亚主义者。在《修辞与阐释》一书中，他曾挺身而出，反驳舒欧比亚派的诽谤，批驳他们的观点，从而证明自己言行一致。是啊！他确曾著文列述释奴的优点，但他是用他们自己的话来说明的。他曾声明：他写该文是在重用土耳其人的哈里发穆阿台绥姆的时代，其目的不是为了在军队中制造分裂，而是为了加强团结。使团结的更加亲密无间；不团结的达到团结；[①]也是为了提醒大家，伪君子在玩弄阴谋，制造分裂和不和。他说过这样的话："哈里发的军队由五部分人组成，即呼罗珊人、土耳其人、释奴、阿拉伯人和'子弟派'[②]。""如果只有通过揭露非土耳其籍士兵的缺点才能突出土耳其籍士兵的优点，那最好不写这本书，什么都不要说。"[③]总而言之，他在书中一再声明，他写此书的目的是："介绍土耳其人的优点，而不非议其他民族。"但是，他在写的过程中没能控制住自己的笔，在某些方面，有溢美之嫌。但很难把这看作是舒欧比亚派的行为。

在我们看来，查希兹对词句没有很好地推敲，无论是褒是贬，都是为了响应某个大人物的号召，表现他用两种不同的手法描述一件事物的修辞能力。如果需要说明理由的话，那没有什么比他

① 查希兹：《书信集》，第17页。

② "子弟派"：指当年呼吁推翻倭马亚王朝、建立阿拔斯王朝的人的后裔。——译者。

③ 查希兹：《书信集》，第22页。

的《修辞与阐释》更能说明问题的了。因此，我们倾向于认为他不是舒欧比亚派。

至于什叶派，倒是舒欧比亚派趋之若鹜的安乐窝，也是他们借以藏身的屏障，在谈到什叶派时，将再次提起这一话题。

（七）伊本·古太白认为，舒欧比亚派人都是些人类渣滓、乌合之众。他说过："在舒欧比亚派中，我没看到过比那些恶棍、无赖、奈巴特流氓、庄户人家痞子更仇恨阿拉伯人的了。至于外族达官贵人、宗教人士，他们是知道利害关系的。他们把稳固的宗系视为高贵的标志。"看来，伊本·古太白的分析仅仅适用于公开的舒欧比亚派，而舒欧比亚派中的豪门贵族，其活动是秘密的、隐蔽的。由于他们身居高位，害怕引起哈里发的怀疑，不敢明目张胆地活动，只能在幕后予以支持。所以，伊本·古太白等人没有察觉。伊本·古太白谈到舒欧比亚派中"有些人以文学为幌子，以接近豪门；有些人以写作为手段，借以靠拢当局。这些出身卑微、下流低贱的人，以文学而自豪，以新的命运而骄傲，他们把自己归入非阿拉伯贵族一类，和皇亲国戚拉上关系，他们走进了一扇毫无屏障的大门，挂上了赫赫有名的高门大族，有的人甚至恬不知耻地站起来捍卫自己卑贱的地位，给所有异族人士贴上尊贵的标签，他们自己也就成了贵人中的一分子。他们对阿拉伯人的仇恨表现在不遗余力地贬低、责难阿拉伯人。他们用阿拉伯人的语言讲话，以阿拉伯人的成就到处炫耀，用阿拉伯文化武装自己，对阿拉伯人的美德善行却肆意贬低或歪曲；实在抓不到什么把柄，就无中生有地捏造"。[①]

① 伊本·古太白：《辞章家论文集》，第270页。

其实，拥护舒欧比亚派的并不全是下层人民，其头面人物倒是一些受过教育的上层人士，他们虽然没有皇亲国戚那样高贵的出身，但在文学和学术方面，却受到了舒欧比亚派的影响——这点以后读者会看到——而在这些人背后还有一批人，占据了国家要职，秘密地以金钱或权势支持舒欧比亚派。舒欧比亚分子伊拉努撰写了一本抨击阿拉伯人的书，塔希尔·本·侯赛因便以三万第纳尔资助出版。

既然这些足智多谋而又诡计多端的人成了舒欧比亚派的领袖，这场“战争”就不是明火执仗的暴动，而是学术、文学和宗教方面的斗争。

*　　　*　　　*

舒欧比亚运动在伊历三世纪达到登峰造极的地步。当时，阿拔斯王朝的哈里发们对伊斯兰教的态度十分狂热，而对阿拉伯主义的态度却和缓得多。这种态度推动了舒欧比亚运动的发展。哈里发们反对“伪信”，但却不和外族的意识作坚决的斗争。这并不奇怪，因为他们中的大多数人都是混血儿。这点我们已经说明了。当时，阿拉伯人遭到外族的残酷迫害，大多数大臣都是外族人，削弱阿拉伯人影响的各种阴谋在宫廷内部策划着。如果阿拉伯人在阿拉伯半岛或其他地方揭竿而起，波斯人统帅的军队便会带着为卡底西叶之战[①]报仇的目的进行无情的镇压。穆阿台绥姆安插在宫廷里的土耳其人并不比波斯人强多少。外族人学习了阿拉伯

① 公元636年，阿拉伯军队和伊朗军队在伊拉克卡底西叶附近会战，伊朗军队大败，史称“卡底西叶之战”。——译者

语，到伊历3、4世纪，他们写的夸耀自己的宗教和谱系的诗歌日益增多。这是白沙尔·本·布尔迪开的头，接踵而来的是著名诗人迪库·金尼。关于他，《诗歌集》写道："迪库·金尼狂热而执著地反对阿拉伯人，说什么：阿拉伯人对我们没有任何恩德。我们和他们一样都是伊卜拉欣的后裔，都信奉伊斯兰教。阿拉伯人若杀死我们的人，必以命抵命。在伊斯兰教中，我们并没看到至高无上的真主将他们置于我们之上。"

著名诗人胡莱米在诗歌中常常夸耀自己的波斯出身，贬低阿拉伯人的作用。

说什么：

吾乃豪侠士，波斯显名声。

又说：

波斯多骁勇，骆驼诬我痴，[①]
邻人多愚昧，作势耀其身。
劝君细思量，宗教、思想比高低，
人生世上同，死后坟无异。
吾非部落人，与我不相碍，
尔不创新业，虽荣有何益？

穆台瓦科勒的好友密特瓦克里有诗吟道：

吾本波斯裔，帝业吾继承，
重振祖先业，再扬昔日威。

① 阿拉伯半岛大部分地区为沙漠，骆驼便成为古阿拉伯人之主要交通工具和生活来源，此处以骆驼指阿拉伯人。——译者

直言雪耻事，牢牢记心里，
义旗手中擎，指望掌乾坤。
说与众哈希[①]，让位莫疑怔，
利刃施强暴，宝剑刺断身。
先王创基业，未报主弘恩，
滚回汉志[②]地，重做牧羊人。
吾将登王位，全靠武与文。

*　　*　　*

阿拉伯人感觉到他们处境的危险，但却无法规避。上一节我们谈到过阿拉伯诗人在这一时期所写的诗歌，从中可以看到阿拉伯人的忧郁与痛苦。在穆台纳比[③]的诗中，这种情绪表露得十分清楚。他访问了波斯的白旺尼地方，深感阿拉伯语在当地的衰落，便在诗中写道：

苏莱[④]先知游天国，也需译官相伴同。
途遇阿拉伯少年，面生舌异语不通。

*　　*　　*

下面，我们谈谈舒欧比亚派和阿拉伯人斗争时使用的方法：

他们以阿拉伯人最擅长的修辞、演讲和急中生智的能力为目标，从各方面加以抨击：

---

① 哈希：即哈希姆，阿拉伯部落名，此处指阿拉伯人。——译者

② 汉志：一译希贾兹，在阿拉伯半岛西部，伊斯兰教主要圣地麦加在其境内。——译者

③ 穆台纳比（公元915—965年）：阿拔斯时代阿拉伯著名诗人。——译者

④ 即先知苏莱曼，亦译所罗门，先知达乌德之子，以色列国国王（约在公元前972—前932年）。——译者

阿拉伯人在讲演时常常挥动手臂，或挥舞棍棒（或鞭子、拐杖等物）以便更好地表达思想，并加强对听众的感染力。在宣传和平的讲演中，用棍棒达意；而在鼓吹战争的讲演中，则改用战弓，讲一会儿就把身子靠在弓上。讲演时，他们穿上一种特制的服装，缠头巾的缠法也和平时不一样，作出一副准备讲演的姿态。舒欧比亚派对此大肆挖苦，说什么：讲话和棍棒、演说和战弓之间有什么关系呢！棍棒、弓弩绝不能磨练头脑、产生词汇，而只能妨碍思考、分散注意力。歌唱家们说过：打着拍子歌唱的歌唱家不如不打拍子唱歌的歌唱家。挥舞棍棒就像吆喝牲口的牧人一样，反映了阿拉伯人的粗野和贝都因人的愚昧无知。[①] 查希兹在《修辞与阐释》一书中，驳斥了舒欧比亚派。书中单列《棍棒书》一章，从问题的本质上批评了他们。舒阿比亚派说：演说并不是阿拉伯人所独擅的，演说是一切民族共有的，就连愚昧无知、品质恶劣的黑人也擅长演说。最擅长演说者当推波斯人而非阿拉伯人。除演说外，波斯人还谙熟修辞学，通晓奇闻怪趣。《卡尔旺德》一书说明了这一点。谁要想增长智慧，学习文学，了解人的高低优劣，掌握警句、格言和高雅的词汇，表达高尚的意思，就请读《帝王传》（波斯帝王）吧！[②] 你们的思想、格言、讲演、思维方法怎么能和波斯人、希腊人、印度人相比呢？你们那种只能用来吆喝牲口的粗野的语言和粗犷的声音怎么能和波斯人、希腊人、印度人细腻的思想、讲究的用词、温柔的声音相比呢？查希兹比较了波斯、罗马和阿拉伯人的修辞之后

① 查希兹：《修辞与阐释》，第3卷，第6页。

② 同上。

说:前者来自思考和回忆;后者来自即兴和急智。

舒欧比亚派还批评阿拉伯人使用的武器,嘲笑他们的战马没有鞍,标枪是实心的,而空心的标枪重量轻,扎得更深;还指责阿拉伯人在军队的组织方面缺乏经验,既不懂左翼、右翼、侧翼和中军的用兵之道,又没有弩炮等武器。他们比较阿拉伯和波斯军队在组织和武器方面的不同,说明前者是多么渺小,后者是多么伟大。但舒欧比亚派却忽略了一点,即阿拉伯人正是用这些简陋、原始的武器打败了用大型武器武装起来的人数众多的波斯正规军,这就使他们的比较反过来降低了他们自己的作用和地位。[①]

舒欧比亚派的另一种做法就是大书特书外族人的优点。以妙用词汇著称的作家、诗人赛义德·本·侯麦德·白赫台坎自称是波斯王子,对阿拉伯人极为仇视,他写了《外族人和阿拉伯人平起平坐》、《外族人给予阿拉伯人的恩惠》[②]等书。伊本·奈迪母曾经介绍过一本名叫《外族人的业绩》的书。[③] 此外,他们还写了许多书揭露阿拉伯人的缺点,例如,以写史和转述著称的知名学者海塞姆·本·阿迪曾是哈里发曼苏尔、迈赫迪、哈迪、拉希德的座上客,他曾撰写过几部书,揭露阿拉伯人的缺点,如《缺点小议》、《缺点大全》、《勒比尔族的缺点》、《蒙昧时代古莱氏族妓女及其子女名录》,与此有关的还有一本书:《与阿拉伯人联姻的释奴书》。[④] “智慧宫”的主人赛赫勒·本·哈伦也是如此。伊本·奈迪姆这样谈到

① 参看查希兹:《修辞与阐释》,第 3 卷。

② 伊本·奈迪姆:《目录大全》,第 123 页。

③ 同上书,第 42 页。

④ 同上书,第 99、100 页。

他:"他是一个波斯出身的哲人、诗人和演说家,属于舒欧比亚派,十分仇视阿拉伯人。他写了许多书,诋毁阿拉伯人。"[①]他曾写专文论述吝啬二字,遐迩闻名,也许正是此文反映了他的舒欧比亚观点。阿拉伯人素以慷慨大方著称,把慷慨大方视为本民族的最大优点之一;而波斯人却以吝啬著称,赛赫勒便写了这篇文章,把慷慨和吝啬的价值颠倒过来,责慷慨为恶行,赞吝啬为美德。《文萃》作者引述过他的几行诗,证明了他的舒欧比亚观点。在这几行诗中,他以波斯主义自豪,同时又谴责了阿拉伯主义。他在诗中把自己在麦萨地方的住宅和一栋阿拉伯式的住宅作比较,写道:

尔将房舍建山冈,好似远方一颗星。

羊毛屋帐荒郊立,牛犊羊羔满院跑。[②]

原籍波斯的舒欧比亚派信徒伊拉努写了一本名叫《缺点总述》的书。伊本·奈迪姆说:为败坏阿拉伯人的名声,他在书中揭露了阿拉伯人的缺点,包括古莱氏族、台姆·本·莫莱族、艾赛德·本·阿卜杜·奥扎族以及买赫祖姆人的缺点,阿拉伯各部族都被点到了。[③]

艾布·欧拜德·迈阿买尔·本·穆赛纳是波斯犹太人中最著名的语法学家和历史学家之一,他也写了许多揭露阿拉伯人的书,如《阿拉伯盗贼记》、《阿拉伯私生子记》,他还著有《波斯人之美德》一书。[④] 伊本·赫里康曾这样谈到他:"他憎恨阿拉伯人,写了不

① 伊本·奈迪姆:《目录大全》,第120页。
② 伊本·阿卜杜·莱比:《罕世璎珞》,第2卷,第190页。
③ 伊本·奈迪姆:《目录大全》,第105、106页。
④ 同上书,第54页。

少揭露阿拉伯人缺点的书。"[①]伊本·古太白介绍过艾布·欧拜德丑化阿拉伯人的一种办法，即先摆出他们的长处，然后大肆奚落一番。比如，阿拉伯人很以眉形弓为自豪，夸耀此弓之完美，艾布·欧拜德便当众嘲笑一番，引起一场哄堂大笑。他贬低眉形弓的作用，扬言这种弓的弓架一钱不值。他还引了诗人的一行诗："阿卜杜拉多富有，两个斗篷和骏马。"以阿卜杜拉的两个斗篷和骅骝快马与波斯国王的富有相比，揶揄一番，说什么：帕尔维兹[②]有一千个宫女伺候，宫中单大象就有九百五十只，黄金有一千罐。[③]

看来，这些书用的办法，是故意把阿拉伯各部落传出来的某一行糟糕的诗句、某一件不光彩的事情或某一个人犯的罪行记载下来，大肆宣扬，以丑化全体阿拉伯人。而那些褒扬外族人优点和业绩的书，也是故意把作者欣赏的波斯习俗、波斯国王的伟大、波斯军队的严密组织以及王国的政策罗列出来，盛赞一番。据笔者所知，这些书以及宣传舒欧比亚派的主张的书，没有一本保留到今天。流传下来的，只是一些只言片语，主要保存在查希兹的《修辞与阐释》、伊本·阿卜杜·莱比的《罕世璎珞》、伊本·古太白的《阿拉伯人》等书中。

看来，这些书佚失的主要原因是：穆斯林认为舒欧比亚派是反伊斯兰教的派别，因而不愿引用那些带有舒欧比亚观点的著作，虔诚信教的人拒绝与之接触，并愿其湮没以表示对真主的亲近。扎迈赫舍利就是这样，他在《语法详解》一书开头就赞美真主"使他为

---

① 伊本·奈迪姆：《目录大全》，第155页。
② 帕尔维兹（公元566—591年）：波斯萨珊王朝国王。——译者
③ 伊本·古太白：《辞章家论文集》，第271页及以后各页。

阿拉伯人而奋斗，使他免于加入舒欧比亚派的行列”。

前面提到过的舒欧比亚派学者文人，不仅写了一些丑化阿拉伯人的书，在文学方面，还写了许多故事以支持他们的观点。这些故事都是捏造的，但要想否定它，揭露它的虚伪却非常困难，所以，这种做法对阿拉伯人来说，就比真枪实弹的战争更加可怕。他们用了两种办法来实现自己的目标：一种办法是捏造，就是编造一些下流的故事来解释诗句或成语。艾布·欧拜德在解释成语“听到哨声就瘸的胆小鬼”时就是这么做的。白克利在他的著作《警惕艾布·阿里·高里书中的幻想》中就曾引用过艾布·欧拜德编造的故事，这一故事实在太丑恶了，此处不能转述。[①] 黑赛姆·本·阿迪讲过一个很长的故事，其梗概如下：一个台努赫来族的男人来到阿密尔人地区一栋房子前面，一个女奴走出门来问他：你从哪儿来？答曰：从台米姆族来。女奴接着背诵了几行诋毁台米姆人的诗。他便改口道：我不是台米姆族人，我是伊吉利族人。女奴又念起丑化伊吉利族的诗。此人一个部落一个部落地说下去，女奴也不断地念诗，一个部落接一个部落骂下去，直到把所有的部落都骂完为止。当他把自己说成哈希姆人时，女奴说：你知道诗人怎么说吗？

哈希姆人啊，去找自己的椰枣树，
椰枣已变得一钱不值。
你等如说：穆罕默德先知众相随，
那尔撒也有他的门徒！[②]

① 麦斯欧迪：《警戒与监督》，第77页。
② 麦斯欧迪：《黄金草原》，第2卷，第175—180页。

看来，整个故事都是舒欧比亚派或黑塞姆·本·阿迪自己编造的，其目的是揭露阿拉伯部落的毛病。

另一种方法是张冠李戴，以便诋毁阿拉伯文学，抹杀阿拉伯文学的成果，致使阿拉伯文学都不可信，这是他们最主要的目的。艾布·欧拜德在其诗中写道，奇拉比族的阿兰代斯颂扬阿姆鲁·格纳威人。但艾斯马仪认为两族之间存在敌对关系，奇拉比人不可能颂扬格纳威人。[①] 如果我们根据这种观点来检验文学作品，就会发现许多东西都是编造出来贬低阿拉伯人、丑化阿拉伯文学的，其数量之多我们无法计算。

"这一时代在语言、诗歌等阿拉伯学术方面出现了空前绝后的'三杰'，人们辗转相传的伟大学术成果均出自此三人之手，他们是：艾布·宰德·安萨里、艾布·欧拜德和艾斯马仪。"[②]艾布·宰德以精通语法、熟谙奇特之语言现象而著称。其余二人不分上下，难分伯仲。看来，艾斯马仪倾向阿拉伯人，但很少流露出自己的感情。他律己甚严，语言不经雕琢绝不发表；为防止出错，从不回答关于《古兰经》和圣训的任何问题，也从不乱发议论。[③] 对于意在讽刺的诗从不解释，[④]因为讽刺一定要诋毁被讽刺的人或其部落，而有悖于他的宗教信仰和阿拉伯主义。他胜过艾布·欧拜德之处是善于辞令，语气平和。而艾布·欧拜德，他的知识最渊博，由于他的波斯背景而通晓波斯历史；由于他父辈的犹太背景而熟悉犹

① 麦斯欧迪：《警戒与监督》，第72、73页。

② 苏郁退：《花枝集》，第2卷。

③ 同上。

④ 苏郁退：《花枝集》，第2卷，第154页。

太文化;更由于他在伊斯兰文化的环境中长大,所以,也熟悉伊斯兰文化,但他不像艾斯马仪那样善于表达。他自由自在地发表意见,随心所欲地解释《古兰经》,从而遭到艾斯马仪的责备。[①] 在他的心目中,阿拉伯人并没有什么神圣不可侵犯之处。他本人不是阿拉伯人,心里蕴藏着对阿拉伯人的仇恨。所以,他放肆地取笑、丑化阿拉伯人。总之,两人各有所长,艾布·欧拜德是见多识广,艾斯马仪是口才好和善于表达。查希兹说:世界上没有任何一个人比艾布·欧拜德更精通各种学术。[②] 还有人说:"到艾斯马仪门下求知,等于在珍宝市场买到废品;而到艾布·欧拜德门下求教,则等于在废品市场买到珍宝。这是因为艾斯马仪极善辞令,能把丑的说成美的,把低级的故事和诗歌吹得天花乱坠,所以,向他求学得益甚少,而艾布·欧拜德虽不善言辞,但向他求教,得益甚丰。"[③]看来,艾斯马仪和艾布·欧拜德在那一时代各自代表着一种思想。艾斯马仪代表阿拉伯主义和阿拉伯宗派主义,他热爱和崇敬阿拉伯人,对他们赞扬备至;而艾布·欧拜德则代表舒欧比亚主义的思想,肆意挑剔、宣扬阿拉伯人的缺点。他俩各是一派的领袖,狂热的支持者们云集四周。阿拉伯人团聚在艾斯马仪周围,而波斯人则汇集在艾布·欧拜德门下。

艾布·法拉吉·艾斯法哈尼说:"易司哈格·摩苏里向拉希德揭露了艾斯马仪的缺点,说他无情无义,委琐吝啬,以致门可罗雀;而艾布·欧拜德则妥靠有信,宽厚博学。后来,在法德勒·本·拉

① 伊本·赫里康:《人物传记》,第2卷,第155页。

② 同上书,第154页。

③ 同上书,第156页。

比阿面前，他也如法炮制，还求他协助，经他一再地诋毁，终于使艾斯马仪威信扫地。原欲向他求学的人纷纷投奔艾布·欧拜德。”[1]艾布·努瓦斯的波斯宗派主义是无可否认的，他也将艾布·欧拜德看得高于艾斯马仪，他说：“至于艾布·欧拜德，他高兴时，便给大家谈古论今；而艾斯马仪只是一只以其歌声取悦于人的鹦鹉而已。”从另外一方面，我们也能看到艾斯马仪痛斥伯尔麦克家族的诗中写道：

坐中提起多神教，伯尔麦克脸生辉。

如若吟诵《古兰经》，马兹德克[2]成话题。

艾布·欧拜德盛赞波斯人，著有《波斯人的美德》一书，他还写过一本波斯历史书，详尽地介绍了古往今来的波斯国王。“在这本书中，他不仅评价了历代波斯国王的历史和他们的演说，介绍了他们的谱系、家族成员及各家族的标徽，还记载了他们建设城市乡村和疏浚河流的业绩。”[3]

舒欧比亚派的遗产之一是经他们加工整理并加以美化的波斯历史，他们把许多精彩的格言和明智的政策依附到波斯国王身上，用夸张的手法给他们披上辉煌壮丽的外衣。他们宣称波斯人是易司哈格·本·伊卜拉欣的后裔，而阿拉伯人则是伊斯马仪·本·伊卜拉欣的传人。易司哈格是自由女人萨拉的儿子，而伊斯马仪是女奴哈吉尔的儿子。既然波斯人是自由人的后裔，而阿拉伯人

① 艾布·法拉吉：《诗歌集》，第5卷，第107页。

② 马兹达克（？—528或529年）：琐罗亚斯德教异端派别和改革派马兹达克派的领袖。——译者

③ 麦斯欧迪：《黄金草原》，第1卷，第113页。

是奴隶的后裔，[①]前者自然比后者优越高贵。这种说法从学术上讲是不正确的，纯粹是编造的杜撰，以便抬高波斯人的地位，让他们向阿拉伯人自吹自擂的。他们还说什么：萨希尔被称作多臂人，是因为他在伊拉克大胜阿拉伯人，砍断了许多人的胳膊的缘故。[②]

更令人奇怪的是，奈巴特的舒欧比亚派编造的阿里·本·艾比·塔利布的言论。说什么：有人问阿里：穆民的领袖啊！请告诉我，你们古莱氏人的来历吧。阿里答道：我们原是库撒地区[③]的奈巴特人。他们又转述伊本·阿拔斯的话，说：我们古莱氏人是库撒地区奈巴特人的后裔。还有人转述阿里的话，说：如果有人问到我们的来历，就说我们是库撒的奈巴特人。[④] 学者们挖空心思地分析这些言论，有人说：他俩要说的是他们的祖先伊卜拉欣是库撒的奈巴特人；也有人说：是为了煞住以宗系自诩的风气；还有人说：库撒是麦加的一个地名。学者们如果持客观的态度，根本无须对这些胡言乱语费心劳神。

此外，波斯人还围绕波斯籍圣门弟子赛尔曼身上大做文章，说他简朴、睿智、博学，任何圣门弟子都无法和他相比，就连他的岁数也比别的圣门弟子大，甚至有说他见过尔撒[⑤]的。艾布·谢赫在

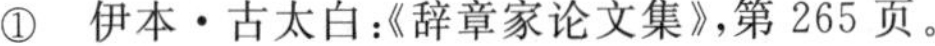

① 伊本·古太白：《辞章家论文集》，第 265 页。

② 麦斯欧迪：《黄金草原》，第 1 卷，第 123 页。

③ 库撒：古地名，在今伊拉克境内。——译者

④ 参看《阿拉伯大辞书》，第 2 卷，第 487 页。

⑤ 尔撒：阿拉伯文‘īsā 的音译。《古兰经》故事人物。与阿丹、努海、易卜拉欣、穆萨和穆罕默德并称为安拉的六大使者。多数学者认为即《新约圣经》中的耶稣。——译者

《伊斯法罕人传》中，引用学者们的话，说赛尔曼活了三百五十岁，因此二百五十岁是毫无疑义的！[①] 他们还转述穆圣的话，说什么穆圣读了一节经文："如果你们违背命令，他就要以别的民众代替你们。"[②]大家问：谁取代我们呢？穆圣拍了拍赛尔曼的肩膀说：就是他和他的族人，还有我心所向的人。即使信仰挂在天上，波斯人也能得到。据说，穆圣还说过：赛尔曼是我们家族的人。赛尔曼告诉穆圣挖壕沟，从那时起，阿拉伯人才知道怎样在战争中使用战壕。在这方面，阿拉伯人是欠了波斯人的债的。总之，波斯人把赛尔曼当作标榜波斯人如何伟大的工具，说明他们对穆斯林有着巨大的恩德。

舒欧比亚观点在圣训中占了很大篇幅。他们编造了许多宣扬波斯人的美德的圣训，把它和著名的圣门弟子及再传弟子挂起钩来。据说，穆圣在谈到非阿拉伯人时说过："我对他们的信任超过对你们的信任。"又说过："我对他们中某些人的信任超过对你们中某些人的信任"[③]。穆圣还说过："将出现一位异族国王，他将出现在除大马士革以外的各个城市中。"[④]

穆圣还说过："不要抨击波斯人。抨击波斯人者迟早将得报应。""先知恍惚看见身后跟着一群黑羊，黑羊后面是一群白羊。黑羊数量太多，故先知视而不见。先知对艾布·伯克尔说：黑色的是

① 伊本·哈哲尔：《直传弟子品级》，第 3 卷，第 113 页。

② 马坚译：《古兰经》，47：38。——译者

③ 《读经易解》，第 3 卷，第 111 页。

④ 同上书，第 127 页。

阿拉伯人，他们信教了；白色的是非阿拉伯人，他们在阿拉伯人之后信教了。因数量太多所以看不到阿拉伯人了。这就是天使告诉我的。"[①]和上述圣训一样，舒欧比亚主义者围绕着波斯籍的伊玛木艾布·哈尼法编造了许多圣训，把先知说的许多话都跟艾布·哈尼法联系起来。比如，他们说先知说过：即使知识远在天边，有一个波斯人也能得到。又如：阿丹[②]以我而自豪，我以本民族中之一人而自豪，他名叫努阿曼，又称艾布·哈尼法，他乃我族之明灯。他们还说先知说过：其他的先知以我而自豪，我以艾布·哈尼法而自豪。谁热爱他，就是热爱我；谁憎恨他，就是憎恨我。

其实，阿拉伯人及其狂热支持者们也是这样做的。他们编造了许多圣训，宣扬阿拉伯人的功德，号召人们热爱阿拉伯人。如："欺骗阿拉伯人者，我不会为他说情，也不会对他友好。"又如："人们意见分歧时，正确的总是木达尔人。"[③]再如："热爱阿拉伯人吧，有三个理由：一、我是阿拉伯人；二、《古兰经》是用阿拉伯文写的；三、天堂的人们讲的是阿拉伯语。"最有趣的是，他们编造了一段穆圣和波斯人赛尔曼的对话。穆圣说：赛尔曼，不要恨我。你若恨我，必背离你的宗教。赛尔曼答道：真主的使者，真主通过你来引导我，我怎会憎恨你呢！？穆圣说：不要憎恨阿拉伯人。憎恨阿拉伯人，就是憎恨我。……[④]呼吁平等，认为只有虔诚才能区分人的

① 伊斯法汉尼：《文学家论文集》，第1卷，第219页。

② 阿丹：(阿拉伯文 Ādam)学者们认为即《旧约圣经》中的"亚当"见前第87页注。——译者

③ 阿拉伯部落名。——译者

④ 伊本·古太白：《辞章家论文集》，第293页。

优劣的伊斯兰教教义，绝不会为了种族的原因而过分赞美波斯人、阿拉伯人或其他任何一个民族。

几乎在每一个学术领域，甚至在伊斯兰教法中，都能看到舒欧比亚派的影响。比如，在婚姻的条件一章，读者在伊玛目们身上便看不到宗派主义的任何影响。伊玛目马立克是阿拉伯人，他不主张门当户对。在他看来，非阿拉伯人与阿拉伯人通婚，其主人无权反对；而波斯人艾布·哈尼法的一派则主张门当户对，他们认为，古莱氏人相互间可以通婚，而非古莱氏人不可与古莱氏人通婚，非阿拉伯人亦不可与阿拉伯人通婚。但很快就有一种建立在学术基础上的观点将阿拉伯宗派主义消灭殆尽了。这种观点是："学术地位高于门第。"高迪汗说："自身高贵者配得上出身高贵者，非阿拉伯的学者配得上无知的阿拉伯人或什叶派信徒，因为'学术地位高于门第'。"他们说："怎么能说艾布·哈尼法和哈桑·巴士里这样的非阿拉伯人配不上一个无知的古莱氏人或粗野的阿拉伯人的女儿呢?!"如要一一列举舒欧比亚派在每种学术中的影响，那话就太长了。

我们深以为憾的是，舒欧比亚主义是在能够用笔记载学术成果的时代发展起来的。在舒欧比亚主义盛行的阿拔斯时代，每一种学术活动都可以记载下来，而阿拔斯之前的成果没有被记录。所以，查找舒欧比亚派对前期的研究是十分困难的。如果在倭马亚时代就有记载，我们就知道舒欧比亚派在阿拔斯时代是如何捉弄历史的。如果在波斯国王执政时留下了可靠的成文的波斯历史，我们也就能够搞清楚舒欧比亚派是如何美化波斯历史的。如果阿拉伯人在伊斯兰时代初期就写了一些关于谱系、各部落的优点、缺点的书，而且这些书能流传到今天，我们就会明白舒欧比亚派编造了一些什么东西来丑化阿拉伯人的出身，贬低他们的作用。每个学术领域的情况都是这样。但命运注定了学术成果的记载和舒欧比亚派的兴盛联系在一起，这是学术的厄运。这样一来，学者们只好挖空心思地去探究舒欧比亚派的秘密，去研究它在学术上的影响。这种研究刚刚开始，他们面前的路还很长。

尽管如此，舒欧比亚主义还是有好的一面。舒欧比亚主义是在阿拉伯人的一切，包括谱系、语言、意见、风俗习惯等都受到褒扬时问世的。因此，舒欧比亚派把这一切都拿出来加以批评和分析。他们把阿拉伯人的宗谱拿出来加以批评，就像偏激的艾布·欧拜德所做的那样。他反驳一些出身阿拉伯宗族的人，说明他们的出身是假造的。《诗歌集》在谈到艾布·欧拜德时，有过许多这样的例子。他们把阿拉伯语也拿出来批评，西伯威[①]在他所写的语法书中就指出了阿拉伯人在语言上的错误。阿拉伯人宣称只有他们才有修辞，舒欧比亚派则指出还有一些民族也有修辞、演说和格言，这些民族的格言并不比阿拉伯人的少。他们还指出：阿拉伯人的风俗习惯并非最高典范，其中有好的值得赞扬的，但也有鄙俗不堪的。从某种意义上说，所有这些批评都带来了某些好的结果，这就是：把其他民族的东西拿来比较，会使人们的认识更加全面。波斯词汇和阿拉伯词汇放在一起，外国的格言、修辞和阿拉伯的格言、修辞放在一起，波斯的制度、外国的文学和阿拉伯的制度及文

① 西伯威（公元？—约796年）：阿拔斯时代阿拉伯著名语法学家，原籍波斯。——译者

学放在一起，对发展学术和智慧都是有益的。

是啊！如果舒欧比亚派就此止步就好了。他们得寸进尺。他们攻击阿拉伯人，颠倒黑白，肆意诽谤，抓住一点不及其余，他们以伪信败坏宗教，以谎言破坏学术，这就使他们遭到惨败，为世人所痛恨。

第四章　奴隶及其在文化上的影响

在谈到奴隶及其影响之前，我们应简要地说明奴隶在伊斯兰帝国的法律地位，或者说，有哪些伊斯兰法的条款适用于奴隶。

伊斯兰教教义决定了（至少是规定了）伊玛目们根据伊斯兰教法原理演绎出的各种原则。下面这条原则直到阿拔斯时代前期仍在使用，即："奴隶制产生的原因是异教徒在战争中成为穆斯林的俘虏。"在穆斯林和异教徒作战时，伊玛目可将被俘的异族参战人员变为奴隶，亦可将在战争中征服的地区的男女居民变为奴隶。[①]异教和被俘是沦为奴隶的两个原因，但奴隶地位的保留与否并不以此为条件。被俘的异教徒沦为奴隶，如此人皈依伊斯兰教，奴隶身份亦不取消。奴隶和钱财、家产一样看待，战争中的俘虏和武器、金钱、马匹一样，成为战利品的一部分。总之，奴隶和落入征服者之手的一切有价值的东西一样，伊玛目有权将其转移到伊斯兰国家，将其中的五分之一使用在救济穷苦人的公益事业或各种慈善事业方面，将余下的五分之四分配给参加战斗的人。奴隶的分配也是如此，五分之一分给公益事业，五分之四分给战士。对战利品的分配，骑兵和步兵有所不同，有些伊斯兰法学家主张骑兵应分

---

① 参看《阿拉伯伊斯兰文化史》（黎明时期），第105页。——译者

五分之二，有的主张骑兵应分五分之三，而步兵只分五分之一。奴隶的分配也是如此。

既然伊斯兰教初期战火连绵，穆斯林的胜利源源不断，被征服的国家和民族数不胜数，我们便可以想象，奴隶数目之多是难以数计的。和穆斯林交战的民族很多，所以，奴隶的族别也各不相同。当我们了解了奴隶的分配办法后，就能够理解奴隶广泛地分布在战士们手中，进入到每个战士家庭的情况。既然奴隶被当作金钱一样对待，既然一切金钱关系如买卖、借贷、抵押也都适用于奴隶，那么，奴隶不仅为战士所占有，而且落到了一切人手里，甚至出现了奴隶市场，可以自由买卖，随意使用，就不难理解了。

*　　　　*　　　　*

以上是从金钱关系方面来说，至于男主人和女奴隶在性方面发生的关系，则可概述如下：

在阿拔斯王朝前期，在两种情况下女人合法地属于男人所有，即婚约和女奴。婚约只允许自由男人娶四房妻室。我的意思是说，在他的保护之下，至多只能同时有四个妻子，但可离婚再娶以补其数。这是大多数教法学家的意见。还有其他各种意见，此处无须论及。这一条是普遍实行的，不管这四个妻子是自由人还是女奴。教法学家们只是强调指出，已经和自由女人结婚的男人不得再与女奴订立婚约。因为这种做法被认为是对自由女人的侮辱，是对其尊严和人格的伤害，但反之则可，即已娶女奴为妻的男人可与自由女人再立婚约。

允许女人合法地属于男人所有的第二种情况是女奴，我指的是男人对女奴的所有权。至高无上的真主说："如果你们恐怕不能公平地待遇她们，那么，你们只可以各娶一妻，或以你们的女奴为满足。”[①]“他们是保持贞操的——除非对他们的妻子和女奴，因为他们的心不是受谴责的。”[②]拥有女奴的男人无论已婚还是未婚，也无论娶妻一房还是四房，均可将自己的女奴收纳为妾，从而合法地占为己有。纳妾数目不限，可收纳四人，也可随心所欲。[③]

因此，当时伊斯兰家庭里通常有一位或数位妻子，同时，还有主人从女奴中收纳的妾侍。

在自由女人和媵妾之间经常发生争吵，这是很自然的，有些语言学家分析妾一词来自妒忌。《词汇大全》引证某些语言学家的意见说：妾即主人收纳的女奴，在语法上来自秘密[④]一词，即“隐匿”之意，因为男主人总是把媵妾隐藏起来，不让身为自由女人的妻子知道。一个男人与自由女人及女奴生了孩子，自由女人生的孩子在女奴的孩子面前总是傲慢得很，扬言在他们的血管里没有奴隶的血。艾敏和麦蒙的情况就是这样，两人都是拉希德的儿子，但艾敏的母亲是自由女人，而麦蒙的母亲则是女奴。前面，我们曾以哈里发的家庭及其血缘混杂的后裔为例说明了这种情况，其实，平民的家庭也没有什么不同。

*　　　　*　　　　*

作为奴隶，不论是男是女，只有得到主人同意，才能获得自由。法学家们在法学著作中对释放奴隶一事写了整整一章，说明了释

① 马坚译：《古兰经》，4：3。——译者
② 同上书，23：5—6。——译者
③ 《辞章之道》，第 2 卷，第 266 页。
④ 在阿拉伯语里，“妾”和“秘密”的头两个字母相同，故有此说。——译者

放奴隶的内容和方法。我们关心的只是文中谈到“孩子的母亲”一词。女奴为主人生了孩子,则被称为“孩子的母亲”,地位高于没有生孩子的女奴,可以得到其他女奴所没有的权利,最主要的权利是:永属主人所有。主人,也就是孩子的父亲,不得将其出卖或转赠他人——这一点是法学家们普遍认可的——主人一死,她便获得自由,享受自由人的一切权利。她的孩子则是自由人。

这便是法律对奴隶问题所作的规定及当时通行的制度,只有了解这些情况,才能理解奴隶在文学、学术和社会方面产生的影响。

不管是穆斯林,还是基督教徒、犹太教徒都蓄养奴隶,而纳妾,对犹太教徒和基督教徒来说则是不合法的事情,只有少数人违法纳妾。据说艾布·加法尔·曼苏尔赠给他的医生基督教徒朱尔吉斯·本·伯赫提舒三个美貌的罗马女奴和三千第纳尔,朱尔吉斯把三个女奴退了回去。当曼苏尔问其原因时,他说:我们基督教徒只娶一房妻室。只要妻子还在,就不能再娶。①

但查希兹写过这样一件事:当亚美尼亚教长台玛努听到基督教徒奥宁·伊巴迪收纳了一名媵妾时,想宣布他的行为为非法。奥宁知悉后,威胁亚美尼亚教会,②赌咒发誓说:如果台玛努果真地宣布为非法,他便皈依伊斯兰教。③

格夫退说:基督教徒们谴责尤汉纳·本·玛赛维蓄妾,对他说:你是教堂执事却违反教规。对你来说,要么遵守教规,留下一

① 格夫退:《哲学家传记》,第159页。

② 基督教的一个派别,主要流行于西亚亚美尼亚一带。——译者

③ 查希兹:《动物志》,第4卷,第9页。

个女人,那就保留你的教职;要么保留妾侍,那就开除你的教职。尤汉纳对基督徒们说:命令我们一个人不得同时占有两个女人或穿两件衣服,因此,谁能说占有二十件衣服的教长会比占有四个女奴的可怜的尤汉纳更守教规呢?!告诉你们的教长:他如果遵守教规,我们也遵守;如果他违反教规,我们就不听他的话![1]

拜占庭王国禁止非基督教徒占有基督教徒奴隶,但穆斯林却允许犹太教徒和基督教徒占有穆斯林奴隶。

* * *

当时,伊斯兰王国的奴隶买卖和其他国家一样十分盛行,在巴格达就有一条街叫"奴隶街"[2],专事奴隶买卖。这条街在艾敏和麦蒙之争中被毁掉了。当时一位诗人曾写过一首长诗,哀哭奴隶街之被毁,最末一句是:

往事纵可忘却千桩,奴隶之街永记心间。

当时,奴隶商人被称作"奴隶贩子"。"贩子"一词本是用来称呼卖牲口的人的。在巴格达就有许多有名的奴隶贩子。他们之所以出名是因为手上有一批姿色上乘的女奴,使诗人和文学家们趋之若骛。在克尔赫地方有一个叫艾布·欧美尔的奴隶贩子,手上有一批风雅秀丽的女奴,其中有一名女奴叫阿巴黛,使阿卜杜拉·穆罕默德·本·白瓦布陷入了情网。阿卜杜拉在诗中写道:

艾布[3]患微恙,我等来探望。

① 格夫退:《哲学家传记》,第387页。

② 麦斯欧迪:《黄金草原》,第2卷,第241页。

③ 艾布指艾布·欧麦尔。——译者

探病乃借口，实为看阿娘[①]。

还有一个名叫艾布·赫塔布的奴隶贩子，拥有一名歌女，以脸上的一颗美人痣而闻名遐迩，得宠于伊卜拉欣·摩苏里[②]。此外，还有名叫哈尔布·本·阿姆鲁·萨格非的奴隶贩子，拥有一名歌女，引得巴格达城的诗人、作家、文学家们蜂拥而来。他们对哈尔布毕恭毕敬，挥金如土，馈赠厚礼，只求一饱耳福。艾什吉阿有诗道：

肃立真主前，苦诉爱恨情。

爱女夜难寐，恨主日不安。[③]

烦扰心欲碎，只得两相寻。

愿主赐女慰吾心，降祸其主解吾恨。[④]

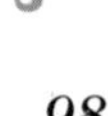

有一天，艾布·达拉玛路遇一个正在叫卖的奴隶贩子，见其女奴们一个个锦衣玉食，遂黯然离去。他在晋见迈赫迪时，作了一首诗，表达吟诗作赋不如贩卖奴隶。诗的开头是这样的：

尔若愿使日蜜甜，勿做诗人贩红颜。[⑤]

尽管有些放荡文人羡慕奴隶贩子，但多数有理智的文人却深深憎恶奴隶买卖。一次，有一群人晋见穆阿威叶。当哈里发问到他们的职业时，答道：贩卖奴隶。哈里发听罢说：多糟糕的职业啊！难道就靠这种买卖得到温饱吗？！[⑥]

---

① 阿娘指歌女阿巴黛。参看艾布·法拉吉：《诗歌集》，第20卷，第44页。——译者

② 艾布·法拉吉：《诗歌集》，第17卷，第50页。

③ 此处"女"指歌女，"主"指奴隶贩子哈尔布。——译者

④ 艾布·法拉吉：《诗歌集》，第9卷，第128页。

⑤ 伊本·古太白：《史事泉源》，第1卷，第250页。

⑥ 艾布·法拉吉：《诗歌集》，第20卷，第28页。

当时，有一名政府工作人员管理奴隶贩子，监督奴隶买卖，被称作“奴隶监护人”。

奴隶是各式各样的，有黑奴，也有白奴。黑奴的主要市场在埃及、阿拉伯半岛南部和北非，商队带着奴隶和黄金由南方来到这些地方。在伊斯兰教历 2 世纪中叶，一个奴隶的一般价格约为二百迪尔汗。据说，治理过埃及的埃塞俄比亚人卡福兰·伊赫西迪在伊斯兰教历 312 年被卖出时，售价仅十八第纳尔。他是一个阉人，穆台奈比曾写诗骂过他，诗曰：

白人健汉尚无奈，阉奴黑仔怎建勋?!

最著名的白奴是土耳其人和斯拉夫人。当时，人们都认为斯拉夫奴隶比土耳其奴隶强。花拉子密[①]所著《时代的孤儿》一书中，有一句话证明了上面这种说法。花拉子密说：“斯拉夫人不在时才使用土耳其人。”[②]撒马尔罕[③]是白奴买卖最重要的中心，以出售最好的白奴著称。无论在伊斯兰王国，还是在欧洲，白奴买卖的规模都很大。欧洲各地的白奴贩子都是犹太人。[④]

每一种奴隶都有一些和其他奴隶不同的特点。“印度女奴以性格温和文静、会看孩子而著称，但她们衰老得很快；而印度男奴隶则擅长理家和手工艺，但常在青春年少时不幸猝死。大多数印

① 花拉子密(约公元 780—850 年)：全名是穆罕默德·本·穆萨·花拉子密。阿拉伯数学家和天文学家。——译者

② 花拉子密：《时代的孤儿》，第 4 卷，第 116 页。

③ 撒马尔罕：中亚古城，位于乌兹别克斯坦共和国境内。——译者

④ 梅茨：《伊斯兰的文艺复兴》(*Adam Mez*, *Die Renaissance des Islams*)，该书材料来自柏林图书馆藏的伊本·白特兰的论文《奴隶买卖》的手稿。——原注。梅茨为 20 世纪初期德国伊斯兰学学者。——译者

度奴隶来自根德哈尔地方[①]。信德女奴以腰细、发长著称。而麦地那出生的女奴喜欢撒娇，性情快乐幽默，随时准备一展歌喉。麦加出生的女奴，其特点是身材小巧玲珑，一双秀目若睁若闭。柏柏尔（马格里布）女奴最能干活，无人可比。因其性格温顺，经过训练可以从事任何工作。女奴的最佳选择——正如艾布·奥斯曼·达拉勒所说——是这样的柏柏尔女奴：她九岁离家外出，在麦地那和麦加各住三年，十六岁赴伊拉克，接受伊拉克文化的教育，到二十五岁被卖出时，她既有好的出身，又有麦地那人的娇媚，还有麦加人的温柔和伊拉克人的文化修养。"

"苏丹奴隶充塞着各个奴隶市场。苏丹奴隶以性格多变、粗心大意著称，就像他们喜欢击鼓、跳舞一样。苏丹人因口水极多，因而成为真主子民中牙齿最白者，但常因狐臭及皮肤粗糙而受到指责。"

"埃塞俄比亚女奴以身体虚弱、精神萎靡而著称，她们常患胸病，不像苏丹人那样能歌善舞，但她们性格坚强，足以信赖。"

"土耳其女奴皮肤白皙，姿色上乘，性格活泼，两只小小的眼睛极富魅力。多数土耳其女奴身材矮胖，生殖力强，既大方，又好清洁，擅长烹调，但极不可靠。"

"罗马女奴皮肤白里透红，长着一头柔软的秀发，两只蓝蓝的眼睛。她们十分忠实，值得信赖，善于适应周围的环境。罗马男奴隶善于持家，他们服从纪律，花钱节省，擅长美术。"

"阿尔明尼亚人是白种人中最坏的。他们体质强壮，性格粗

① 根德哈尔：地名，位于阿富汗南部。——译者

鲁，脚很难看，而且语言鄙俗，偷窃成性，不讲道德。如果某地有一个阿尔明尼亚人一个小时无事可做，他非闯祸不可。他干活仅仅是因为恐惧心情作怪。所以，应该拿着棍子打着他干你让他干的事。"[①]

如上所述，奴隶特别是女奴是形形色色的，有印度人、信德人、麦加人、麦地那人、苏丹人、埃塞俄比亚人、土耳其人、罗马人、阿尔明尼亚人。查希兹曾以奴隶贩子手中的各种奴隶比作鸽子，把斯拉夫人比作白鸽，把黑人比作黑鸽，等等。[②]

这就使哈里发和王公贵族的宫殿以及有钱人的府邸里充满了秉性、习惯、语言各异的不同民族的奴隶。塔巴里说：当麦蒙恼怒时，手下的四个童仆便将法德勒杀死，他们是：黑人格里布·迈斯欧迪、罗马人君士坦丁、台莱米人法拉吉以及斯拉夫人穆瓦法格。塔巴里还提到，穆台瓦基勒有四千名不同种族的嫔妃。[③] 艾哈迈德·本·萨德格在棕枝主日[④]晋见麦蒙，面前站着二十个罗马宫女。这些宫女一个个束着腰带，身穿罗马绸衣，脖颈上挂着金十字架，手上拿着枣椰树和橄榄树的叶子。麦蒙对他说：你真该死，艾哈迈德！我为她们写了几行诗，你吟诵一遍。艾哈迈德吟道：

银鹿梅花锁宫墙，

棕枝主日巧梳妆。

双鬓插花赛欧椋[⑤]，

① 摘译自梅茨：《伊斯兰的文艺复兴》。

② 查希兹：《动物志》，第3卷，第75页。

③ 麦斯欧迪：《黄金草原》，第2卷，第308页。

④ 棕枝主日：基督教的节日，复活节前一周的礼拜日。——译者

⑤ 欧椋：鸟名，白头翁的一种。——译者

腰肢轻盈胜蜂王。

艾哈迈德唱着，宫女们踩着音乐节拍翩翩起舞，麦蒙边看边开怀畅饮。[①]

麦尔旺·本·艾比·侯福萨写诗赞颂拉希德，拉希德便赐给他金钱和十个罗马奴隶。[②] 穆罕默德·本·谢福夫·哈希姆有三个会唱歌的奴隶，其中两个是斯拉夫人，叫哈刚和侯赛因。哈刚是当时最会唱歌的人，侯赛因的歌唱得一般，但拍子却打得很好。第三个叫希加吉，长得眉清目秀，会唱罗马歌曲。[③]

白沙尔曾写过一首赞美他的一名女黑奴的诗：

姿色如墨绿生辉，身段如碧波荡漾。

麝香龙涎共芬芳，天生丽质为其主。[④]

诗人艾布·谢斯也有一名女黑奴，爱之极深，也曾写诗盛赞一番。

伊卜拉欣·本·迈赫迪有一名罗马女奴，专事清扫，但不懂阿拉伯语。

迈赫迪有一名女奴信基督教，胸前总是挂着金十字架。这种例子不胜枚举。几乎每家都有奴隶，不是女奴，便是男奴。他们种族不同，信仰各异，文化有别。从这些故事中，读者可以看出，当时的哈里发和有钱人给其子民们以信仰自由，穆斯林家的女奴可能是基督徒。她们系腰带，戴十字架，穿民族服装，讲本民族语言，阿

---

① 艾布·法拉吉:《诗歌集》,第 19 卷,第 138 页。

② 塔巴里:《先知和帝王历史》,第 10 卷,第 114 页。

③ 艾布·法拉吉:《诗歌集》,第 15 卷,第 53 页。

④ 同上书,第 3 卷,第 46 页。

拉伯语却讲不好。这种情况造成了许多后果，下面将逐一说明。

*　　*　　*

阿拔斯人十分重视对女奴的训练，首先是训练她们唱歌。当时，唱歌之风盛行，歌曲成了人们生活中不可或缺的内容。无论在马路上、在各种公共场合，还是在哈里发的宫殿里，或者在富人、穷人的住宅里都能看到男女歌手。使人惊奇的是：人们对歌曲像着了迷一样，书籍里充满了关于歌曲的评论，鉴赏力也有很大提高。甚至出现了这样的情况，一名歌手站在桥头上唱歌，听者如潮水般涌在他的周围，那种拥挤的程度使人担心桥会被压塌。[1] 听到妙处，有人竟用头触柱。[2] 哈里发及其王子们也纷纷自制曲调，自唱自乐。《诗歌集》作者写道：瓦绥格和孟台绥尔擅长作曲，有不少他们俩作的曲子在市井流传。[3] 该书作者专为哈里发的王子们及其声乐技巧写了很长、很有趣的一章。[4] 哈里发迈赫迪的公主欧莱娅写了七十三个曲目。法官艾哈迈德·本·艾比·杜乌德说过：我原来对唱歌是厌恶的，对好唱歌的人更是骂不绝口。但有一天，穆耳台绥姆坐在一艘战船上饮酒，派人召见我。当我走近哈里发身边时，忽然传来一阵歌声，令我神迷智乱，茫然若失，拿在手上的鞭子不觉掉在地上。我回头向跟来的小厮要鞭子。他对我说：我的鞭子也掉了。我问他：为什么鞭子掉了？他说：我听到一阵歌声，使我魂不守舍，鞭子就从手上掉下去了。原来我们竟都被音乐

① 艾布·法拉吉：《诗歌集》，第18卷，第127页。

② 同上书，第15卷，第156页。

③ 同上书，第8卷，第163页。

④ 同上书，第7卷，第35页。

迷住了。艾哈迈德接着说：过去，我是反对声色之乐的，因为它使人神智昏乱、精神萎靡。为此，我还和穆耳台绥姆辩论过。那天，我叩见他时，把听到歌声的情况告诉他，他笑了笑，说：那是我叔父在为我唱歌呢。

你若后悔以前在辩论中曾诋毁唱歌你就请他再唱一遍。于是我请歌者重唱一遍，他答应了我的要求。听完，我快乐的程度是无法形容的。从那天起，我对音乐的看法就变了。[①]

阿拔斯人对歌曲的喜爱促使他们训练女奴们唱歌，以便欣赏她们的歌声和风姿。但学习唱歌就必须学习文学，因为当时的歌词都是用正规语写的阿拉伯格律诗，像欧麦尔·本·艾比·勒比阿、拜沙尔、穆斯里姆·本·瓦立德、艾布·阿塔希亚的诗。一名歌手只有记住很多首诗，读过很多文学作品，并且能够正确地发出每一个字母的音来，才能把这些诗唱出来。

我们读到过许多故事，写的是女歌手们唱着她们自己编写的曲调和歌词。关于这种情况，艾布·达拉迈在诗中是这样写的：

艾萨[②]寄书问阿拔[③]，
歌女挥毫表心意。
盛夏寒冬勤学艺，
臀满胸丰妙龄女。
金屋藏娇历三载，

① 艾布·法拉吉：《诗歌集》，第9卷，第55页。

② 艾萨：原诗为“艾萨德族一长者”。——译者

③ 阿拔：原诗为“阿拔斯”，阿拉伯人名。——译者

好似珠商锁明珠。[1]

歌女欧莱布教女奴们唱诗。[2] 穆拜莱德说:“查希兹向我谈起伊卜拉欣·本·信迪时说:有一次,哈姆杜娜的女奴哈希米娅为我唱歌,我不得不排除杂念,集中思想,专心地听她唱,唯恐出现不懂的词句。她唱的歌子有的是即兴之作,也有的是艾布·阿拔斯女儿莱塔的两个女奴——哈利萨和阿塔白作的。内容虽然深奥难懂,她唱起来却得心应手,毫不费力。”[3]

麦斯欧迪说:“当穆台瓦基勒继承哈里发王位后,伊本·塔希尔赠给他一百个男仆和宫女作为礼物,其中有一个女奴叫迈哈布白的,原来属于塔伊夫地方的一个男人所有。此人曾精心训练她,教育她,使她精通学者们才能掌握的各种学问,后来,她很得穆台瓦基勒的宠爱。”

当时的女奴大多通晓文学和艺术,特别是唱歌。这方面的训练大大抬高了她们的身价。有一名女奴原来值三百第纳尔,伊卜拉欣·本·迈赫迪教她唱歌后,身价便增至三千第纳尔。[4] 有名的歌女欧莱布卖了五千第纳尔。[5]

达哈曼用二百第纳尔买进一个女奴,教她唱歌后,卖了一万第纳尔。[6] 拉希德看中了摩苏利地方的一个女奴,以三万六千第纳

① 艾布·法拉吉:《诗歌集》,第 9 卷,第 136 页。
② 台努赫:《史集》,第 1 卷,第 132 页。
③ 穆拜莱德:《辞章集成》,第 2 卷,第 279 页。
④ 麦斯欧迪:《黄金草原》,第 2 卷,第 309 页。
⑤ 艾布·法拉吉:《诗歌集》,第 14 卷,第 109 页。
⑥ 同上书,第 5 卷,第 143 页。

尔把她买进来。[①] 这种例子不胜枚举。看来,拉希德的歌手伊卜拉欣·摩苏利在教授女奴唱歌方面是最积极的人之一,也是这一行的始作俑者。他儿子曾经这样谈到过:“以前,人们是不教漂亮的白种女奴唱歌的,他们只教黄种和黑种女奴唱歌。第一个教白种女奴唱歌的是我父亲,是他使她们变得多才多艺,大有可为。”当时,一位名叫艾布·欧耶奈的诗人爱上了女奴埃曼,但其主人索价太高,诗人便写了如下的诗句:

会见埃曼主,责其太贪心,
求主降神明,莫予善报应。
妖魔降旨意,价高惊煞人,
歌声使人醉,迷我耳与心。[②]

伊卜拉欣·摩苏利和亚齐德·侯拉开办了一家公司,专门办理买卖女奴及训练女奴唱歌等事宜。

* * *

这些女奴传播了为阿拔斯文明及其他文明发展提高所必不可少的某种文化,我指的是艺术的发展和艺术鉴赏力的提高。当时,除了学术活动之外,还有包括歌咏、美术、舞蹈在内的艺术活动,其重要性不亚于学术活动。当时的人都有一种强烈的美感。诗人们,特别是穆斯里姆·本·瓦立德和艾布·努瓦斯更是嗜美如癖,在他们的诗中着意描写美的意境。艾布·努瓦斯写道:

花容月貌美丰姿,百看不厌情更深。

① 艾布·法拉吉:《诗歌集》,第5卷,第7页。
② 同上书,第9页。

查希兹说："口渴者见鸡饮之丑态渴意全休，口不渴者见鸽饮之美姿顿生渴意。"[①]无疑，这说明了一种强烈的美感。阿塔比认为住宅的装饰美体现在红色的顶棚和地毯上面。白沙尔说：

粉面桃花相映红，喜看娇颜眼生辉。[②]

当时的人已经认识到了精神和形象这两种美的概念，经常谈到精神美和语言美。白沙尔在诗中写道：

娇音落处满地花，有如哈卢特[③]作法。

花容绰约光照人，处女妙音落地春。

说实在的，在美感及艺术的传播方面，女奴们是最重要的媒介。当时，人们对欣赏女奴的形态美还不满足，进而要求欣赏女奴的艺术美，以便把两种美结合起来。他们不仅喜欢声乐和舞蹈，还喜欢服装美及其他各种艺术美。因此，他们开始教女奴们学习这些艺术，艺术的才华也由男人转向女奴。声乐大师们开始教女奴曲调和唱法，如伊卜拉欣·摩苏利就教女奴唱歌，直到熟谙其唱法为止。阿卜杜拉·本·塔希尔更把唱歌作为一门学问来教，他还为女奴们编了好多曲子。歌手们分成两派——旧派和新派，女奴们也随之分为两派。《诗歌集》中连篇累牍地记载了善于唱歌的女奴，如欧蕾布、穆提姆、白兹勒、扎图·哈里、法里达等人的传记，介绍了各人的特点和专长，并搜集了她们的奇闻轶事。

下面，我们概括地介绍一下女奴们传播的各种艺术。

① 查希兹：《动物志》，第5卷，第33页。

② 艾布·法拉吉：《诗歌集》，第17卷，第11页。

③ 哈卢特：哈卢特和玛卢特为《古兰经》提到的两位魔法师，因对众人施展魔法遭到真主的惩罚。——译者

首先是唱歌。在把美妙的歌曲带到整个伊拉克的同时，她们也把骄奢淫逸的作风带进来了。歌女们又分两种：一种是为个人献艺的歌女。不论是哈里发，还是王公贵族，都养了自己的歌女。为避免艺术上的单调，刻意求新，他们相互赠送歌女。另一种是为大众献艺的歌女。奴隶贩子们占有这些歌女，让她们在公共场合表演。年轻人常去这些地方花钱听歌。《诗歌集》关于伊本·拉明的一段文字就是明证。此人在库法有住宅，养了一些歌女，最著名的叫塞拉迈·扎尔高，是库法城中最优秀的歌女。青年们常在他家聚会，一面欣赏歌曲，一面开怀畅饮，有时还写诗赞颂主人和歌女本人。当代名流鲁哈·本·哈提姆·迪赫来比、穆罕默德·本·艾施阿斯、穆阿努·本·扎伊达、伊本·穆加发等济济一堂，挥金如土，写下不少脍炙人口的情诗。当他带着歌女们赴麦加朝圣时，诗人们挥泪送别，并写诗抒发送别之情，追念歌会之盛。其中一位诗人这样写道：

长歌问拉明，[①]情人苦可知。
身在魂去日，受罪世间时。
尔去朝圣地，歌女众相随。
斥声牧驼人，毁情理难持。
如此风流客，罗马中国无处寻。[②]

其实，这些歌女也传播了纸醉金迷的生活，造成了恶劣的影响。谁读过查希兹的《歌女篇》，或他所著《绣饰》一书中谴责奴隶

① 拉明：即歌女的主人伊本·拉明。——译者

② 艾布·法拉吉：《诗歌集》，第13卷，第127页。

的一章里对刺绣工的描述，就会了解歌女的恶劣影响，其流毒在放荡诗人们的诗作中历历可见。这种诗人真是何其多也！[①] 查希兹是这样分析她们的腐败生活的："一个女奴怎能保持玉洁冰清？又怎么能不轻佻妖冶呢？她水性杨花，巧言令色；从生到死，一直生活在声色犬马之中，与荒淫无耻之辈为伍。她们从不提起真主，没有一句正经话。不讲信义，不信宗教。技艺超群的歌女能唱四千多种曲调，每种曲调包含二至四行诗，各种曲调中的诗加起来能多达一万行，但诗中难得提到真主。她们既不怕惩罚，也不求奖赏，满篇皆爱情、思念之类的词句。对于唱歌的技巧，她们却精心钻研，精益求精，专门学习唱和调笑。这也是无可奈何，如果她们技艺荒疏，就要受到损失；如果技艺没有长进，就要停滞不前；而人一旦停滞不前，就快该完蛋了。"[②]

此外，女奴们还传播了种种有趣的习惯，如爱花就是其中之一种，引得人们竞相模仿。《诗歌集》写道："阿里·本·希沙姆的女奴买提玛十分喜欢紫罗兰，她浑身香气扑鼻，袖管里也散发出花香，仿佛整个人都是由花圃里出来的似的。"[③]当时，人们已经懂得花的含义。一位诗人写道：

罗兰相赠表赤心，慰君甘愿献洁身。

相思苦尽安乐至，但愿早日能成亲。

另一位诗人写道：

喜得桃金娘，不爱玫瑰红。

---

① 查希兹：《绣饰》，第95页。

② 查希兹：《歌女篇》，第72页。

③ 艾布·法拉吉：《诗歌集》，第7卷，第36页。

金娘春常在，玫瑰红一时。

还有一种有趣的习惯流传甚广，即在衬衣、衣服、袖子等处绣上依依诗句或绵绵情话。玛瓦尔迪说：我在穆罕默德·本·阿姆鲁·本·迈斯阿台处见到一名女奴，在衬衣的缎带上绣了这样的诗句：

情深一片离卿去，路遥白头不变心。

在衣服上也绣着：

情侣各在天涯，难见音容笑貌。

他还看见哈希米族的一个名叫欧蕾布的女奴，身穿金丝缎带装饰的衬衣，缎带上绣着：

痴心一片紧相随，哪管粪土与黄金。

何时赢得情人意，何时烦恼不相侵。

她们在头巾、帽檐儿、腰带、手帕、枕头、毯子、床、蚊帐、鞋子、靴子以及衣服的褶皱上面都写上诗句。[1]

这些女奴还成功地使人们接受了幽默，并形成了一定的规范。幽默家在服装、表情、吃喝等方面都有一些特殊要求。在《绣饰》一书中，刺绣工谈到了这种习俗，并记录在案，成为幽默家遵行的法规。

我们并不想把一切功劳统统归在女奴名下，她们的主人也有不可否认的影响。正是伊卜拉欣·摩苏利等歌唱家，训练她们识谱和唱歌；正是上层阶级教给她们优雅动人的风度。但毫无疑问，女奴们在向老百姓传播艺术方面是有功劳的，因为普通老百姓最喜欢看歌女表演，千方百计地模仿她们的举止。

---

① 查希兹的《绣饰》一书多有记载。

女奴们还有一种功劳。读者知道，她们来自不同的民族，有印度人、土耳其人、罗马人及其他民族的人。在她们沦为奴隶时，本民族的风俗习惯已经形成了，比如，罗马女奴带有本民族在行为举止方面的习惯，其他民族的女奴也是如此。来到伊斯兰王国后，一方面，传播了本民族的风俗习惯；另一方面，也看到了其他民族的风俗习惯，而这一切都须服从于优胜劣汰的法则。所以，当时流传的歌曲都是些优秀的歌曲。这种情况正好能解释《诗歌选》中谈到的新旧两派之争。新派唱的是波斯、罗马的曲调。其他门类的艺术也是如此。

除艺术外，女奴们对文学也有巨大影响。不管是哪个民族，也不论是什么时代，妇女总在两方面对文学产生影响。首先，妇女能在男人心里激发起一种强烈的感情，产生出细腻的诗歌和美好的文学；其次，某些题材是妇女特别敏感，特别善于表达的，围绕这些题材，妇女和男人们一起创作出艺术和文学作品。

这是阿拔斯时代的情况。看来，女奴在两个方面都比自由女子更为活跃，即在文学创作和激发诗人的感情两个方面。其原因应归之于当时的社会制度。拿自由女子和女奴相比，当时的人更珍重前者——关于这点，我们曾介绍过查希兹的意见——千方百计地把她们看管起来。如果有人要娶一个自由女子为妻，需先派媒人相亲。然后，向这个男子描述女子的长处和短处，该男子只有在结婚之后才能亲眼看到妻子的面孔。但女奴就不是这样，男人不会像对自由女子一样地管束她们。由于随时可以买卖，她们总是不戴面纱。此外，她们能满足男人的各种需求。一个普通平民百姓要听她们唱歌或跟她们乐一乐，她们都会满足他的愿望。由于她们不戴面纱，男人总能看到她们。而自由女子，则只有亲戚中的男人才能看到。自然，文学家和诗人总是借用女奴而较少地借用自由女子来丰富他们的文学和诗歌。在另一方面，男人们更加注意教育女奴，而不怎么注意教育自由女子。其原因看来只能归之于商业方面的考虑。当时，在奴隶市场上给女奴估价时，更多地看重她的学识和文学水平，而不是她的身体。如果一个没有文化的女奴值二百第纳尔的话，那么，一个会唱歌或懂文学的女奴就要卖上几倍的价钱。金钱，不管在哪个时代，都是社会活动的支柱。只有一个人数很少的阶级——贵族阶级才注意自由女子的教育。还有一个原因，即当时人们认为女奴是男人的玩物，奴隶主总是想方设法提高玩物的水平以满足玩的人的要求。他们认为，如果女奴是歌手、文学家、音乐家、诗人，就更能刺激男人的兴致，所以，他们总是不遗余力地设法满足男人们的要求。

是啊！我们看到许多自由女子从事某种学术，但多出于宗教的动机，因而出现了许多女圣训学家和苏菲派女学者。但这不是我们要讨论的题目，我们要讨论的题目是艺术。毫无疑问，女奴从事艺术的人更多，成绩也更突出。

以上所说还有一事可以证明：许多女奴都是挥洒自如的文学家，自由女子无法与之相比。《诗歌集》这样谈到女奴欧蕾布："她是一个技艺精湛的歌唱家、优秀的诗人。她姿容秀丽，无与伦比，言谈举止端庄得体，擅长言辞音律，诗歌、文学无不精通。"[①]关于穆太伊姆，《诗歌集》写道："她是在巴士拉地方的混血儿，在巴士拉

① 艾布·法拉吉：《诗歌集》，第18卷，第175页。

长大成人，接受教育，学习唱歌。她从易司哈格·摩苏利及其父学艺。她皮肤白皙，在容貌上艳压群芳，在唱歌和文学才能方面出类拔萃。只要是她吟唱的诗歌没有不受到同辈人欢迎的。”关于土耳其人叶海亚·本·哈立德的女奴台纳尼尔，《诗歌集》写道：“她在容颜的秀丽、举止的文雅、人品的完美，以及文学、诗歌、演唱方面都无人能比。”

从另一方面说，女奴比自由女人更能启发诗人们的诗情，其原因前面已经说过了。比如，白沙尔爱上了一个名叫法帖梅的女奴，他是听法帖梅唱歌后落入情网的。此后，便为她写诗，也为一名黑女奴写诗。迪阿比勒·黑扎伊、穆斯里姆·本·瓦利德、萨里阿·格瓦尼等诗人的生活中都充满了和女奴们的交往，为她们写了不少诗歌。诗人艾布·努瓦斯爱上了阿卜杜·瓦哈布·本·阿卜迪·马吉德·赛格非家的女奴吉娜恩，她不仅长得漂亮，而且有文学修养，懂历史，会吟诗。据说，艾布·努瓦斯除吉娜恩外，再没有真正爱过任何一个女人。诗人为她写了许多精彩的诗歌。阿拔斯·本·艾哈奈夫爱上了穆罕默德·本·曼苏尔的女奴法齐，为她写下了许多美好的诗句。

青年人、诗人、文学家和女奴之间发生的故事，以及为她们写的诗歌充斥了当时的文学书籍，上面谈到的只是其中一少部分罢了。

文学家们对在这种社会状况下产生出来的细腻的诗歌和精彩的艺术非常满意，但宗教人士和道德家对于当时那种荒淫无耻的生活却深感忧虑。前者鼓励人们尽情享受这种生活的果实，后者则抱怨人们的嬉戏作乐和淫荡无行，而他们自己为了躲避这种生活，最终走向了禁欲主义。这方面的情况，在下一章我们将专门介绍。

第五章　享乐的生活与严肃的生活

当时的人究竟是过着一种穷奢极侈的生活呢，还是一种严肃、纯洁的生活？当时的哈里发们究竟是像一些历史学家们所记载的那样谨记并严守伊斯兰教的教规，享受真主恩准的生活乐趣呢，还是像其他人描述的那样，脱离了宗教法规的约束，过着花天酒地的生活？人民的生活情况是富裕安乐，还是艰难困苦？当时的状况对学术、艺术和文学又有些什么影响呢？

以上就是我们试图在本章解答的问题。

综观历史，比较一下倭马亚时代和阿拔斯时代的生活，我们就会发现：前者较少繁文缛节，更多一些纯朴淡泊，反映了阿拉伯贝都因生活的风采。最明显的一点就是：倭马亚时代占统治地位的阿拉伯特性给这一时代染上了一层阿拉伯色彩，对于其他民族奢华享乐的生活方式并没有全盘照搬，只是吸取其精华，并根据自身的趣味和喜爱加以改造，使之成为阿拉伯式的生活方式，而不是纯粹的波斯或罗马式的生活方式。倭马亚王朝的哈里发和王公贵族们看到波斯宴席后，便对阿拉伯宴席作了某些改进，但是，当阿拉伯贝都因人晋见穆阿威叶或阿卜杜勒·麦立克时，并不会感到他处在一种完全陌生的气氛中。

伊本·赫勒敦说："哈查吉为庆祝儿子的割礼举行宴会，事先曾召见一位商人询问波斯宴席的盛况，对他说：把你出席过的最豪华的场面告诉我。”商人说：“遵命，埃米尔。我出席过一些波斯官员摆的宴席，每四人一桌，四个使女抬着一个大银桌，桌上放着许多金盘，客人们围着桌子转着吃。”商人刚一说完，哈查吉便对仆人们说：“孩子们，把骆驼宰了，分给大家吃。”[①]说话的口气说明他讨厌这种与阿拉伯人的情趣背道而驰的排场，把它视作虚荣的表现和难以接受的自我炫耀，仍然回到了自己民族的习惯中来。阿拉伯人在其他文化活动方面也是这样。总之，阿拉伯情趣在倭马亚时代是十分清楚的，而大马士革人、麦加人和麦地那人之间的关系——我指的是社会关系而非政治关系——也是牢固的，他们相互间心领神会，情趣相投，对伊斯兰朴素的教义和传统比阿拔斯时代的人理解得更好。

阿拔斯人却非如此。如果说倭马亚人留给他们的是打上倭马亚人印记的风俗习惯的话，到他们那里却整个儿融进了新的风俗习惯之中。以“波斯元旦”（肉孜节）为例，这是古老的波斯节日，我们从来没有听说过这个节日在倭马亚时代有什么值得一提的影响，但阿拔斯人却把它当作一个民族节日，像庆祝开斋节一样地大肆庆祝——哈里发们举行庆典，人们相互馈赠礼品，并相互酬唱致贺。服装的变化也是如此。头巾及各种波斯服装大为流行。法官戴大长头巾，哈里发则在缠巾上加王冠，他们还像波斯人一样在头巾上别出心裁，使每个阶层的缠头巾各不相同。哈里发用一种头巾，法学家用一种头巾，骡夫用另一种头巾，游牧人的头巾又是一

① 伊本·赫勒敦：《历史绪论》，第1卷，第145页。

种样式。各类人都有自己的服装，有审判服、法官服、警察服等等。官员按级别的不同各有各的服装，有的穿夹衣，有的穿大袍，有的穿“巴齐肯”，诗人们则穿绣花绸衫和格子布或黑布衣服。有一位诗人穿了古人的衣服便遭到同行们的奚落。[①]

按照阿拉伯人的喜好和游牧生活的习惯，倭马亚时代的哈里发们赠送的礼品常常是骆驼，到了阿拔斯时代，哈里发们的礼物变成了成捆的金钱、成箱的衣服以及鞍具齐备的马匹。[②] 总而言之，阿拔斯时代和倭马亚时代截然不同，人们完全接受了其他民族的风俗习惯，而伊拉克穆斯林和阿拉伯半岛穆斯林之间的社会联系和交往也几乎完全断绝了。关于纳希德·本·苏迈，《诗歌集》中有一段很有趣的描写。纳希德是阿拔斯时代一个粗野的贝都因诗人，他在哈勒颇参加了一次婚礼。当他看到沙漠生活里闻所未闻、见所未见的景象时，简直目瞪口呆了。人们欢迎新娘的礼节、五颜六色的服饰、各色各样的食品和饮料、五花八门的波斯乐器使他瞠目结舌。他那副傻呆呆的样子逗得大家大笑不已。[③] 如果他在巴格达参加一次婚礼，岂不要发疯了吗?!

*　　*　　*

在那个时代，人们都在尽情地享乐，挖空心思地寻找乐趣。一样玩腻了，又发明一样。人们稍为平静下来，一些带头的人便使劲鼓动，尽情欢乐。如果注意研究阿拔斯王朝历史上这方面的情况，就会发现，当时整个国家都在一步一步地向这个目标走去，几乎每

① 查希兹:《修辞与阐释》，第 3 卷，第 65 页及以后各页。

② 伊本·赫勒敦:《历史绪论》，第 1 卷，第 145 页。

③ 艾布·法拉吉:《诗歌集》，第 12 卷，第 36 页。

一位哈里发都在追求穷奢极侈的阶梯上上升一步。如果将这种情况画成图表，指示线在每一任哈里发时代都是直线上升的。每个时代的人，特别是那个时代的人，总是追随他们的伊玛目前进的。

阿拔斯王朝建立了，但它却被许多敌人——倭马亚人及其代理人——包围着。当赛发哈、曼苏尔先后被遴选为哈里发时，阿拔斯家族内的许多人火冒三丈，什叶派也怒气冲冲。由于王朝初建，哈里发们一个个雄心勃勃。他们都不是骄奢淫逸之辈。他们一心一意建国立业，培植亲信，制止动乱，镇压叛逆。当这些事做完，一切就绪，叛逆被消灭，四方臣服之时，国家便归于平静。后来的哈里发便得到了安宁，也有了空余时间稍稍享受一下安逸和宽裕的生活。但并非所有时间都可以用来尽情享乐，他还需要安内以代替前任的攘外。到内外都安定的时候，新的哈里发又上台了。在他们的时代，一切事情都在前人开创的基础上，走上了正轨。由于前人外御强敌，内治国事，新的哈里发们看到无数财富滚滚而来，时间又十分充裕，便开始追求享受，以致达到穷奢极侈的地步。

阿拔斯王朝的哈里发们扮演了所有这些角色，他们的历史就是我们的结论的见证。首任哈里发——艾布·阿拔斯·赛发哈性情严肃，爱好学术胜过种种享乐。他说过这样的话："那些宁要无知而不要学术的人是多么奇怪啊！"艾布·白克尔·胡扎里对他说："穆民的领袖啊！这番话该怎么解释呢？"赛发哈说："这句话的意思就是，他不肯和你这样的人坐在一起，专往妇女或女奴堆里钻，听的说的都是些无聊之极的事情。"当他娶乌姆·塞勒麦时，曾向她发誓：除她外绝不再娶，也不纳妾。亲信们有时以谈论各色各样的女奴来蛊惑赛发哈，刺激他的情欲，但没有成功。[①] 赛发哈的一生就是杀人流血的一生，[②]就是镇压反对派的一生。

他的继承人曼苏尔也是阿拔斯王朝的奠基人之一。他消灭了家族内外的敌人，却从没有享受过生活的乐趣。塔巴里转述叶海亚·本·赛里姆的话说："在曼苏尔家里从没有过什么享受。但有一天，我们看到他的儿子阿卜杜·阿齐兹头上缠着头巾，身上扛着弓箭，骑着一头小骆驼从桥那边走来，完全是一副贝都因孩子的打扮。他走到迈赫迪跟前，交给他两个装有棕榈果的小包，迈赫迪接过包里的东西，又往包里塞满硬币，小孩就走了。我们这才知道：这就是国王们的玩意儿啊。"[③]由此可见，当时的人对寻欢作乐还不习惯，对那些简单而有趣的事情还不愿干。一天，曼苏尔听见庭院里人声鼎沸，就问道：这是什么声音？有人告诉他：一个仆人坐在女仆中间，为她们弹奏四弦琴，逗得她们乐不可支。曼苏尔便起身向人群走去，大家看见哈里发来了，便一哄而散。曼苏尔当即下令惩罚那个仆人，又亲自拿起琴砸在他脑袋上，把琴都打碎了。接着又下令把他卖掉。[④] 哈里发曼苏尔非常严厉，富有责任感，不知享乐为何物。他听到脱利夫·台米姆·安伯利写的几行诗：

矛似涌泉无所忌，不怕油火与剑利。
保护弱者安无恙，吓得强人坐卧惊。
人间事物性两重，阴阳反正相对称。

---

① 麦斯欧迪：《黄金草原》，第 2 卷，第 170 页及以后各页。

② 同上书，第 400 页。

③ 塔巴里：《先知与帝王历史》，第 9 卷，第 294 页。

④ 同上。

并说:我比他更配得上这几行诗。这诗写的是我,不是他。当时的曼苏尔还保留了一些游牧人的习性,喜欢单纯淡泊的生活。一天,有人报告他:阿卜杜拉·本·麦斯阿布·本·祖白尔进早餐时,一个女奴给他唱一些淫荡、调情的诗。曼苏尔听后说:我却更喜欢有人在夜里唱着脱利夫·安伯利的诗给我赶骆驼。他的诗更适合有理智的人欣赏。曼苏尔叫给他赶骆驼,边走边唱些表现豪情壮志的诗。曼苏尔说:真主啊!这才是有文化的人听的诗,它能鼓起人的勇气来。说罢,便叫人赏给赶驼人一个银币。赶驼人说:穆民的领袖啊!我为希沙姆·本·阿卜杜勒·麦立克赶驼,他给了我两万银币,你就给一个银币?!曼苏尔说:你提到了我们不爱听的事情,你歌颂了一个暴虐无道的人,他用不义的手段拿了真主的钱,花在不该花的地方。勒比阿抓住他,让他把钱退回来。赶驼人痛哭流涕地一再求饶,才放了他。[①]

曼苏尔从不饮酒,在他的餐桌上,看不到酒类饮料。一天,医生伯赫提舒阿来看望他。曼苏尔招待他吃午饭,客人上了席,见没有酒,便开口要酒喝。有人告诉他:哈里发的餐桌上从来不摆酒。医生说:而我是没酒不吃饭的。仆人报告给曼苏尔,曼苏尔说:随他去吧![②]

曼苏尔无论对什么人——赶驼人、诗人、颂扬他的人——从不轻易重赏,也不允许儿子们随便赏赐。他的生活十分简朴,连真主允许的事情也不做,在吃穿方面从不追求奢侈豪华。也许他这种

① 艾布·法拉吉:《诗歌集》,第13卷,第116页。

② 塔巴里:《先知与帝王历史》,第9卷,第309页。

过分的简朴倒造成了后人的奢华吧。据说他的母亲是马格里布人，怀他时，以为自己怀着头狮子。确实，如果他没有狮子的气概，不问琐事，不求享乐，他绝不可能建立一个王国，并为这一王国制定了正确而严格的制度传之后世。

曼苏尔使整个国家都伊斯兰化了，它是一个统一的整体（除安德鲁斯外）。它平静而稳定的，没有什么令人担心的动乱，国库里存满了金钱。王国居民中的阿拉伯人一蹶不振，他们的权势日益削弱，释奴们到处驱赶他们，要把他们像蒙昧时代的游牧人一样圈到阿拉伯半岛范围内。释奴们还用波斯风俗习惯取代阿拉伯的风俗习惯，用复杂的文明生活取代简朴的阿拉伯生活。总之，时代不同了，在这个新时代，哈里发和普通人都有时间消遣，有时间寻求新的刺激，给奢侈享乐准备了充分的条件。

曼苏尔一死，大家都松了一口气。在曼苏尔时代，人们千辛万苦地克服建国时期的重重困难。大家对曼苏尔这种过于严肃、简朴的生活实在厌烦透了，他们渴望着一种新的生活——安乐、宽裕的生活。他们终于在哈里发迈赫迪手上得到了这一切。其实，迈赫迪统治的十年不过是曼苏尔时代的严肃、单调、劳顿生活向拉希德及以后几位哈里发时代的奢侈享乐生活的过渡。

迈赫迪是慷慨大方的。在迈赫迪时代，人们摆脱了曼苏尔的吝啬。曼苏尔死后留下了一千四百万金币和六百万银币，[①]迈赫迪除了留下他本人上台后征收的税款外，其余尽数分给大家。无论是哪一代人，也无论在哪一时代，随着财富的增加，人们总要追

① 麦斯欧迪：《黄金草原》，第 2 卷，第 196 页。

求享乐和奢华。在迈赫迪时代，人们开始高度评价慷慨大方的美德，严厉谴责吝啬的行为，为吝啬鬼们编造了许多辛辣的笑话，也许查希兹的《悭吝人》一书就是这样来的。

迈赫迪其人性情慷慨大方，喜好艺术，人们纷纷仿效，在艺术家身上一掷千金。在这种情况下，艺术水平提高了，艺术在各阶层人民中得到广泛传播。迈赫迪的父亲——曼苏尔喜欢山歌小调，他的儿子却跟歌手们坐在一起，听他们唱歌。《诗歌集》告诉我们："迈赫迪什么歌都听。歌手们到宫里为他唱歌，他坐在帷幕后面听，人们看不到他的面孔，只有法里哈·本·艾比·欧拉例外。他曾写诗要求面见哈里发，迈赫迪便让他和王族及其释奴们坐在一起。法里哈是第一个在歌会上亲眼见到迈赫迪的人。"[①]《国王们的品德》一书作者写道："起初，迈赫迪和他父亲曼苏尔一样不在歌会上露面，一年以后就不回避了。艾布·欧恩要求他回避，迈赫迪说：去你的吧，蠢货！只有亲眼看见欢乐的场面、靠近给人快乐的人才能得到乐趣。坐得远远的有什么好处？又有什么乐趣？"[②]他还大把大把地赏钱给艺术家们。他父亲正好相反，"曼苏尔从不赏给朋友或其他人一个银币，也从不封给那些逗笑取宠的人一寸土地。迈赫迪却经常赏赐，从不间断，很少有人参见过他而没得赏赐的。"[③]看看他的两个孩子——儿子伊卜拉欣·本·迈赫迪和女儿欧莱娅·宾特·迈赫迪就够了，他俩在宫中穿金戴银，整日歌声不断，过着乐悠悠的生活。

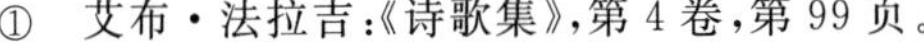

① 艾布·法拉吉：《诗歌集》，第 4 卷，第 99 页。

② 《国王们的品德》，第 34 页。

③ 同上书，第 34、35 页。

迈赫迪还喜欢歌女，喜欢谈女人，但不涉及淫秽之事。查希兹写道："迈赫迪喜欢听唱歌，也喜欢歌女，特别喜欢一个从沙姆麦儿旺手上买来的歌女姣海尔，曾写诗赞美她。"[①]

《诗歌集》的作者和塔巴里一致认为迈赫迪不饮酒，但在这方面他也冲破了他父亲曼苏尔的陈规向前跨了一步。曼苏尔自己不饮酒，也不允许别人当着他的面饮酒。迈赫迪则不同。塔巴里这样谈到他：他不饮酒，但也不禁酒，只是不喜欢而已。朋友们可以当着他的面饮酒。他的大臣雅尔孤卜・本・达乌德提醒他并强烈要求他禁止饮酒，甚至以辞职相威胁，迈赫迪辩解说：阿卜杜拉・本・加法尔是允许的。[②]

迈赫迪很讲究吃穿。他去麦加朝觐，冰也随着运到麦加，对哈里发来说，这也是空前的。

看来，迈赫迪对享乐和奢华的追求并不过分，但他放松了缰绳，使大家尝到了甜头，那些纨绔子弟便大肆挥霍起来。这些人奢靡无度，在曼苏尔时代，他们不敢这样做，因为哈里发本人作出了严肃和谨慎的榜样。当他们看到迈赫迪向前迈了一步，便狂奔乱跳起来。在迈赫迪时代，人们受到了诗人拜沙尔的影响，他公开发表自己写的情诗，用那些淫词荡语蛊惑人心，流毒遍布全国。他的诗终于惹恼了贵族们，出于对妻子和女儿的担心，迈赫迪的叔父亚齐德・本・曼苏尔等人跑去找迈赫迪，要求他制止这股潮流。这时候，迈赫迪才插手干预，明令禁止拜沙尔写情诗。拜沙尔曾写诗

---

① 查希兹：《修辞与阐释》，第 3 卷，第 208 页。

② 艾布・法拉吉：《诗歌集》，第 5 卷，第 5 页；塔巴里：《先知与帝王历史》，第 10 卷，第 6 页。

记述此事，其诗曰：

花天酒地享太平，艳妇靡音梦如生。
诗章遍地云天外，中国、也门、凯鲁万[①]。
少女少妇争吟诵，如醉如痴拜神灵。
迈赫迪禁我诗兴，识时务者忙脱身。
赞美真主独无二，时光流逝余不存。

尽管如此，拜沙尔还是采取狡猾隐蔽的办法继续写情诗，以便不触犯迈赫迪的禁令并得以保全自己。拜沙尔也有诗言及此事，其诗曰：

娇颜如玉眼生花，舍得万金赎身价。
秋波言我风流故，无奈岁月不饶人。
指主明誓表心意，背信弃义从不为。
克制欲念强相忍，或许灾难从天降。
哈里发颁下禁令，他要禁啥我服从。
国君命我拒女色，悉听遵命莫敢违。
忠信诺言无变故，信誓旦旦如朝晖。
面对怨敌细思寻，舍得一切保名声。
生性好与酒友聚，碍于颜面莫敢为。
朝夕思念情人处，天涯踏遍何处寻。
哈里发严禁此事，只得忍耐莫烦恼。

又有诗写道：

强将爱情活埋下，任凭斑鸠唱不停。

① 今突尼斯凯鲁万省。——译者

不管圣上何所为，践守诺言莫相违。

倘若穆圣未从有，早将情人近我身。

罪已酿成深且重，何必再添仇与恨。

迈赫迪听说伊卜拉欣·摩苏里歌声娓娓动听，便召他入宫，成为第一位如此器重他的哈里发。后来，又听说他喜欢饮酒作乐，生活淫荡，便要求他生活节制。但摩苏里没有照办，迈赫迪便下令打了他一顿，并把他监禁起来。伊卜拉欣·摩苏里说：一天，迈赫迪叫我入宫，责备我不该在别人家里饮酒作乐。我对他说：穆民的领袖啊！我学习唱歌，就是为了使自己和朋友们快乐。如果歌不唱，酒不饮，那就什么都没有了。迈赫迪听罢勃然大怒，说：你绝对不许去找穆萨和哈伦。[①] 以真主起誓，如果你找了他们俩，你就等着瞧吧！我说：是！后来，他听说我找过穆萨和哈伦，还和他俩一起喝得酩酊大醉，就打了我三百鞭子，又把我投入了牢房。[②]

其实正是迈赫迪为人们打开了寻欢作乐的大门。他虽然规定了一定的界限，但哪里止得住。他使用惩罚的手段来强迫大家遵守，但也未能奏效。

*　　　*　　　*

到了拉希德时代，风俗日荡。出现这种情况有以下几个原因：

一、这是一个民族发展的自然过程。紧张的生活导致财富的增加，财富的增加又使生活更加安逸舒适。伊本·赫勒敦说：到拉希德时代，王国岁入达到七千零一十五堪他尔，每堪他尔合一万第

① 穆萨和哈伦都是迈赫迪的儿子，穆萨全名是：穆萨·本·穆罕默德·迈赫迪，哈伦全名是哈伦·拉希德。——译者

② 艾布·法拉吉：《诗歌集》，第5卷，第5页。

纳尔，共计七千零一十五万第纳尔，这是一个庞大的财富，说明国家的富裕，也说明国民能够过上多么享乐的生活。

二、波斯人，特别是伯尔麦克家族权势的膨胀。自古以来，波斯人就以追求花天酒地的生活闻名。琐罗亚斯德教不仅允许喝酒，而且把饮酒列入宗教仪式之中。正如白拉汉教授所说，酒至今仍是波斯琐罗亚斯德教日常生活的重要内容。自古以来，波斯人就好酒贪杯，嗜歌如癖，对各种正当、不正当的娱乐都很入迷。到了阿拔斯时代，特别是在拉希德和麦蒙两个哈里发统治的时期，他们的势力卷土重来。随着波斯人势力的增强，波斯国王的生活——文明的生活和寻欢作乐的生活也得到了传播。不仅带来了严肃的东西，如政治制度等，也带来了不严肃的东西，如饮酒、歌会、调情等。

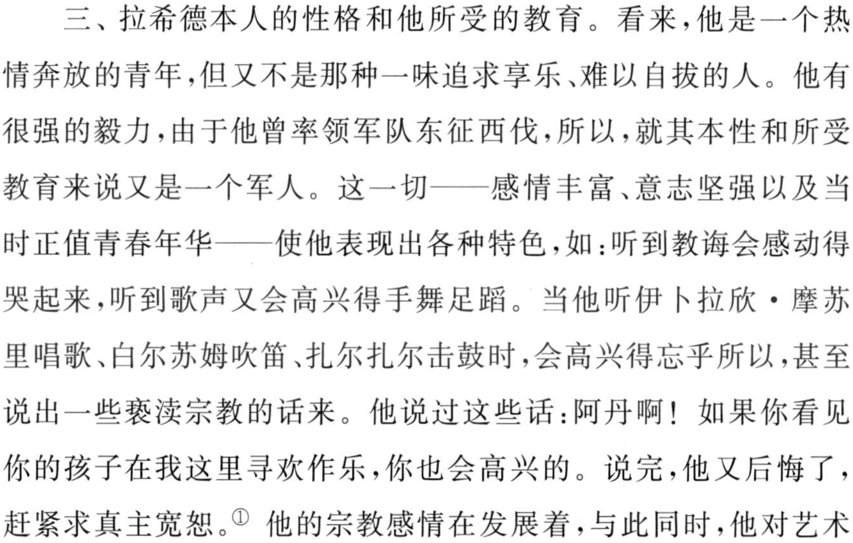

三、拉希德本人的性格和他所受的教育。看来，他是一个热情奔放的青年，但又不是那种一味追求享乐、难以自拔的人。他有很强的毅力，由于他曾率领军队东征西伐，所以，就其本性和所受教育来说又是一个军人。这一切——感情丰富、意志坚强以及当时正值青春年华——使他表现出各种特色，如：听到教诲会感动得哭起来，听到歌声又会高兴得手舞足蹈。当他听伊卜拉欣·摩苏里唱歌、白尔苏姆吹笛、扎尔扎尔击鼓时，会高兴得忘乎所以，甚至说出一些亵渎宗教的话来。他说过这些话：阿丹啊！如果你看见你的孩子在我这里寻欢作乐，你也会高兴的。说完，他又后悔了，赶紧求真主宽恕。[1] 他的宗教感情在发展着，与此同时，他对艺术

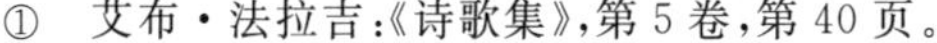

① 艾布·法拉吉：《诗歌集》，第5卷，第40页。

的感情也在发展着。他祈祷，一天祈祷多次；他也听唱歌，听得入迷；他还喜欢诗歌。他感情丰富有多方面的兴趣，每一方面都达到极致。艾布·阿塔希亚写过这样的诗句：

倔强刚烈的心啊！野心贪欲将你毁。
善恶皆本性，为此哪管远与近。
邪恶罪人可悔过？心灵创伤怎医治？
真主待我恩情重，邪恶怎会放光辉？
人生终有死，僵躯无灵魂。
生者明眼见，死神在召唤。
我等不介意，幽灵来往频。
去时服饰丽，归来粗布衣。
争强好斗士，终有失败时。
寄语可怜人，欲哭须放声。
纵有努海①寿，终难逃一死！

拉希德读后放声大哭。② 他很器重伯尔麦克人，对他们佩服得五体投地，和他们打得火热。但一转眼，又生起他们的气来了，妒嫉心咬啮着他的心，终于给了他们严厉的惩罚。对唱歌也是如此。他非常爱听唱歌，亲近伊卜拉欣·摩苏里就像亲近学者和法官一样。歌手或诗人，只要能使他满意，从不问在他们身上花了多少钱。《诗歌集》中有一句描写拉希德性格的话，再好不过地代表了拉希德感情的特点："拉希德受到启示时是眼泪最多的人，恼怒

① 努海：阿拉伯文 Nūḥ 的音译。《古兰经》故事人物。多数学者认为即《圣经》中"挪亚"，见前第 87 页注。——译者

② 艾布·法拉吉：《诗歌集》，第 3 卷，第 178 页。

生气时又是最粗暴的人。”[1]正因为如此，出现下面这样的情况就不足为奇了：有时他非常虔诚，一天礼拜多达百次；有时又暴跳如雷，为一件不值当的小事动辄杀人；有时他又会高兴得忘乎所以。读者可以想象，所有这些品性集中到一个人身上会是一幅什么景象。

读完《诗歌集》，读者的脑子里就会有一个拉希德的形象——他整天沉湎于寻欢作乐之中，什么事也不干，只知欣赏歌曲，接待好友，奖励诗人。《诗歌集》的这种写法自然有它的道理，因为《诗歌集》不是一本记载哈里发们的所作所为，评价他们一生功过的历史书，而是一本谈唱歌的书。书的内容自然而然局限在这个方面，就像一本语言学家传记只介绍语言学家一样。如果有什么错误的话，那也是某些人理解方面的错误，他们仅看到一个人对歌曲的爱好而看不到他的多样性格。

读伊本·赫勒敦的书，会发现他的描写总是集中在宗教和其它严肃的课题方面。伊本·赫勒敦认为：拉希德并没有嗜酒成癖，因为他常跟学者、朋友们在一起；他还坚持礼拜和宗教仪式，每早准时进行早祷。此外，他还要出征、朝觐，年年不断。伊本·赫勒敦的另一个根据是：拉希德还受着纯朴的古风的影响，他和他祖父曼苏尔时间上离得并不太远。“拉希德只是喝一点椰枣做的色酒，这也是根据伊拉克学派的教法规定行事的。至于指控他饮用高度白酒，则是没有根据的，也不应该传播这种不可信的事情。拉希德绝不会触犯伊斯兰教信士们心目中这一最为严重的禁忌的。当

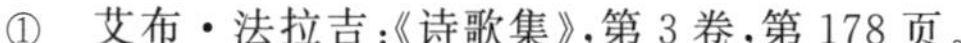

① 艾布·法拉吉：《诗歌集》，第3卷，第178页。

时，信士们还保留着游牧生活的粗犷和宗教信仰的纯朴，在服装、打扮及其他方面，极力回避奢靡的风气。"[①]

我们同意伊本·赫勒敦的意见，即：拉希德不饮白酒，只饮色酒；但不同意他的另一个说法：拉希德生活简朴，力戒奢靡，从未犯禁。这样说就把他神化了。拉希德的生平历史不能说明这一点。伊本·赫勒敦的证据只是口证。在时间上，拉希德与曼苏尔时间很近并不说明拉希德一定要过曼苏尔那样的生活。伊本·赫勒敦本人也多次谈到拉希德时代生活的奢靡和享受超过曼苏尔时代。如果时间离得近也是一种证据的话，又怎样解释离拉希德很近的艾敏的所作所为呢？

奇怪的是，伊本·赫勒敦用了整整几章的篇幅来描写拉希德和麦蒙时代文明的发展、奢侈的生活和饮食、衣着的讲究情况。麦斯欧迪和塔巴里关于麦蒙婚礼场面有过这样的记载：麦蒙迎娶哈桑的女儿布兰时，在新婚之夜给了她一千颗宝石作为彩礼。点燃的龙涎香烛，每个一百迈宁[②]重，铺的地毯是用金线织的，并镶满珍珠和蓝宝石。[③] 伊本·赫勒敦是肯定这件事情的。

难道这还不算穷奢极侈？麦蒙和拉希德，拉希德和曼苏尔，在时间上都是离得很近的，难道这就能说明他们保持着纯朴的生活吗？

事实是，伊本·赫勒敦把拉希德时代描写成纯朴的时代，说当时的人在生活上力戒奢靡是大错特错了。当然，伊本·赫勒敦也

① 伊本·赫勒敦：《历史绪论》，第1卷，第14页。

② 迈宁：阿拉伯计量单位，合二埃磅，每一埃磅合449.3克。——译者

③ 伊本·赫勒敦：《历史绪论》，第1卷，第145页。

如实地写到了拉希德生活的另一面——他的坚持祈祷和虔诚的信仰，但这并不是全部。拉希德还有另外一面，被《诗歌集》提到了。如果说能原谅《诗歌集》的不足，却不能原谅伊本·赫勒敦，因为他是一个历史学家，应该全面地介绍一个人。

看来，伊本·赫勒敦以为一个人能在祈祷时拜上一百拜，又常跟弗代勒·本·尔亚德交谈，就绝不会出席轻歌曼舞、寻欢作乐的集会，更不会纸醉金迷、挥霍无度了。这种认识是错误的，人的本性绝不是这样。

我们认为，拉希德是一个感情丰富、兴趣广泛的人。严肃时，一丝不苟；玩乐时，忘乎所以。

法官艾布·白赫台里说：一天，我正在拉希德那里。他要冰水，但柜子里没有冰，仆人向他道歉，给他送来了没有加冰的水。他勃然大怒，拿起水罐砸在仆人脸上。我对他说：穆民的领袖！我想说一句话，没危险吧！他说：说吧！我说：穆民的领袖！你亲眼看到了昔日的沧桑变化（指倭马亚王国的灭亡），天下事并非是永久不变的。你绝不要追求奢、逸二字，而应该做到细的粗的都能吃，好的坏的都能穿，热的冷的都能喝。他拍拍我说：不，我决不会走到你说的那一步。我只是得安乐时且安乐。如果出现意外，我会毫不气馁地从头干起。[①]

*　　　*　　　*

艾敏上台了，寻欢作乐的调子又升高了几个八度。尽管历史学家们认为许多事情是麦蒙时代编造出来败坏艾敏的声誉、贬低

① 伊本·艾比·哈底德：《辞章之道注释》，第1卷，第122页。

他的作用,并为麦蒙辩解的,但艾敏喜欢饮酒作乐、蓄养娈童,则是无法否认的。

塔巴里说:穆罕默德(艾敏)登基后,高价买了一批太监,白天黑夜跟他们混在一起,吃、喝由他们伺候,命令由他们传达……自由女人和女奴都不要了。有诗为证:

醇酒阉臣终日伴,艾敏岁月两分飞。
国色天香无缘分,只见蹙额锁双眉。
国君尚且病恹恹,我等臣子怎安生?
倘若先王知此情,料他难眠在图斯。[①]

塔巴里又说:

艾敏登基后,派人到全国各地搜罗各色各样的乐工弄臣到宫里来,供给衣食之资以备消遣之用,还不惜代价购买形形色色的珍禽猛兽,又把国库的钱以及他手中的珠宝分给太监和密友。对自己的兄弟、亲眷和军队的指挥官却态度傲慢,避而不见。他还下令建造行宫,以备游幸。根据他的命令在底格里斯河上建造了五艘战船,各呈狮、象、鹫、蛇、马形,耗资巨大。艾布·努瓦斯曾写诗极言其盛。[②] 艾敏的大臣法德勒·本·勒比阿这样描写的:"他终日酒意醺醺,安睡不醒,像鸡貂一样。从不上朝理政,也不担心享乐时光终将消失,对敌人的阴谋暗算更是置若罔闻。他终日寻欢作乐,毁灭的日子已经迫近。麦蒙枕戈待旦,箭在弦上,箭头直指艾敏。从近在咫尺的地方,这支箭终于射向既定的目标。战马嘶鸣,

① 塔巴里:《先知及帝王历史》,第 10 卷,第 215 页。诗中先王指艾敏的父亲拉希德。
② 同上。

刀枪交锋，带来了无法逃脱的死亡和必然的毁灭。"[①]

艾敏死后，麦蒙上台了。但麦蒙的乐趣不同于艾敏。艾敏的乐趣是一种不成熟的年轻人的乐趣，手上有权力和金钱，却没有一个成熟的头脑。他所做的就是不分昼夜地追求享乐。麦蒙却是一个富有经验的人。他经历过战争的恐怖，明白王国需要新的道德风尚，这一切给了他决心和见识。此外，他用许多时间去追求精神生活——他喜欢读书，喜欢钻研哲学，喜欢辩论宗教和教法问题。各门学科的学者们聚集在他周围，他和学者之间经常展开讨论和辩论。当然，他也需要一点点娱乐，比如，他喝一点色酒。[②] 来巴格达后的头二十个月他是不听唱歌的，后来才开始听。[③] 当时，为他唱歌并为他的聚会增光添彩的是易司哈格·摩苏里，就像他父亲伊卜拉欣·摩苏里在麦蒙的父亲拉希德宫里的情况一样。麦蒙对他宠幸有加，提高了他的地位。麦蒙的叔父伊卜拉欣·本·迈赫迪对声乐艺术很有造诣，也受到麦蒙的优礼相待。

在艾敏和麦蒙的纷争中，老百姓吃够了苦头，巴格达城遭到了毁灭，到处是苦难和不幸。局势一旦安定下来，老百姓感到需要弥补过去的损失，又开始寻欢作乐了。

以上是宫廷生活的一个侧面，我们详加说明是因为它对艺术和文学有着重大影响。宫廷生活还有其他方面，其中，政治方面与本书关系不大。学术方面包括对学术的鼓励和资助、举行学术讨论和辩论、千方百计地搜罗书籍、建立图书馆、着手译书等。在这

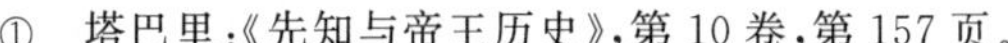

① 塔巴里：《先知与帝王历史》，第10卷，第157页。

② 同上书，第256页；脱夫尔：《巴格达史》，第1卷，第320页。

③ 艾布·法拉吉：《诗歌集》，第5卷，第106页。

些方面，影响最大的当数曼苏尔、拉希德和麦蒙三位哈里发。这方面的情况在谈到学术运动时再介绍。

*　　　*　　　*

关于饮酒已经说了很多。我们转述了伊本·赫勒敦关于有些哈里发只饮色酒不饮白酒的看法。伊拉克的教法学家普遍认为饮色酒是合乎教法的。这对文学上也产生了影响。所以我们必须谈谈关于酒的事情。

阿拉伯人有很多种酒。他们不仅从邻近的民族那里引进了许多种酒，而且引进了许多饮酒的风俗习惯。比如：沙姆人从罗马人那里引进了一种掺蜂蜜的色酒，连这种酒的罗马名字“拉沙吞”也学来了。汉志的阿拉伯人对这种酒却一无所知。[①] 倭马亚人从波斯人那里引进了一种叫“黑风加”的饮料。饮这种饮料，以七周为一轮，根据月亮的盈缺连饮七个星期。瓦立德·本·亚齐德喝过这种饮料。[②]

就这样，各个民族的种类繁多的酒和五花八门的饮酒习惯逐渐渗透到穆斯林中间来了。阿拔斯人上台后，酒的种类和饮酒的花样就更多了。人们常常聚在一起，觥筹交错，花天酒地。

伊斯兰教是反对饮酒的，对酗酒更是明令禁止。真主降下一节经文：“饮酒、赌博、拜像、求签，只是一种秽行，只是恶魔的行为，故当远离，以便你们成功。恶魔唯愿你们因饮酒和赌博而互相仇

---

① 拉沙吞：参看《阿拉伯大辞书》，“拉沙脱”条。

② 艾布·法拉吉：《诗歌集》，第6卷，第130页。

恨，并且阻止你们纪念真主，和谨守拜功。你们将戒除〔饮酒和赌博〕吗？”[①]

尽管有这节经文，但围绕这节高尚的经文又引出许多问题。如：酒的含义是什么？仅仅是指葡萄汁，还是一切醉人的东西？禁酒的限量是多少？是对一切种类的酒不管多少都禁，还是允许少量地饮用某些种类的酒？在教法学的范畴内，出现了色酒的问题：饮用色酒是否合乎教法？允许饮用色酒的量是多少？不同的意见在圣门弟子时代就出现了，以后又一直争论不休。我们看到，倭马亚时代的欧麦尔·本·阿卜杜·阿齐兹已经感到这种争论的严重性，就向各地发了函件，禁止饮用色酒。[②] 到了几位大教长的时代，旧的分歧又重新出现了。三位大教长——马立克、沙斐仪和艾哈迈德·本·罕百里断然关上了饮酒的大门，把前面引用的《古兰经》经文解释为禁止一切醉人的色酒，包括椰枣酒、干葡萄酒、大麦酒、玉米酒、蜂蜜酒等。他们说：所有这些都叫酒，都在被禁之列。而大教长艾布·哈尼法则根据字义把这节经文中的“酒”解释为葡萄汁。这一创制导致了允许饮用某几种色酒，如椰枣酒和干葡萄酒，但必须是新近制作的，而且只能少量饮用，以不醉为限。有一种酒叫“混合酒”，是取等量的椰枣和葡萄干，放在一个容器里，然后加水，搁置一段时间即可饮用。还有蜂蜜加无花果、蜂蜜加麦子做的酒。[③] 看来，艾布·哈尼法教长在这一点上是追随著名的圣

---

① 马坚译：《古兰经》，5：90—91。——译者

② 伊本·阿卜杜·莱比：《罕世瓔珞》，第 3 卷，第 411 页。

③ 纳瓦威：《穆斯林姆圣训实录解释》，第 4 卷，第 362 页。

门弟子阿卜杜拉·本·麦斯欧迪的。众所周知，伊本·麦斯欧迪是伊拉克学派的领袖，艾布·哈尼法是在教法上承袭了他的某些观点。其根据来自《罕世璎珞》关于伊本·麦斯欧迪的一段话：他（指伊本·麦斯欧迪）认为饮用色酒是合乎教法的。由此，引出许多他的故事，到处流传，库法人中还出现了一批他的追随者，打着他的旗号，到处招摇。有诗为证：

禁饮天水喊得欢，葡汁果液暗中掺。

生平最恨哓哓语，伊本[①]高论慰心田。[②]

总之，像唱歌的问题一样，围绕着饮酒的问题在教法学家们中间又掀起了一场激烈的争论。伊本·艾比·莱拉主张禁酒，并和艾布·哈尼法展开了辩论，艾布·哈尼法据理反驳。阿卜杜拉·本·伊德里斯是库法城教法学家中唯一主张禁酒的，他和其他学者也争论起来。[③] 既然许多伊拉克教法学家都主张允许饮用色酒，伊拉克人便以饮酒出了名。有诗为证：

纵情欢歌在汉志，举杯痛饮伊拉克。

这场争论也传到文学家和诗人中去了，他们拿着这些意见做起了文字游戏。有的诗人说："两禁地[④]的人允许唱歌，但禁止饮酒；伊拉克人允许饮酒，但禁止唱歌。在他们达成一致意见之前，我们可利用双方开出的许可证。"[⑤]伊本·鲁米[⑥]说：

---

① 伊本：指阿卜杜拉·本·麦斯欧迪。——译者

② 伊本·阿卜杜·莱比：《罕世璎珞》，第3卷，第415页。

③ 参看《罕世璎珞》中伊本·古太白的《饮料》一文。

④ 两禁地：指伊斯兰教两大圣地麦加和麦地那。——译者

⑤ 安查里：《文学家论文集》，第1卷，第412页。

⑥ 伊本·鲁米（公元836—896年）：阿拔斯时代著名的阿拉伯诗人。——译者

伊拉克准饮色酒，白酒酩酊属禁规。

汉志色白全是酒，说法不一同醉人。

吾取酒字畅怀饮，罪犯、犯罪难区分。[①]

总之，许多人把这些意见当作跳板，以达到自己的目的，并不是有了这些意见他们才饮酒的。实际上，他们并不限定在允许的某个品种或某种限量之内的满足，何况，没有任何一个教法学家允许饮用任何一种酒达到酩酊大醉的地步。他们这样说不过是文学家的调侃和诗人的风趣罢了。

至于艾布·努瓦斯一伙则不需用这种计谋，他们一面承认对酒的禁忌，一面明目张胆地畅饮。他们的领袖艾布·努瓦斯说：

禁忌、禁忌，只管说，禁忌之中好快活。

又说：

畅饮白酒照直说，切莫背人偷偷喝。

*　　　　*　　　　*

有钱人和贵族人家仿照哈里发宫廷的榜样过着纸醉金迷的生活，而且有过之而无不及。因为哈里发宫廷的聚会必须庄重大方，有钱人家就无须顾及这些了。

哈里发家族的人数大为增加。有人统计过阿拔斯家族的男女老幼，在麦蒙时代，达到了三万三千人，[②]一个个眉清目秀、风度翩翩。有人说："历代哈里发的王子们，若论姿容风度当数拉希德的几个儿子，其中又以穆罕默德和艾布·伊萨为最。只要艾布·伊

① 安查里：《文学家论文集》，第 1 卷，第 412 页。

② 麦斯欧迪：《黄金草原》，第 2 卷，第 259 页。

萨出门，必有许多人在门外坐等以瞻仰其丰采，比等着瞻仰哈里发的人还多。”[①]皇亲国戚中爱好唱歌和艺术的人很多。比如：迈赫迪的女儿欧丽娅就是“最有风趣的人之一，擅长写诗、谱曲”。[②] 她的兄弟伊卜拉欣·本·迈赫迪“精通音律，擅长作曲，唱起歌来自然流畅、音色优美”。[③] 还有上面提到过的拉希德的儿子艾布·伊萨，“他相貌英俊，风度翩翩，而且极为健谈，说起话来妙语连珠，幽默诙谐。”[④]“他喜欢打猎。但在一场围猎中，从马上摔下来，脑浆崩裂而死。”[⑤]

跟在他们后面亦步亦趋的是达官显贵的公子哥儿们，其中有拉希德的大臣法德勒·本·勒比阿的孙子阿卜杜拉·本·阿拔斯·本·法德勒。他是一个优秀的歌唱家，也是一个浪荡公子，[⑥]过的是花天酒地的生活，连早饭都要在水仙花园里吃。这种例子很多，说来话长。这种纸醉金迷的生活像传染病一样，从富贵人家的子弟又传给中产阶级的子弟。大家都模仿他们的样，亦步亦趋地跟着他们学。

他们发展了建筑艺术，擅长建筑宫殿。伊本·杰赫米写道：

园林辽阔放眼望，景色迷人无尽头。
岧岧圆顶入云端，星辰偷听宫中秘。
喷泉戏水云天外，敢与风雷见高低。

---

① 艾布·法拉吉：《诗歌集》，第9卷，第96页。
② 同上书，第83页。
③ 同上书，第35页。
④ 同上书，第96页。
⑤ 同上书，第97页。
⑥ 同上书，第17卷，第120页。

伊拉克宫燃大火，光照汉志披彩云。

天公降雨铺满地，喷泉射水洒天涯。

楼台亭阁金碧辉，恰似春日绘彩衣。

有人描写哈里发瓦绥格宫中的景象，说“仆人们一个传一个地引领我前行，一直走到一间大厅，地上铺着地毯，墙上贴着金线织的锦绣。然后，又把我领到侧厅，地面和墙上都跟刚才那个大厅一样装饰得富丽堂皇。在侧厅正中，瓦绥格靠在一张镶着珠宝的床上，身披金线织的锦衣，旁边坐着他的女仆法里黛，她身着金线织的彩衣，怀里抱着琵琶”。[①]

在吃的方面，他们也是穷奢极侈。吃的是山珍海味，用的是象箸玉杯。诗人欧马尼写诗描写穆罕默德·本·苏莱曼·本·阿里餐桌上丰富多样的食品，其诗曰：

桌上面包好新鲜，黄油奶酪火上煎。

薄皮层层赛酥卷，精糖细馅藏里边。

种种名菜数不尽，冷盘热炒花样鲜。

排骨、肉冻、土尔丁[②]，羊肉清炖色诱人。

肥鹅流油腰背滴，仔鸡鲜嫩裹面里。

饭后水果种类多，核桃、扁桃、葡萄、椰枣、无花果。

艾布·阿塔希亚说：“歌唱家穆哈利格请我到他家去，我就去了。他把我领进屋里，这是一栋干干净净的住宅，地毯也一尘不染。过了一会儿，饭桌摆好了，桌上有白面包、蔬菜、醋、盐，还有烤

① 艾布·法拉吉：《诗歌集》，第3卷，第184页。

② 土尔丁：一种库尔德族的食品。——译者

羊肉。我们每样吃了一些，这时肚子就饱了。但又上了甜食，食后洗干净手，又上来了水果、香草和各种色酒。主人说：喜欢什么就拣几样吃吧！我挑了几样吃，还喝了点酒。”[①]这是他苦修之前的事情。

人们聚会时花天酒地、放荡不羁的情景充塞了《诗歌集》和拜沙尔、艾布·努瓦斯、穆斯林姆·本·瓦立德等诗人的诗集。[②]

他们好听唱歌，并不断花样翻新，以后发展成新旧两派，各有其拥护者。[③] 聚会时，人们饮酒作乐，妙语连珠。

他们又迷上了掷骰子和下棋，[④]还有养鸽、斗鸡、斗狗等。[⑤] 鸽子的价钱也越抬越高。[⑥] 艾布·努瓦斯玩了一阵狗，他知道的关于狗的事情连土著阿拉伯人都不知道。[⑦] 赌博传播日广，穷人也玩起来了。[⑧] 他们还喜欢雕刻、绘画，很多人在杯子上画上画儿。拜沙尔和艾布·努瓦斯在诗里都提到了这一点。艾布·沙伯尔有一盏灯台，上面刻着精致的图画。后被一只羊碰碎了，他还哀悼过一番。[⑨] 他们的新年礼物也是别出心裁地在上面雕刻、作画。他们还跳舞。易司哈格·本·伊卜拉欣·摩苏里精通舞蹈，因跳舞

① 艾布·法拉吉：《诗歌集》，第3卷，第180页。

② 同上书，第17卷，第24页；第10卷，第136页；第5卷，第112页。

③ 同上书，第7卷，第25页。

④ 麦斯欧迪：《黄金草原》，第2卷，第406页。

⑤ 艾布·法拉吉：《诗歌集》，第6卷，第75页。

⑥ 查希兹：《动物志》，第3卷，第91页。

⑦ 同上书，第2卷，第10页。

⑧ 同上书，第5卷，第115页。

⑨ 艾布·法拉吉：《诗歌集》，第13卷，第27页。

出了名的有一批人。[①] 他们还喜欢逛花园。他们还用花装点餐桌，写诗赞美花的鲜艳的颜色和芬芳的香味。[②] 诸如此类，不胜枚举。

生活享受多起来了，追求奢侈的波斯古风更盛了。四面八方送来的女奴源源不断，对美的追求更热烈了。不戴面纱的妇女也日益增多，因为女奴们本来就不要求戴面纱。追求声色犬马的意识增强了。拜沙尔、索里阿·格瓦尼、艾布·努瓦斯等诗人感觉到了人们的这种追求，便领导、鼓励了这一潮流，为它开辟了前进的道路。

有些人喝得酩酊大醉，需要一些诗篇滋润他们的感情，美化他们的行为，鼓励他们继续饮酒作乐。这些诗人的诗篇就是解渴的清泉。有人要赞美一个姑娘或其他什么人，有诗篇就能直率而不拐弯抹角地满足他们的愿望。当时，拜沙尔每周有两天专门接待风流女子，向她们提供浓词艳曲，通过她们传播出去。

当时的生活是纸醉金迷的生活。诗人们的诗多为轻薄之声，就不奇怪了。

人们还注意到一种现象，即倭马亚时代较之沙姆和汉志[③]更严肃的地方——伊拉克，到阿拔斯时代却变成了纨绔之辈活动的中心，成了全国各地学习骄奢淫逸的样板。

原因是很多的，看来，最重要的原因有两个：

第一，金钱。伊拉克既然是哈里发统治的中心，自然就成了富

① 艾布·法拉吉：《诗歌集》，第 5 卷，《易司哈格传》。

② 同上书，第 12 卷，第 130 页。

③ 参看《阿拉伯伊斯兰文化史》(黎明时期)，第 213 页。——译者

裕的伊斯兰王国财富的总汇。而钱是寻欢作乐的基础，哪里有钱，哪里就有快乐；哪里有钱，哪里就有养奴、饮酒、唱歌这一类事情；哪里有钱，哪里就有穷奢极侈的生活。伊拉克是最有钱、名声最大的地方，艺术（包括文学）天才只有在伊拉克才能找到市场。凡在别处成功的艺术家，不到伊拉克去，就会无声无息地消失掉，他的艺术也会随之消失。哪一个著名的歌唱家不是出在伊拉克？哪一个天才诗人不是出在伊拉克？又有哪一个姿容秀丽、歌声美妙的女奴不是出在伊拉克呢？

第二，在真主的国度里，伊拉克是民族最混杂的一个地方。古时，各个不同的民族、各种不同的文化纷至沓来。在阿拔斯时代，伊拉克是哈里发统治的首都，也是各民族向往的地方，它既是波斯贵族的聚居地，又是印度、罗马等民族移民的落脚地。此外，各个种族最优秀的奴隶都被送到这里来，而他们又有其所属民族的文明及骄奢淫逸生活的经历。他们来到伊拉克后，看到条件具备，便开始展现各民族的艺术和文明。这是一个民族大展览，伊拉克充分地吸取每个民族的特点，其他地方则跟在伊拉克后面鹦鹉学舌。

*　　　*　　　*

我们有根据说：上述描写并不反映所有人的情况。因为并非所有的人都是富翁，都喜欢寻欢作乐；并非每一个民族在每个时代都是如此；整个伊斯兰世界并非全是伊拉克。就拿伊拉克来说，也并非全体居民都过着这种生活。打开《诗歌集》，每章每节都是寻欢作乐；打开艾布·努瓦斯的诗集，几乎全篇尽是醇酒美人、纸醉金迷。但不要以为这就是当时的全部生活，它只不过代表了那个时代生活的一个侧面。《诗歌集》的写法自有它的理由：它是专为歌唱家立传的书。在每个时代，歌唱家都是欢乐的中心、淫荡的根源。

但有一点我们还是要指出的（伊本·赫勒敦已经意识到了），这就是：编造刺激情欲的故事是亲近大人物的桥梁。他们在花天酒地的生活上大做文章，是为了讨好一些大人物，以便名利双收。

国家财产的分配并不合理，阶级和阶级之间的差别深如鸿沟。许多钱都花在哈里发和王公贵族的宫殿里，花在军队统帅、国家官吏身上，而他们又把钱花在接近宫廷的文学家、学者、歌唱家、女奴和随从身上。商人阶级在财产的占有上次于第一类人。平民百姓普遍生活在贫困、苦难之中。

巴格达城里灯红酒绿、养尊处优的生活吸引了许多有钱人。

有诗为证：

广袤世界谁似它，人间天堂巴格达。
巴城度日不一般，快乐、清爽又新鲜。
久居巴城人长寿，此处饮酒美又甜。[①]

穷人在巴格达却走投无路，生活、居住都很困难。这也有诗为证：

巴格达绮丽无比，微风一吹勾魂魄。
富贵之人享安乐，贫寒之士投无门。
格伦[②]若降生斯城，也得哀愁与叹息。
巴格达人间天堂，却使贫者贫如洗。

① 脱夫尔：《巴格达史》，第1卷，第68页。

② 格伦：阿拉伯文 Ḳārūn 音译。《古兰经》故事人物。希伯来人中有名的巨富。——译者

美女娈童样样有，唯独缺少活人气。

又有诗写道：

凭我的亲身经历，我诅咒巴格达城。

乞者得不到施舍，伤感得不到宽慰。

谁想居住巴格达，必须三事全齐备：

格伦的豪富、努哈的长寿、约伯[①]的忍耐。

虔诚的信士、善良的居民和苦行主义者都憎恨巴格达，因为他们看到了荒淫无耻、残害百姓的事情……有些好心人提到巴格达时，说：

敬告出家修行人，免开尊口多谦逊。

巴城并非居士处，巴城亦非隐士家。

巴城乃是帝王都，处处寻欢觅美人。[②]

比什尔·本·哈里斯说："巴格达不是敬畏真主的人居之地，信士们更不应在此定居。"[③]

*　　*　　*

在伊拉克，钱越积越多，土地税款由全国各地源源不断地送来，导致物价上涨。对此，富人尚可承受，穷人则困苦无告。艾布·阿塔希亚在诗中细致地描写过这种情况，倾诉了他的不满：

谁人替我尽忠言，百姓购物价上天。

收益进项日日少，众人需求时时添。

---

① 约伯：阿拉伯文 Ayyūb 的音译。《古兰经》故事人物。据载曾忍受了真主的考验，以善于忍耐著称。——译者

② 雅古特：《文学家传记》，巴格达章。

③ 脱夫尔：《巴格达史》，第 1 卷，第 5 页。

艰难苦处朝暮伴，孤儿寡妇守空门。
众人希望寄君身，无力高声诉苦衷。
盼君相助得安宁，泪眼非君何人顾。
孱弱之躯不胜饥，拒灾排难求何人。
果腹遮体靠谁助？
哈里发的后代啊！莫失勇气丢根本。
名门显贵好子孙，百姓愁苦报与君。[①]

* * *

在那个时代，钱来得快，去得也快。哈里发、王公贵族和总督们赏起钱来非常痛快，没收起来也不留情。只要一首歌、一行诗、一句好话或者一个巧妙的回答让他们满意了，他们就成千上万地赏赐。但一句话不对头，就要下狱杀头，钱财也要没收。

阿塔比描写过这种情景。有人问他：你为什么不靠文学去亲近哈里发呢？他说："我看到有人无缘无故得了哈里发成千上万的赏赐，我也看到有人无缘无故地被扔出墙外。我不知道做哪种人才好。"[②]一天，迈赫迪派人召见穆方才理，他大吃一惊，以为有人诬陷于他，于是赶紧熏香沐浴，又穿上两件衣服，以待一死。他来到哈里发跟前，互致问候之后，心才稍定。哈里发首先问他：阿拉伯人的哪行诗最荣耀？后来，又问了一些别的问题，他一一小心做答。最后，问到他本人的情况时，便告知负债的情况，哈里发随即下令赐他三万迪尔汗。[③] 查希兹在《动物志》中说："有一天，曼苏

① 《艾布·阿塔希亚诗集》，第304页。
② 阿塔比：《集萃》，第1卷，第112页。
③ 艾布·法拉吉：《诗歌集》，第14卷，第116页。

尔的大臣艾布·阿尤布·穆里亚尼和我们坐在一起谈话。突然，曼苏尔派人来找他，他立时魂飞魄散，惊恐万分，脸色变了，缠头布也散了。过了一会儿，才恢复原状。我们感到很奇怪，就问他：你禀性温和，地位又高，为什么吓得这样魂不守舍呢？他说：我给你们举个通俗的例子吧！一天，鹰对鸡说：大地上还有什么比你更没有信义的东西呢？鸡说：这话是什么意思呢？鹰说：你原本是一只蛋，家里人把你捡来，又把你孵出来，你是靠他们出壳的，然后，他们又细心地喂养你，等你长大了，却谁也不能靠近你。你飞来飞去，吵嚷个没完。而我呢，我是由山上抓来的，他们训练我，驯养我，然后，让我自己飞行，在空中捕获猎物，送给主人。鸡对鹰说：你如果看到过烤鹰肉，像我看到的烤鸡肉一样，你会比我躲得更快的。你们如果知道我所知道的一切，就不会对我的惴惴不安感到奇怪了。"①

麦蒙杀了法德勒·本·赛赫勒之后，委托艾哈迈德·本·艾比·哈立德组阁，艾哈迈德拒不从命，说：我从没见过一个宰相能够保全性命平安度日。

"他们常向麦蒙秘密报告各种未经证实的情报。报信人说：如果只报确切无误的事情，那每年只能有一两件。"②

一天，瓦绥格突然召见穆罕默德·本·哈莱斯·本·布斯洪乃尔。穆罕默德说："听到哈里发召见，心里害怕极了。我真担心有人在哈里发面前进了谗言，或者因为哈里发对我有看法，一场灾

① 查希兹：《动物志》，第2卷，第132页。

② 脱夫尔：《巴格达史》，第68页。

难就要降临到我的头上。但我还是去了。”召见的结果却是哈里发给了他一万迪尔汗，让他发了点财。[①]

有人在艾布·加法尔·曼苏尔跟前诬告王储加法尔的教师法迪勒·本·欧姆兰，说他要弄加法尔。曼苏尔便派了两个人，命令他俩一见法迪勒便将他处死，又修书一封将此事告知加法尔。行前，对此二人说：杀掉法迪勒后再将这封信递交加法尔。两人受命砍断了法迪勒的脖子。其实，法迪勒是个正人君子、虔诚的伊斯兰教徒。两人走后，又有人对曼苏尔说：法迪勒是无辜的，不像诋毁他的人说的那样。你操之过急了。曼苏尔听罢，又派了一名使者去救他，并答应这位使者如能刀下救人便赏他一万迪尔汗。使者到时，人已经死了，只是血迹未干。加法尔极为不满，曾对其友苏维德说：“穆民的领袖杀死了这样一个操守清白、信仰虔诚的无辜的穆斯林，他还能说什么呢？”苏维德说：“他既然是穆民的领袖，就可以为所欲为，也只有他最明白自己在干什么。”

*　　　　*　　　　*

上面，我们描写了当时一边穷奢极侈、花天酒地，一边悲苦凄惨、苦修苦炼的生活。由于这种情况，在历史上产生了两种截然不同的运动：

一是在巴格达出现的反对道德败坏的志愿组织。关于这一组织出现的原因，塔巴里说：在巴格达和卡尔赫频繁活动的堕落分子和狡诈之徒，给人们造成了巨大的损害，他们散布淫乱思想，拦路抢劫财物，劫持妇女、儿童……当局不管他们，也管不了他们，因为

① 艾布·法拉吉：《诗歌集》，第3卷，第184页。

这些人都是当权者的心腹亲信、是他们的光荣和骄傲，所以，他们也没有能力阻止道德的败坏和堕落。当各地善良的人们认清了这一切，看到这帮家伙在各处造成的腐败、黑暗、残害百姓、盗贼横行，而当局袖手旁观时，便挺身而出，走到一起来了。

该运动有两个领袖人物，每人都有自己的一套做法。一个叫哈立德·都尔尤什。他的做法是：在不触犯当局的情况下，扬善抑恶。他要求改革，只是他的改革是在服从政府的范围之内。另外一个领袖人物叫赛赫勒·本·塞拉迈·安萨里。他的做法也是抑恶扬善，不同之处在于：他以《古兰经》和逊奈为行动的准则，谁反对这一准则，不管他是什么人，都一概与之斗争。塔巴里说：此二人从者甚众。追随赛赫勒者在他门口用石膏和砖块修建了一座石塔，塔上陈列着武器和《古兰经》。这些事情发生在伊斯兰教历 201 年和 202 年，后来，这场运动终于以逮捕和监禁两位为首者而告终。[①]

正如伊本·赫勒敦所说，这一运动的起因是："众多的宗教人士和正直人士要求阻止道德败坏现象的蔓延，并扼制其恶劣的后果。"这一运动时起时伏，以后，还出现过罕白里教派呼吁扬善抑恶的运动。这些事说来就话长了。

其二是苦行主义运动。起因是有些人绝了发财的梦，又不愿讨好权贵，或者也曾试图接近权贵，却未能如愿以偿，便退而取只求温饱、安之若素的态度。他们说：如果你想要的东西得不到，那就安于现状好了！

---

① 塔巴里：《先知与帝王历史》，第 10 卷，第 241、248 页；伊本·赫勒敦：《历史绪论》，第 134 页。

还有些人扼制了无止境的欲望，认为一个人若是满足了自己的欲望，种种贪欲便会接踵而来。实现任何欲望，都要吃苦受累，克服种种障碍。因此，他们选择了扼制欲望的道路。他们借诗人的口说：

放纵欲望可使青年贪欲，

扼制欲望可使青年安生。

他们又借另一诗人的口说：

欲望、欲望无止境，知足常乐享太平。

还有一些人情场失意，对地位、名声、金钱的追求又遭到严重的挫折，只有苦行主义才是他们的归宿、朋友和对失落的慰藉。

立志修身养性的人往往是以今世的淡泊和最后清算[①]易于通过为目的的。他们的想法可用穆罕默德·本·瓦西阿的话来表示："我所钦佩者乃日无充饥之食，夜无隔宿之粮，却一心向主之人。"他们戒绝享受，言谈话语离不开死亡和坟墓，甚至把自己当作已经死去的人。他们以来世为重，以今世为轻。他们甘于淡泊，拒绝接受哈里发或达官贵人的赏赐。他们生活极简朴，像易卜拉欣·本·易司哈格·哈尔比一样。此人大半生以残羹剩饭为生，有时连盐也吃不上，却拒绝接受穆阿台迪德寄给他的一千第纳尔。有一个月，他只花了一个迪尔汗四个半达尼克。[②]

---

① 最后清算：伊斯兰教名词，即"最后审判"。伊斯兰教认为在世界末日，真主将对人们进行总清算和最终审判。信真主唯一并行善者永居天堂，不信者或作恶者则堕入火狱。——译者。

② 雅古特：《文学家传记》，第1卷，《伊卜拉欣·本·易司哈格传》；达尼克：小银币，合六分之一迪尔汗。

以上各种人都生活在这一时代，其中，拜沙尔和艾布·努瓦斯等人代表享乐派，他们的诗歌为享乐派火上加油；而艾布·阿塔希亚则代表苦行派，他的诗表达了苦行派的愿望。艾布·努瓦斯是这样鼓吹享乐主义的：

纵欲放情乐开怀，猥词俚语信口来。
夜半更深乐不尽，歌美弦妙配绝音。
何时想听歌女唱，何时帐篷夜栖身。
及时行乐春难久，朝朝暮暮醉醺醺。

艾布·阿塔希亚在一首歌颂苦行主义的诗中写道：

干面包，角落啃。
冷水罐，清泉饮。
房间窄，心清净。
隐居地，绝尘埃。
读史书，究根本。
忆往事，记教训。
宫墙内，度时光。
受惩罚，火烧身。
吾嘱言，句句真。
阿塔希，[①]乃吾名。

人们围绕着哪位诗人——艾布·努瓦斯还是艾布·阿塔希亚——更优秀而争论不休。实际上，从艺术方面说，他们并不在乎谁先谁后，他们争论的原因主要是这两位诗人各自代表着一个专门的派

① 阿塔希：指艾布·阿塔希亚本人。——译者

别。各派的人都倾向于能够表达自己意见、宣传本派作用的诗人。

*　　　　*　　　　*

我们谈到的这些社会情况在学术、文学和艺术方面产生了不同的结果。

这些结果是：哈里发和达官贵人们手中集聚了大量的财富，并慷慨地赏赐给下属，而其他人则十分贫困。这种情况使文学艺术（包括诗歌）只有在哈里发和达官贵人的庇护下才能发展，没有他们的庇护则落入凋零衰败的境地。

按说，诗人是在感觉充盈、感情迸发、心情激动的时候才吟诗作词，以便疏导情感，宣泄激情，其目的不外乎满足艺术的激情，这就是他所企求的报偿。一个艺术家不管是穷是富，生活安乐还是艰难，辛勤劳动的目的都是为了满足他在艺术方面的追求。但是，当时只有少数人具有这种高尚的艺术品格，而大多数人则认为：搞一点艺术创作，写三五行诗，只要能满足被颂扬者的口味——而不是艺术的情趣——就能给他带来做梦也想象不到的巨大财富。一个艺术家，如果要满足感情和艺术的追求，只能过上勉强糊口的日子。而一些艺术水平不高的人，只因为写了几行颂扬王公贵族的诗便得到上万迪尔汗的赏赐。结果气也粗了，人也活了，比那些循规蹈矩的诗人强多了。于是，他们便千方百计地讨取哈里发和王公贵族的欢心，像潮水一样涌向宫殿。他们日复一日、月复一月地站在宫殿门外等候接见。就这样，诗人和艺术家统统成了点缀宫殿和高门大院的装饰品。唱歌也是如此。伊斯法哈尼说：伊卜拉欣·摩苏里从拉希德手中得到的金钱超过二十万第纳尔。[①] 打开

① 艾布·法拉吉：《诗歌集》，第5卷，第20页。

《诗歌集》,几乎在每一页都能读到诗人写的颂诗,看到成千上万的金钱赏赐给诗人的记载。不管在这些故事里有多少夸大的成分,但大体上是正确的。

其结果是,颂诗成了诗歌中最主要的门类。我们认为,在各种诗歌门类中,颂诗最不符合正确的诗的概念。诗人们相继写了许多颂诗,既有流利的好诗,也有佶屈聱牙的坏诗,把颂诗的最后一滴汁液也吸尽了。而其他门类的诗歌,如描写一种高尚情操的诗歌,分析对自然美、花草美的感受的诗歌,则只是一带而过。

另一个结果是:为这一时代的文学、艺术写史的学者们几乎只写伊拉克的文学、艺术,这是因为埃及、沙姆、汉志的文学成就不大,这些地方的艺术更是不值一提。而有才华的诗人和艺术家的作品,也只有在伊拉克才能找到买主。

我们看到,文学很好地代表了两个突出的派别——享乐派和苦行派。享乐派是写咏酒诗和情诗一类诗歌的。这类诗在艾布·努瓦斯、穆斯里姆·本·瓦立德等诗人的诗集和《诗歌集》中比比皆是。苦行派的诗歌是专写死亡、复活、清算一类题材的,也写到苦行主义者的生活并记载他们的言行。有的诗长段长段地描写苦行主义者的心理状态,介绍他们的名言。查希兹的《修辞与阐释》一书的第三部分专门写了一卷,叫《苦行主义之书》,他在书的开头这样写道:“以真主之名,我们一开始就来读一读苦行主义者的道德和训诫。”查希兹关于苦行派的言论和故事教育了那些在生活中奉行苦行主义的人,以后的著作家都依样画葫芦,把苦行主义作为文学的一个部分来写。如伊本·古太白在《史事泉源》一书中专门写了关于苦行主义的一章;伊本·阿卜杜·莱比在《罕世璎珞》中也是如此。读一下这些篇章，就会发现它是和享乐派的生活完全相反的一种生活。

当时有两种学问：宗教的学问和世俗的学问（如果可以这样说的话）。世俗的学问包括哲学、医学、数学、天文学等，都是在哈里发、王公贵族、有钱人的庇护下发展起来的。当时的科学家无论从事什么研究都要有王公贵族的资助。所以，学者们都过着比较宽裕的生活。

至于宗教的学问，如经注学、圣训学等，其发展的动力一般来自对后世的信仰，是在宫廷之外发展和繁荣起来的，正因为如此，宗教学的发展和繁荣就不仅局限于伊拉克，它存在于一切有宗教活动的国度和地方。所以，如果要介绍《古兰经》、圣训学、语言学，在写伊拉克的同时，也要写到埃及、沙姆和汉志。读一读这些学者的传记，就会发现大多数学者虽然生活极其贫困、不幸，但都安贫乐道。这样的例子真是不胜枚举。

当我们谈到学术运动时，将会介绍这些学者为了学术是多么刻苦认真。他们忍饥挨饿，长途跋涉，简直到了令人难以置信的地步。他们是学术生活的最高典范。

第六章　伪信的生活与虔信的生活

在上一章，我们谈到了两种生活：荒淫放荡、尽情享乐的生活和修身养性、艰难困苦的生活。在本章，我们将谈到形形色色的生活——心灵的、理智的、感情的和宗教的生活。从这些生活中，我们会看到怀疑、伪信和纯真的信仰之间的斗争。当阅读这两种运动的历史时，我们感到自己正处在一场激烈的战斗中，各种作战的手段全用上了，时而用欺骗、阴谋和秘密手段，时而使用刀剑流血的手段，时而又使用舌战和口辩的手段。这场战争还是一场拉锯战，有时，伪信者取胜，他们散布怀疑和幻想，迷惑青少年，明的行不通，就装作信奉什叶派，热心伊斯兰教的样子秘密进行煽动；有时，虔信者取胜，便对伪信者严加惩处，又是屠杀，又是流放，此外，他们还写书驳斥伪信者的谬论。

但重视记载政治战争的历史学家们并没有认真地记载这场战争的过程。研究工作者只能从历史书籍的字里行间找到一些只言片语，勉强凑成一部各个章节互相连贯的书。

伪信：在阿拔斯时代，伪信一词常常挂在人们嘴边，有些人总是真真假假地以伪信的罪名来指责别人，舆论对伪信一事也十分敏感。无论是诗人念的诗句、人们认真或戏谑的言行、人们的某种表示，都能从中找到伪信的罪状，横加指责。

如果我们比较一下这个词在倭马亚时代和阿拔斯时代传播的情况，就会发现，在倭马亚时代这个词用得极少，而在阿拔斯时代则使用得十分普遍。例如，在倭马亚时代，瓦立德·本·亚齐德·本·阿卜杜勒·麦立克及其业师阿卜杜·萨麦迪·本·阿布迪·艾阿拉曾被指责为伪信。这种事情是罕见的。但在阿拔斯时代，这种事数不胜数，被指控的人比比皆是。

其原因是：伪信带有怀疑或者叛教的意思，一般和科学研究联系在一起，而科研工作只有到阿拔斯时代才有更大的发展。倭马亚时代广为流传的科学是宗教科学，如搜集圣训、解释《古兰经》、从《古兰经》和圣训中推演出各种律例，这些东西不会引起怀疑，也不会导致伪信。能够引起怀疑的是教义学的派别之争，是围绕基本问题的宗教之争，是针对物质和形象、不可分的成分、本质和表象等问题的亚里士多德和柏拉图式的哲学研究。对这些问题的研究在倭马亚时代是很少的，只有到了阿拔斯时代才大为增加。

另一个原因是：有些波斯人认为哈里发的宝座由倭马亚人之手转入阿拔斯人之手只不过是由阿拉伯人的一只手——即倭马亚人之手——转入阿拉伯人的另一只手——即阿拔斯人之手，并没有实现他们的要求。他们的企望是建立一个在权力、语言和宗教方面表里如一的波斯政府。他们认为，只要伊斯兰教还占据着统治地位，这种愿望就无法实现。于是，他们开始传播摩尼教、琐罗亚斯德教以及马兹德教。在条件允许时，用公开的方式传播这些宗教，在条件不允许时，则用隐蔽的方式传播。由此导致伪信的蔓延。

还有一个原因，这就是：倭马亚王朝是阿拉伯人统治的王朝，这点，我们已经介绍过了。政权在阿拉伯人手里，王位属于他们，掌权者也都是阿拉伯人，释奴是卑贱的，受着压迫。阿拉伯人对权力和宗教十分放心，他们不搞伪信，甚至不知伪信为何物。阿拔斯王朝建立后，释奴，特别是波斯人活跃起来，大多数权力落到他们手里，甚至压倒了阿拉伯人。当他们皈依伊斯兰教时，并没有忘记他们以前信奉的那些宗教。而在倭马亚时代，他们不敢提起半个字，当时，他们最大的愿望是政治上的解放，而非宗教上的解放。他们的秘密号召、集会、行动带有政治的目的而非宗教的目的，而伪信却发生在宗教方面而非政治方面。但是，当他们成功了、胜利了、放心了的时候，新老各种宗教便开始在他们的头脑中复活了，由此便产生了伪信。

我们看到，在艾布·加法尔·曼苏尔时代，伪信一词总是和淫荡之徒联系在一起的。塔巴里说过："曼苏尔把穆罕默德·本·艾比·阿拔斯周围的人，包括罕玛德·阿基里德指斥为伪信者和淫荡之徒。他们和穆罕默德一起住在巴士拉，生活放荡不羁。曼苏尔这样做是想激起大家对他的憎恶。"[①]当时，穆罕默德·本·艾比·阿拔斯是哈里发宝座的候选人之一，曼苏尔把他身边的人斥之为伪信者和淫荡之徒是想让大家憎恶他，从而轻而易举地举荐自己的儿子迈赫迪。也许就是因为这个原因，使迈赫迪注意起伪信者们来了。既然穆罕默德·本·艾比·阿拔斯和伪信者接近导致他失去了哈里发的宝座，那迈赫迪就要用对他们的压迫来接近真主和民众。

---

① 塔巴里：《先知与帝王历史》，第9卷，第308页。

总而言之，曼苏尔并不以残酷压迫伪信者而著称，看来，他的政策仅仅是镇压明目张胆的叛乱。迈赫迪登基后，搜捕、惩罚伪信者就成了他执政时期最突出的问题之一。他指派专人负责惩办伪信者，赐名“伪信者监守”。《诗歌集》写道：“迈赫迪带着‘伪信者监守’哈姆都到了巴士拉，把拜沙尔推到他跟前，对他说：打他个皮开肉绽。”[①]

《诗歌集》的另一处写道：“迈赫迪命令‘伪信者监守’阿卜杜勒·加巴尔痛打拜沙尔。”[②]这是我们头一次听说指派专人负责搜捕惩办伪信者。关于伊历 167 年的事件，塔巴里写道：“在这一年中，迈赫迪四处搜捕伪信者，捉到就处死，并指派欧麦尔·库尔瓦齐专门负责此事。”[③]

麦斯欧迪谈到迈赫迪时说：“迈赫迪竭尽全力捕杀叛教者。迈赫迪执政时，出现了许多伪信者，他们公开宣传自己的信仰。摩尼教、伊本·迪珊和马西昂[④]的书广为流传，其中有伊本·穆加发等人由波斯文及巴列维文[⑤]翻译成阿拉伯文的书，有伊本·艾比·欧加、罕玛德·阿基里德、叶海亚·本·齐亚德、穆提阿·本·伊亚斯等人撰写的支持摩尼教、迪珊尼亚教派、马西昂教派观点的书。于是，伪信者多起来了，他们的主张开始在群众中产生了影

① 艾布·法拉吉：《诗歌集》，第 3 卷，第 73 页。

② 同上书，第 72 页。

③ 塔巴里：《先知及帝王历史》，第 10 卷，第 9 页。

④ 马西昂（Marcion，约公元 110—约 160 年）：基督教马西昂教派的创始人。——译者

⑤ 巴列维文：中世纪伊朗的文字。琐罗亚斯德教在古代以巴列维语为通用语言，很多经典都用巴列维文写作。——译者

响。迈赫迪是第一个命令教义学家中能言善辩者写书反驳这些叛教者，提供证据说服顽固派，并向游移不定的人宣传真理的人。”①

为对付伪信者迈赫迪干了两件事：一是设置了一个机构，来搜捕、审讯伪信者；二是建立了一个学术机构，和伪信者展开辩论，并写书反驳他们。

总之，迈赫迪十分憎恶这一小撮人，临死都不曾忘记嘱咐他的儿子，继位后要继续惩办他们。塔巴里说：“一天，一个伪信者来向迈赫迪表示悔改，迈赫迪拒绝了他的请求，并将他杀头，钉在十字架上。然后，对穆萨（即其子哈迪）说，孩子，遇到这种事要认真处置。这些人——指摩尼教徒——表面上号召人们做好事，要求人们不干淫乱之事，不追求今世的享乐，要为来世工作。转眼就让大家摸圣水，并禁止食肉及杀害虫豸②，以后，又让大家崇拜光明和黑暗二神。他们还允许男人和自己的姐妹、女儿结婚，允许用尿洗身，甚至在路上把小孩劫走以便‘引导他们摆脱黑暗的迷误走向光明的正道’。对这些人，要举起刀，拔出剑，用惩处他们来接近独一无二的真主。我梦见你祖父阿拔斯，他赐我两把剑，命我杀死信仰二神教的人。”“穆萨上台十个月以后说，真主啊！我活着就要把这伙人赶尽杀绝，一个不留。据说他曾命令竖起一千个树干。他在某年某月说的这句话，过两个月就死了。”③

哈迪遵照父亲的嘱咐，杀了许多伪信者。塔巴里在谈到伊历169年的史实时，说：在这一年，哈迪搜捕伪信者，杀了一批人，其

① 麦斯欧迪：《黄金草原》，第2卷，第401页。

② 摩尼教戒律“三封”、“十诫”禁食肉和杀生。——译者

③ 塔巴里：《先知与帝王历史》，第10卷，第42页。

中有拿奈赫鲁宛[①]人《叶格廷》的作者叶兹丹・本・巴赞及其子阿里・本・叶格廷。据说他去朝觐，看到人们绕行克尔白，便说：我只能把他们比作打谷场上拉磨的牛。关于他，盲诗人阿拉・本・哈达德有诗吟道：

安拉的使者，天房继承人！

可见胆大异教徒，把天房比作谷场，

礼拜者比作低头拉磨的驴儿。

于是，穆萨终于杀了叶兹丹，并将他钉在十字架上。[②]

哈伦・拉希德登基后，如法炮制。塔巴里在谈到伊斯兰历171年的史实时说：这一年，拉希德赦免了那些在逃或隐藏起来的伪信者，只有优努斯・本・法尔瓦、亚齐德・本・费德等少数人例外。[③]

麦蒙也是如此。他听说巴士拉城有十名伪信者在宣传摩尼教的光明之中和黑暗之中，便下令将他们送到首都来。他一个一个地询问他们信什么教，他们回答信伊斯兰教。麦蒙便想办法考验他们：他出示了一张摩尼的画像，命令他们朝画像上吐唾沫以表示自己的清白，又命他们斩杀一只水鸟，但他们都拒绝了，麦蒙便把他们杀死了。[④]

在穆阿台绥姆时代，在伪信者历史上发生了一个重大事件，这就是对军队司令官艾弗兴的审判。艾弗兴起来造反，被控以伪信

① 拿赫鲁宛：地名，在今伊拉克境内。——译者

② 塔巴里：《先知与帝王历史》，第10卷，第23页。

③ 同上书，第50页。

④ 麦斯欧迪：《黄金草原》，第2卷，第249页。

罪。为此，组织了一个法庭来审判他，法庭成员有：穆罕默德·本·阿卜杜勒·麦立克·宰亚特、艾哈迈德·本·艾比·杜瓦德。艾弗兴受到以下指控：

一、艾施鲁赛纳地方有两个人在一栋房子里发现了一些偶像，便把偶像取出来，把屋子变成了清真寺。他们俩，一个当教长，另一个当宣礼员。艾弗兴找到此二人，每人打了一千鞭子，打得他们皮开肉绽。

艾弗兴为自己辩护说：原来在他和苏格德族[①]国王之间有一盟约，规定各个民族都可保留自己的宗教信仰，但当教长和宣礼员却违反了宗教信仰自由的原则。

二、有人控告艾弗兴在家里保存了一本封面以丝绸装饰并镶嵌着黄金、珠宝的书，书中有亵渎真主的言论。

艾弗兴答辩时供认不讳，说此书是由先辈继承下来的，书中既有波斯文学，又有亵渎真主的言论。他在读书时，取其文学精华，弃其亵渎糟粕。他不需钱财，没有必要取下书上的珠宝。《卡里莱和迪木乃》和马兹德的书在法官家里都有，也没有人提出非议，他的书和这两本书没什么不同。

三、他还被控告吃窒息而死的牲畜的肉，并声称这种肉比宰杀的牲畜的肉更鲜嫩。说他每个星期三杀一头黑色的羊，一剑把羊从腰部砍断，然后，走到两块肉中间，大嚼其肉。

他辩解说：为这一控告作证的人，人们认为他不可信、不公正。而且，在此人的住宅和艾弗兴的住宅之间既没有门，又没有壁孔可

---

① 苏格德族：伊朗的一个古老民族。——译者

以看到他家里发生的事情。

四、他还被指控说他家乡的人用艾施鲁赛纳语给他写信，信的抬头若译成阿拉伯文，意思是："致众神之神"，落款是他的"奴仆某某人"。这样，把法老置于何地呢？他曾说过："我是你们最高的主！"

他的回答是：这些人给我父亲和祖父写信是这样写的，在我皈依伊斯兰教之前他们也是这样写的。我不愿意把自己摆在他们前面，让他们的服从败坏了我的名声。

五、他还被指控说：他兄弟给古希亚尔写信，信中写道：除你、我和巴比克[①]三人外，无人支持白色宗教(指琐罗亚斯德教)。愚蠢的巴比克已遇难身亡，如果你坚决否认，除我之外就没人能证明你的'伪信'了。骑士们和穷苦人都跟我站在一边，如果我们俩并肩战斗，就只有阿拉伯人、马格里布人和土耳其人和我们为敌了。阿拉伯人像一群狗，只要给他们几块碎骨头，再用棍棒敲他们的脑袋，就解决了。马格里布人是一群苍蝇，都是些吸血鬼。只有土耳其人，是些面目狰狞的小鬼，但他们也已成强弩之末，只要派上一支马队，到他们中间转上一圈，就完蛋了。那时，宗教就会恢复到波斯王朝时代的情况。

这些严重罪状，概括起来说就是企图颠覆伊斯兰王国，取消哈里发王位，取消伊斯兰教，恢复波斯王国的语言、宗教和政权。

他否认了这封信，说：我兄弟的所作所为不能由我负责。就算

① 巴比克(卒于公元838年)：琐罗亚斯德教胡拉米教派的领袖，麦蒙在位时，在阿塞拜疆宣传琐罗亚斯德教教义，后被阿拉伯军队统帅艾弗兴抓住，钉死在十字架上。——译者

有这封信，也是我的一个计谋，迷惑他并取信于他，然后，把他带到哈里发跟前处置。

六、他还被指控不实行割礼。

他说：他担心身体上割去一块肉后人会死去，不知道取消割礼就是反对伊斯兰教。

审问完毕，他又被送回监狱，并禁止他进食和饮水。死后，又被钉在十字架上，并用火烧。[①]

艾布·台玛木率先写诗颂扬艾弗兴，诗很多，如：

艾弗[②]上阵剑光闪，快刀斩麻当机断。

众拥驰骋军心振，遍野横尸鹰蔽天。

勇冠三军多骁悍，身先士卒无人敌。

在艾弗兴被钉上十字架，又被火烧之后，艾布·台玛木转变了态度，写了一首长诗谴责他，其诗曰：

哈里发御前受宠，文臣武将望莫及。

异教之子喜异端，有如法兹[③]念娇妻。

叛教秘密藏心底，纸里包火谈何易。

火舌吐焰烧遍体，红光染透外征衣。

烈火化骨无尘迹，粉身碎骨断椎脊。

冲天火光照异教，指引夜行路不迷。

---

① 塔巴里：《先知与帝王历史》，第10卷，第361页；伊本·艾西尔：《丛林中的狮子》，第6卷，第190页。

② 艾弗：指艾弗兴。——译者

③ 法兹：指倭马亚时代阿拉伯著名诗人法拉兹达格（约公元641—732年）。——译者

生前为火[1]而祈祷，死后投火火愈急。

艾弗一死传天下，万民欢庆群奋激。

争看尸体翘首望，如现新月盼开斋[2]。

台卜里齐说："艾弗兴既不是异教徒，也不是伪信者，他不过是个波斯人。穆阿台绥姆看他驯顺能干把他提拔起来，委以重任，以后又派他与巴比克·胡拉米作战。他带了几千人去会巴比克，把他活捉了回来……。最后，是猜忌起了作用，有人对穆阿台绥姆说：艾弗兴躲起来策划阴谋反对你；又对艾弗兴说：穆阿台绥姆决心逮捕你。为了不被逮捕，艾弗兴处处躲着哈里发。哈里发由此倒证实了别人告诉他的情况，就把他抓起来，钉在十字架上，后又用火烧。据说，原因就是伊本·艾比·杜瓦德和艾弗兴之间有矛盾。"调查艾弗兴事件的真相是历史研究的课题，不是我们讨论的题目。我们注意的只是伪信的表现、艾弗兴的罪状及审判的方法。

*　　*　　*

那么，当时对"伪信"一词究竟是怎样理解的呢？当他们指责某人伪信，其含义是什么？动机又是什么呢？

其实，对"伪信"一词并不只有一种理解，上层人士和学者们的理解和平民百姓的理解是不一样的。

平民百姓总是把那些荒淫无度的人称作"伪信者"，如诗人伊卜拉欣·本·赛亚白被指控为"伪信"。其实，他从不谈论宗教，只

---

① 当时的"伪信者"多为秘密信仰琐罗亚斯德教的伊斯兰教徒。该教主张善恶二元论，认为火是善的代表，要求教徒举行专门仪式，礼拜"圣火"。——译者

② 伊斯兰教规定穆斯林在伊斯兰教历第九月举行斋戒，斋月最后一天寻看新月，见新月的次日即行开斋，为开斋节，并举行会礼和庆祝活动。——译者

是人们都知道他荡检逾闲而已。他喜奇闻轶事，蓄养娈童，荒淫之辈群集门下。[①] 欧麦尔·本·阿卜杜勒·阿齐兹的孙子阿迪姆被指控为“伪信”，也是因为他生活淫乱，尤其好酒贪杯，常常喝得醺醺大醉，顺口念出一些有损伊斯兰教的诗句来。比如，他吟诵过这样的诗句：

琼浆玉液长夜饮，
红友黄汤[②]似麝香。
口中品尝有姜味，
芳香四溢沁心脾。
三杯饮罢不辨路，
五盏过后躯已僵。
头晕眼花不辨向，
斥责声声吾耳聩。
贵人法家听仔细，
不愿驯顺与屈膝。
今朝有酒不沾唇，
明日吊墟方买醉。
今朝有酒今朝醉，
莫将现金换债期。
痛饮玉液醉方休，
味苦难辨妍与媸。

① 艾布·法拉吉：《诗歌集》，第 11 卷，第 7 页。

② 红友黄汤：指各色各样的酒。——译者

他因这类事情被指控为“伪信”。迈赫迪抓住他，打了三百鞭子，逼他承认伪信。他说：指真主发誓，除真主外，我从来没有崇拜过别的神。你什么时候看见一个古莱氏族的人伪信呢？我不过是一时高兴，忘乎所以，诗句脱口而出。我是古莱氏族的一个青年，好酒贪杯，说起话来不知轻重。从此以后，他再也不饮酒作乐了，见到酒或酒鬼就讨厌。

阿迪姆的“伪信”也不是学术上的伪信，只因为喝多了，说了些不三不四的话，就被指控为“伪信”，这是一种通俗的理解。

其实，当时许多诗人都明目张胆地号召大家追求生活享受和思想自由，他们不可能只限于发出号召而不触犯宗教。有时，他们确实触犯宗教，直言不讳地讽刺、挖苦宗教。谁鼓吹禁酒，谁以烈火烧身来恐吓他们，谁不时提起末日及末日清算，他们都要奚落一番。讽刺主张禁酒的人，讽刺那些以火狱恐吓他们的人和总是“复活”、“清算”不离嘴边的人。拜沙尔说：

如此侈谈有何用，
末路一条你我同。
人说地狱无比险，
但愿火中欢风情。

他们讽刺宗教的言论开始是很轻微的，以后越来越厉害，最后发展到亵渎宗教。走得最远的是艾布·努瓦斯，其诗曰：

呵责之声何其频，骂我无知浪子群。
朝来骂时正色答，效忠之道我知尽。
迷妄之路我自选，舍尽才华奔异端。
我行我素好逍遥，享乐放荡乐无涯。

乐及时，胜过盼来世望穿眼底，
尽欢笑，强似卜幽冥等得心焦。
未见一人死后报，天堂地狱进哪边。

又说：

宿命，反宿命，谁也说不清。
死亡和坟墓，才是真实情。

他还写过这样两行诗：

今日杯在手，酒后吐真言。
不信复活日，众人齐争先。

诚然，吟出这样一些诗句的一部分诗人们是虔诚信教的，但他们乐得忘乎所以，诗从舌端流出，就像阿迪姆的诗一样。

对他们的言论，人们的态度大不相同，有人勃然大怒，指责他们离经叛道。另一些人则不把他们的话看得很认真，认为只是一种幽默，说说俏皮话而已。根据后一种态度，当时的人大多把伪信者说成是文雅、风趣之士。艾布·努瓦斯描写阿巴斯·本·法迪勒时说道：

豪饮是酒友，
骄傲如王侯。
放歌能消魂，
伪信亦风流。

甚或至于有这样的传闻：有的人被指控为“伪信”，不是因为他在宗教信仰方面的问题，而是因为他风趣得出了名。《诗歌集》写道：穆罕默德·本·齐亚德由于风趣，被人看作“伪信”。伊本·穆纳齐尔有诗写道：

伊本·齐亚德，口中信仰非本意。

表面言词似伪信，内心虔诚穆斯林。

只为附庸风雅故，被人妄加伪信名。①

另一诗人写道：

故作伪信为名声，风趣雅兴广流传。

叛教烙印洗不去，风流雅趣何人知。

总之，此处伪信的含义开始是不守规则，逐渐发展为言语上亵渎宗教，以后又被夸大为叛教的言论(并非观点和思想上的叛教)。对伪信的这种认识是十分普遍的，这就是平民百姓的认识。所以，他们说："伪信的标志是饮酒、受贿，接受淫妇的财礼。"②

上层人士对于"伪信"有另外一种理解。在他们看来，伪信就是表面上信仰伊斯兰教，内心里信仰波斯古教，尤其是摩尼教。当时，有一帮人并不真信伊斯兰教，他们只是信仰伊斯兰教的权力，认为不入教就得不到名利地位，只好表面上入教，内心里仍然忠实于原来的宗教。还有一些人有更深远的目的，他们认为，要破坏伊斯兰教，首先要加入伊斯兰教，成为穆斯林，使大家能够接受他们的意见，然后，再用各种形式宣传他们在学术方面、宗教方面、文学方面的主张，或者写书揭露阿拉伯人的短处。他们有时单独活动，有时集体活动。他们的人，有时被抓起几个，受到惩处，但并没有消灭殆尽。阿拔斯时代前期充满了这样的事情，如阿卜杜勒·克里姆·本·艾比·欧加被指控为"伪信"，他用自己编造的圣训破

① 艾布·法拉吉：《诗歌集》，第17卷，第15页。

② 伊本·阿卜杜·莱比：《罕世璎珞》，第1卷，第187页。

坏了穆圣的圣训。曼苏尔杀他时，他承认自己假造了四千条圣训。[①] 又如罕玛德·拉维亚，他把自己写的诗塞进古人的诗集，从而败坏了阿拉伯语言和文学。许多人说："罕玛德糟蹋了阿拉伯诗歌。他很有诗才，能够杜撰一些诗塞到古人的诗集里。"[②]再如萨里哈·本·阿布迪·古杜斯在诗中加进一些伪信的内容。还有优努斯·本·艾比·法尔瓦写了一本书，揭露阿拉伯人的短处和伊斯兰教的弊病，内容全是编造的，他把该书带给罗马国王以便领赏。[③]

这些人才是认识上的伪信，他们信仰摩尼教和马兹德教，信仰光明和黑暗。一句话，是认识上信仰琐罗亚斯德教，却装出信仰伊斯兰教以迷惑人。《诗歌集》转述的拜沙尔诋毁罕玛德·阿基里德的诗就是明证。其诗曰：

伊本·努赫巴！
拜一主尚嫌重，拜二主怎么行？
二主由他人拜，吾只独敬一身。

罕玛德说：拜沙尔让我生气的是他装作不知伪信为何物，让大家相信，他认为伪信者只拜一主，这样，无知的人便以为他不知伪信为何物。这种话是老百姓的话，并没有什么道理。其实，他比摩尼教徒更了解伪信。[④]

艾布·努瓦斯说：我本来以为罕玛德是因为诗中的浓词艳曲

① 穆尔台迪：《讲演集》，第1卷，第89页。
② 同上书，第91页。
③ 同上书，第90页。
④ 艾布·法拉吉：《诗歌集》，第13卷，第76页。

才被指控为“伪信”的，后来，我跟伪信者们关在一起，才知道，原来罕玛德竟是他们的大教长，他那些两行两行组合在一起的诗竟成了他们祈祷时念的祷词。[①]

当时，很多人是以伪信出名的，其中有三个罕玛德，即罕玛德·阿吉拉德、罕玛德·拉维亚以及罕玛德·本·才白里干，还有拜沙尔·本·布尔德、伊本·穆加发、优努斯·本·艾比·法尔瓦、穆提阿·本·伊亚斯、阿卜杜勒·克里姆·本·艾比·欧加、萨利哈·本·阿布迪·古杜斯、阿里·本·哈利勒、伊本·穆纳齐尔。《诗歌集》为他们每人写了传记，从这些传记中，读者能读到一些说明他们伪信的故事。他们之间，有时友好相处，有时又互相诋毁，互赠绰号。

我们特别注意到一点，就是大多数提到名字的人都是波斯释奴。这是很自然的。既然伪信是这样一个意思，那伪信的后面就掩盖着波斯的琐罗亚斯德教，原来的琐罗亚斯德教徒自然就成了伪信者。我们发现也有一些阿拉伯人，甚至阿拉伯哈希姆人，如侯赛因·本·阿卜杜拉、阿卜杜拉·本·穆阿维雅等人也被指控为伪信。[②] 塔巴里写道：迈赫迪把被指控为伪信的达乌德·本·阿里和叶尔孤卜·本·法德勒·本·阿卜杜·拉赫曼找来，两人直认不讳。[③] 但一般讲，阿拉伯人中的伪信者是极少的。大多数被指控为伪信的人犯的是第一种意义上的伪信罪，即生活淫乱，要不就是他们的政敌设的圈套。

① 艾布·法拉吉：《诗歌集》，第13卷，第74页。

② 同上书，第11卷，第75页。

③ 塔巴里：《先知与帝王历史》，第10卷，第23页。

有些作家就是以这种伪信出名的。他们中，大多数人原籍波斯，各种学问都知道一点，但浅尝辄止，不求甚解，却自以为是，洋洋得意。伪信的例子就多了。查希兹说："有的年轻作家，教义学著作背了几句，学术上知道一点布祖尔·基姆亥尔的格言、艾尔达希尔的诺言、阿卜杜·哈米德的书信和伊本·穆加发的文学，又把马兹德的书当作自己的宝库，把《卡里莱和迪木乃》当作自己智慧的源泉，便以为自己像大法鲁克一样善于管理，像伊本·阿拔斯一样善于分析，像穆阿兹·本·杰白勒一样精通合法和非法，像阿里·本·艾比·塔列布一样敢于断案和裁决，像艾布·胡载里一样精通教义学，像伊卜拉欣·本·撒亚尔·赖扎姆一样熟谙内涵和近义，像侯赛因·奈加尔一样熟悉礼拜和证言，像艾斯马仪和艾布·欧拜德一样精通语言学和谱系学。他们干的第一件事就是写文章攻击《古兰经》，挑剔《古兰经》的自相矛盾之处，以败坏它的声誉。他们还故弄玄虚地否认历史事实，混淆翻译典籍的人。他们偏爱某一位圣门弟子，对其他圣门弟子，闭口不谈其长处。他们不仅自己不谈，也不许别人谈，谁若谈起，便遭到他们的攻击。他们还喜欢大谈萨珊王朝艾尔达西尔·巴巴克、艾努·希尔旺等国王的德政，一旦引起在座的穆斯林的不满，便立即转变话题，引经据典，高谈阔论起来。他们否认看不见的东西，并以眼前的现实比喻未知的事情。在书籍中，他们只喜欢逻辑学的书。……这就是他们的行为和品德。"①

有时，伪信一词指的是不信伊斯兰教的波斯宗教信徒。在查

① 查希兹：《书信集》，第 42 页。

希兹的《动物志》中可以看到这样的用法。查希兹写道：这些伪信者有许多用最好的纸印的书，书上的字是用有光泽的黑墨书写的，书法很漂亮。[①]“他们的书无论对学术、对智慧都没有什么益处。书里既没有通俗的成语，也没有有趣的故事；既没有文学作品，也没有奇特的格言；既没有哲学，也没有教义学……书的主要内容不是讨论光明与黑暗、魔鬼的交媾、精灵的交配，就是吹嘘他们的领袖，并以光明进行威胁。”查希兹谴责了这些书，并对其内容嗤之以鼻。[②]

查希兹说：这些伪信者影响了一些人，特别是苏菲派和基督教徒。他们拒绝宰牲献祭，憎恶流血，禁绝肉食。查希兹又说：有些信仰伊斯兰教的人也表现出对渔猎的厌恶情绪，认为这是一种残酷的行为，会导致对人血的轻忽。他们认为：慈悲是一样的，谁不怜惜狗，就不会怜惜羚羊；谁不怜惜羚羊，就不会怜惜羊羔；谁不怜惜小鸟，就不会怜惜孩子。小事会引出大事来。在这方面，他们和伪信者是差不多的。[③]

查希兹等人有时还使用伪信的另一种含义。他们把那些通过思考拒绝信仰任何宗教的人也称作伪信者。在这个意义上，“伪信者”是无神论者和不信教者的同义词。艾布·阿拉在《宽恕书》中说：“伪信者就是无神论者，他们不相信先知使命和天经。”

根据这一概念，查希兹说：“伪信在基督教徒中流传甚广。”[④]

① 查希兹：《动物志》，第1卷，第28页。

② 同上书，第29页。

③ 同上书，第4卷，第136、137页。

④ 查希兹：《书信集》，第17页。

看来，他指的是怀疑等思想。

由此观之，伪信一词包含了四种意思，而不只是一种含义：

一、淫乱、放荡，并自我炫耀，有时发展到亵渎宗教，但亵渎宗教的言论不是自觉的，而是源于淫逸的生活。

二、装作信奉伊斯兰教的琐罗亚斯德教的信徒，特别是摩尼教信徒。艾弗兴、拜沙尔、罕玛德及伊本·穆加发都受到这一罪名的指控。

三、不加掩饰的琐罗亚斯德教徒，特别是摩尼教徒。查希兹谈起过这一类伪信者写的书籍。

四、不信教者，如艾布·阿拉谈到过的那种人。看来，伪信一词常常用来称呼那些表面上信仰伊斯兰教，内心里信仰摩尼教的人，然后，逐渐扩展到自由主义者和无神论者。

* * *

总之，伪信以其不同的含义在各处传播开来。在《宽恕书》中，艾布·阿拉举出了一些伪信者的名字，他们是："倭马亚王朝的哈里发瓦立德·本·亚齐德、诗人底阿比勒、拜沙尔、艾布·努瓦斯、萨利哈·本·阿布德·古杜斯、阿拔斯王朝的创始人艾布·穆斯林姆·呼罗珊尼、巴比克、艾弗兴、哈拉吉·苏菲等。"他在谈到底阿比勒时说："我断定底阿比勒·本·阿里不信宗教，但以什叶派信徒的面目出现以得到一点好处。我敢肯定底阿比勒是艾布·努瓦斯一类人，与他意见相同，他们的伪信的思想是很清楚的，从他们的住宅里，都传出一股伪信的味道。"他还说："对艾布·努瓦斯有不同的看法，他自己在神化自己，把白天的祈祷挪到晚上去做，实际上,他跟他同时代的人是一样的。”

当然,当时的伪信者的出发点是各不相同的。有些人的出发点是宗教,他们习惯了原来的琐罗亚斯德教,他们有许多宗教上的老前辈,有世代相传的风俗、习惯。但是他们认为,只有改奉伊斯兰教,才能得到名利地位,遂皈依了伊斯兰教。“但伊斯兰教的信仰并没有深入到他们的内心深处。”他们披上伊斯兰教的外衣,当与自己人在一起时,就把外衣脱掉;一旦有机会,就玩弄阴谋诡计,以便诬蔑伊斯兰教和阿拉伯人,宣传舒欧比亚主义和其他宗教。另一些人的出发点是对宗教的怀疑,把理智的威力夸大到最大限度。他们只相信自己亲眼所见的东西,用理智来判断一切事物,包括那些理智无能为力的事情。据此,他们摒弃一切宗教,主张无神论。还有一些人,他们生活中追求的就是享乐。生活就是花天酒地。他们压根儿不去开动脑筋思考宗教问题,只是在宗教妨碍他们享乐时,才迁怒于宗教。在这种时候,他们总是醉醺醺地口出狂言,大肆挖苦宗教。这些形形色色的人物都出现在阿拔斯时代,他们遭到信士们的憎恶和反对。

确实,我们还应指出:对伪信的指控,当时并没有什么限制。比如,一个诗人是另一个诗人的知己,以后,两人之间产生了隔阂,前者干的第一件事就是指控他的朋友“伪信”。拜沙尔和罕玛德互相诋毁就是一例。赫拉德·艾尔古特说过:一次,伊本·穆纳齐尔坐在优努斯圈里听讲,圈里大多数人都起来攻击他,说他是一个伪信者。我到清真寺前面的棚屋底下,听到礼拜堂正面的墙壁那边传来诵经的声音。走近一看,原来是伊本·穆纳齐尔正站在那里祈祷呢。我回到众人那里,对他们说:“关于此人你们说了很多,而他正站在只有真主看得见的地方做祈祷呢。”[1]接着，他们又迫不及待地指责艾布·阿塔希亚伪信，因为他写过这样的诗：

阿塔白亭亭玉立，牧师神父心神迷。

真主啊！

纵使天国再美好，我也不把她忘记。

真主见你美娇容，照你模样造仙女。[2]

更重要的理由是艾布·阿塔希亚提到了死。他们认为，提到死，而不谈天堂和烈火，就是伪信。[3]

上述例子说明当时的人把伪信这种严重的罪状使用得太过分了。艾布·阿拉在《宽恕书》中说：“《纸》的作者在书中点到一批艾布·努瓦斯前后的诗人，说他们伪信，因为他们认为人心难测，只有知未来者[4]才知人心。”

文学、宗教及政治上的对立都是伪信罪的理由。《诗歌集》作者说：“侯麦德·本·赛义德是穆阿台及勒派的头面人物，在某些观点上和艾哈迈德·本·艾比·杜瓦德产生了分歧，便在哈里发穆阿台绥姆面前说艾哈迈德是舒欧比亚派信徒，是伪信者。”[5]艾斯马仪一直和伯尔麦克人很亲近，并写诗赞颂他们。伯尔麦克人一倒霉，他的话就变了：

座中提起多神教，伯尔麦克面生辉。

---

① 艾布·法拉吉：《诗歌集》，第 17 卷，第 29 页。
② 同上书，第 3 卷，第 151 页。
③ 同上书，第 142 页。
④ 指真主。——译者
⑤ 艾布·法拉吉：《诗歌集》，第 1 卷，第 17 页。

如若吟诵《古兰经》，马兹德教成话题。

还有更奇怪的事呢！拜沙尔活了八十多岁，一生都在写一些伤风败俗的诗，或多或少地亵渎宗教。除了哈里发禁止他写情诗外，没有一个人触动他。不仅如此，像迈赫迪这样迫害伪信者的最大头目也在保护他，教法学家们则为他辩护。[①] 到八十岁时（也许过八十了），他还写诗讽刺迈赫迪的大臣叶尔孤卜·本·达乌德，其诗曰：

倭马亚人啊！奋起吧，莫要贪睡。

叶尔孤卜成了哈里发，你们的哈里发已经失去。

奋起吧，倭马亚人！打倒那酒色之徒。

他还骂骂咧咧地把迈赫迪本人讽刺一番。在这时——仅仅在这时——他才以伪信罪受到惩罚，被鞭打致死。伊本·穆加发也是如此。哈里发曼苏尔把他视作政治上的对手，苏福扬·本·穆阿威叶也反对他，两人便以伪信罪把他杀了。

其实，有些人——不管是诗人、学者，还是哈里发、王公贵族——都把伪信罪作为报复对手的手段。笔者担心许多被指控为伪信的人，他们的信仰倒是虔诚的，只是在某些问题上，有一些自由的见解，因和多数学者的看法不同，便遭到诽谤。

我们发现伊斯兰教法对伪信者的裁决，伊拉克的哈乃斐派比沙斐仪派更严厉。许多哈乃斐派学者认为叛教者如愿悔改，可以接受，不必处死；而伪信者的悔改不予接受，必须处死。沙斐仪派

① 艾布·法拉吉：《诗歌集》，第3卷，第87页。

则不同，他们认为表示悔改的伪信者不必处死。[①]

总之，阿拔斯时代前期的反伪信运动是场激烈的运动，许多人成了牺牲品，对他们的指控有真有假。

信仰——和这场伪信和怀疑运动相对的是真诚信仰的运动。既然我们想要了解这个时代各个方面的生活，就应该像介绍伪信的情况一样介绍信仰的情况。据笔者看，信仰是更普遍更声势浩大的，而伪信——在怀疑和无神论的意义上说——只涉及少数思想家，这与为数众多的信士无法同日而语。因此，历史学家和宗教作家们能够因部分人怀疑伊斯兰教的思想，而把他们称作伪信者，但对信士就很难这样做，因为信仰是基础，伪信只不过是滚滚洪流中的小小逆流而已。伪信者数目大增，因为人们把那些生活放荡，但并不怀疑伊斯兰教的人也称作“伪信者”。可以这样说，对宗教的思考他们既不积极，也不消极，其中不少人是由于政治的原因而不是宗教的原因被处死的，许多人的伪信实际上并不是憎恨伊斯兰教——作为一种有着特定的教义，与他们的思想不协调的宗教——而是从民族主义出发的。这多发生在波斯人身上。他们认为自己的国家在阿拉伯人手上消亡了，而如果没有这种新的宗教——伊斯兰教，阿拉伯人是不会取胜的。他们既然憎恨阿拉伯人，便因此而憎恨伊斯兰教。至于对宗教进行科学的深刻的研究，从而导致怀疑和否定宗教这种意义上的伪信是极少的，甚至是罕见的。

*　　　*　　　*

① 沙斐仪(公元 767—820 年)：《根源》，第 6 卷，第 156 页。

以诚信著称的人很多，最高典范是阿卜杜拉·本·穆巴拉克、苏福扬·本·欧叶奈、苏福扬·绍里、达乌德·塔伊、弗代勒·本·尔亚德等人。[①] 读一读他们的生平传记，就可知他们是怎样的虔诚、深挚。他们跟达官贵人躲得远远的，不接受阿拔斯人任命的任何职位。伊本·古太白谈到伊本·萨马克对达乌德·塔伊的祭奠就是最好的证明。伊本·萨马克说："达乌德用心来观察面前的一切，心的观察使眼的观察失灵了。他看不到你们所看的，你们也看不到他所看的。你们感到他很奇怪，他也感到你们很奇怪。他看到你们或孜孜不倦，或战战兢兢，或趾高气扬，世界使你们感到恐惧，世俗的爱使你们心死，他对你们便厌恶起来。至于我，我只看见死人中的一个活人。达乌德！在同时代人中，你的行为多么古怪！你想尊重自己，却侮辱了自己；你想寻求安逸，却使自己疲惫劳顿；你想要山珍海味，却吃上了粗茶淡饭；你想要绫罗绸缎，却穿上了粗布衣衫。在死亡来临之前，你已经使自己死了；在你的躯体被埋葬之前，你已经把自己埋葬。你心甘情愿地虐待自己，你脱离尘世以便销声匿迹。你厌恶世俗世界，在这世界上没有你的立足之地。我认为你已经得到你之所求。你的一切都在内心深处，不在你的表面。你精研教法，却让大家去受用；你听到圣训，却让大家去传述；你缄默不语，却让大家侃侃而谈。你不嫉妒好人，也不谴责坏人；不接受权贵的赏赐，也不收纳朋辈的礼物。独自与真主相处时，你最感适意，与众人相处时，你最感孤寂。谁像你一

① 他们的生平传记可见伊本·赫里康著《人物传记》、伊本·赛阿德著《人物传记》以及圣训学家传记。

样善于忍耐？谁像你一样矢志不移？谁又听说过你这样的人？我想，你身后必将使崇拜者疲惫不堪。你把自己关在屋里，没有人跟你谈话，没有人陪伴于你，身下没有床褥，门上没有门帘，没有水罐给你盛冷水，没有盘子给你送饭食。你的心就是盥洗用具，你的小水罐就是大木盘。"

"达乌德！你从不贪求冷水、美食、华服。你仅以眼前所有为满足。你得到的多么稀少！与你所期望的相比，留下的多么渺小！你死后，真主宣布了你的死音，肯定了你的奉献，增加了你的门徒。当你看到前来祭奠的人，就知道真主待你多么宽厚！让你的族人宣讲吧，真主通过你显示了对他们的美德。"

善良、虔诚、博学的苏福扬·绍里一直靠经商为生，拒绝当权者的赏赐，连阿拔斯王朝库法地区法官的职务都拒绝接受。当局一再要求他任职，他则一直在逃避，从伊拉克逃到也门，又从也门逃到麦加，伊斯兰教历 161 年，在逃亡途中去世。

*　　　　*　　　　*

《诗歌集》和诗人们的诗集描绘了享乐荒淫的生活，而学者们的传记如伊本·赛阿德的《人物传记》以及《圣训学家传记》则描绘了虔信的生活。读《诗歌集》，会以为整个生活都是花天酒地、无所不为；读《圣训学家传记》和苏菲派人物传记，又会以为整个生活都是宗教信仰和虔诚的礼拜。公正的看法是：生活是多种多样、多彩多姿的。阿拔斯文明像一切文明一样，包罗万象：既有清真寺，也有酒馆；既有诵经者，也有行乐者；既有深夜礼拜者，也有在花园用早点者；既有富得腰缠万贯者，也有穷得不名一文者；既有对宗教怀疑者，也有虔诚信教者。而彻夜不眠的人，有的是虔诚礼拜的，有的是寻欢作乐的。所有这一切都斑驳陆离地出现在阿拔斯时代。

*　　*　　*

苏福扬、达乌德这一类信士没有参加与怀疑论者、伪信者的圣战，他们只关心自己的信仰，而全然不顾别人的伪信。驳斥无神论者的信士是当时的穆阿台及勒派的瓦绥勒·本·阿塔、艾布·侯宰勒·阿拉夫、比什尔·本·穆阿泰米尔、伊卜拉欣·奈扎姆。他们把伪信者的言论摆出来，迫使他们拿出证据，和他们讨论，予以批驳。许多书籍都谈到了他们和伪信者的论战。在谈到穆阿台及勒派时，我们将介绍这些论战。

第二篇

阿拔斯王朝前期的文化

前言　不同文化的概况

伊斯兰王国的居民来自不同的民族。各民族居处混杂，互相通婚。每个民族都有许多人皈依了伊斯兰教。文明的发展促使与生活有关的许多学科如工程学、医学、天文学、行政学、伊斯兰教教法学、语言学以及文学等得到了广泛的发展。这一切又促进了各民族文化在伊斯兰王国的广泛传播。每种文化都有一些杰出人物执掌着大旗，把它当做最好的文化，大声疾呼地为之宣传，并传播这种文化的原则。每种文化也都有自己的流通渠道。当一种文化发展、充实起来的时候，其流通渠道就会拓宽，就需要保持其独立性，并加以完善。我们还看到，这些似乎互不相干的流通渠道开始汇合在一起，形成千川百汇的汹涌江河。人类不同种族之间发生的事情，在不同的学术文化之间也发生着。不同种族相互融合、通婚、杂交，学术文化之间也出现了融合、“通婚”、“杂交”的现象。每个种族各有特色，既有长处，也有短处。杂交的过程就是一种血缘和另一种血缘结合的过程，由此产生出新的一代——兼有两个种族的长处和两种血缘的短处的新一代，同时也产生了一些不同于两个种族的特点。文化也是如此，不同文化的结合产生了新的文化，这种新文化既带有原来文化的特点，又带有原来文化所没有的一些新的特点，从而使这种新文化具有了不同于任何其他文化的

特性。伊斯兰王国有各种不同的民族，各有其特色，既有思想方面的特色，也有文化方面的特色。

那么，阿拔斯时代前期都有哪些最著名的文化呢？这些文化各有什么特色呢？在汇合成汹涌澎湃的大江大河之前，每种文化的特点是什么呢？

还有，各种文化汇合之后，保留了各自的什么特性呢？占统治地位的成分是什么？这些独特的成分在汇合之后又有什么表现呢？

这一切就是本章将要讨论的问题。

有四种文化，即波斯文化、希腊文化、印度文化和阿拉伯文化在阿拔斯时代前期传播甚广，对人们的思想意识产生了巨大的影响。还有一些宗教文化也产生过巨大影响，最主要的是：犹太文化、基督教文化和伊斯兰文化。下面，我们将逐一说明上述各种文化的情况，介绍各种文化的代表人物以及不同文化融合之后能够代表所有文化的杰出人物。

第一章　波斯文化

在阿拔斯时代前期，波斯文化广为传播，造成这种情况的原因有二：

一、设置了大臣的职位，这种职位一般都是由波斯人担任的。

二、哈里发都城由大马士革迁到巴格达，也就是说，由沙姆迁到了伊拉克。

“维扎拉”：[①]“维齐尔”[②]一词在伊斯兰扩张之前就为阿拉伯人所熟悉。《古兰经》记载着穆萨[③]的一句话：

《塞基发圣训》[④]说：“我们是埃米尔[⑤]，你们是维齐尔。”伊本·赛阿德的《人物传记》写道：“艾布·伯克尔曾是先知的维齐尔。”伊本·古太白的《诗人传记》写道：“跨越蒙昧时代和伊斯兰时代的诗人艾布·祖埃布·胡宰理调戏了堂兄弟的女人，哈立德·本·祖海尔与其反目为仇，并写诗抨击他。”其诗曰：

莫急，莫慌，莫生气，是尔首先玷人妻。

---

① 维扎拉：阿拉伯文 Wizārah 的音译，意思是：大臣的职务。——译者

② 维齐尔：阿拉伯文 Wazīr 的音译，意思是：帮助者；大臣。——译者

③ 穆萨：《古兰经》故事人物。多数学者认为即《旧约圣经》中的摩西。——译者

④ 塞基发：地名。在塞基发地方产生的圣训称为《塞基发圣训》。——译者

⑤ 埃米尔：阿拉伯文 Amīr 的音译，意思是：亲王、王子、领袖。——译者

尔本一族伊玛木，众人纷争全靠你。
莫非辱了他人妻，还算本族维齐尔。

在倭马亚王朝，“维齐尔”一词就已经使用了。塔巴里说过：“齐亚德被称作穆阿威叶的维齐尔。”

但“维齐尔”一词，在上面提到的这些地方并不像今天一样当“大臣”讲，它的意思是“帮助者”、“支持者”。伊本·赫里康说：“关于‘维扎拉’的词源，语言学家们有两种不同的意见。伊本·古太白认为它来自‘维兹尔’①一词，即重担，意思是‘维齐尔’承担了苏丹②的重任；而艾布·易司哈格·祖加吉则认为‘维扎拉’一词来自‘瓦扎尔’③，意思是支撑着大地，不使高山陷落。从这个意义上说，‘维齐尔’就是为哈里发或苏丹所器重并为他们出谋划策的人。”

有些东方学家认为这个词来自波斯巴列维语的“维希拉”一词，意思是命令或决定。但我们不同意他们的意见，我们倾向于认为这个词来自阿拉伯语。

“大臣”一词并非阿拔斯时代的创造。阿拔斯时代的创造是设置了大臣的职位，给了大臣以正式的权力和称号。这个职位是由波斯传来的，在阿拔斯王朝之前，阿拉伯人对大臣的职位还一无所知。伊本·赫里康在《艾布·赛勒麦·赫拉勒传记》中写道：“艾布·赛勒麦是第一个被称作大臣的人，在阿拔斯王朝闻名遐迩。

① 维兹尔：阿拉伯文 Wizr 的音译。——译者

② 苏丹：阿拉伯文 Sulṭān 的音译，一译素丹。意思是君主、国王、统治者。——译者

③ 瓦扎尔：阿拉伯文 Wazr 的音译。——译者

在他之前不管是在倭马亚王朝还是在其他王朝，都没有人得到过这一称号。”[①]

法赫里说：“大臣是国王及其子民的中介，他应该具有够好的能力和气质，既能满足国王的要求，又能适应民众的需要，以便为双方所接受和喜爱……在阿拔斯王朝之前，内阁还没有一定之规，既无施政的原则，也无立法的根据。每个国王都有自己的臣属和随从，遇事便请教谋士，这些谋士就等于大臣。阿拔斯王朝建立后，内阁法产生了，‘大臣’才正式称作大臣，而不称作书记或顾问。”

当时声名显赫的大臣都是波斯释奴，如阿拔斯王朝的第一任大臣艾布·赛勒麦·赫拉勒就是一个波斯释奴；曼苏尔的大臣艾布·阿尤布·摩里亚尼是艾赫瓦兹地方的摩里亚尼村的波斯人；迈赫迪的大臣叶尔孤比·本·达乌德也是释奴；拉希德的大臣叶海亚·本·哈立德·伯尔麦克也是释奴。此外，麦蒙还委任了赛赫勒家族的法德勒·本·赛赫勒、哈桑·本·赛赫勒等人为大臣，他们原属波斯王族或伯尔麦克家族的代理人。当赛赫勒人遭难时，麦蒙便任命伊吉利族释奴艾哈迈德·本·优素福为大臣，[②]后来又任命萨比特·本·叶海亚·本·叶撒尔·拉齐为大臣。

由此可见，当时多数大臣都是波斯人。事无巨细，大臣们都能代表哈里发去办理。他既管军事，又管财政。内政外交的信函由他起草，呈报上来的文件由他签署。阿拔斯王朝还没有根据分工

① 伊本·赫里康：《人物传记》，第1卷，第229页。

② 伊本·图格里：《埃及历代国王本纪》，第2卷，第206页。

来设置大臣的职位，如军事上设一大臣，财政上设一大臣。根据工作的不同设置相应的大臣职位是安德鲁斯人的办法。“他们把内阁的工作分为若干种，每种设一大臣，有财政大臣、通讯大臣、负责满足平民百姓需要的大臣，以及边境居民事务大臣。”[①]阿拔斯人则与此不同，他们把一切工作归纳为剑和笔两个方面。

上面我们谈到过，大臣们把笔头工作，即向各方面写信、签署呈文或公函的工作都归到军事和财政部门。这就要求大臣必须是学识渊博的学者、下笔千言的写家。当时的多数大臣都具有这样的才学。据说，麦蒙曾著文谈挑选大臣的条件，说：“我需要一个具备种种美德的人来主持工作，他道德高尚，行为端正，有文化修养，又有为人处世的经验。交他机密之事，必守口如瓶；委之以重任，必全力以赴。他宽厚而慎言，博学而善谈，思维敏捷，一点就透。既有王者的权势，又有学者的谦虚；既有哲人的庄重，又有教法学家的聪敏。如受人恩惠，必感激不尽；如遭人诽谤，则隐忍不言。他不以手中之权力行不可行之事，却以能言善辩、侃侃而谈征服人心。”[②]大臣们的传记说明大多数被选任此职的人都具有学术和语言上的才能。如艾布·赛勒麦·赫拉勒不仅能言善辩，而且博古通今，在历史学、诗歌、传记方面都是专家。伯尔麦克家族的人都通晓各种学术和文学。法德勒·本·赛赫勒被称作文武双全的人，就是说，他既能领导剑（军队），又能领导笔（文化）。

哈里发要求大臣们必须精通文墨，这就使大臣的职位一般限

① 伊本·赫勒敦：《历史绪论》，第199页。

② 马瓦勒尔迪：《法典》，第21页。

于波斯人，因为阿拉伯人的口才远比文笔强。也许正因为如此，他们才把口才作为舌头的派生词，而写作却没有这样的派生词。

波斯人的写作能力确实比阿拉伯人强。在倭马亚时代，最优秀的艺术文章的作家如书记官阿卜杜·哈米德、萨利姆·毛拉·希沙姆等都是波斯人。那时的阿拉伯人是以剑和舌，而不是以笔为荣的。亚齐德·本·穆阿维雅列述本家族对齐亚德·本·艾比希的恩德时说："我们使你摆脱了与赛基夫族的瓦拉关系，得到了古莱氏族的光荣；脱离了欧贝德家族，参加了艾布·苏福扬家族；丢下了笔而走上了讲坛。"阿拉伯人一直把剑看得重于笔。赛里脱·本·杰里尔·奈米里说：

轻我舌锋利，辱我心中空。
舞文又弄墨，怎比马上功。
拍马来对阵，方识真英雄。[①]

*　　　*　　　*

大臣们是舞文弄墨之人，他们在这方面的助手被称作"书记"[②]。每位大臣都有一位或数位书记协助他工作，各地总督和国家显贵们也有书记。如：罕玛德·阿吉拉德是摩苏尔的叶海亚·本·穆罕默德·本·苏里的书记；伊本·穆加发是基尔曼城统治者达乌德·本·欧麦尔·本·胡贝拉的书记；[③]阿慕尔·本·麦斯阿德是哈里发麦蒙的书记；哈桑·本·尔撒又是阿慕尔·本·

① 杰赫谢亚里：《大臣和书记传记》，第24页。

② 古时，哈里发和王公大臣手下都有一至数名"书记"，兼有"幕僚"和"书吏"的作用。多数译者译为"书记"，或"书记官"。——译者

③ 杰赫谢亚里：《大臣和书记传记》。

麦斯阿德的书记；阿卜杜拉·本·赛瓦尔·本·麦蒙是伯尔麦克人叶海亚·本·哈利德的书记。如此等等。

书记们构成了以大臣为首的一个圈子，靠能力和笔力一级一级地向大臣的职位升迁。阿慕尔·本·麦斯阿德批了给加法尔·本·叶海亚的呈文，加法尔十分满意，拍了拍阿慕尔的肩膀，说："你真是块天生的大臣料儿！"[①]这个圈子的成员之间有某种关系联结起来，尽管他们也许并不相识。"在拉希德当政时，一天，一位老书记官带着拉希德批准偿还他的债务的公文来到土地税办事处，书记们接待了他，并赞扬了他写的状子。他对书记们说：记住我的三句话：邻居是靠山，友谊是靠山；技艺也是靠山。"[②]书记官阿卜杜·哈米德对书记们的劝告说明他们在倭马亚王朝末期已经形成了一个圈子。

和大臣们一样，大多数书记官也都是波斯人。他们在各方面，包括外表，都模仿他们的祖先。杰赫谢亚里说："扎渣·赖福鲁赫的儿子、文武双全的法德勒·本·赛赫勒如果要晋见麦蒙，总是坐轿子去，不到麦蒙跟前不下轿。等麦蒙看到他，轿子才放下来，他这才从轿子里走出来，轿子也随着他抬到麦蒙跟前。向哈里发问候之后，他又回到轿子里去。坐轿子是波斯国王科斯拉时代的习俗。大臣们的轿子一般由十二个王族子弟抬着。"

书记们构成一个阶层，这也是模仿波斯的制度。杰赫谢亚里说："根据波斯国王的命令，每个阶层的人只能穿本阶层的服装。

① 库尔德·阿里：《修辞是通向内阁的桥梁》，载科学学会刊物，1927年，第5、6期。

② 杰赫谢亚里：《大臣和书记传记》，第343页。

不管是谁来到国王跟前，国王从他的衣着就可以判断他的职业和所属的阶层。城里的书记们有自己特定的服装。波斯国王把他们的书记称作国王的史官。"①

书记们由于职业和工作的需要，必须了解社会情况和风俗习惯，无论语言、文学、宗教学、哲学、地理、历史都应有所涉猎。不管哈里发或总督们遇到什么问题，书记们都应有所了解。他们把事情呈报给哈里发，同时，又把哈里发的指示记录下来。正因为如此，书记们总是具有渊博的知识、开阔的视野，文化水平也较其他阶层为高。也正因为如此，他们在传播某种特殊文化方面，具有很大的影响。如果我们拿阿拔斯时代前期的圣训学家、伊斯兰教法学家和书记们相比，双方在知识方面的不同是很明显的。圣训学家或教法学家的知识是有限的，仅仅局限于本门学术方面，再扩大一点，也不过是语言、语法、词法等为该学科所使用的工具方面。而书记的知识则比这广阔得多。下面列举一些关于书记的著作加以证明。

据我们所知，为书记们写的第一本书是伊本·古太白的《书记的文学》（《书记之学识》）。伊本·古太白在前言里说明了写作该书的目的，这是因为他看到书记们"一门心思地研究星相学、逻辑学和哲学，希望懂得得失成败的道理，了解生成、质和量、本质和现象，知道线条的末尾是点，而点是不可分的，等等"，却忽略了语言及语言学科的研究，于是为书记们写了这本书，介绍了他们必须掌握的语言、语法、词法及记录的技巧。在伊本·古太白之后，艾

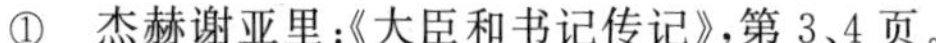

① 杰赫谢亚里：《大臣和书记传记》，第3、4页。

布·伯克尔·苏里也写了一本名叫《书记的文学》(《书记之礼仪》)的书。此书批评了前书的不足,谈到了伊本·古太白在其著作中没有涉及的问题,分析了书法的好坏,谈到了墨水瓶、笔等文具的使用,还谈到了书的编排、通信和公文中的称呼以及如何将这些称呼转译成阿拉伯文。此书也谈到了送到金库的钱币上的文字,以及记录的规则,等等。此外,伊本·都鲁思土维(伊斯兰教历346年卒)还写了《书记官》一书,主要谈的是记录的规则。书的末尾专门有一章谈开题,谈记载年月、语法上的阴阳性、单复数等,还谈到了如何修剪鹅毛笔,以及墨水瓶等文具。继这三本书之后还出现过一些关于书记的书,在内容方面都有所增加,最后以《苏布赫·艾尔沙写作大全》一书为集大成者,几乎囊括了当时人类的全部知识,有历史、地理、天文、书记们工作中需要掌握的书法技巧、通信用的术语、合同和邮件的形式、信鸽场的位置和灯塔等。

由此可见,作者们是多么关心这些书记们,要求他们具有多么广博的知识。由此,我们还可知道,具备广泛的一般文化知识是书记们有别于其他学者的特点。

两本书都取名"文学",因为当时文学就是广泛涉猎。在伊斯兰时期,文学一词指的是道德教育,以后,文学的含义包括了语言的了解和诗、阿拉伯人参加的战役及历史等。在倭马亚时代,文学就是这样一个概念。后来出现了书记的职务,文化的概念变得更加广泛了,人们要求书记们既要熟悉阿拉伯文化,又要了解波斯文化,于是,文学的含义也拓宽了,人们开始这样说:"文学就是广泛涉猎。"

在他们眼里,文学还包含一点娱乐的成分。阿拔斯时代的大臣兼书记哈桑·本·赛赫勒说过:"文学包括十个方面的内容,其中三项是夏赫勒加的，[①]另外三项是艾努·希尔旺的，[②]还有三项是阿拉伯的，剩下一项是三者的混合。夏赫勒加的三项是击棍、下棋和打曲棍球；艾努·希尔旺的三项是医学、建筑学和骑术；阿拉伯的三项是诗歌、谱系学和历史；最后一项是聚会夜谈。”[③]

在笔者看来，正是这种情况使当时的文学书籍大为增加，出现了《修辞与阐释》、《全史》、《史事泉源》等书。人们从广义的文学概念出发，把有益的东西搜集起来，随意地堆积在一起。格言旁边是两行爱情诗，再来点奇闻轶事，接着又是一篇流畅的讲演，还有关于吝啬鬼的故事，以及哈瓦立及派的历史。查希兹在《动物志》一书，谈了书籍的好处，接着便谈到割礼。他们的出发点是：文学家必须无所不知，但不必样样精通。以后的书也照此办理，只不过再加一点新近的文学方面的趣闻而已。

这些大臣和书记们传播了一般的文化，并把波斯文化纳入了阿拉伯文化的范畴。在他们的影响下，学习文学的人既要懂艾克赛姆·本·绥斐[④]的格言；又要懂伯佐尔·格梅赫尔[⑤]的格言；既要懂阿拉伯历史，又要懂波斯历史；既要知道阿拉伯四大哈里发和倭马亚人的言论，又要熟悉波斯国王科斯拉[⑥]、萨布尔[⑦]、艾布拉维

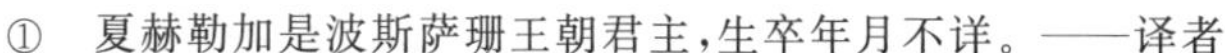

① 夏赫勒加是波斯萨珊王朝君主，生卒年月不详。——译者

② 艾努·希尔旺，即科斯洛埃斯一世（公元 531—579 年在位），萨珊王朝君主。——译者

③ 见《文萃》，第 1 卷，第 142 页。

④ 艾克赛姆·本·绥斐（公元 630 年卒）：蒙昧时代阿拉伯著名的智者。——译者

⑤ 伯佐尔·格梅赫尔：萨珊王朝国王阿努·希尔旺的大臣。——译者

⑥ 科斯拉，即阿努·希尔旺。——译者

⑦ 萨布尔（伊斯兰教历 355 年卒）：古代波斯著名医生和哲学家。——译者

兹[①]和穆白兹·穆白赞[②]的言论。书记官阿卜杜·哈米德向书记们提出了以下忠告："你们应在学术和文学方面和书记们展开竞赛。你们要了解伊斯兰教教法，研究《古兰经》和宗教仪式；你们要掌握阿拉伯语，因为它是规范的语言；你们还要掌握书法，因为它是书籍的点缀；你们还要会念诗，既懂诗意又知典故；你们还要了解阿拉伯人和外族人的历史、言论和传记。以上各项将帮助你们实现自己为之奋斗的目标。此外，千万不可忽视会计学，它是土地税法的基础。"拉希德对王子们的教师基萨伊说："阿里·本·侯姆扎，我把你安置在一个你从来没有想到过的位置上。你应该让我们欣赏最纯正的诗歌和包含各种美德的言论，你还应该教给我们波斯文化和印度文化。不要急于回答问题，也不要对教育不闻不问。"[③]

波斯文化得到传播的第二个原因是：哈里发的首都由大马士革迁至伊拉克境内。阿拔斯人迁都的原因是：大马士革是倭马亚人的首都，从阿里和穆阿威叶交战的时候起，就是沙姆倭马亚人的中心。沙姆人一直是倭马亚人的忠实战士，尽忠报国堪称楷模。因此，阿拔斯人决心让新的国家首都脱离沙姆人的控制。此外，大马士革距离"阿拔斯号召"的革命发源地及阿拔斯人的宝库和基地——呼罗珊太远，也是原因之一。

迁都的另一个原因是：对于领土由地中海延伸到印度的伊斯兰王国来说，大马士革距离王国的中心太远，偏在西边。而伊拉克

① 帕尔维兹(公元591年卒)：波斯萨珊王朝国王。——译者

② 穆白兹·穆白赞：波斯琐罗亚斯德教术士。——译者

③ 伊本·艾比·哈底德：《辞章之道注释》，第4卷，第137页。

巴格达则具备这些条件。巴格达不仅离呼罗珊和东方很近，离罗马很远，而且物产丰富，能够把波斯人和闪民族联系起来。阿拔斯人之所以不愿在巴士拉或库法建都，是因为这两座城市——特别是巴士拉——在历史上发生过一系列动乱。在这两座城市里，有许多人倾向阿里及其儿子们。这种情绪对于阿拔斯人和倭马亚人来说都是一种不可饶恕的罪过。因此，阿拔斯王朝建立后，哈里发赛发哈就把首都建立在安巴尔[①]附近的哈希米亚城，艾布·加法尔·曼苏尔上台后又迁都巴格达。这后一种选择是正确的，因为巴格达周围就是底格里斯和幼发拉底两河流域的肥沃土地。关于这点，某些基督教徒对曼苏尔说过："穆民的领袖啊！你算是得到两河之间的宝地了。如有人进犯，底格里斯河和幼发拉底河就是首都的屏障，粮食给养经由三条河流源源不断地运到首都：一条是底格里斯河，运来迪亚巴克尔[②]、巴士拉以及海外的印度和中国的粮食；一条是幼发拉底河，运来腊卡[③]和沙姆的粮食；还有一条是塔玛拉河，运来呼罗珊和国外的粮食。而你——穆民的领袖——安坐于众河之间，敌人只有过桥才能向你进攻。你的位置在巴士拉、库法、瓦西特[④]、摩苏尔、赛瓦德各地的中点，离陆地、海洋和山脉都很近。"

需要特别指出的是：巴格达城在伊拉克境内，这里曾是巴比伦、麦达因等古国的首都。

---

① 安巴尔：伊拉克古城，位于幼发拉底河畔。——译者

② 迪亚巴克尔：城市名，位于土耳其中部。——译者

③ 腊卡：城市名，位于沙姆北部。——译者

④ 瓦西特：伊拉克地名，位于巴士拉和库法之间。——译者

由于以上原因，巴格达在不久之后，就变成了伊斯兰王国乃至全世界最重要的文明和文化中心。如果不算骚乱不安的时期，我们可以说，直到伊斯兰历 5 世纪[①]末为止，巴格达城在不断地扩大，变得越来越雄伟壮丽。

从思想方面说，这一次迁都也产生了巨大影响。伊拉克的居民由不同的民族组成，许多国家派人出使伊拉克，也带来了这些国家的文明和文化。在伊斯兰时代之前，居住在伊拉克的民族就有被称作阿拉马人的迦勒底人和古沙姆人等古老民族的后裔，有伊亚德、勒比阿等阿拉伯部落，还有建立了希拉王国的孟迪尔人。在伊拉克，波斯文化占统治地位，因为在伊斯兰之前统治伊拉克的最后一个王朝是波斯的萨珊王朝，其首都麦达因就在伊拉克。这个王朝统治的时间很长，直到哈里发欧麦尔时期，伊拉克才转到穆斯林手里。这一切使伊拉克带上了浓重的波斯色彩。以波斯人为后盾的阿拔斯人上台后，在新的王朝里，波斯人在职位和文化方面当然会占有很大的势力。

下面，我们想探讨一下波斯文化在哪些方面影响了伊斯兰文化。

首先是词汇。阿拉伯人由游牧生活转向文明生活之后，发现原来的词汇不能表达许多新的事物，如生活设施、化妆用品、食品、服装、乐器、办公用品、办公制度等，他们便采取了一种最好的办法来扩充词汇：一方面，扩大阿拉伯词汇的含义；另一方面，吸收外来

---

① 伊斯兰教历：中国旧称“回历”。以穆罕默德由麦加迁徙到麦地那的那一年（公元 622 年）阿拉伯太阴年的岁首（7 月 16 日）为该历纪年元年元旦。系太阴历。——译者

词。对外来词，有的是原词照搬，有的则根据阿拉伯的语言习惯加以变通。波斯语成了阿拉伯语吸收外来词和扩充词义的一个重要来源。苏里说过："阿里·本·萨巴赫告诉我们：我听哈桑·本·拉贾说：一个波斯人在叶海亚·本·哈立德·伯尔麦克面前和一个阿拉伯人辩论。波斯人说：无论在工作或语言方面，我们都丝毫无求于你们。你们统治着国家，但在工作和语言方面却离不开我们的帮助。就连熟食、饮料、行政机关这些词汇都一字不改地照搬波斯文。还有铅白、肉汤、醋蜜剂、蔷薇水、年金局等都是波斯词汇。阿拉伯人听罢不语。叶海亚·本·哈立德对阿拉伯人说：你对他说：别着急！这一千年我们跟你们一起统治国家，再过一千年，我们就不再需要你们，也不再需要任何属于你们的东西了。"①

查希兹说："你难道不知道，古时候，麦地那人只要见波斯人来访，总要趁机学习一些波斯词汇？所以，他们把西瓜叫做'希尔白兹'。……库法人也是如此，把铲子叫做'巴尔'，'巴尔'是波斯语……巴士拉人把道路会合的地方叫做'交叉路口'，而库法人则叫做'吉哈尔苏'，'吉哈尔苏'也是波斯词汇。他们还把市场或小集市叫做'瓦扎尔'，把黄瓜叫做'希亚尔'，这两个字也是波斯字。"②

自古以来，波斯词汇就通过贸易和其他途径，渗入到阿拉伯语当中。但和阿拔斯时代相比，以前吸收的波斯词汇是很少的。其原因是：阿拔斯时代的阿拉伯人更加渴望过文明的生活，更起劲地

① 艾布·伯克尔·苏里：《书记们的文学》，第193页。

② 查希兹：《修辞与阐释》，第1卷，第107页。

仿效波斯人的所作所为。还有一个原因:在阿拔斯时代,阿拉伯语不再是阿拉伯人一家独霸的财产,它变成了整个伊斯兰世界的财产,而伊斯兰世界各民族不像阿拉伯人那样对阿拉伯语存有偏爱,他们满腔热情地欢迎一切有用的其他民族的语言。

其次,自古以来,波斯人就拥有与其泱泱大国相得益彰的学术和文学。阿拔斯王朝出现后,其许多臣民都是波斯人,他们具有一种爱国思想和民族主义倾向,波斯知识分子不断地把他们祖先创造的代代相传的辞章典籍移植到阿拉伯文中来。

波斯人有许多关于星相学、几何学和地理学的书籍。历史上的天灾人祸虽然毁掉了不少,但波斯文化是一种伟大的具有生命力的文化,为了恢复昔日的光荣,他们又编写了许多适合其大国地位的新书。波斯历史上最大的灾难是亚历山大大帝[①]对波斯的入侵。但在萨珊王朝时期(公元 226—652 年)他们的文学和学术又繁荣起来了。萨珊王朝的国王艾尔达希尔·巴比克(公元 226—241 年)最推崇学术,鼓励翻译和著述。他曾派人到印度、罗马和中国搜罗各种各样的书籍,他的儿子萨布尔以及科斯拉·艾努·沙尔旺也纷纷效仿。

萨珊王朝延续了近四个世纪,留下了大量学术成果和丰富的文学遗产。阿拔斯时代翻译成阿拉伯文的文学、学术著作、神话、历史书籍,绝大部分来自这个王朝。哈姆扎·伊斯法哈尼说:“对于萨珊王国之前的艾施加尼王国的历史,我没有研究。这个王朝

---

① 亚历山大大帝(公元前 356—前 323 年):马其顿国王。二十岁时继位,在十二年中,将印度河到尼罗河的整个地区并入希腊版图。公元前 332 年,建造亚历山大城。——译者

遭遇过不少天灾人祸。当亚历山大大帝占领巴比伦，征服了它的居民之后，十分忌妒巴比伦王国无比丰富的学术著作。在把重要的著作翻译成希腊文之后，原书一概付之一炬。他还杀害了许多宗教人士、学者、哲学家及历史学家，连平民百姓也不能幸免。”①

到阿拔斯时代，学术活动活跃起来了。许多精通波斯、阿拉伯两种语言的人开始把波斯书籍译成阿拉伯文。伊本·奈迪姆在《目录大全》中专门写了一章，列举了从事波斯文——阿拉伯文翻译的学者的名字，他们是：1.阿卜杜拉·本·穆加发；2.努百赫特父子；3.哈立德的两个儿子穆萨和优素福；4.艾布·哈桑·阿里·本·齐亚德·台米姆；5.哈桑·本·赛赫勒；6.白拉祖里；7.加白来·本·萨利姆；8.易司哈格·本·亚齐德；9.穆罕默德·本·加赫米·伯尔麦克；10.希沙姆·本·卡塞姆；11.穆萨·本·尔撒·库尔迪；12.扎德威·本·沙赫威·伊斯巴汗尼；13.穆罕默德·本·巴赫拉姆·本·米特亚尔·伊斯巴汗尼；14.巴赫拉姆·本·迈尔丹·沙赫；15.欧麦尔·本·法努汗。②

阿卜杜拉·本·穆加发翻译了《波斯历代国王史》一书，介绍了从建国起到亡国时为止的整个波斯历史，原名叫《希达纳迈书》。看来，塔巴里在写《民族与国王史》一书关于萨珊尼人的一部分时，曾参阅此书。伊本·穆加发还翻译了《阿因纳迈》一书，“阿因”的意思是制度、习惯、传统、法律，书中介绍了波斯的制度、传统和习俗。麦斯欧迪说：这是一本厚达数千页的巨著。

① 哈姆扎·伊斯法哈尼：《国王与先知传记》，第22页。

② 伊本·奈迪姆：《目录大全》，第244页及以后各页。

伊本·穆加发还从波斯文翻译了《卡里莱和迪木乃》和介绍波斯著名宗教领袖玛兹德达克生平的《玛兹德达克》两本书。此外，他还翻译了介绍波斯国王阿努·希尔旺的《王冠》一书，并撰写了《大文学》、《小文学》、《稀有的真珠》等书。①

麦斯欧迪写道：伊本·穆加发还把《基肯》一书由波斯文译成阿拉伯文，此书介绍了波斯人先辈的事迹及波斯国王的传记，极受波斯人推崇。②

翻译家们翻译了许多波斯历史书。哈姆扎·伊斯法哈尼说："我有八种波斯历史书，即：伊本·穆加发译的《波斯国王传记》、穆罕默德·本·加赫米·伯尔麦克译的《波斯国王生平》、从哈里发麦蒙书库里发掘出来的《波斯国王的历史》、扎德威·本·沙赫威·伊斯巴汗尼译的《波斯国王传记》、穆罕默德·本·巴赫拉姆·本·米特亚尔·伊斯巴汗尼翻译或编撰的《波斯国王生平》、希沙姆·本·卡塞姆·伊斯巴汗尼翻译或编撰的《萨珊国王历史》、波斯沙浦尔省琐罗亚斯德教教士巴赫拉姆·本·迈尔丹·沙赫校订的《萨珊国王历史》。我得到这许多书籍后，把它们做了比较，给每种书以应得的评价。"③

麦斯欧迪说："伊斯兰教历 303 年，我在波斯伊斯沙赫尔城的贵族人家看到一本包罗万象的巨著，写到各种学术、国王的生平、宫廷建筑及国王的政策，在《希达纳迈》、《阿因纳迈》、《卡赫纳迈》

① 伊本·奈迪姆：《目录大全》，第 118 页。

② 麦斯欧迪：《黄金草原》，第 1 卷，第 109 页。

③ 哈姆扎·伊斯法哈尼：《国王与先知传记》，第 98 页。此处列举的历史书仅七种，并非八种。

等波斯著作中都没有谈到过。这本书还描绘了萨珊王朝的二十七个国王——二十五男、二女——的形象。”[①]

加白来·本·萨利姆翻译了两本传记，一本是《鲁斯托姆和伊斯凡迪亚尔》，另一本是《巴赫拉姆·舒斯》。[②]

哈姆扎·伊斯法哈尼翻译了宗教书——琐罗亚斯德教的《波斯古经》及其注释。[③] 麦斯欧迪说：“据说，锡金斯坦的一个人，三百岁了，还能背诵《阿味斯塔》全书。”[④]

在文学方面，他们也翻译了不少波斯文书籍，包括前面提到过的《卡里莱和迪木乃》、《稀有的真珠》、《大文学》、《小文学》等。还有一本书叫《希扎尔·埃夫萨乃》，意思是一千个神话故事，此书是《一千零一夜》的原型之一。此外，他们还翻译了许多故事书，如《布斯法斯》、《神话和游览》、《熊和狐狸》、《孤儿罗兹比赫》、《尼姆卢德》等。

此外，他们还翻译了《阿尔达希尔时代》一书。此书的阿拉伯文译本流传至今。还翻译了《琐罗亚斯德教士》、《阿尔达希尔的施政》、《科斯拉的批文》、《战争文学》等书。

上面介绍的是由波斯文译成阿拉伯文的书。还有一件事其意义也很重大，这就是：有些精通波斯和阿拉伯两种语言的人专心致

---

① 麦斯欧迪：《警戒与监督》，第 106 页。

② 伊本·奈迪姆：《目录大全》，第 305 页。——作者。鲁斯托姆和伊斯凡迪亚尔是萨珊王朝两位大将的名字，巴赫拉姆·舒斯是萨珊王朝一个波斯古老家族首领的名字。——译者

③ 同上书，第 64 页。

④ 麦斯欧迪：《黄金草原》，第 1 卷，第 110 页。——作者。锡斯坦：城市名，位于伊朗东南部。——译者

志地读了许多波斯书籍，深受教育，他们的思想得到提高，智慧得到发展。用阿拉伯文写出了新的文学作品、诗歌和学术著作，他们不是原封不动地照搬波斯人的言论，而是借鉴波斯文原著。就像今天阿拉伯人接受法国、英国、德国文化的教育，然后，用阿拉伯文写出新的文学作品一样。这种新文学不叫欧洲文学，但却受到了欧洲文学的影响，跟着它的足迹前进。

当时，许多波斯人如法德勒·本·赛赫勒、赛赫勒·本·哈伦、伊本·穆加发等都精通两种语言——波斯文和阿拉伯文，接受了两种文化的教育，写出了新的阿拉伯文学作品。查希兹在谈到小说家穆萨·本·撒亚尔·艾斯瓦里时说："他是世界奇迹之一。他运用波斯语的熟练程度和阿拉伯语一样。他每每坐在一个人所共知的地方，阿拉伯人坐在右边，波斯人坐在左边，他念一节《古兰经》，用阿拉伯语给阿拉伯人解释一遍。然后，转向波斯人，又用波斯语解释一遍。谁也不知道他哪种语言更熟练。两种语言由一张嘴说出来，免不了互相干扰，但只有穆萨·本·撒亚尔·艾斯瓦里是个例外。"①

我们还看到一些阿拉伯人学习波斯文，他们从中发现了阿拉伯文所没有的优点，于是便废寝忘食地努力学习。然后写出了兼有波斯修辞和阿拉伯修辞特点的阿拉伯文学作品。以阿拔斯时代的著名诗人阿塔比为例：他是台格里布地方的阿拉伯人，全名是：库勒苏姆·本·阿慕尔·本·阿尤布。他受的是波斯教育，喜爱波斯文化。脱夫尔说：叶海亚·本·哈桑说：一次，我在腊卡，拜访穆罕默德·本·塔希尔·本·侯赛因。我把他家的一个童子叫到

① 查希兹：《修辞与阐释》，第1卷，第139页。

身边，用波斯语和他谈话。这时，阿塔比插进来，用波斯语和我交谈。我对他说：艾布·阿慕尔！你的波斯语是怎么学来的？他对我说：我访问过波斯三次，我还写过关于波斯人的书，这些书现在保存在木鹿的书库里。亚兹德吉尔德[①]完蛋了，我的书却留存至今。他还说：我抄完所需的材料，就到尼沙浦尔去了。我穿过尼沙浦尔走了十法尔萨赫[②]，来到一个叫齐瓦德尔的小村子，忽然想起一本没抄完的书，便折回木鹿，又在那里住了几个月。我问他：艾布·阿慕尔！你为什么抄一些关于波斯人的书呢？他说：内容和修辞不是都在波斯人的书籍里吗？语言是我们的，内容是他们的。然后，他用波斯语跟我谈了许久。[③]

这么说，阿塔比就是一个接受了波斯文化的知识分子。只要读过他的诗和散文，就知道他是一位杰出的文学家。他的作品内容丰富多彩，而同时代的许多诗人写起诗来却空洞无物。在《罕世璎珞》一书中，能读到他写的一些内容丰富、笔法细腻的散文作品，还能读到他用各种体裁写的才华横溢的诗歌。读到这些作品时，会有一种清新的感觉。

人们被他的诗迷住了，年复一年地赞颂着他。[④] 正如他在一首诗里写的：

　　自君别后泪不干，情怀依旧衣渐宽。

---

① 亚兹德吉尔德：从公元 4 世纪到 7 世纪，萨珊王朝三个国王的统称，此处指该王朝最后一位国王。——译者

② 法尔萨赫：波斯计程单位，合 6.24 公里。——译者

③ 脱夫尔：《巴格达史》，第 6 卷，第 157—158 页。

④ 艾布·法拉吉：《诗歌集》，第 12 卷，第 2 页。

眼泪汪汪牵肠断，岁月流逝情更添。

阿塔比的格言和伊本·穆加发的格言相似。如："笔是智慧的惠赐。""谁对你有好处就是亲戚；谁对你广布恩泽就是兄弟；谁跟你亲密无间就是朋友；谁把爱给你，谁就最能接受你的爱。"阿塔比写信嘱咐某人，说："寄此信者是我，像我一样对待它吧！"总而言之，阿塔比是一个奇才，却并没有得到恰如其分的评价。他的文章短小精悍，但思想丰富。他的散文和诗歌说明他知识渊博。一个人既能写诗，又能为文，这是很少见的。从他的文化修养，可以找到他成功的原因。

在阿拔斯时代，这些阿拉伯化的波斯人及接受了波斯文化的阿拉伯人，让整个世界充满了学术、格言、诗歌和散文，他们的作品中的波斯成分是很明显的。幸好当时阿拉伯语压倒了波斯语，以波斯思想为主产生的成果是用阿拉伯文，而不是用波斯文写的。拜沙尔等诗人的诗、伊本·穆加发等文学家的文学、伊本·古太白和塔巴里等著作家的著作都是用阿拉伯文写的。

第三，波斯文化对阿拉伯文学的影响。这种影响表现如下：任何时代的文学都是社会生活的影子。阿拔斯时代的生活是多姿多彩的，其中最为夺目就是波斯色彩。

波斯的风俗习惯明显地渗透到了人们的生活中。波斯古老的节日——新年成了大家的节日，波斯的高筒帽成了法官和国家要人常戴的帽子，花天酒地、轻歌曼舞的晚会也是由波斯传来的。波斯人、麦蒙的大臣法德勒·本·赛赫勒施展了许多计谋，终于说服麦蒙将通用的颜色改为绿色。他写信给各地官员让他们把旗帜和帽子都改成绿色，而绿色恰巧是波斯国王科斯拉和琐罗亚斯德教僧衣的颜色。[1] 阿拔斯王国军队的制度和国家的行政管理也基本上遵循波斯的制度。

波斯人自古以来就好酒贪杯，希罗多德说他们耽于声色之乐，处理国事时都是醉醺醺的。

哈姆扎·伊斯法哈尼说：巴赫拉姆·古尔[2]命令众人们每日只工作半天，然后休息，痛痛快快地吃喝玩乐，边听歌边饮酒。没有歌手唱歌，有些人只好闷声饮酒。巴赫拉姆对老百姓说：我不是禁止你们忽视娱乐生活吗？老百姓回答说：我们多花一百迪尔汗的价钱也请不到歌手。巴赫拉姆便写信给印度国王聘请歌手。印度国王送来一万二千名歌手，巴赫拉姆把他们分派到各地，以后就在那里定居下来，生儿育女了。

等阿拔斯王国安定下来以后，波斯人就原形毕露了。他们带头吃喝玩乐，以至于全国各地处处纵情放荡，穷奢极侈之风一发不可收拾。伊卜拉欣·摩苏里和他的儿子易司哈格传播了甜美的歌声和玩乐之风。他们俩教女奴们唱歌，告诉人们怎样纵情享乐。除声音甜美外，父子俩，特别是儿子，还是学者、文学家、诗人。易司哈格用自己的著作奠定了阿拔斯王国乐理的基础。人们非常喜爱他们的歌曲，不仅模仿他们唱歌，而且模仿他们寻欢作乐的生活。伊卜拉欣死时，诗人们纷纷作诗吊唁。

有的诗人写道：

摩苏[3]已逝颜色变，无歌无舞无管弦。

① 杰赫谢亚里：《大臣和书记传记》，第396页及以后各页。

② 巴赫拉姆·古尔（公元438年卒）：波斯萨珊王朝第十任国王。——译者

③ 摩苏指伊卜拉欣·摩苏里。——译者

桃花美色红一日，摩苏永葆青春年。

琴手歌女放悲声，美酒浇愁愁更添。

又有诗人写道：

歌场舞榭不见君，王公贵胄泪沾襟。

风流才子悲不尽，穆民领袖也泪垂。

还有一首诗写道：

繁弦急管土中埋，纵情调笑情人怀。

摩苏一别无欢乐，风流人物失知音。

歌女悲声啼不住，爱情美酒也哭君。

管弦丝竹奏哀声，琵琶不忍泪抚琴。[①]

波斯人拜沙尔·本·布尔迪是风流魁首，为种种淫风荡习大开方便之门。他的诗在伊拉克境内广泛流传，情人们无不吟诵他的诗句，婚丧嫁娶也少不了他的歌曲。有的女人径直到他宅邸拜访，向他求诗。赛瓦尔·本·阿卜杜拉和马立克·本·迪纳尔说："没有什么比盲诗人[②]的诗更败坏巴士拉城的风俗的了！"瓦绥勒·本·阿塔说："这个背逆宗教的盲诗人的诗句就是最蒙骗人、最迷惑人的魔网！"[③]拜沙尔说："妇女们的烦闷需要排解。"所以，他鼓励小伙子们跟姑娘们寻欢作乐。[④] 此门一开，后来的人便蜂拥而至，既有阿拉伯人，也有波斯人，如穆提阿·本·伊亚思、艾布·努瓦斯之流。所有这些人写的放荡文学我们都见识过，什么

① 艾布·法拉吉：《诗歌集》，第5卷，第47页及以后各页。

② 盲诗人指诗人拜沙尔·本·布尔迪。——译者

③ 艾布·法拉吉：《诗歌集》，第3卷，第41页。

④ 同上书，第53页。

玩娈童、狎妓女，无所不有。尽管在艺术上有可取之处，但其内容方面，高尚的情趣是无法接受的。

确实，蒙昧时代的文学，如塔来法的诗歌里也写到过饮酒作乐，乌姆鲁·盖斯的诗歌里也写到过放荡的生活，如："你说，驼轿载着我俩东摇西摆。"倭马亚时代的文学，如艾赫脱勒的诗歌也写过饮酒作乐，欧麦尔·本·艾比·勒比阿更写过露骨的情诗，但所有这些都无法和拜沙尔、索里阿·格瓦尼、穆提阿·本·伊亚思和艾布·努瓦斯的淫诗相比！前者虽然放荡，但在用词和内容上，却是天真、单纯的，像他们的生活一样；后者却淫秽到了极点，对情欲，刻画得淋漓尽致。他们专拣最不堪入目的词汇，来表达最肮脏的内容。

也许读者会说：这是文明生活发展的必然结果。社会生活前进了，人们的生活更加舒适、奢华，诗歌和文学也相应地发展了。这和波斯人又有什么关系呢？

这种看法在很大程度上是正确的，但笔者以为，如果没有波斯人的影响，事情不会发展到这种地步。正是他们推动人们追求其祖先从科斯拉时代起就司空见惯的奢侈生活，教给人们如何通过古老的波斯文化给予的艺术方法去追求享乐，而不是用阿拉伯人所熟知的天真纯朴的方法。没有波斯人，阿拉伯人怎么会知道精心设计的歌会、穷奢极侈的酒会以及舒适享乐的生活呢？正是波斯的大人物如伯尔麦克人指导阿拉伯人追求这种生活；正是波斯的艺术家们如伊卜拉欣·摩苏里为他们歌唱这种生活；正是波斯诗人如拜沙尔·本·布尔迪极力鼓吹这种生活。设若倭马亚时代的阿拉伯式的生活延续下来，始终占据统治地位，那这一切穷奢极侈、歌女如云的情况，包括什么玩娈童等都不会出现。在伊拉克和波斯风俗日益放荡时，沙姆、埃及和安德鲁斯并没有出现同样的情况。这些地区的文学和伊拉克那种软绵绵的放荡文学也不一样。也许首都日益增多的财富是产生奢侈生活和奢华的文学的原因，但如果只有钱，而没有波斯人教给阿拉伯人肆意挥霍、尽情享乐的方法，这种情况也是不会出现的。

我们可以说：这种刻意追求享乐、奢华的倾向并不是波斯人中普遍存在的倾向。当时还存在着别的不同的倾向，最突出的是一种和享乐主义相对立的倾向——苦行主义，这一派在文学上的领袖也是波斯人，叫艾布·阿塔希亚。

在艾布·阿塔希亚之前——蒙昧时代和伊斯兰时代，就出现过苦行主义的生活和诗歌，但艾布·阿塔希亚却取得了前所未有的成就，其对苦行主义文学的发展犹如拜沙尔和艾布·努瓦斯对享乐，淫逸文学的发展一样。更确切地说：艾布·阿塔希亚使苦行主义哲理化，使当时的阿拉伯文学充满了谈论死亡、对死亡及后世生活的恐惧、轻视享乐、千方百计规避享乐生活等命题。

他在一首诗里写道：

生者终死，建者终废，尔等众人，皆将不存。
生由泥土，死化为尘，既然如此，为谁建尊？
死神公断，不疏不亲，生死有命，一视同仁。

*　　　　*　　　　*

吾求尘世有根由，忧愁、苦恼、累煞人。
欢乐享受终不得，除非舍命苦中寻。
如若逃遁见圣果，吾将避世待来生。

艾布·阿塔希亚的诗是为大众写的,而不是为达官贵人们写的。他说过这样的话:"苦行主义绝不是帝王的信仰,也不是骚人畸士的思想,它是苦行主义者、圣训学家、伊斯兰教法学家及平民百姓的信仰。对他们来说,凡是能够理解的就是有趣的。"[①]穆拜莱德说:"他说话就像呼吸一样,他的语言铿锵有力、通俗易懂而且具有说服力。"

他的诗具有学术性、哲理性,又有浓厚的宗教意识。苏理说:"艾布·阿塔希亚一派主张真主唯一,主张真主创造了两种对立的物质,并由这两种物质创建了今日的世界。世界是后造的,创造世界者除真主外别无他人。他们还声称:在现世的一切消失之前,真主将把一切还原为两种对立的物质。他们认为知识是思想、考证、研究的自然产物,主张守贫,禁止吃利息。他们在某种程度上信奉宰德教派,[②]不贬低任何伊玛目,也不主张与当局为敌。他们是宿命论者。"[③]

总之,当时萨利哈·本·阿卜杜·古杜斯和艾布·阿塔希亚执掌大旗的宗教诗歌包含着古代波斯人信仰的多神教的意识。在谈到苏菲派时,我们将探讨波斯人对苦行主义的影响。现在,我们可以说,在拜沙尔的自由主义思想里,有玛兹达克教的成分;而在艾布·阿塔希亚的苦行主义思想里,则有摩尼教的成分。

除上面介绍的情况外,波斯人在文学方面也有很大影响。由波斯文译成阿拉伯文的故事集如《卡里莱和迪木乃》、《希扎尔·伊夫萨乃》等奠定了一代又一代阿拉伯小说发展的基础。伊本·奈

---

① 《艾布·阿塔希亚诗集》,第25页。

② 宰德教派:伊斯兰教什叶派支派之一。目前仍盛行于也门地区。——译者

③ 艾布·法拉吉:《诗歌集》,第3卷,第128页。

迪姆说:《大臣和书记传记》一书的作者穆罕默德·本·阿卜杜勒·杰赫希亚里"编了一本书,搜集了阿拉伯人、波斯人、罗马人及其他各族人的夜间谈话长短一千(篇)段,每一部分自成体系,与其他部分没有关系。他把善于夜谈的人请来,把他们所知道和熟悉的最好的段子收集起来,又从形形色色的谈话集和神话集里挑选了最吸引人的一些段子,从以上搜集到的材料中,取其精华,写成了四百八十篇(夜),每篇是一个完整的故事,有五十页左右。但他死得过早,没有完成预定的一千个故事的计划。"①

还有一种文学——"批文",波斯人也有很大影响。这是因为伊斯兰前的波斯人非常重视修辞,写过关于修辞的专著。关于这点,查希兹已指出过。他们对修辞和格言的重视突出地反映在"批文"上。和任何民族一样,波斯人总要向主事者呈递一些材料,提出自己的要求,或陈述某一件事情。这种材料,我们现在叫"状子"、"折子",古时阿拉伯人用假借的办法叫"故事",因为材料陈述的是故事,材料本身也称作"故事"。过去,还有一种叫法,叫"片子",因为它的体积很小,像一块块布片一样。

这些状子呈递给国王或主管人,根据波斯国王和官员们的习惯,他们总要在这些状子上写上一段文辞讲究、含义深刻的批语或富有哲理的格言,这些批语就像精彩的格言一样到处流传,成了珍贵的文学遗产。许多波斯国王的批语传到了阿拉伯文学里,如:有人呈递给波斯国王科斯拉·本·古巴兹一份状子,告诉国王他的亲信某某、某某心怀异志,图谋不轨。科斯拉在状子的地脚上写

① 伊本·奈迪姆:《目录大全》,第 304 页。

道：我只控制人的身体，而不控制人的心灵；我只凭公正来判断，而不凭个人好恶；我只检查下属的工作，而不检查下属的思想！波斯国王阿努·希尔旺在一个犯人的状子上写道：犯禁律者不得遂顺其愿。一位上层人物为波斯国王科斯拉·本·古巴兹歌功颂德，无所不用其极，科斯拉在他的片子上写下了这样的批语："当我得知许多应受谴责的事情反而受到赞颂时，我就看不起人们的赞扬了。"过去，阿拉伯人碰到冤屈的事总是向埃米尔口头申诉，后来，他们过上了文明生活，书写得到普及，便写状子来申诉。于是，阿拉伯人也有了批语。四大哈里发和倭马亚人的批语被引用，但我怀疑，其中许多批语原来可能是口头的，后来才被记录下来。但到阿拔斯时代，批语就俯拾皆是了。当时，大部分书记官和大臣都是波斯人，他们走的是父辈的老路。批语越积越多，后来，还专门出了一个集子，叫《批语文集》。

除以上所述，波斯人还有许多诗歌、成语、文学作品传到了阿拉伯人那里。艾布·希拉勒·阿斯克里在其论文"阿拉伯和波斯的修辞学的比较"中说："波斯人诗作之多难以数计，希腊人的诗歌数量不及波斯人。"他在另一处又说："我听艾布·伯克尔·本·都雷德说：波斯诗人萨利哈·本·阿卜杜·古杜斯的诗集里收集了一千条阿拉伯成语和一千条波斯成语。"有些波斯成语译成了阿拉伯文，如："慈悲者江山难保"、"不撞南墙不回头"、"狮子病了难抓兔"、"三十六计走为上"、"阻挡不成就放纵"、"玩火者必自焚"、"不是不报，时机未致"、"鲜果需从刺中取"，等等。[①]

① 赛阿里比：《集萃》，第11页及以下。

这些波斯谚语当时一直为阿拉伯人所用，甚至写进诗歌里面，有的阿拉伯人还模仿着编出别的谚语来。波斯国王布祖尔·基姆亥尔说："好运来到，花个痛快，好运不会消失；厄运降临，用个尽兴，厄不会永驻。"有诗为证：

万贯家财，花花花，

手无分文，用用用，

洪福来到，未闻因慷慨而变穷，

厄降临，哪有因吝啬而致富。[①]

阿尔达西尔登基时发表谈话，鼓励人们和睦、服从。一位演说家站起来，对他说："您的光芒，如阳光普照众生；您的慈悲，如微风吹遍人间。您使分裂的队伍重新团结，您使分歧的意见重新统一。是您，扑灭了仇恨之火，让人们的心结合在一起。"哈立德·本·绥夫旺对一位总督也说了类似的话："您来了，带来了公正。您给每个人以关心和照顾，和每个人交往、联络，仿佛您是每个人中的一分子，又不属于任何一个人！"[②]

据说曾有人问伊本·穆加发为什么不求高官厚禄？伊本·穆加发答道：身居高位者必遭忌恨，不如超然物外，颐养天年。阿塔比取其意写成诗，诗曰：

不图财源滚，纵死也安心。

大任有大苦，如毒藏蛇身。[③]

塔希尔·本·侯赛因在哈里发麦蒙委任他儿子阿卜杜拉治理

① 伊本·古太白：《史事泉源》，第3卷，第179页。

② 同上书，第1卷，第97页。

③ 哈姆扎·伊斯法哈尼：《文学家论文集》，第1卷，第277页。

腊卡和埃及时，给儿子写了一封很有名的信，谈到了治国安民所需的一切，包括宗教学问、道德规范、伊斯兰法律政策，直到王室政治无所不谈。此信的内容和波斯艾尔达希尔时代遗留下来的书信十分相似。[①]

哈里发曼苏尔命令艾布·穆斯林姆·呼罗珊尼来首都觐见，艾布·穆斯林姆在信中写道："臣下记得波斯人有这样一句话：灾难平息之时，群臣惊恐之日。"[②]

*　　　*　　　*

还有一件伊本·赫勒敦曾经指出过的事情，对伊斯兰文化也有重大影响。这就是："大多数执掌伊斯兰教学术大旗者为波斯人，无论在法律学方面，还是在思维科学方面，基本如此，很少例外。尽管有些人属于阿拉伯谱系，但从他所用的语言、所受的教育及师承方面来说都是波斯的。"[③]他分析产生这种情况的原因是：学问来自各种专门工艺，而专门工艺又是文明生活的特点之一，因此，学问是文明产生的结果。当时，阿拉伯人是游牧人，波斯人及释奴们才是文明人。伊本·赫勒敦说："语法学的创始人是西伯威，其后是法利西和扎加吉，他们都是波斯人。他们受的教育是阿拉伯语的教育，通过学习和接触阿拉伯人掌握了阿拉伯语，从语言中归纳出规律，把它变成了一种为后人所用的学问。圣训学的大师们由圣门弟子处把圣训记载下来，大多数大师也是波斯人，或者

① 伊本·赫勒敦：《历史绪论》，第 254 页；伊本·买斯克威：《各民族的经验》，第 1 卷，第 99 页。

② 伊本·赫勒敦：《历史绪论》，第 215 页。

③ 同上书，第 477 页。

是在语言和教育方面波斯化的阿拉伯人。”众所周知，伊斯兰教法学学者都是波斯人，教义学大师和大多数注释《古兰经》的学者也是波斯人。只有波斯人才保存和记录学术成果。穆圣的话是千真万确的：“知识即使远在天边，波斯人也能得到。”[①]

我们认为，伊本·赫勒敦虽然观察得十分细致，但还是有所夸大，他贬低了阿拉伯人的作用。如果说艾布·哈尼法·努尔曼是波斯人，马立克、沙斐仪以及艾哈迈德·本·罕百里却是阿拉伯人；如果说，西伯威是波斯人，那他的老师哈利勒·本·艾哈迈德却是阿拉伯人。教法学家也并不像他所说，全都是波斯人，教法学创始人沙斐仪就是阿拉伯人。他还说，所有阿拉伯学者都受了波斯教育，这也是夸大其词，他们所受的教育是阿拉伯教育和波斯教育两者的结合。

但是，毋庸置疑，非阿拉伯人特别是波斯人，就其整体来说，更擅长于记载和著述。其原因——正如伊本·赫勒敦所说——是他们有很高的文化修养，自古以来就惯于用自己民族的语言从事著述。皈依伊斯兰教并掌握了阿拉伯语之后，他们便开始轻而易举地使用阿拉伯语著书立说。题目和语言虽然变了，但方法是一样的。

由此可见，在阿拔斯时代前期，许多波斯人成了记载各种学术的先驱，便不足为奇了。

伊玛目艾布·哈尼法·努尔曼是一派之首领；罕玛德·拉维叶收集了十篇悬诗[②]，保存了许多蒙昧时代的诗歌；拜沙尔·本·

① 伊本·赫勒敦：《历史绪论》，第487页。

② 悬诗：据说蒙昧时代，阿拉伯各部落诗人常在麦加举行赛诗会，评选出的优秀诗篇抄在麻布上，挂到“克尔白”古寺的墙上，人们称它为“悬诗”。悬诗的篇数说法不一，有说七篇，也有说十篇的。——译者

布尔迪开一代诗风;西伯威是语法学的伊玛目;基萨伊是语法学、语言学的大师之一,也是七位著名的诵经家之一;法拉是库法人中最精通、最熟谙语法学、语言学和文学的人;艾布·欧贝德是语言学家、博物学家及阿拉伯历史学家,也是舒欧比亚派信徒之一;艾布·阿塔希亚是苦行主义诗人;伊本·古太白是历史学家兼文学家;还有其他一些人此处未及提起。这些学者都是波斯人,对阿拉伯伊斯兰文化有重大的影响。

在波斯文化和波斯学者背后有一种时而明显时而隐蔽的力量,保护和推动着波斯文化的发展。这种力量有时出于一种好的动机,有时又出于一种坏的动机。有些人要为学术和学术的传播服务,他们要的是真主的光荣和学术;也有些人是要颂扬波斯民族主义,贬低阿拉伯民族主义;还有人是在玩弄阴谋,破坏伊斯兰教,打击伊斯兰教信士。有些人认为,哲学是信士的目标,信士掌握了哲学,就要探索哲学,传播哲学。于是,有人宣传舒欧比亚主义,有人宣传伪信思想,有人过分地偏向圣裔,实际暗藏着对穆斯林的祸心。所有这些好的、坏的东西都包含在波斯的思想意识之中。我们以后将分门别类地加以说明。

关于波斯人,查希兹写道:"你应知道,这些谈话都来自波斯人,而波斯人都是傲慢自大、信口开河的人,特别是涉及派别之争或吹嘘波斯国王的能力时,更是如此。"[①]保卫和传播波斯文化最为得力的是波斯的伯尔麦克人。他们家财万贯,又慷慨大方,这都有助于实现他们的愿望,扩大他们的权势。查希兹转述素玛迈的

① 查希兹:《动物志》,第7卷,第56页。

话说：我们的朋友们说："凡是伯尔麦克人哈立德的座上客，其住宅、田产无一不是哈立德买了送给他们的；他们的妻子，如是女奴，必是哈立德出资购得，如是自由女必是哈立德支付的聘金；他们的牲畜，必是哈立德鼓动他买的，或是赠送的。"[①]这些伯尔麦克人都是知识渊博的知识分子，无论在学术、文学、口才方面都是出类拔萃的。赛赫勒·本·哈伦谈到伯尔麦克人叶海亚·本·哈立德和加法尔·本·叶海亚时说："如果世上有珠玑之言、锦绣之文，必是此二人的言论和文学！"叶海亚·本·哈立德为孤儿们办了私塾，[②]他跟大家和睦相处，也让孩子们和大家友好相处。他对孩子们说："你们中一定会出现书记官、手艺人和助手，到时候，要向贵人求助，不要和卑贱的人接触，因为赐给贵人的恩惠更长久、更美好，为他们做好事名声更大，他们也更懂得感恩戴德！"[③]

诗云：

慷慨侠义法都勒，万众吟诗齐颂扬！

这些伯尔麦克人尽力传播波斯文化。后来被称作文武双全的波斯人法都勒·本·赛赫勒用阿拉伯文为叶海亚·伯尔麦克译了一本书，叶海亚十分惊叹他理解的透彻和用词的精美，劝他皈依伊斯兰教以便担任公职。[④] 法都勒身兼二任之后，派遣了他的释奴及家里的年轻人到呼罗珊一位长者那里去，并对他们说：好好向他

---

① 杰赫谢亚里：《大臣和书记传记》，第 173 页；赫忒布·巴格达迪：《巴格达志》，第 4 卷，第 144 页。

② 杰赫谢亚里：《大臣和书记传记》，第 222 页。

③ 同上书，第 215 页。

④ 同上书，第 287 页。

学习哲学。他们学成回乡，把所学内容报告给法都勒，法都勒由此得知，他们所学的哲学受了波斯文化的影响。[①]

众所周知，伯尔麦克人庇护了许多自由派人士或以伪信罪被控告的人士，如：他们保护了受伪信罪控告的穆罕默德·本·莱斯·赫推布，还提升了他的职务[②]；希沙姆·本·哈克姆·拉费兹也投靠了叶海亚·本·哈立德·伯尔麦克，成了他在谈话和讨论时的代言人。希沙姆还写了许多关于哈里发王位及教义学方面的书。[③]

其实，伯尔麦克人不仅鼓励波斯文化，也鼓励其他文化。伊本·奈迪姆在谈到天文学著作《天文大集》[④]一书时说：第一个关心此书的注释及阿拉伯文翻译工作的人就是叶海亚·本·哈立德·本·伯尔麦克。此书有人注释过，但不尽令人满意，叶海亚便委托艾布·汉萨及智慧宫主事赛勒姆主持注释工作，两人精心校正，详加注释。[⑤] 叶海亚还曾命人注释印度人蒙基编写的一本医学书籍。[⑥] 此外，叶海亚还曾派人到印度搜集草药及写书介绍印度的宗教，结果便产生了上面提到的这部书。[⑦]

这些伯尔麦克人不仅关心波斯文化，也关心希腊文化、印度文

① 《文萃》，第 3 卷，第 269 页。

② 伊本·奈迪姆：《目录大全》，第 120 页。

③ 同上书，第 175 页。

④ 《天文大集》：最古老的天文学著作。埃及古代天文学家托勒密于公元 148 年写成，哈宁·本·易司哈格由希腊文译成阿拉伯文。此书音译为“买吉斯特”意为“最伟大的”，说明此书之重要。——译者

⑤ 伊本·奈迪姆：《目录大全》，第 268 页。

⑥ 同上。

⑦ 伊本·奈迪姆：《目录大全》，第 435 页。

化和阿拉伯文化。

下面，我们向读者介绍一位波斯文化的代表人物——伊本·穆加发。

伊本·穆加发

我们不想介绍伊本·穆加发的出生年月、家庭出身、他担任过的职务以及他和达官贵人的关系，也不想连篇累牍地分析他的修辞能力、写作风格以及他的文风对时人和后人的影响，这些都是文学方面的课题。我们要介绍的是他渊博的文化知识和不朽的文化遗产。他的学识是深刻、广博的波斯文化和阿拉伯文化两者结合的产物，由此产生出他的许多文学遗产。这些文学遗产在内容方面得益于波斯人，在用词和风格方面得益于阿拉伯人。

*　　　*　　　*

伊本·穆加发原籍波斯，原名叫“罗兹比·本·达祖威”，父亲是波斯朱尔村人。伊本·穆加发作为以善于辞令著称的艾赫台姆家族的释奴在巴士拉城中长大成人。他常跟阿拉伯人接触并向他们学习。他父亲信奉琐罗亚斯德教，伊本·穆加发从小便是一个琐罗亚斯德教徒。他给许多人当书记，其中有倭马亚王朝末任哈里发麦尔旺·本·穆罕默德委派的伊拉克总督亚齐德·本·欧麦尔·本·胡贝拉以及亚齐德的兄弟达乌德·本·欧麦尔·本·胡贝拉，还有赛法哈和曼苏尔的叔父伊萨·本·阿里·本·阿卜杜拉·本·阿拔斯。他一直信奉琐罗亚斯德教，到了伊萨那里，才由他主持改奉伊斯兰教。不久，就被杀了。被杀的缘由，根据许多历史学家的说法，是由于伊本·穆加发写了一封赦免书，呈交给哈里发曼苏尔签字，以便赦免阿卜杜拉·本·阿里。伊本·穆加发用词过于缜密，曼苏尔企图毁约却无隙可乘，[①]便迁怒于伊本·穆加发，并授意把他杀死。

对于他的死，除查希兹所说的原因外，历史学家们并没有说出别的原因来。查希兹说：伊本·穆加发挑拨阿卜杜拉·本·阿里对曼苏尔不满，被曼苏尔发觉，就被杀了。[②] 死的时间有不同的说法，有说伊斯兰历 142 年，也有说 143 年或 145 年的。[③]

由此，我们可以得出两个重要的结论来：

一、他在阿拔斯王朝仅仅生活了将近十年，其余的时间都是在倭马亚王朝度过的。他亲眼看到了阿拉伯人对释奴的压迫，和他们一起经历了倭马亚时代的苦难。当时他还不是穆斯林，不可能像一些狂热的宗教徒一样，用自己的宗教信仰来减轻对阿拉伯人的仇恨，所以，在他内心深处，一定充满了对阿拉伯人的深仇大恨。他看到了波斯人响应“阿拔斯的号召”的情景。和其他波斯人一样，他也时刻盼望取消倭马亚人的压迫；在倭马亚王朝垮台时，他和其他波斯人一起兴高采烈地迎接阿拔斯王朝的建立。

二、从小他就是一个琐罗亚斯德教的教徒。在这种宗教的怀抱里，度过了青春岁月，接受了宗教文化的教育。他在被杀前几年，才皈依伊斯兰教。入教时，他已经长大成人，并为许多人当过

① 杰赫谢亚里：《大臣和书记传记》，第 110 页。

② 查希兹：《书信集》，第 47 页。

③ 伊本·穆加发的出生日期，现存的古书没有记载，有些圣训学家说是在伊斯兰教历 106 年，这种说法如果是正确的话，则他被杀时还不满四十岁。——译者

书记。在改奉伊斯兰教之前,他一直坚守原来的信仰。当他要求改奉伊斯兰教时,曼苏尔的叔父伊萨·本·阿里对他说:当着首领们和各界名流的面入教吧,明天再办。这时,晚饭端来了,伊本·穆加发一边坐着吃饭,一边喃喃自语。这原是琐罗亚斯德教的习惯。伊萨对他说:你已经下决心改奉伊斯兰教了,为什么还要嘟囔个没完呢?伊本·穆加发说:我不愿一刻没有宗教信仰。第二天一早,他便在伊萨主持下改奉了伊斯兰教,取名叫"阿卜杜拉"。谈到他的伪信时将再次提起此事。

在阿拉伯文学世界里,伊本·穆加发是最出类拔萃的人物之一。无论在道德、智力、知识的渊博,还是口才方面都是超群绝伦的。

他品德高尚,关心弱者,乐于助人,珍惜友谊。他严于律己,总是向自己提出更有价值、更高尚的目标。他有一种强烈的愿望,要在道德和社会生活方面,改造统治者和被统治者,此外,他还具有上层人士的风度,时刻注意礼仪,举止文雅大方,恰到好处。

我们得出上面这些结论,是根据历史学家们的记载,也是根据我们读过的他本人的著作。赛义德·本·赛勒姆说:我到库法去,见到了伊本·穆加发。他对我表示欢迎,然后,问我:你来这里干什么?我告诉他:是债务逼着我来的。他又问:你都见着谁了?我说:我见着伊本·舒布鲁迈,他答应让我给几个贵族子弟当家庭教师。他说:呸!到了晚年还让你当家庭教师?你住在哪里?我告诉他住的地方。第二天,我正忙着听一些人念书时,他来了。把一块手帕放在我手里,打开一看,是几个碎的手镯,还有一把零钱,一共是四千迪尔汗。我拿了钱,就回巴士拉了。就这样,我得到了他的帮助。[1] 关于伊本·穆加发，杰赫谢亚里说："他为人豪放，仗义疏财。不论是谁求助于他，他都敞怀相助。他给达乌德·本·欧麦尔当书记时，攒了一笔钱，每个月得拿出五百到两千迪尔汗资助一批巴士拉和库法人。"[2]他是书记官阿卜杜勒·哈米德的朋友。一次，有人来抓阿卜杜勒·哈米德，要把他处决。当时，他正在场。来人问：你们俩谁是阿卜杜勒·哈米德？为了保护自己的朋友，两人一齐回答：我是。阿卜杜勒·哈米德怕把伊本·穆加发抓走，就说："慢着，我身上有胎记。派几个人来查吧。"几个人走过去查了胎记。[3]

查希兹谈到伊本·穆加发时说：他慷慨大方，是个豪侠之士。伊萨·本·阿里请他吃午饭，他说：真主赞美主公！但我今天胃口不好。伊萨问：怎么啦？他回答道：得感冒了，得这种病的人不应该和邻居来往，不应该接触健康的人。大家对他的彬彬有礼感到十分满意，便问他，是谁教你这些礼节的？他的回答是：我自己。我看到别人有什么长处，就要学到手；看到别人有什么短处，便警惕自己。他的著作记载了许多事情，可以证明我们没有谈到的其它品德。

此外，他见多识广，精通阿拉伯和波斯两种语言。他把波斯巴列维文典籍中最精彩的部分都译成了阿拉伯文。他写的东西思想丰富，一点也不像其他人写的东西那样枯燥无味。他很注意文章的内容，也很注意选择恰当的词语来表达。人们说："伊本·穆加

① 安查里：《文学家论文集》，第 1 卷，第 29 页。
② 杰赫谢亚里：《大臣和书记传记》，第 117 页。
③ 同上书，第 79 页。

发停住笔了。有人问他，他回答道：要说的话涌塞在胸中，我只好停下笔来，加以选择。”[①]

穆罕默德·本·赛拉姆说：“我听长者们说：圣门弟子之后，阿拉伯人中再没有人比哈利勒·本·艾哈迈德更聪明、更博学的了；非阿拉伯人中，再没有人比伊本·穆加发更聪明、更博学的了。”[②]加法尔·本·叶海亚说：“阿卜杜勒·哈米德是根，赛赫勒·本·哈伦是枝，伊本·穆加发是果，艾哈迈德·本·优素福是花。”[③]

下面试分析他著作中的丰富内容和思想的力量。

伊本·穆加发的文学遗产

前面我们谈到过由波斯文译成阿拉伯文的书籍及伊本·穆加发从事翻译的情况。现在，我们谈一谈手头几部伊本·穆加发的文学著作并略作分析。这几部书是：《小文学》、《大文学》或《稀有的真珠》、《近臣书》、《卡里莱和迪木乃》。

《小文学》和《大文学》

《小文学》和《大文学》中的“小”、“大”二字是形容书的两个字，当时，这种用法十分普遍，如：伊本·赛阿德的《大人物传记书》。有时，省略“书”字，只留下形容词，就成了《大人物传记》、《小传记》。《小文学》、《大文学》也是如此。这里的“小”、“大”二字不是

---

① 《文萃》，第2卷，第104页。

② 伊本·古太白：《辞章家论文集》。

③ 同上。

形容文学的，而是形容省略掉的“书”字的。

根据伊本·奈迪姆的说法，读者以为《小文学》、《大文学》、《稀有的真珠》是三本书，但许多文学家把《大文学》称作《珍本》或《稀有的真珠》。根据伊本·奈迪姆的说法，读者还以为这三本书是伊本·穆加发翻译的，但从这三本书的文字看却是他撰写的，这也是文学家们公认的。我们比较赞成这样一种看法：《大文学》不是《稀有的真珠》，《大文学》和《稀有的真珠》是伊本·穆加发撰写的两本不同的书。我们的根据如下：

一、伊本·古太白在《史事泉源》一书中多次提到过这两本书的名字。在有些地方，他说：“我在《稀有的真珠》一书中读到过……”；在另外一些地方，他又说：“在《大文学》一书中……”他从《稀有的真珠》一书中引用的文字在我们手头这本称作《稀有的真珠》的书中找不到。①

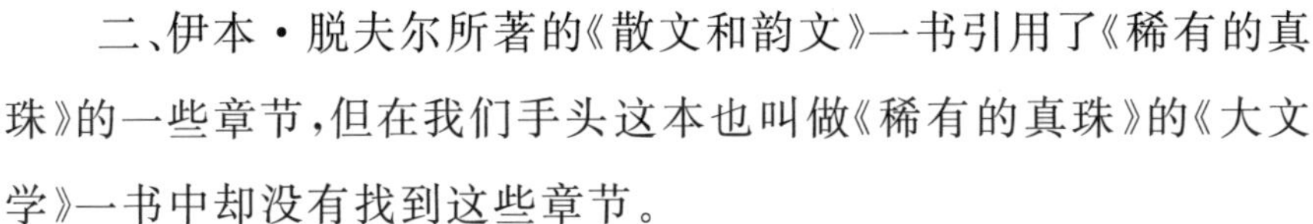

二、伊本·脱夫尔所著的《散文和韵文》一书引用了《稀有的真珠》的一些章节，但在我们手头这本也叫做《稀有的真珠》的《大文学》一书中却没有找到这些章节。

三、巴格拉尼在《〈古兰经〉的修辞》一书中写道：“有些人声称伊本·穆加发反对《古兰经》，推崇《稀有的真珠》。其实，这是两卷书，一卷搜集了各个民族哲人的格言……；另一卷涉及了各种宗教。”我们手头这本《稀有的真珠》却没有关于各种宗教的章节，也许这本书就是《大文学》，被错叫成《稀有的真珠》。

第二个问题是：这两本书是专著还是译著？书本身的内容说

① 伊本·古太白：《史事泉源》，第1卷，第3页；第2卷，第355页。

明：伊本·穆加发虽然参考了许多古人的思想，但并没有逐字逐句地翻译（根据现代意义翻译的概念）。伊本·穆加发在《小文学》中说："在此书中，我引用了人们口耳相传的一些言论。这些言论有助于心灵的建树和磨炼，有助于开阔视野、活跃思想，有助于举措得法；这些言论证明了卓越的行为和高贵的德行。"在被称作《稀有的真珠》的《大文学》一书中，伊本·穆加发说："对于落笔成章的写家来说，古人实在没有给他们留下什么余地以便一展其才。对真主的赞颂、对真主的奖赏的鼓励，对尘世生活的贬斥、对学问的分类和各门学问的记载、对研究方法和意义的说明、对文学和道德的分类等等，无论哪一方面都没有什么值得大书特书的了。所余之事不过是些由古人的含义深远的格言和言论中引申出来而为凡夫俗子们感兴趣的奇闻轶事而已，其中的一些内容，我已写在这本大家需要的文学书籍中了。"

在这两本书中，文学一词的意思并非我们现今理解的和科学相对照的意思。伊本·穆加发的"文学"指的是心灵和道德的熏陶。

"小文学"指的是关于道德的带有哲理的语言。此书没有细致、广泛、充分地分析心灵和道德。一提到道德，便将话题展开，描写了道德的表现及实现道德的途径。这种做法与希腊的思维方法很相像。这本书包含了许多类似成语的精辟短句，是一些用精巧的语言写成的思想的火花、经验的结晶。如："四样东西，再少也承受不起：烈火、病痛、敌人、债务"，"伏祸之福不为福，伏福之祸不为祸"，"生活中亲人离别为寻常之事"，等等。

我们还注意到，在《小文学》一书中，格言与格言之间并没有多少联系。就像一个人，随时注意观察着不同情况下的不同经验，每得到一条经验，便记载下来，不管它是经济方面的、宗教方面的还是心理方面的。又像一个浏览群书的人，每发现一个好的句子，便记录下来，结果，一句话是自责的，边上写着另一句话是关于友谊的，还有一句话是如何根据人的品级的不同采取不同的态度的，接着，又是一句反对"意见"[①]和享乐的话。翻过许多页之后，又会读到一句关于友谊的话，前后两句谈友谊的话原本是应该排在一起的。这本书的编写方法也不统一，有些事情没有说明来历，而在有些地方，作者却写道：哲人们说……。有时候，在一条格言前面有："他说"的字样，说明这句话不是作者自己编造的。

至于《大文学》(作家们称之为《稀有的真珠》)，其用词也是如此。但在总体上，其篇幅更长，编排也较有条理，同一个内容的词语排在一起。全书基本上是围绕着两个问题展开的，其一是关于苏丹和总督们及他们周围的人。从书的内容看，这个题目使他费了不少脑筋，因为他的一生与此密切相关。他给总督们当过书记，和他们关系密切。相处时，既有友好合作的时候，也有意见不合的时候。在曼苏尔及其叔父们的权力之争中，他也陷得很深。他不仅记载了这些事件的经过，还站在一边出谋划策。此外，他在波斯历史书中，读到过不少这样的事情，也翻译过一些这样的书籍。所以，关于这个题目他写得很多，而且写得很好。这当然是不足为怪的，何况真主还赐给他观察细致、善于表达的能力呢。在这本书

① "意见"：伊斯兰教教法专用词。指从《古兰经》或圣训中未能找到立法根据时，由教法学权威提出处理宗教或世俗事务的个人意见。——译者

中，他把前人的言论和后人的经验融为一体。这个题目占据了《大文学》一书的第一部分。其二是关于友谊和朋友。伊本·穆加发仔细地讨论了这个问题。他认为朋友是生活的基础、心灵的镜子，他把内心深处的秘密向朋友们倾诉，同时，提醒他们注意和警惕。对朋友以外的人，他采取的是另外一种态度——时刻戒备森严、严阵以待的态度。正因为如此，他对挑选朋友的条件规定得十分严格而具体："凡是具有真知灼见，并支持这一正确意见的人不经过充分考察和检验决不会轻易交友的。"伊本·穆加发一生的经历说明他对于自己择友的原则是深信不疑的，在整个一生中，他都遵循这一友谊的法则行事。他为知己阿卜杜勒·哈米德献出过鲜血，为朋友甚至只有一面之交的人如赛义德·本·赛勒姆献出过金钱。伊本·穆加发是这样一个人——他具有探索的头脑；他和宫廷及总督们保持着微妙的关系，在这种关系中，不时遇到一些问题和困扰；他由一种宗教改奉另一种宗教并承受着人们对他的怀疑；他思想上要求进行社会改革，在自己周围看到许多与哈里发和总督们有关的弊病，深感需要提出忠告，指出问题所在，阐明解决问题的方法。处在这样一种复杂环境中的伊本·穆加发需要友谊，这种友谊必须具备他规定的许多条件，才能达到肝胆相照的程度。伊本·穆加发看到一个国家衰亡了，另一个国家建立起来了，新的国家需要奠定立国的基础，而他必须参与其事。他要说明新旧两方面的弊病，他渴望实现改革。为了改革，许多东西在他的内心深处撞击着，燃烧着。这里有新、旧宗教的对抗，他是在旧宗教的影响下长大的，这种宗教已经在他心里扎根；他想摆脱旧宗教，改奉新宗教。而新宗教，无论宗教仪式还是教义都和旧宗教不同。这里也有理智和感觉的冲突,以及不同感情之间的斗争。他翻译过逻辑学,这种逻辑学和他深受熏染的传统思想之间的矛盾也使他游移徬徨。处在这种环境下,他多么需要友谊！多么需要披肝沥胆的朋友！在他的著作中,他指出了社会的弊病、统治者的暴虐、平民百姓的苦难,指出了宗教和思想之间的斗争。他在书中谈到了朋友,自然也得谈到敌人。他谈到敌人在战争中多么狡猾奸诈,他们又是怎样想方设法掩饰这一点。他还谈到怎样避敌锋芒,以及怎样消灭敌人。他还谈到了恶邻,以及怎样忍气吞声地和他们相处。在书的末尾,他又搜集了一些零散的格言。

波斯文化对这两本书有巨大的影响。书中罗列的许多格言都是波斯格言。书中谈到了萨珊王朝统治国家的一些制度。伊本·穆加发在多处写道:"记住智者的话"、"智者说"。这里,他指的是波斯的智者。书中还有一些是艾尔达西尔时代的遗训,如有关王储的规定。书中还列举了《卡里莱和迪木乃》一书中的格言。是啊！从这些格言中也能看到希腊文化的影响,如:"有理智的人对于福和祸两方面都要考虑到,并且知道:最值得追求的爱物和最需要提防的祸患是最持久、最长远的东西。""如果他领悟了,他宁要来世而不要今生;宁要奋斗的快乐而不要享受的乐趣;宁要有利于自己和子子孙孙的思想而不要只带来短暂的满足迅即消失的主张;宁要长久的时日,不要短暂的一瞬。"从这些格言中,可以看到伊壁鸠鲁的思想,即:要奋斗和永生,不要短暂的享乐;要思想和精神上的满足,不要肉体的快乐。但伊本·穆加发的思想是从波斯人那里来的,尽管波斯人也受了希腊学派的影响。从他编撰的某些格言中,我们也看到了一些伊斯兰的东西,如他在书中所写的:

"世界是丰富多彩的。属于你的，你再软弱，它也会来；不属于你的，你再强大，它也不来。"这种话在用词方面和一段著名的圣训很相近。我们还看到，伊本·穆加发书中的某些格言和伊玛目阿里在《辞章之道》一书中的言论有很多相似之处。但我们对于把《辞章之道》一书中的许多言论归之于伊玛目阿里是怀疑的，在本书第一卷说明了我们的态度。我们估计是在伊本·穆加发之后，即在谢里夫·里达时代才把这些言论归到阿里身上的。可以说：伊本·穆加发这本书的内容主要来自波斯文化，少量的来自阿拉伯伊斯兰文化。最有力的证据是：在伊本·穆加发的言论中，宗教精神极其罕见，甚至几乎看不到，和哈桑·巴士里及阿里的言论绝然不同。后面两位的言论充满了伊斯兰教的宗教精神。伊本·穆加发的格言都是来自世俗生活的经验，就连和宗教有关的格言也是如此。

《近臣书》

伊本·穆加发的《近臣书》中的"索哈白"[①]一词不是通常所说的圣门弟子索哈白，而是总督和哈里发们的近臣索哈白，即埃米尔或哈里发们最接近、最相知、能够披露秘密、商量大事的人。伊本·穆加发在这本书中写的是这样一个题目，所以，便以"索哈白"（近臣）作为书名。

此书价值极大，它是呈递给穆民的领袖的一份报告，批评了当

---

① 索哈白：阿拉伯文 Ṣaḥābah 的音译。原译"同伴"。意译"门弟子"。指穆罕默德早年的信徒。——译者

时的政权制度，提出了多方面的改革主张，只是没有指名道姓而已。看来，他在书中指的是哈里发艾布·加法尔·曼苏尔。他提到了阿拔斯王国，说它已经稳定下来，还提到了穆民的领袖，说什么：真主摧毁了他的敌人，解了他的心头之恨，真主使他稳住了脚跟，赐给他世界的宝藏。他还提到了艾布·阿拔斯（赛发哈），祈求上帝怜悯他。既然我们知道伊本·穆加发是在曼苏尔时代被杀的，我们就有理由推断这封信是写给曼苏尔的。

本书由颂扬穆民的领袖开始，说他除富有学识外，还不耻下问，广为纳谏，这就鼓励那些卓有见识的人提出自己的意见。

然后，他又谈到艾布·加法尔·曼苏尔执政之前的一些弊病，说：有的总督不重视改革；有的虽然重视，却拿不出好的主张；有的虽然有办法，却没有决心实现自己的主张。又说：哈里发的近臣们并非贤良之辈，他们的地位之高、权势之大已经达到连哈里发都无法控制的地步了。哈里发身边的女奴也是如此。待之以严，就火冒三丈；待之以宽，就贪得无厌。他表示希望穆民的领袖能够成功地医治这些弊病，根除这些毒瘤。在这之后才开始他的报告正文。

在正文中，他首先说明了军队的状况。报告所说的这个国家当时还是一个新生的国家，它幅员辽阔，敌人很多，国内贪婪之辈也很多，到处烽烟四起，无一日安宁，想到这些，便可知道军队对于这个国家来说具有何等重大的意义，也就明白为什么《近臣书》的很大一部分是围绕着这个题目展开的。当时，军队的主干是呼罗珊的军队，他们担负着保卫国家的任务，而他们是波斯人，伊本·穆加发也是波斯人，这样，呼罗珊的军队便成了这本书的中心话题。

他赞扬了呼罗珊的军队，说在伊斯兰王国里从来没有过这样的军队——他们的驯服、忠贞、清廉、服从，远远超过别的军队。赞扬之后，他便陈述了若干问题：

第一，必须统一军队的思想。为此，应该为军队制定专门的宪法或法律，对于军人应该知道的一切都要有明文规定，告诉他们可以做什么，不可以做什么。军官们应该牢记法律的条款，根据这些条款来领导士兵。如果不制定法律，士兵们不知道应该干什么，不应该干什么，就会造成混乱。他还说这种状况使一些人夸大了服从哈里发的命令的含义，有的指挥官说什么：即使哈里发命令我们背向克尔白礼拜，我们也要服从。这种说法会在士兵心里造成很坏的影响。伊本·穆加发就此讨论了哈里发的命令——哪些命令应该服从，哪些命令不应该服从，并且提出了他那条著名的原则："造物主的过失，人类不必服从。"他说：有些人曲解了这条原则。他的意思是：没有明确规定的事情应服从哈里发，也就是说，真主规定了一些仪式和限度，如果哈里发的命令与之相左，则不必服从；但人们生活中的许多事情并没有明文规定，在这些事情上，当权者可以提出意见，他们的意见必须服从。人们只有在当权者征询意见时才能提出意见，只有受到召唤才能作出答复。看来，伊本·穆加发的意见是：宗教方面的明文规定，无论平民百姓或当权者均应遵行，当权者也不得违反。没有明文规定的许多问题，如宣战、召回军队、媾和条件，根据时间、地点的不同组织国家事务等都不可各行其是，大家应该提出自己的意见，当权者则应该考虑这些意见，并付诸实施。如果当权者发表了意见，大家应该服从；如果他们的意见有不足之处，甚或有错误或弊病，大家也应提出自己的意见，来规劝他们。

第二，关于军队工作，他劝哈里发把军队和财政管理分开。他之所以提出这种意见，是因为哈里发曾经任命一些指挥官管理地方的土地税，如任命某指挥官管理埃及的土地税，某指挥官管理呼罗珊的土地税等。这一地区的财政实际上落到了指挥官的手里，指挥官在军队和财政两方面管着老百姓，总督又在这两方面管着他。伊本·穆加发提出这种主张的理由是："管理土地税会使军队腐化。"这种看法是正确的，因为许多指挥官手上有了权力和军队后便趾高气扬起来，开始残害老百姓。当他们的暴行遭到谴责时，便以手上的钱财和部下的军队炫耀，继而造反作乱。不计其数的祸乱就是这样引发的。

第三，注意考察领导者的能力。伊本·穆加发委婉地提请哈里发重新考虑领导者和被领导者的情况。他认为，许多被领导者比领导者更有能力。如果对其中出类拔萃者委以重任，对军队根据能力进行调整，这样做将带来极大的好处。

第四，对军队进行文化和道德教育，教他们写字和伊斯兰教法学，同时，训练他们守信、清廉、谦虚，在服装方面不追求奢华，不使用香料。

第五，给军队一些时间，让士兵们自谋生计，这样做能够稳定军心，消除发牢骚和怠工的现象。

第六，也是最后一点，哈里发应该考察军队的情况，不管他们驻在哪里，都应了解军队的各种事情和内部的情况，还应任命忠实于哈里发、不向其隐瞒实情的有威望的人统率军队。为了达到这样一个目的，不管花多少钱也在所不惜。只要这样做了，就能够及时地清除祸根。

以上是伊本·穆加发关于改革军队工作的几个主要建议。

他还提醒哈里发更多地关心伊拉克人，特别是巴士拉和库法人，说他们是最有可能成为哈里发的亲信和助手的人。伊拉克人懂教法、有德行、富才智、善口才，这是其他地方的人所没有的。伊本·穆加发希望哈里发关心伊拉克人，依靠伊拉克人。他说：他是看不起伊拉克人的，因为伊拉克过去的当权者和他们的助手们都不是好东西，这一小撮迷失正道的人败坏了伊拉克的声誉。沙姆人利用了这一点，便把这一小撮人的所作所为加到全体伊拉克人头上，大加指责。阿拔斯王朝建立以后，哈里发在伊拉克人中只看到这些无法信赖的臭名昭著的分子。如果赶走这一小撮人，经过认真的考察，挑选德才兼备的人，把权力交到不会装腔作势却具有真才实学的人手里，伊拉克和伊拉克人的作用就会表现出来。

然后，伊本·穆加发又提出了另外一个课题——在穆斯林的生活中最重要、影响最深远的课题，即“司法的混乱”。他提到：司法工作一片混乱，不遵循任何已知的法律，任凭法官裁决，由此产生出许多自相矛盾的法律条款，甚至在同一个地方也有许多条款自相矛盾。根据法官的判决，在库法城的一个地区判处死刑或释放或罚款的罪行，在另外一个地区却是另一种判决。所有这些都对穆斯林产生了影响。法官分两种：一种声称根据逊奈办事（一般指经训明文）。但他们言过其实，常常没有明确根据就判死刑，却声称这种判决就是逊奈。如果有人对他说：这样的罪行在穆圣和四大哈里发时代是不判死刑的，他会说，阿卜杜勒·麦立克·本·麦尔旺[①]或某一

① 阿卜杜勒·麦立克·本·麦尔旺（公元646—705年）：倭马亚王朝第五任哈里发。——译者

位埃米尔是这样判的。还有一种法官声称他们是意见派。他们对自己的意见十分自信，甚至达到这样的程度："当他就穆斯林的一个重大问题发表意见，而没有一个人同意他的意见或裁决时，他并不感到孤立，他断言自己的意见是不需要逊奈做依据的。"这就是伊本·穆加发所说的"混乱"。他提出治理的办法，即：把一切引起争论的案件和问题呈交给哈里发，分歧的各方同时提出作为依据的法律条文和意见，哈里发审核这些理由和证据，从中选出他认为正确的意见来，并记录在案，编印成书，然后，翻印若干份，寄到各个地区，强迫法官们据此断案。如果发生了新的案情，也照此办理，以后上台的每一个伊玛目都应该在这部法律书上加上一些新的东西，和必须的条款，就这样一个接一个地干下去。

伊本·穆加发认为当权者在有分歧的问题上应该注意公正的原则，考虑公众利益。没有什么妨碍他们这样做。不同的规定的产生，或者是因为法官们根据的是不同的逊奈，而逊奈的不同说明它并没有被大家一致接受；或者是因为根据不足；或者是因为解释的不同。在这种情况下，注意公正的原则是首要的。有些分歧的产生是由于类比的关系。[①] 教法学家们过分拘泥于形式上的类比，因而陷入困境。伊本·穆加发曾举例讥讽他们的类比，说：假如你问一个教法学家：你是否命令我永远说真话，不说假话？他的回答一定是：是的。假如你又问他：一个人正在逃跑，迫害他的人要杀他，问我他藏在哪里，我知道他藏的地方，是说真话，还是不说

① 类比：阿拉伯文 Ḳiyās 的意译。一种推理方法，是伊斯兰教立法的四项原则之一。——译者

真话？如果他们遵循类比的办法，就会告诉你：必须说实话。但公众利益和公正的原则却不许说真话。因此，伊本·穆加发确定了一条有价值的原则，即：类比只是实践公正原则的途径和达到公正的道路。无论何时，只要公正的原则和类比产生了矛盾，就应该牺牲类比。

伊本·穆加发改革司法的意见，概而言之，就是制定一部整个伊斯兰帝国通用的正式法律。这部法律包含的内容除《古兰经》和逊奈中一致公认的明文之外，其他内容应根据理性对公正原则的判断。至于意见不一致的规定或依靠类比决定的部分，则应交给当权者根据公众利益这一标准来考虑。教法学家们没有权力制定法律。他们应该在具体问题上，从学术、理论的角度提出意见，并把意见反映给当权者。只有当权者才有权制定法律。

这种意见是有价值和权威的，在许多方面和现代关于司法的意见是吻合的。如果穆斯林将这些意见付诸实施，必将对社会状况，特别是司法工作产生重大的影响。

伊本·穆加发的主张没有付之东流。伊本·赛阿德在《人物传记》中，转述马立克·本·艾奈斯的话说："曼苏尔朝觐时对我说：我已决定下令把你写的书抄写几份，送给每个穆斯林地区一份，并命令他们遵照此执行，不得有误。我说：穆民的领袖呵！请别这样做。人们已经听到了各种传说和圣训，讲述了许多故事，每个地方都采纳了这些说法，相信了这些传闻，还是让他们保留自己的选择吧。"

哈伦·拉希德上台后，又提出了这个想法。《装饰品》一书转述马立克·本·艾奈斯的话说："哈伦·拉希德和我商量，要把《圣训实录》一书挂在克尔白的墙上，强迫大家根据书上的内容行事。我对他说：别这样做。圣门弟子在细节上也是有分歧的，后来，他们分散到各个地区去了，但他们每一个人都是对的。”

这种尝试并没有实现伊本·穆加发的全部设想，他的想法比曼苏尔和拉希德的想法更加开阔，但两位哈里发的打算终归使一个完整的计划开始迈出了第一步。

我们很难断定，这些打算是受伊本·穆加发报告的启发而产生的，还是欧麦尔·本·阿卜杜·阿齐兹关于搜集圣训的思想的结果。欧麦尔是有过这种看法的。随着时间的推移，搜集圣训的想法变成了制定法律。也许曼苏尔和拉希德的想法是欧麦尔·本·阿卜杜·阿齐兹关于搜集圣训的想法和伊本·穆加发关于制定法律的想法的共同结果。我们正是这样看的。

接着，他又开始规劝曼苏尔同情沙姆人。当时，阿拔斯人用一种敌视和憎恶的眼光看待沙姆人，因为他们曾经是倭马亚人的帮凶和忠实的士兵。伊本·穆加发承认沙姆人憎恨阿拔斯人，但哈里发不应因此而责备他们，也不应妄想得到他们友好的表示。他们的敌对情绪是很自然的，因为原来的国家是属于他们的，国王也是他们的。但这并不妨碍哈里发提拔沙姆人中的优秀分子，这些人很快就会在思想和爱好方面和原来的朋友分手，其他人会学他们的样子，这样，喜爱和讨好阿拔斯人的圈子就会扩大。伊本·穆加发还劝哈里发在他们身上不要吝惜金钱，从沙姆征收的税款，扣除掉公共费用外，其余的都应花在他们身上。“在哈里发实行了这几点建议之后，我希望沙姆人不要再制造动乱，攻击国家。如果他们一意孤行,我希望穆民的领袖严惩他们,毫不留情。历史告诉我们:国王如果抛弃了某些人,余下的人就会怀念旧日的光荣,就会起来造反,造反的结果是把他们连根拔掉。”

接着,伊本·穆加发又谈起了哈里发的近臣们,即我们现在所说的“朝廷命官、国家要人和哈里发身边的人”。他重复自己的看法说:在哈里发登基之前,这些人就劣迹昭彰。他们聚党营私,排挤贤良,败坏了祖先的业绩、家族的光荣和哈里发的政策。从前的哈里发重用了一些势利小人,贤良之人便避得远远的。在赛发哈时代,有一次,巴士拉的社会贤达——包括伊本·穆加发在内——来到哈里发皇宫求见。但当他们听到哈里发的亲信们的劣迹后,便拒绝晋见哈里发。我们曾听一些人说:“我们从没见过比重用这些近臣们更古怪的事了,他们一个个都以忌恨贤良、生活淫秽而著称,既没有杰出的文学才能,又没有显赫的出身。”伊本·穆加发选择近臣的思想是一种波斯的贵族思想,在挑选大臣、书记等类人时,只注意两点:一点是冠冕堂皇、合乎情理的,就是要选择那些有真知灼见、忠实可靠而又公正清廉的人。但伊本·穆加发更强调的是第二点,即必须具备高贵的出身和谱系。他很不愿意看到那些不是名门出身的近臣们比迁士和辅士的子弟、哈里发的亲戚们及圣裔更接近哈里发。他认为成为哈里发近臣的人只能是这样一些人:或有伟大的功绩,或有特殊的亲戚关系,或有坚忍不拔的精神,或有光荣的业绩,或远见卓识,或勇敢过人(同时需有功绩和美德),或熟谙教法、热心改革,以其教法知识和改革的成果服务大众。那些靠着说情接近哈里发的人,不应让他们得到这些职位。如果具备以上条件的人中选了,应给每个人规定一定的职权,绝不

允其逾越。如：书记官无权提高或降低别人的薪俸；侍从无权把哈里发许诺的事提前或推后，等等。

接着，他又谈到了作为国家财政支柱的土地税。所谓土地税，指的是使用土地必须缴纳的税款。像批评司法方面的混乱一样，他批评了土地税管理工作上的混乱，说：土地有好有坏，其税额却没有具体规定，也没有登记造册（应登记两份，原件保存起来，抄件需要时可以拿出来使用）。他建议作为改革的第一步应丈量土地，规定适当的税金，每块土地的主人都应知道自己的义务。这一切均应登记在案，其原件应保存在国家机构中。“这是土地的基本建设，既有利于百姓，又杜绝了撕毁契约、无知乱来的现象。”他感到了这种重要工作的困难，说：“困难很大，懂行的人很少，又不能立刻见效。”在建议的最后，他要求认真挑选能够承担此项工作的人，严密监督他们的工作，出现违法行为就予以撤换。

伊本·穆加发之后，艾布·优素福在《土地税》一书中也说过：穆民的领袖（指哈伦·拉希德）让我为他写一本包罗万象的书，以便根据这本书去征收土地税、什一税，处理施舍等他应该考虑和处理的问题。他这样做的目的是要消除不公正的现象，为老百姓做点好事。他还要求我就他提出的问题作出说明、分析和解释。我照他说的做了。

这种做法是否实现了伊本·穆加发的要求呢？也许是这样。但无疑，伊本·穆加发表达了他那个时代有识之士思考的最重要的问题。所以，关于这些问题，人们谈论得很多，贤哲们提出了许多解决问题的办法，这是不足为怪的。我们还看到，伊本·穆加发对这些问题，特别是土地税问题提出的解决办法和艾布·优素福的解决办法有很大的不同。伊本·穆加发纯粹从理性方面解决问题，而艾布·优素福则是从宗教的角度解决问题。后者提出的任何具体步骤都有《古兰经》或逊奈为依据，有时也借助类比或伊斯提赫散。[①] 两者意见的不同来源于两人在出身、所受教育和职务上的不同。

*　　　　*　　　　*

这以后，伊本·穆加发又转而讨论阿拉伯半岛（包括汉志、也门、叶玛迈等地）的问题。阿拉伯半岛曾经反叛过曼苏尔，所以，这个题目是曼苏尔特别憎恶的。伊本·穆加发要求曼苏尔给阿拉伯半岛以特别的关注，挑选半岛上的有识之士治理半岛，慨然放弃征税。看来，伊本·穆加发的出发点是：阿拉伯半岛是先知使命的源泉，是伊斯兰教的发祥地，也是穆斯林朝拜的方向。阿拉伯半岛过去被一些奸佞之徒统治着，违反了禁律，所以，迫切需要贤明之士来管理。阿拉伯半岛十分贫瘠，没有伊拉克的肥沃，也没有其他地区的富饶。其他地方可以把多余的物产奉献给朝廷，但在阿拉伯半岛，最好不要这样做。如若哈里发不能援之以手，最好把从半岛征收的税款仍然交给半岛使用。

在本书的最后，伊本·穆加发向哈里发说明了励精图治的重大意义。贵族们笃行不倦，老百姓便安分守己；伊玛目励精图治，贵族们便有所作为，亦步亦趋。如果达官贵人都是宗教学者和贤哲之士，对老百姓是有好处的。贵族们对伊玛目的态度跟老百姓对贵族的态度一样。“所以，我们要求哈里发下定决心励精图治，

---

① 伊斯提赫散：阿拉伯文 Istiḥsān 的音译，意为选择或挑选。——译者

绝不动摇。”

* * *

以上是对《近臣书》的简单介绍和分析。如果读者愿意,不妨说此书是前人思想的概括。由于抄写上多有舛误之处,认识上多有歪曲和模糊不清之处,使理解作者的意图困难重重。

从《近臣书》中,我们看到伊本·穆加发思想很成熟,善于思考。他觉察到了国家的弱点,希望进行改革。如果我们知道他被杀害时还不到四十岁,便知他具有多么了不起的才能,他的智慧是多么超绝了。

伊本·穆加发和艾布·优素福不同,他很少从宗教的角度来研究问题,这是因为他所受的教育不是宗教教育,而且直到很晚他才改奉伊斯兰教。何况,他又是一个波斯人,这就更推动他形成了这些思想。他对波斯历史有广博的知识,用阿拉伯文翻译过一些波斯历史书,还十分熟悉波斯的军队制度、司法制度、用人制度和土地税法。作为一个历史悠久的国家,波斯经历了许许多多朝代,在很长的时间里,它的制度是稳定的。它在治国方面进行过许多试验,许多改革家讨论过改革,也在行动上实行过改革。伊本·穆加发关注着伊斯兰国家,看到了各种制度的缺陷,思想很快回到他的同胞——波斯人方面,于是,他就眼前所见的现实和读过的波斯历史进行比较,比较的结果产生了这些改革的建议。这些建议遭到过宗教人士的白眼,比如,伊玛目马立克就反对伊本·穆加发关于制定法律,组织司法工作的建议,因为伊本·穆加发的目的是制定一部波斯式的法律,并在全国各地实行。对没有取得一致意见的法律条文,他要求诉诸公正的原则和公众利益,这种做法也近似

波斯的办法。伊玛目马立克则认为各个地方的人都听到过许多圣训，他们肯定这些圣训的正确，就应该遵照执行。无论是权力还是宗教都不能强迫他们接受违反正确圣训（至少在他们看来是正确的）的理性意见。伊本·穆加发改革土地税的办法也是波斯国王科斯拉的做法的翻版，而艾布·优素福则是用正确的经典来说话。哈里发们没有采纳伊本·穆加发、伯尔麦克人及其他人的意见，而采纳了伊玛目马立克、艾布·优素福等宗教人士的意见。

《卡里莱和迪木乃》

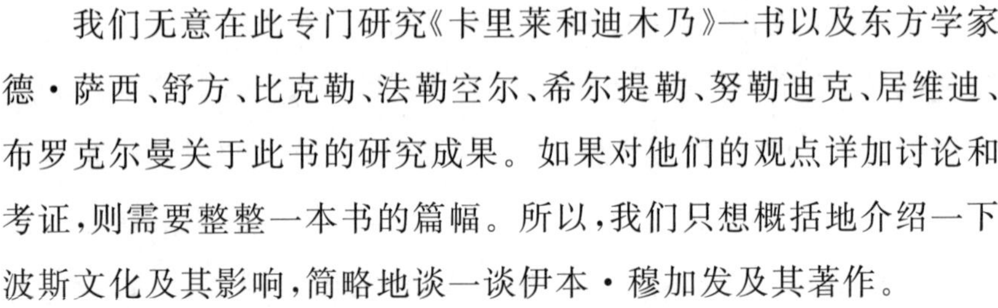

我们无意在此专门研究《卡里莱和迪木乃》一书以及东方学家德·萨西、舒方、比克勒、法勒空尔、希尔提勒、努勒迪克、居维迪、布罗克尔曼关于此书的研究成果。如果对他们的观点详加讨论和考证，则需要整整一本书的篇幅。所以，我们只想概括地介绍一下波斯文化及其影响，简略地谈一谈伊本·穆加发及其著作。

伊本·穆加发说：《卡里莱和迪木乃》是他从巴列维文翻译成阿拉伯文的，而巴列维文译本又是在波斯国王艾努·沙尔旺时代由古印度的梵文本翻译过来的，但研究者们对他的说法始终存有疑义，直到希尔提勒教授和其他学者发现了用古梵文写的印度原书的部分章节。这种怀疑才冰释。学者们在印度原版书里发现了《狮子和黄牛》、《鸽子》、《猫头鹰和乌鸦》、《猴子和乌龟》、《教士和鼬鼠》等章节，在另外两本书里，又找到了《老鼠和猫》、《国王和芳泽鸟》、《狮子和胡狼》、《鼠王》、《伊拉士、白拉士和玉兰皇后》、《巡礼者和金匠》、《王子和旅伴》等章节。所有这些故事都是印度故事。但是，据笔者所知，他们至今还没有发现任何一本包含《卡里莱和迪木乃》书中全部故事的古印度书，不管是叫同样的名字还是别的什么名字。是真有过这样一部印度作者写的印度书，包含《卡里莱和迪木乃》的全部故事，后来，又由波斯人译成了波斯文，还是波斯人将分散在几种书里的故事译成波斯文，然后，将这些故事汇成一集，归到一个作者名下？对这个问题，学者们仍莫衷一是。

多数学者认为：《白尔才外出使印度》章和《鼠王》章是波斯人加上去的。

他们还认为：有几章，如《译者前言》、《迪木乃的审讯》、《教士和客人》、《鸭子和白鹤》，都是伊本・穆加发本人补进去的。

部分学者认为：关于波斯国王阿里・本・沙海的第一章——"前言"是伊本・穆加发之后增加的。东方学家德・萨西和努勒迪克则认为：白哈努德・本・撒哈旺或阿里・本・沙海就是艾布・卡塞姆・阿里・本・穆罕默德・本・沙海・扎希里其人。《目录大全》说他是一个"极其幽默诙谐、心地纯洁的优秀作家，出身于沙海・本・米卡勒家族"。[①] 于伊斯兰教历 302 年辞世。

他们的观点都是有根有据的，但一一说来话就太长了，而且也离开了我们的正题。

看来，促使伊本・穆加发翻译此书的原因是他对社会改革的热心。这点，我们从《大文学》、《小文学》、《近臣书》中已经知道了。《卡里莱和迪木乃》一书对社会改革某些方面的问题作了充分的阐述，它劝谏统治者不要听信谗言，劝告人们对敌人保持警惕，对朋友充分信赖，又说明了天网恢恢、善有善报、恶有恶报的道理。

① 伊本・奈迪姆：《目录大全》，第 153 页。

正是伊本·穆加发对社会生活的深入研究使他对许多事情抱着批判的态度，他把问题归因于当时的统治者，认为当时的政治自由是不充分的，因而，不能直截了当地批评哈里发及其亲信们。到了曼苏尔时代，他的思想已经成熟了。曼苏尔是阿拔斯王朝的奠基人，是王朝各种制度的制定者和捍卫者。他性格刚毅勇猛，精力过人，一怒之下便拔刀相见。为了巩固国家的基础，他果断地消灭一切有损国家利益的活动，砍断每一个反对派的脑袋。许多人仅仅因为受到怀疑，或被指控为伪信，便丢了性命，成了牺牲品。伊本·穆加发本人便是曼苏尔时代的牺牲品之一。

也许伊本·穆加发认为他和曼苏尔的关系就是《卡里莱和迪木乃》书中白得巴和大布沙林的关系。该书“前言”写道：“大布沙林登基不久，国事稳定，王位巩固；大布沙林出兵攻伐邻国，节节胜利，于是，渐渐骄傲起来，威武不可一世，人人恐惧。大布沙林自觉江山富饶，幅员广阔，威震四海，便不再体恤百姓，荒淫无度，为所欲为。大布沙林王作恶多端，却无人敢直言相谏。”

当时，有一位年高德劭的婆罗门哲学家，名叫白得巴，看到国王沉湎声色，虐待百姓，心中异常烦闷，日夜思索，要想办法使国王改邪归正，重新秉公执政。

伊本·穆加发在《近臣书》中向哈里发提出劝谏，但更多的是美言颂扬，而把他看到的暴虐不公之事归到别人身上。也许他感到这种做法难以直抒胸臆，又不能直言相谏，便采取了最安全的办法——翻译《卡里莱和迪木乃》，并在原书基础上增加了若干章节，使之对哈里发和百姓产生影响，犹如该书在印度和波斯的影响一样。也许这就是他在“前言”提到过，但未点穿的第四个目的。关于这一点，“前言”是这样写的：作者写作此书，有四个目的，不妨告诉读者知道：第一，用没有理智的禽兽间的对话做题材，是为了吸引喜爱诙谐故事的少年人，他们最爱阅读动物世界尔虞我诈的新奇故事。第二，用各种形式表现动物的思想，借此影射帝王的心理，帝王能用这本书规劝自己，胜过普通消遣。第三，用这种体裁，投合帝王和一般人的喜好，让众人口授笔录，流传后世，不致湮没。传述和抄录的人也能获得教益。第四，最后一个目的，是为了哲学家。说到这里便打住了，没有进一步说明。无疑，这没有明白说出的目的正是伊本·穆加发翻译《卡里莱和迪木乃》的目的。这一目的可以概括为：向哈里发提出忠谏，使其不偏离正道。同时，打开百姓的眼睛，使其能够明辨是非，提出实现公正的要求。这一目的，伊本·穆加发并没有明说，以免曼苏尔加害于他，但正是这种想法使曼苏尔授意处死了他。

在马拉提亚城[①]的一座修道院里发现了公元 570 年前后由巴列维语译成古沙姆语，并于 1876 年发行的《卡里莱和迪木乃》的故事。如果拿这个版本和原来的印度故事比较，就会发现伊本·穆加发并不是逐字逐句翻译的，无论词句、内容、安排，都做了改动，以便符合阿拉伯穆斯林的口味和当时文化人的情趣。他还增补了若干章节，如：《迪木乃的审讯》一章。这一章散发出一股浓厚的伊斯兰气味，如：“只有真主才以德报德。”“行善而望人报答是不义的，受禁的，错误的。”“受今世的处分，就可以免得后世的罪愆。”“学者们说过：贤良由外表可以看出。”“学者们说过：有人命案的证

① 在今土耳其西部。——译者

据隐匿不报，后世必有惩罚。”“一个人的证明并不足以断案。”对这本书进行研究的结果表明：伊本·穆加发改动了原文的一些词句，以便符合时代的情趣，他还补充了几章内容。正因为如此，伊本·赫里康说：此书到底算是伊本·穆加发的译作还是著作，众说纷纭，各执一词。

就是伊本·穆加发的译本本身，在不同时代，也有许多改动。我们这样说是有根据的：一、现有版本各不相同；二、在《史事泉源》中，伊本·古太白引用了《卡里莱和迪木乃》的一些片段，其语言和现存版本不同；三、伊本·哈巴利亚由《卡里莱和迪木乃》改编而成的《智慧的作用》一书各章节的前后次序和其他版本也不相同。这本书没有《鸽子和白鹤》一章，却有《伊拉士、白拉士》和《希拉尔、比拉尔》两章，书中成语的运用和其他版本也不相同。

《卡里莱和迪木乃》无论对阿拉伯文学，还是世界文学，都有很大影响。人们对它有很高的评价，且注意模仿它的写法。许多人把《卡里莱和迪木乃》的故事改写成韵文，其中有艾巴南·拉希基改写的，但此书只有片段留传至今；还有伊本·哈巴利亚改写并以《智慧的作用》为名出版的。《伊本·哈巴利亚传记》说这个改写本较艾巴南·拉希基的改写本质量更好。[①] 还有第三种韵文本，即阿卜杜勒·穆乌敏·本·哈桑·萨加尼写的《印度、波斯成语中的智慧奇彩》[②]。

许多作家模仿《卡里莱和迪木乃》写了许多书，如：伊本·哈巴

① 《智慧的作用》曾在印度和贝鲁特出版。

② 《歌手和羚羊》原书现存维也纳图书馆。

里亚的《歌手和羚羊》[①]、艾布·阿卜杜拉·穆罕默德·本·艾比·卡塞姆·古莱氏(伊斯兰教历598年卒)的《统治者盛怒时的安慰》[②]、伊本·阿拉卜沙的《哈里发的诙谐和幽默家的辩论》[③]及由波斯文翻译成阿拉伯文的《马尔齐巴纳玛》[④]。

《书典》[⑤]写道:艾布·阿拉·麦阿里模仿《卡里莱和迪木乃》写了一本叫《跟踪者》的书,长达六十卷,尚未截稿;以后又写了《〈跟踪者〉注》一书,长达十卷。[⑥]

在《诤友论文集》中有一篇论文谈动物和人的辩论,不乏《卡里莱和迪木乃》的特色。朱尔德·齐希尔认为:诤友一词也是由《卡里莱和迪木乃》书中来的,这个字在《鸽子》一章的开头就出现了。

总之,《卡里莱和迪木乃》一书把动物寓言的文学形式引进阿拉伯文学中来了。当然,在这之前,阿拉伯成语中就出现过动物的故事。有一个故事是这样的:一只兔子捡到一颗椰枣,被狐狸看见,抢去吃了,双双来找鳄蜥,请求裁决。下面是兔子和鳄蜥的对话:

兔子:先生!

鳄蜥:我洗耳恭听。

---

① 此书曾在贝鲁特和埃及出版。

② 此书曾在突尼斯和贝鲁特出版。

③ 参看《伊斯兰百科全书》、《史事泉源》、《书典》各书中关于《卡里莱和迪木乃》的条目。

④ 此书曾在埃及出版。

⑤ 《书典》:作者哈吉·赫里法,是一本书名辞典,包括一万五千多册书名。——译者

⑥ 《书典》,第2卷,第160页。

兔子：我们找你，是请你为我们裁决。

鳄蜥：公正、明智的裁决。

兔子：请出来和我们见面。

鳄蜥：在屋里一样裁决。

兔子：我捡到一颗椰枣，……

鳄蜥：甜甜的……，那就吃了吧。

兔子：但被狐狸看见了，……

鳄蜥：它就夺人所好啦。

兔子：我扇了它一下，

鳄蜥：这是你的权利。

兔子：它也扇了我一下……

鳄蜥：放肆的家伙胜利了。

兔子：请裁决吧！

鳄蜥：我已经裁决了。

《古兰经》里有这样的话："一个母蚁说：'蚂蚁们啊！快进自己的住处去。'"[①]关于戴胜鸟，《古兰经》写道："它说：'我知道了你不知道的事。'"[②]但《卡里莱和迪木乃》以动物的口吻讲述故事，介绍格言、成语和训诫，是有影响的一部书。在暴政时期尤其需要这种方法，因为国王和统治者横行暴虐，欺压百姓，无人敢直谏或规劝，动物故事便流传开来。目的是规劝统治者秉公施政，好像对他们说：连动物都憎恶暴政，要求公正，何况人类呢！如果统治者以犯

① 马坚译：《古兰经》，27：18。——译者

② 同上书，27：22。——译者

罪为荣，骄横跋扈，不听规劝，就只能用动物的口吻来提出忠告。直谏既然隐伏着杀身之祸，旁敲侧击就成了保险的办法。

以上，我们介绍了《卡里莱和迪木乃》及其对波斯文化的影响，却没有介绍该书对印度文化的影响，原因有二：

一、《卡里莱和迪木乃》的阿拉伯文译本是由波斯巴列维文而不是由梵文译过来的，给它披上光彩夺目的阿拉伯修辞外衣的译者伊本·穆加发也是波斯人。

二、波斯人——特别是伊本·穆加发——在书中增添了许多章节。当然，我们也应当肯定印度人的贡献——是他们打下了这本书的基础并提供了中心思想。

归到伊本·穆加发名下的一本宣传伪信的书

众所周知，伊本·穆加发曾被控以伪信罪。关于此事，最早的记载来自查希兹，他曾写道“伊本·穆加发、穆提阿·本·易亚斯、叶海亚·本·齐亚德均被控以伪信罪。”据说迈赫迪说过：“我看到过的每一本宣传伪信的书，根子都是伊本·穆加发。”[①]杰赫希亚里说：苏福扬·本·穆阿维雅由于私仇又得曼苏尔授意，准备杀害伊本·穆加发。曾对他说过这样的话：“你这伪信者的崽子！我非在末日到来之前用现世的火把你烧死不可！”[②]对这句话，人们口耳相传，而且不断地加油添醋，结果，便使他的“伪信”成了定论。所有的人都重复着一个著名的传说，说他到过一处礼拜圣火的宅

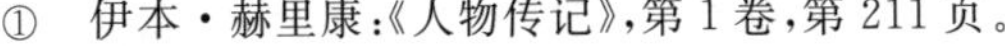

① 伊本·赫里康：《人物传记》，第1卷，第211页。

② 杰赫谢亚里：《大臣和书记传记》，第114页。

院。关于此事，艾哈瓦斯在诗中写道：

惧敌害投奔阿娣伽[①]，恨相思心中常牵挂。

不得已暂离爱卿去，盟誓约爱卿终如一。

后来的人如巴格拉尼、法官伊亚德等人更是火上加油，控告他反对《古兰经》。

我们从伊本·穆加发的生平知道他的大半生是作为一个公开或隐蔽的琐罗亚斯德教教徒度过的，只是在给伊萨·本·阿里当书记时，才改奉伊斯兰教，入教不几年便去世了。毫无疑问，他本人以及他在皈依伊斯兰教之前写的书，——如果他写过什么的话——都不应该指责为“伪信”。只有在他入教之后才可因他所写的书和所说的话而受到谴责。入教把以前的事一笔勾销了。指责他的人，并没有指出他在入教后说过伪信的话，或写过伪信的书。他们只知重复苏福扬·本·穆阿维雅的话，而苏福扬和伊本·穆加发是有私仇的，起因就是伊本·穆加发瞧不起他，而且挖苦他。还有就是艾哈瓦斯的两行诗。这些人挖空心思地到处搜寻甚至捏造指控他“伪信”的材料。艾布·台玛木的《尚武诗集》有几行诗是吊唁伊本·穆加发的，诗云：

痛失人杰悲断肠，灾降艾布[②]疑难解。

君真弃我离世去，谁敢奢望补君位。

失君只得益一处，从此不惧祸临门。

赛阿莱卜说：“最后一行诗说明诗人具有福祸相互融合的观

① 阿娣伽，原意为深红色，此处隐喻琐罗亚斯德教的信仰。——译者

② 艾布：指艾布·穆加发。——译者

点。”笔者却要对赛阿莱卜说：难道你没读过真主的话吗？“他们问你饮酒和赌博〔的律例〕，你说：‘这两件事都包含着大罪，对于世人都有许多利益，而其罪过比利益还大。’”[①]赛阿莱卜等人实在太冤枉他了。

研究伊斯兰历史和文明的“凯塔尼公司”出版了一本题为《答可恶的伪信者伊本·穆加发书》，作者卡塞姆·本·伊卜拉欣，发行者米哈伊尔·安卢·朱维迪教授，发行时间1927年。

从《塔列布家谱》可知，卡塞姆·本·伊卜拉欣出身于艾比·塔列布家族，全名是：卡塞姆·本·伊卜拉欣·本·托布托巴·本·伊斯玛仪·迪巴基·本·伊卜拉欣·格姆尔·本·哈桑·穆桑纳·本·哈桑·本·阿里·本·艾比·塔列布，别号艾布·穆罕默德，原住拉西山，所以，又称卡塞姆·拉西。卡塞姆死于伊斯兰教历246年，比伊本·穆加发晚约一个世纪。卡塞姆的书是完整的，但伊本·穆加发的书并未全文引用，只是引用了一些章节以便予以辩驳。此书的阿拉伯文本约五十五页，朱维迪教授把它译成意大利文，又写了评论和序言。属于伊本·穆加发的这几段文字说明了撰写此书的目的、方法和语言。

我们之所以怀疑其中引用的伊本·穆加发的原文及卡塞姆的辩驳，有以下几方面的原因：

关于伊本·穆加发的原著：

一、从技术方面说：引文的风格不是我们通过《小文学》、《大文

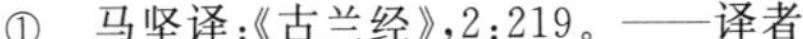

① 马坚译：《古兰经》，2：219。——译者

学》、《近臣书》及《卡里莱和迪木乃》等书熟悉了的伊本·穆加发的风格。在以上各书中，作者很少使用韵文，除了几处自然成韵的以外，而在此书中，作者常有意识地使用韵文。请看下面这句话："深思熟虑乃事业成功之本；驰心旁骛乃事业失败之源。"①

还应指出的是：这种带有哲理性的表达方式是在伊本·穆加发之后才出现的。

二、作者对下列语句的用词大肆挖苦了一番，如："他服从真主"；"真主坐在宝座上"；"他近在咫尺"。但我们知道，伊本·穆加发的阿拉伯语是很规范的，连艾斯麦尔也这样说："我读伊本·穆加发的文章，只发现过一个语法错误：在一句话里多用了两个冠词。"据查希兹说，伊本·穆加发写过关于教义学的书，反对过穆阿台及勒派，很难说伊本·穆加发对于"手"、"脸"、"坐在宝座上"等语句②的真正含义是明白的。

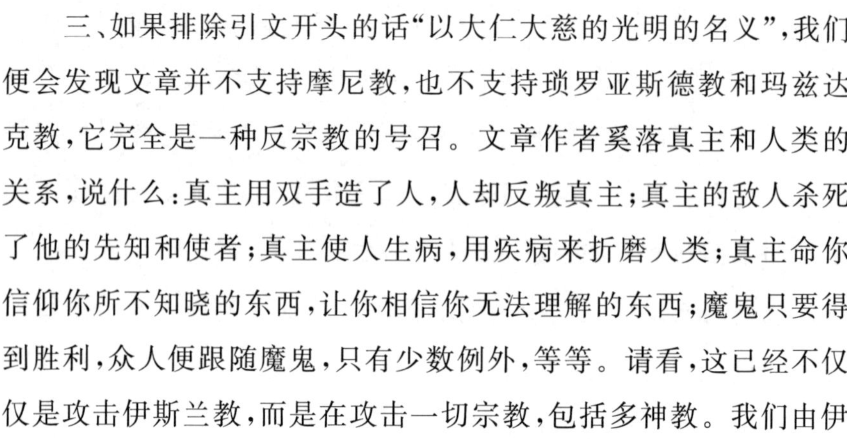

三、如果排除引文开头的话"以大仁大慈的光明的名义"，我们便会发现文章并不支持摩尼教，也不支持琐罗亚斯德教和玛兹达克教，它完全是一种反宗教的号召。文章作者奚落真主和人类的关系，说什么：真主用双手造了人，人却反叛真主；真主的敌人杀死了他的先知和使者；真主使人生病，用疾病来折磨人类；真主命你信仰你所不知晓的东西，让你相信你无法理解的东西；魔鬼只要得到胜利，众人便跟随魔鬼，只有少数例外，等等。请看，这已经不仅仅是攻击伊斯兰教，而是在攻击一切宗教，包括多神教。我们由伊

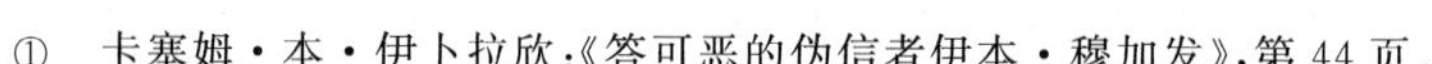

①　卡塞姆·本·伊卜拉欣：《答可恶的伪信者伊本·穆加发》，第44页。

②　此处的"手"、"脸"、"坐在宝座上"均指真主，反映了穆阿台及勒派的观点。——译者

本·穆加发的生平可知，他是始终坚持宗教信仰的。他决心改奉伊斯兰教后，也不肯在没有宗教信仰的情况下哪怕过上一夜。不管他对伊斯兰教的信仰是发自内心还是做做表面文章，既然他本性重视宗教信仰就不会用这样的语言来攻击一切宗教。

四、从我们手头的书，特别是早期的著作，如麦斯欧迪的《黄金草原》、伊本·奈迪姆的《目录大全》中，没有发现谁把这样一本书归到伊本·穆加发的名下。如果确有其事，那这本书是完全应该列进去的，因为它刺激穆斯林的感情，迫使他们作出答辩，进行反驳。

我们对卡塞姆·本·伊卜拉欣的辩词有以下几点怀疑：

一、从技术方面说，我们知道：卡塞姆是伊斯兰历 3 世纪上半叶的人，而本书从头到尾都是一种矫揉造作的韵文。当时是“查希兹时代”，没有这种矫揉造作的韵文，更没有通篇是韵文的书。一本书里一段、两段韵文是有的，至于全书都是韵文，我们还真不知道当时有这样的书。何况此书的语言还十分低劣，不合韵律。

二、伊本·奈迪姆在《目录大全》里收录了卡塞姆·本·伊卜拉欣的书，有《饮料》、《领导的地位》、《誓言和许愿》、《自身的政策》及《答拉费兹派》等，[①]以上这些就是《目录大全》提到的卡塞姆的全部著作，其中并没有《答伊本·穆加发》一书。

这一切使我们不能同意朱维迪教授关于这两本书的归属的意见。

*　　　　*　　　　*

① 伊本·奈迪姆：《目录大全》，第 193 页。

读过伊本·穆加发的书并了解他的生平的人都知道：他是一个文学家，具有广博的波斯和阿拉伯文化的知识，对他的同胞——波斯人怀着强烈的感情，努力传播波斯文化、政治和历史以复兴自己的民族。他看到了当时社会制度的许多弊病，呼吁进行改革，实行好的波斯制度。此外，他还具有一颗高贵的心灵，以他的高贵的品德和风度吸引了人们的注意。艾斯麦尔说：当有人问伊本·穆加发"是谁教育你的？"他的回答是："我自己，我看到别人有什么长处，就要学到手；看到别人有什么短处，便警惕自己。"他的高贵品德来源于思想和哲学，而不是宗教。有德行的人，他们的德行可能来源于宗教，也可能来源于哲学。比如：哈桑·巴士里的高尚品德就来源于宗教，体现在他的格言、言论和生活中。真主命人忠实、公正、行善，他便笃行不贰；伊本·穆加发的道德来源于哲学，他是忠实的，因为忠实是一种高尚的品德。即使宗教没有命令他这样做，他心里也认为这是一种美德，他的品德体现在他的格言中。他的格言很少引证《古兰经》或圣训，他只是用理智来分析。他是一个世俗的人、世俗的学者，而不是一个宗教的人、宗教的学者。他的言论体现了他对真主、对宗教的信仰，但并没有说明他所信仰的宗教的细节。

如果有人问我们：伊斯兰教在他的心目中占据着什么地位呢？我们要说：最好别回答这个问题。既然我们对眼前活着的人尚且不能判断，对于若干世纪之前的人——陷于政治和党派纷争的人又怎能判断呢？还是交给真主判断吧！只有真主才是最好的裁判。

*　　　　*　　　　*

如此说来，在阿拔斯时代前期，波斯文化是一种具有巨大影响的文化。它的影响遍及各个方面——诗歌方面、文学方面、司法方面、故事方面、神话方面、风俗习惯方面以及管理制度友面。这种影响波及各种人，包括呼吁改革的人、寻欢作乐的人、各种宗教和教义学派的信徒、学者和作家、哈里发宫廷的人员，无论上层下层、贵族平民都受到它的影响。波斯文化既有保护者，也有鼓吹者，他们常常鼓吹极端民族主义，有时也宣传行善和改革。许多鼓吹者都身居高位，能够扩充自己的权势，保卫他们时而秘密时而公开的宣传。伊本·穆加发只是他们为数众多的领袖和精明强干的英雄中的一个。他们的号召不能用温和的办法传播，因为它遇到了其他文化的猛烈反抗。阿拉伯人感到危险时便反对他们。这种斗争不仅是语言和宗教的斗争，也是风俗习惯、传统和学术的斗争。斗争的结果，各种文化各有胜负，唯其领域不同而已。这个问题我们在谈到各种文化的结合时将进一步说明。

第二章　印度文化

阿拉伯人早在其蒙昧时代就知道“印度”，并与印度有商业来往。阿拉伯人喜欢用印度的香料。阿迪尤・本・里格阿[①]吟诗赞道：

夜里星火焚沉香，

月桂徐燃溢芬芳。

据说，阿拉伯人特别喜欢一种名叫“沉香”的印度香料。同时也喜欢印度宝剑，将用印度铁冶炼的宝剑叫“穆罕奈德”。凡是印度出产或做工精致的宝剑都被称为印度剑，并从“印度”一词派生出“磨剑”的动词。有人说：“所有锋利的宝剑均为印度精制。”艾兹海里[②]说：“‘泰赫尼德’一字意为‘印度制造’。”[③]很多阿拉伯人还给他们的妻女起名“杏德”（意为印度），还有人的名字叫“杏德・呼努德”。不知道这些名字是否与印度这个国家有关。

当阿拉伯人征服了伊拉克和波斯以后，便想到了印度。白拉祖里[④]说：当奥斯曼・本・阿凡继任哈里发时，任命阿卜杜拉・本・

---

① 阿迪尤・本・里格阿是大马士革诗人，公元714年卒。——译者

② 艾兹海里（公元895—980年），阿拉伯语言学家。——译者

③ 见《阿拉伯大辞典》。

④ 白拉祖里：阿拉伯历史学家，著有《各国的征服》、《贵族谱系》等书。公元892年卒。——译者

阿米尔·本·库莱兹为伊拉克总督，曾写信命他派一印度通前往印度边界打探军情。阿卜杜拉派哈基姆·本·吉拜赖·阿卜迪前往。哈基姆回来后，阿卜杜拉又派他去见奥斯曼。奥斯曼向他询问印度的情况，他说："穆民的领袖呀！我深入印度腹地，其情尽知。"奥斯曼说："那就给我描述一下吧。"哈基姆说："该地饮水不足，果物难以食用，且盗匪横行，民不聊生。派往军队少了会被消灭，多了又要挨饿。"后来，穆斯林们多次侵入印度，掠夺了大批的战利品，直到哈加吉·穆罕默德·本·卡塞姆·赛格菲在瓦立德时代派人于伊斯兰历 91 年攻占了印度的大片土地，即信德。接着又攻占了德浦勒和尼朗古特，即现在的"海德拉巴"，后又向拉瓦尔进军，最后攻克穆勒坦。阿拉伯远征军的统帅和上述地区的征服者穆罕默德·本·卡赛姆是个不满二十岁的青年，有诗赞曰：

豪爽刚毅乃穆氏本色，
年方十七岁就统率三军，威名远震。

又有诗赞曰：

十七岁率男儿征战南北，
同龄人尚嬉戏年华虚度。

阿拉伯人在征战中缴获了大批战利品，并俘获了很多俘虏。这些俘虏被分派到伊斯兰帝国各地，于是信德人就成了伊斯兰民族的一个组成部分。《诗歌集》有这样的记载：艾勒·奈依德·本·阿卜杜·拉赫曼送给哈立德·本·阿卜杜拉·盖斯里一批印度白人俘虏。哈立德像往常一样，将俘虏分送给古莱氏族的头人、显贵，只将一位漂亮的女奴留在身边。该女奴穿当地民族服装——两条纱丽，哈立德便问艾布·奈几姆："对她，你可有现成的诗句?”答:“是的,真主造化你。”[①]接着,艾布·奈几姆便朗诵了他著名的短长格诗。头一句是:“我爱上了一位祖特[②]姑娘。”

在阿拔斯时代前期,信德已处于阿拔斯人的管辖之下。艾布·加法尔·曼苏尔于伊斯兰历142年任命希沙姆·本·阿姆鲁·泰赫莱比为信德总督。希沙姆继续向北扩张,征服了“喀布尔”和“克什米尔”,俘获了大批战俘和奴隶。信德和伊斯兰王国之间有了商业往来。信德出产香料、糖和木材。[③]

*　　　　*　　　　*

对外扩张停止后,学术活动就随之兴起,因为有些征服者本人就是学者。如最著名的圣训学家赖比阿·本·索比哈·巴士里就是第一位记载圣训的圣训学家。迈赫迪哈里发于伊斯兰历159年远征印度和巴哈马特时,赖比阿曾在军中效力。[④] 宰赫比在他的《背记古兰经者的传记》一书中对信德的一些圣训学家作了介绍。[⑤] 这说明当时的伊斯兰军队不仅仅是征服者,而且是布道士和教师。

另一方面,我们很快就看到:那些从印度被掠去,或从战争中俘获而被分给军卒的释奴及他们的后代中,出现了诗人、语言学家和圣训学家。诗人有艾布·阿塔,他是经历了倭马亚和阿拔斯两个王朝的跨时代诗人。他的父亲是信德人,阿拉伯语讲得不好,而

① 《诗歌集》,第9卷,第78页。

② 祖特:印度一山名。阿拉伯语音变后读作“吉特”,现对旁遮普人的称谓。——译者

③ 伊本·胡尔达兹比:《省道记》,第62页。

④ 伊本·艾西尔:《全史》,第3卷,第17页。

⑤ 同上书,第2卷,第256页。

他是在穆斯林中长大的，成了一位大诗人。尽管他舌头过大，而且口吃，有几个音发不准，如“哈”“海”不分，“谢”“赛”不辨等等，以至当他吟诗时，不得不找人代他朗诵。他写道：

赛里木的儿子呀，
我笨拙的舌头不肯朗诵我的诗，
只能请别人代劳。
心中有话说不出，
口齿不清受人欺；
皮肤黝黑惹人厌，
受尽了别人的鄙夷。
纵有翻云覆雨术，
怎能救得口齿疾！
但愿来世有口才，
妙语惊人吟诗句。

当艾布·加法尔·曼苏尔命令国人都穿黑色衣服时，艾布·阿塔说道：

真主的恩典，我未曾忘记，
我肤色黑却要着青衣，
再戴上一顶法官的大帽子，
更显得不神气。
我一次次被迫宣誓效忠，
虚饰浮华皆儿戏。

阿拔斯人都讨厌他，因为他说了很多赞扬倭马亚人的话。当政权易手，阿拔斯人执政时，艾布·阿塔也想改换门庭，投靠阿拔斯人，但遭到阿拔斯人的拒绝。于是，他就责骂阿拔斯人，说了这样的话：

但愿麦尔旺的暴虐重来，

但愿阿拔斯的正义被投入火狱！

艾布·阿塔的诗流传下来的不多，因此不好判断哪些词义来源于印度。

伊本·艾阿拉比是著名的印度籍语言学家（其父齐亚德原是信德奴隶），他在语言、文学和诗歌方面都有杰出的成就。其著述之多可用驼载，弟子之众难以数计，最著名的弟子有赛阿莱卜和伊本·西基特。他的著作流传至今的仅有《井名考》、《良马名系考》和《飓风录》。其余的著作如果被保存下来，就能知道他的著作是受到印度学问的影响，还是同其他的阿拉伯学者一样，掌握的仅是些阿拉伯人的知识。

著名的印度圣训学家有艾布·麦阿什尔·奈几哈，他是《圣战史》的作者。他是在听了纳菲阿和一些再传弟子的讲述后写成该书的。他口齿不清，说话有些结巴。

上述例子表明印度人已皈依了伊斯兰教，学习了阿拉伯—伊斯兰的学问，其中有些人还取得了很大的成就，印度人已与穆斯林融为一体了。前面在介绍查希兹时已知道信德人善于理财，以至查希兹说过这样的话："巴士拉的钱庄老板无一不是信德人。"

现在，我们想谈谈问题的另一方面，即印度人对伊斯兰文化的影响。

印度人对伊斯兰文化的影响，可从直接影响和间接影响两个方面来谈。直接影响系指穆斯林通过贸易和阿拉伯的征服而与印度发生的联系。征服的结果使信德变成了伊斯兰王国的一个组成部分，并使伊斯兰王国的制度和律例得以在信德实行，而且使穆斯林能往信德迁徙，印度人也可迁往伊斯兰世界的各个角落。这些人是连同他们的文化一起迁移的，他们像交换商品一样地进行文化交流。

间接影响指的是通过波斯人带来的印度文化。因为波斯人早在伊斯兰征服之前就与印度人来往频繁，受到印度人的影响，学到很多印度文化，并将印度文化融汇在自己的文化之中。因此，当波斯文化被译成阿拉伯文时，其中的印度文化也就被介绍给阿拉伯人了。

穆斯林认为印度是四大优秀民族之一，这四大民族是：波斯、印度、罗马和中国。查希兹对印度人的评价是："印度以数学、星相学和医学，以及镟、刨、绘画和各种奇异工艺著名。"①

麦斯欧迪说："一群有学问的人说，印度自古就是哲理、智慧之邦。"在对印度人的神学、数学及其游戏做了简单介绍后，麦斯欧迪又说："印度人，无论是智慧、政治和哲理，也无论是肤色、品德和气质，还是他们的思维之清晰和思考之精细，都与其他黑色人种不同。"②

艾斯法哈尼在《文学家演讲集》一书中说："印度人的数学、书法、医学、咒语、玄学、雕刻、制剑、象棋、汉卡莱——即类似琵琶的独弦琴——都很著名。他们还有各种舞蹈、文化、幻术和吸烟。"③

① 查希兹：《书信集》，第73页。

② 麦斯欧迪：《黄金草原》，第1卷，第35页及其后。

③ 艾斯法哈尼：《文学家演讲集》，第1卷，第93页。吸烟一字或许是骗术、魔术的误写。

格夫忒说:"八个重视学问的民族是:印度人、波斯人、迦勒底人、希腊人、罗马人、埃及人、阿拉伯人和希伯来人。这些民族都重视学问及其开发,其他民族则不重视,也没有什么成就。"①

格夫忒在别的地方还说过:"印度是最古老的民族,它人口众多,土地辽阔。各民族都认为印度是个富有哲理、学术精深的国度……由于印度人非常重视学问,中国人称印度国王为智慧之王。对于各民族来说,印度是智慧的宝藏,是正义和政治的源泉。因印度距我国遥远,故只有少数印度著作传到我国,我们知道的印度学者也很少。"②

印度的影响是多方面的,最主要的是神学或宗教、数学或算术和星相,以及文学、艺术。

神学:如同希腊的哲学一样,印度也有自己的哲学。研究哲学的历史学家对这两种哲学相互影响的程度做过研究,发现希腊并没向印度学习,印度也没求教过希腊——这里无暇详述——但是,我们说,印度哲学有许多区别于希腊哲学的特点,即印度哲学与宗教融为一体,染上了诗的色彩,而没有打上科学的烙印,没能从感性上升到理性的高度。在很多地方用的都是诗的语言,充满了隐喻、借喻和想象,它没有遵循要用事实、而不是用隐喻表达的原则。例如,印度哲学认为:世界万物都是由一个永恒的、不可改变的"梵天"派生出来的。如要解释这个世界如何为"梵天"所造,它会说:"正如火中的铁水可被铸成万千形

① 格夫退:《哲学家传记》,第 27 页。

② 同上书,第 266 页。

状一样，万物也被‘梵天’造成千姿百态，然后，再回到造物主身旁。”它还说：“正如蜘蛛网由蜘蛛织就，火花来自火一样，整个世界及其万物皆来自那永恒的‘梵天’。”

读者可以看到，这都是些只能满足想象，而不能使理智满意的比喻。印度哲学中到处都是这类词句，这也许有它的道理，即它要解释的是难于认识、难于用数学或科学词句表示的东西，它是一种介于意会与言传之间的悟觉。但是希腊哲学——在这些地方——却不是这样，它会竭尽全力去进行科学的描述，尽管在新柏拉图学派中也有些诗的成分。

印度哲学与希腊哲学的区别还在于：前者规定哲学的目的是为人类服务，而希腊哲学则完全是为了学问，为了知识。印度人研究哲学的最根本的动机是想使人摆脱现世的痛苦和灾难，希腊哲学则是出于好奇，出于对世界现象的惊叹，进而想要探索其中的奥秘，并做出哲学上的解释。

*　　　*　　　*

在印度先后流行婆罗门教和佛教。要想解释这两大宗教的信仰和教规需要很长的篇幅。比鲁尼[①]为我们描绘了他在伊斯兰历四世纪时见到的印度宗教，描写真实、细腻。他在印度住了很长时间，精通梵文，了解民情，写了好几本关于印度民情的书，最重要的一部题为《印度察考录》。比鲁尼在书中介绍了印度人的信仰、科学、文学及其社会情况。现代科学研究证明比鲁尼对印度的考察是

① 比鲁尼（公元973—1048年）：阿拉伯著名的天文学家，著作除了《印度察考录》外，还有《古代遗迹》、《麦斯欧迪天文和星相法》、《印度史》等著作。——译者

正确的、科学的，他的描述除很少几处与事实略有出入或引述不当之外，都是很准确的。由于比鲁尼所处的时代与我们研究的这段历史相距不远，使我们认为阿拔斯王朝前期时的印度情况，与比鲁尼根据其见闻和阅读了众多梵文著作后所作的描述是十分相近的。

比鲁尼笔下的印度人是自以为了不起，过分自信，看不起其他民族的。他们认为，地球就是他们脚下的土地，人就是他们的种族，国王就是他们的首领，宗教就是他们所信奉的派别，学问就是他们掌握的知识。印度人对其所知道的一切守口如瓶，不肯外传，怎么外传呢！他们并不认为地球上除了他们之外还有其他的国家、其他的人民和学问，以致如有人谈起呼罗珊和波斯的某种学问或某一学者时，他们会因上述偏见将讲述人视为白痴，根本不信他的讲述。如果印度人能到国外旅行，与其他民族进行交往，他们一定会放弃其原来的想法的！但是，他们中有头脑的人并不是这样浅薄，“梵天”——这位德高望重的人在命人敬重婆罗门时说：“希腊人——他们是异族人——当他们掌握科学并超过别人时，他们应当受到尊重。”①

比鲁尼在提到印度人对真主的信仰时，将印度人分为平民和上等人两种。因为上等人的信仰志在追求真理；而平民则停留在直观感觉上。比鲁尼在解释上等人的信仰时发现他们的信仰与穆斯林的信仰是一致的。他解释说：“印度认为至高无上的真主是无始无终的，是永恒的，是万能的、永生的、支配万物的主宰；其权势是独一无二的、无以匹敌、无以伦比的。”②比鲁尼是用印度古籍中

---

①　比鲁尼：《印度察考录》，第 11 页。

②　同上书，第 13 页。

的原文来论证其论点的。接着他又描述了印度平民的信仰。“他们有各种说法，有些说法粗鄙不雅，在其他教派和伊斯兰教中也有拟人说和强制信仰等。比如，印度的上等人认为：真主无所不知，通晓一切秘密。而普通老百姓则以为真主是靠视觉、靠眼睛知道一切的，故将真主描绘成千眼之神，以示其学识的完美。”

比鲁尼用了很多篇幅来讲述印度的宗教哲学，从对神的信仰、理性中的万物和实实在在的世界、精神与物质、灵魂及其轮回、天堂和地狱中的报应、如何脱离尘世，到律例、使者、圣徒、经卷等等，无不涉及。比鲁尼还在多处对印度、伊斯兰教、苏菲派、基督教、希腊哲学、新柏拉图学派的信仰做了比较。对此，如一一详谈，就太离题了。

但是，有一个重要问题一定要提一下，因为它是印度的特点之一，而且对穆斯林有很大的影响，那就是精神轮回说。对此，比鲁尼说得好：“正如表示忠诚的证言是穆斯林信仰的箴言，三位一体是基督的象征，进入安息日是犹太教的标志一样，轮回说则是印度教派的旗帜，不相信轮回就得不到超度。”①

比鲁尼对印度人的轮回说做了如下解释：灵魂不死，精神永存；剑砍不断，火烧不化；水淹不死，风吹不干。但灵魂可从一个躯体转移到另一个躯体，就如衣服穿破了，要另换新的一样；各种躯体中的灵魂是要升华的，正如人生要经历童年、青年、中年、老年各阶段一样。这是因为灵魂追求完美、渴望全知，而这需要很长的时间。人和其他生物的寿命是短暂的，故灵魂要在各躯体中轮回，并

① 比鲁尼：《印度察考录》，第 24 页。

且依照从最卑贱到最高尚的顺序轮回，而不是相反，以使灵魂渐趋完美，实现知其所不知的理想，求得自我完善，避开物质的诱惑，实现智者、智慧与智物的统一。

印度人将轮回说与因果报应联在一起。他们认为设置地狱的目的在于区分善、恶，明辨智、愚。恶的灵魂要在植物、爬虫与毒虫中轮回，直至得到正果，方能逃脱苦难，从此向善。有些印度人认为："如不能成为贤人智者，又没能投得好胎，死了岂不冤枉！有些信奉轮回说的教义学家将轮回分成四个等级：即'奈斯赫'——在人间轮回，即从某人转世到某人；与之相反的是'米斯赫'，即由人转世成为猴子、猪、大象；第三种是'莱斯赫'，如植物，这比'奈斯赫'更为严峻，因为它是永世不变的，不能超生的。其对立面是'法斯赫'，即专指被采摘的植物和被宰杀的动物，因为它要相继消失，而不能复生。"[1]

轮回说对希腊哲学、摩尼[2]教派、伊斯兰各教派、苏菲派和基督教都产生了重要影响。

毕达哥拉斯[3]提过轮回说的理论，很多研究希腊哲学的历史学家都认为该理论从根本上说是来自印度哲学。后来，伊姆比德·基利斯[4]和柏拉图又继承了毕达哥拉斯的说法。毕达哥拉斯认为精神在人和动物之间轮回，认为自我解脱、求得超度要靠在世

---

① 比鲁尼：《印度察考录》，第 32 页。

② 摩尼（公元 215—276 年）：摩尼教派的创始人，主张善、恶；光明、黑暗的二元论。——译者

③ 毕达哥拉斯（公元前 582—前 500 年）：古希腊著名数学家。——译者

④ 伊姆比德·基利斯：公元前 5 世纪时的希腊哲学家，其哲学观点富有宗教色彩。除水、气、火、土之外，又加上了爱、憎，他认为爱、憎是一切活动的源泉。——译者

时的宗教仪式、思考和哲学才能实现。柏拉图则将轮回说与理想世界联系在一起，其理论是：在灵魂附体之前要提及已知的事情，如柏拉图讲了很多他小时候发生的事。尽管他这种理论的细节与佛教的轮回说有所不同，亚里士多德还是批驳了毕达哥拉斯和柏拉图关于轮回，特别是人的灵魂转移到动物躯体上的说法，他认为一种事物的属性不能为另一事物所接受，等等。

比鲁尼说，摩尼在波斯被放逐之后，又来到了印度，将印度人的轮回说渗进了他的教派。摩尼说：当基督的众使徒知道精神不死，知道精神只是在不同的躯体中轮回时，便向耶稣请教：那些不接受上帝的人有何下场。耶稣说："任何不承认上帝的人是注定要死亡的，并且得不到安宁，死亡意味着受苦、受难，而不是消逝。"①

在伊斯兰教的某些教派里，轮回说的影响也是很大的。艾哈迈德·本·哈伊塔(原属穆阿台及勒派，后与该派脱离关系)、艾布·穆斯林·呼罗珊尼、盖拉米脱和穆罕默德·本·扎卡里亚·拉齐都说过：灵魂离开躯体后转移到其他躯体上，即使是与原躯体不同种类的躯体也罢。艾哈迈德·本·哈伊塔还引用了《古兰经》的经文加以说明。经云："人啊！什么东西引诱你背离了你的仁慈的主呢？他曾创造了你，然后，使你健全，然后，使你匀称。他意欲什么形式，就依什么形式而构造你。""他是天地的创造者，他以你们的同类为你们的妻子；使你们的牲畜同类相配；他借此使你们繁殖。"②

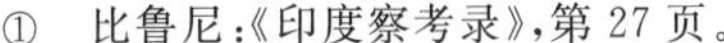

① 比鲁尼：《印度察考录》，第27页。

② 马坚译：《古兰经》，82：6—8、42：11。——译者

沙赫力斯坦[①]对艾哈迈德·本·哈伊塔的轮回说阐述道:"艾哈迈德认为真主创造的万物都是完美无瑕、神智健全和成熟的生命。真主是在另外一个世界里创造万物的,真主给予他们知识和智慧,赐予他们恩典,并使他们知恩感德。万物中有的完全遵从真主的意志,有的则根本不听从,有的则是部分执行。完全按真主的命令行事的,真主让其在造物的天堂里永驻;对叛命不尊的则逐出天堂,下到地狱受苦;对那些部分服从、部分反叛的则贬到人世,根据其罪恶程度,变成各种人形、动物,经受种种磨难,……只要罪恶不除,世上的动物只能变换形状,而不能超生转世。"[②]

在这些人之前,还有一个"赛巴伊派",即阿卜杜拉·本·赛巴伊的门徒[③]。他们说,阿卜杜拉·本·赛巴伊对阿里说过:你呀你!你就是神!赛巴伊派人追随赛巴伊的主张,说什么神性将降于阿里之后的教长身上。[④] 什叶派中的极端分子也讲过类似的话。[⑤]

继这些人之后,努赛里派[⑥]认为犯罪者来世要变为犹太人或基督徒,或者是逊尼派穆斯林。至于不信仰阿里者,则要转世为骆

① 沙赫力斯坦(公元1076—1153年)是中世纪最著名的宗教历史学家之一,著有《宗教与教派》一书。——译者

② 沙赫力斯坦:《宗教与教派》,第1卷,第77页及其后。

③ 他为犹太人。公元656年从埃及来到麦地那,在奥斯曼任哈里发时皈依了伊斯兰教,并自成一派。主张穆罕默德转世,称阿里是穆罕默德的法定继承人。——译者

④ 参看沙赫力斯坦对伊本·哈兹姆的《宗教与教派》,第2卷,第11页的批注。

⑤ 参看沙赫力斯坦:《宗教与教派》,第2卷,第10页。

⑥ 伊斯兰教什叶派的支派之一,由第十代伊玛目的亲信伊本·努赛尔(公元873年卒)所创,故名。其基本教义是承认阿里为真主的化身,高于穆罕默德。在其教义、祭祀和仪式中,含有古代东方宗教、基督教和佛教的某些因素。该派主要分布于沙姆的西北部和土耳其南部。——译者

驼、骡、驴或狗之类的动物。大部分德鲁兹派[1]人也持类似的观点。《一千零一夜》中的某些故事也体现了轮回转世的观念。

读者已经看到，轮回说已成了泛神论，即智慧、智者和用智慧解决的客观事物合为一体。这种观点对苏菲派有很大的影响，待谈及苏菲派时再加以解释。

主张轮回说的印度各教派中有一个素姆那派。“素姆那”源于印度一偶像的名字——“素姆那特”。捷宰里在其历史著作中提到该偶像于伊斯兰历416年（公元1025年）被麦哈姆德·本·赛布基特金烧毁。比鲁尼指出：素姆那派是一个极端仇视婆罗门教的派别。直到阿塞拜疆的琐罗亚斯德问世，在巴里黑宣传祆教并得到广泛传播之前，呼罗珊、波斯、伊拉克、摩苏尔以至沙姆（沙姆）都曾信奉该派的教义。祆教兴起后，素姆那派在该地区的影响才逐渐消失，只好向巴里黑以东发展。[2]

在阿拔斯时代前期，穆斯林就知道素姆那派。《诗歌集》就提到过：“巴士拉有六位教义学家：阿慕尔·本·欧贝德、瓦绥勒·本·阿塔、拜沙尔·艾尔马、索利哈·本·阿卜杜勒·古都斯、阿卜杜勒·克里木·本·艾比·欧加和艾兹迪部落的一个人（艾布·艾哈迈德说此人是捷里尔·本·哈齐姆）。他们聚集在艾兹迪人的家中进行辩论，结果是阿慕尔和瓦绥勒成为穆阿台及勒派；阿卜杜勒·克里木和索利哈修正了对‘悔过’问题的看法；拜沙尔一直犹豫徬徨不定。而艾兹迪则倒向素姆那派的主张，该派是印

① 伊斯兰教什叶派的伊斯玛仪派的支派之一。主要分布在沙姆和黎巴嫩。——译者

② 参看比鲁尼：《印度察考录》，第10页。

度的一个教派。”[①]

穆斯林的学者们也了解素姆那派，并同他们进行过长期的讨论。在一性派或教义学的著作中，讨论大都围绕着“认识原理”进行。素姆那派人认为：科学或知识只有通过感觉才能得到。任何科学，如果不是建立在感觉的基础上，就不是正确的科学。至于那种没有进行充分接触，而仅仅是草草一看，无论对神学或其他科学都是无益的。[②]《艺术术语的发明者》一书的作者将其观点概括为“他们认为只有接触与认知才于科学有益”。这使他们好像走在了洛克[③]及其追随者的前面。他们认为：正确认识的途径是通过感觉的领悟，一切高尚、伟大的思想皆源于感觉。智慧在无际的天空中遨游、沉思，但这丝毫也不影响感官的觉察。他们以此反驳了理性派的观点。理性派认为，有些知识不是来源于感官，而是来自纯粹的理性思维，如数学和神学就是如此。

*　　　*　　　*

至于数学，穆斯林早在与希腊密切接触之前，就已向印度人学过数学。据传说：伊斯兰历 154 年，一个印度代表团作为使节拜谒了艾布·加法尔·曼苏尔。代表团中有一个精通星体运动、数学及其他天文知识的人。该人是根据印度学者的理论，特别是一本名叫《拜拉赫麦斯胡塔信德汗特》的梵文著作中的理论观察天象的。该书是印度数学家、天文学家拜尔赫姆卡特于公元 628 年写

① 《诗歌集》，第 3 卷，第 24 页。

② 他们的观点及对该观点的反驳请看《艾勒·麦瓦基夫》，第 1 卷，第 137 页及其后。

③ 洛克（公元 1632—1704 年）：英国哲学家。——译者

的。曼苏尔让那个印度人写出该书的大意，后又命人将该书译成了阿拉伯文。阿拉伯人从此掌握了计算星体运动的原理。当时主管天象的是法扎里[①]，他根据该书制定了一部著名的《天文历表》。阿拉伯学者一直在使用该历法，一直到麦蒙时代兴起了托勒密[②]的历法学说，该历法才停止使用。[③] 阿拉伯人只选用了那部天文学著作书名的后半部分《信德汗特》，后经过音变，成为《信德罕德》。[④]

易卜拉欣·本·哈比卜·法扎里和叶耳古卜·本·塔立格曾向该印度人学习过。[⑤]

穆斯林除了向印度学习了《信德罕德》一书以外，还翻译了《艾尔坎德》、《艾尔节伯海尔》两本著作。[⑥]

奈尔里诺教授在进行了深入研究后指出："这些事实证明印度著作对阿拉伯天文学的早期发展有过巨大的影响。我们将会看到阿拉伯人掌握了一些非常有用而又不为希腊人所知的重要方法，解决了一批有关球体三角计算的天文学问题。"[⑦]奈尔里诺教授在别的场合还说过："我们研究表明，在促使阿拉伯人热爱天文学这一点上，印度和波斯学者的影响要比希腊人早一些。但是，如果阿

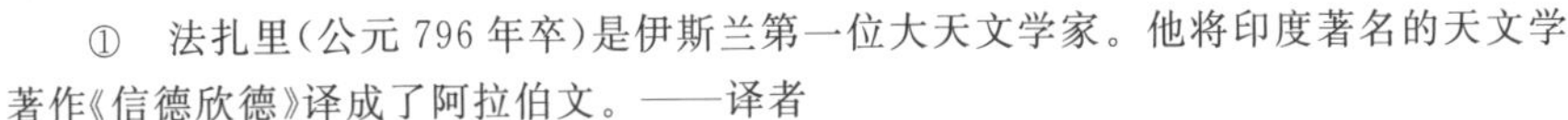

① 法扎里(公元796年卒)是伊斯兰第一位大天文学家。他将印度著名的天文学著作《信德欣德》译成了阿拉伯文。——译者

② 托勒密(公元90—168年)是希腊著名的天文学家和地理学家。——译者

③ 参看奈尔里诺教授著《天文学》。该书谈到了阿拉伯人的天文史，其中有关印度天文学，以及阿拉伯人向印度人学习的生动章节。我们依据的就是该书提供的材料。

④ 参看奈尔里诺：《天文学》，第150页。

⑤ 同上书，第156页。

⑥ 同上书，第172页。

⑦ 同上书，第180页。

拉伯人做的只是翻译工作，他们是不会在天文学上取得那样伟大的成就和声誉的，因为那些印度著作只讲解了某些原理和解释了历表的使用方法，而缺乏论证和阐述。”①

比鲁尼也支持这种看法。他认为，印度天文学家不注重研究星体运动的原因。他写道：“由于我印度语讲得不好，加之对印度人的学问并不了解，故在印度星相学家面前，我简直像个小学生。但当我对他们的做法有所了解，并且开始教他们研究星体运动的原因，找出某些证据，还进一步告诉他们计算方法时，他们非常佩服我，争相向我请教，几乎把我当成会妖术的人。”②

阿拉伯人向印度人学到了某些数学术语，如三角学中的“正弦”，③同时，阿拉伯人还借用了印度很多有关算术和几何的理论，但这不是我们要讨论的题目。

中古时代在巴格达除了希腊医生之外，还有一些代表印度医学的印度医生，其中著名的有哈伦·拉希德时代的索利哈·本·拜赫莱。叶海亚·伯尔麦克的儿子加法尔（他的侄子易卜拉欣·本·索利哈身患重病，医生捷伯里勒·本·伯赫帖舒看过后认为病人没有希望了，说当晚就要死去。）对哈伦·拉希德禀道：穆民的领袖啊！捷伯里勒是罗马医生，索利哈·本·拜赫莱则是按印度方式行医的印度医生。如果你让索利哈给易卜拉欣看病，他会给我们讲清病情的。

查希兹在《修辞与阐释》一书中提到，叶海亚·本·哈立德从

① 奈尔里诺：《天文学》，第214页。

② 比鲁尼：《印度察考录》，第17页。

③ 奈尔里诺：《天文学》，第168页。

印度请来一些医生,如曼卡、巴兹卡尔、卡勒拜尔卡勒、辛德巴德。[①]

文学及其他:中古时代印度人已经有了语法和词法。关于语法产生的原因,印度人有这样一个传说:一位国王与众嫔妃在游泳池中嬉戏。国王对其中一位妃子说:“貌得肯迪西。”意为“你别向我撩水”,该妃子却听成了“姆得肯迪西”,即“你拿些糖果来”,妃子便取来了糖果。国王说,没让你拿糖果啊!妃子受了委屈,大发脾气,不理睬国王。国王感到寂寞,不肯像往常那样用餐,隐居宫中,直到一位学者来到国王面前,答应教给国王语法和词法。那位学者便去“麦哈底尤”礼拜、祈祷,恳求神赐给他一部语法。神果然显灵,给了他一些简单的语法规则,并答应以后再帮其制定语法的细则。学者回来见国王,将语法规则教给国王,这便是语法学的起源。[②]

我担心艾布·艾斯瓦德制定阿拉伯语法的传说是仿照印度的说法。有关制定阿拉伯语法的传说五花八门,也许更加肯定了这种猜测。如有人说,是阿里·本·艾布·塔列布暗示艾布·艾斯瓦德制定语法的;可也有人说是欧麦尔·本·赫塔布暗示的;有人说是齐亚德·本·艾比暗示的。还有一种说法是:制定语法的原因是一位诵读《古兰经》的人错读了经文中的一句话:“只有犯过失者才肯吃它”,将“犯过失者”一词的语法地位弄错了;有人说读错的是另一句经文:“真主与异教徒及其使者是无干系的。”再有一种说法是:艾布·艾斯瓦德的女儿对他说:“天空多么美丽啊!”她想用惊叹式

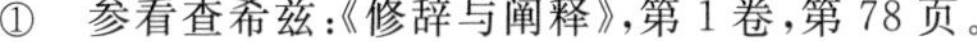

① 参看查希兹:《修辞与阐释》,第1卷,第78页。

② 参看比鲁尼:《印度察考录》,第65页。

动词，但“美丽”一词却用了最高级形容词。艾布·艾斯瓦德以为她是在问“天空中最美丽的是什么”，便答道：星星。他女儿说道：“爸爸，我是告诉你，我并没有问你呀！”艾布·艾斯瓦德便对她说：“那你应该用惊叹式动词句来表示，‘美丽’和‘天空’都应标宾格！”以上这些不同的说法使传说的可靠性受到怀疑。此外，艾布·艾斯瓦德为制定语法去向阿里求助，与印度学者为得到语法去“麦哈迪尤”祈祷的传说，两者也有雷同之处，凡此种种，不一而足。

印度人有自己的诗歌，他们很喜欢作诗。比鲁尼抱怨印度人写的诗像数学和天文学的公式一样令人眼花缭乱，他们有时可以不受诗律的约束，去表达细腻的感情。印度人的诗律很多，比鲁尼对此刻苦研读后，在其著作中一一做了介绍。他写道：“正如有些人猜测的那样，哈利勒·本·艾哈迈德很可能听说过印度有很多诗律的说法。”[①]

阿拉伯文学受益于印度的主要有三点：

（一）阿拉伯化的印度词汇。早在阿拉伯人与印度进行贸易时，印度商品的名称随着商品一起来到了阿拉伯半岛。苏郁忒[②]就讲过一些阿拉伯化的印度字，如《古兰经》中提到的姜、樟脑；阿拉伯语中的印度字，如黑檀木、鹦鹉、竹子、胡椒、柯黎勒等印度动、植物的名字。此外，一些有关文学和修辞学的观点和主张也是通过印度人传给阿拉伯人的。巴格达的印度医生和其他的印度人带来了各种书籍，其中就有文学书。查希兹曾讲过这样一件事：艾什

① 比鲁尼：《印度察考录》，第 71 页。

② 苏郁退是阿拉伯著名学者，公元 1505 年卒。——译者

阿斯的父亲麦阿麦尔说过:“在叶海亚·本·哈立德从印度聘请医生的年代,我问索利哈·本·拜赫莱:什么是印度人的修辞学?索利哈答:关于这个问题,我这里有一篇印度人写的文章。但我没搞过翻译,译不好,故没有把握说出修辞的特点及奥妙。艾布·艾什阿斯说:我看到了那篇文章的译文,其中有这样一段话:修辞最重要的是掌握修辞手段。它要求演讲人从容不迫,举止稳重,不东张西望,用词得体,不能用老百姓的语言跟首领或国王讲话。演说家还应有与各阶层人打交道的能力,对词句不要过分修饰,更不要咬文嚼字,就是遇到智者或大哲学家,也不要这样。”①

这些印度医生除了有医学书以外,还有其他各种书籍。阿拉伯学者在同他们打交道时,提出了各种问题。当时人们有一种将各民族文化进行比较,以便向最优秀民族学习的愿望。有些翻译家从事将印度文译成阿拉伯文的翻译工作。上述关于修辞学的那段话被译成了阿拉伯文,后来以“因时制宜,见机行事”的题目写入了阿拉伯语的修辞学著作里。

台努黑②对印度语和阿拉伯语的修辞学做了比较,认为前者特点是夸张冗长;后者则简明扼要。他举了一个例子:有名叛教者造了印度一国王的反。国王亲自去镇压,但被反叛者所杀。反叛者做了国王,他精心治理国家,像国王一样行事。当其政权巩固,并有了威望之后,他召集了国人中的智者、哲人,问道:你们看,我有什么缺点,我的政权有什么不足吗?众人答:没有。只有一件

① 查希兹:《修辞与阐释》,第1卷,第79页。

② 台努黑是阿拉伯法官兼文学家。生于巴士拉,公元994年死于巴格达。——译者

事，你如能保证我们的安全，就讲给你听。国王答应保证他们的安全。众人道：我们认为，一切对你来说都是新的（暗指他没有王室的血统）。反叛者问：你们以前的国王又如何呢？答：他是国王的儿子。问：他父亲是什么人？答：也是国王的儿子。问：他父亲的父亲是干什么的？就这样一连问了十几次，众人都回答说：是国王的儿子。直到最后，他们说：他父亲是一位胜利者。反叛者说：我就是那位胜利者。如果我的江山久远，我死之后，王权便是我儿子的！台努黑说：这件事，阿拉伯人用两句话就可以表达清楚，根本用不着这么啰嗦。阿拉伯人有这样一个故事：两个人相互夸耀自己，其中一人对其对手说："我的宗系自我始，你的家谱到你终。"

（二）印度故事：阿拉伯人喜欢印度故事。我们早就知道《卡里莱和迪木乃》一书源于印度，后传入波斯。波斯人在印度原著的基础上又做了增补。最后，由波斯文译成了阿拉伯文。

辛德巴德的故事，其名字就说明它原是一个印度故事，后被译成阿拉伯文。伊本·奈迪姆说："辛德巴德一书有两个版本，其来源与《卡里莱和迪木乃》一样，很可能也是印度。"[①]伊本·奈迪姆在《目录大全》一书中，对神话、夜谈和传说之类的印度书作过统计，其中有：《卡里莱和迪木乃》、《大、小辛德巴德》、《亚伯的智慧》、《亚当降世说》、《印度男人和妇女的歌舞》、《印度逻辑学纲要》、《杀人成性的印度国王》、《沙纳格的计谋》和《拜依德巴的格言》。[②]

学术研究证明，《一千零一夜》中的有些故事也是源于印度。

① 伊本·奈迪姆：《目录大全》，第 305 页。

② 同上书，第 305 页。

此外，还有很多印度小故事散见于阿拉伯著作中。杰赫谢亚里写道："经过筛选，我最喜欢的故事之一是一本印度书中讲的故事：有人送给一位印度国王很多首饰和衣物。在场的有国王的两个妃子和一位大臣。国王让一妃子挑选首饰和衣物，妃子看了大臣一眼，求他帮忙。大臣便以目示意，不料被国王发现。妃子为不使国王生疑，便没按大臣所示，挑选了其他首饰。该大臣为了让国王以为他生来就患有眼疾，竟斜着眼生活了四十年。"①

《史事泉源》一书中还讲了这么一个著名的印度故事：一出家人有些蜂蜜和奶油，放在一个罐子里。一天，他想了一下说："我的罐子能卖十迪尔汗，可买五只母山羊。让山羊每年繁殖两次，数年后便可增加到两百只，再用四只羊的价钱买头母牛……"②

（三）在文学方面，阿拉伯人向印度人学习最多的是格言。格言很合乎阿拉伯人的口味，因为印度格言与阿拉伯谚语及阿拉伯人喜欢的、具有丰富内涵的短句十分相近。格言是用精练的语言概括出来的经验总结，比起那些按章节或题目分类的希腊哲理性的寓言来说，更容易被人们接受。因为当时的阿拉伯人对谚语和格言尚未进行深入系统的研究。

印度的格言很有名，阿拔斯时代前期的文学著作中有很多这类格言。伊本·古太白说："我读了一本印度书，其中有这样一句话：'钱最怕不用；兄弟之间就怕背信弃义；君王的不义莫过于无辜百姓的恐惧；国家的灾难则在于没有财富和安定。'"③另一本书中

① 《大臣和书记传记》，第 11 页。

② 《史事泉源》，第 1 卷，第 263 页。

③ 同上书，第 3 页。

的谚语是“只有具有远大志向，敢于冒险的人才能做到三件事：君王的工作，海上的贸易，与敌人的厮杀”。还有“有志气的人，即使不得志，也决不肯屈服。就像火焰一样，不管人们怎样改变它的方向，火苗总是向上的。”①

笔者在一本印度书里读到过这样的格言：“形容富人用褒词，描写穷人用贬义。说富人‘勇敢’、‘沉着稳重’、‘能言善辩’、‘严肃端庄’；对穷人则成了‘有勇无谋’、‘笨拙迟钝’、‘饶舌多言’、‘结巴无能’。”②

在该书中还有下面的格言：“学者远游，需有足够的学问；正如狮子外出，需有赖以生存的力量。”等等。③

《古代帝王的明灯》一书的作者在书中专门有一章讲印度“沙纳格”格言，其中有要帝王、总督公正对待百姓的忠告。作者说，该章取自沙纳格的《宝鉴精华》一书。④

总之，阿拉伯文学和阿拉伯诗歌受到了印度格言的影响。一本印度书中有这样的一段话：“心怀祸胎的人，不应对有志之士投井下石，也不应加以羞辱。这种人要么凶残外露，如他踩着蛇，而蛇并没有伤害他，他也会再踩蛇一脚；要么外表软弱，内含杀机，犹如冷檀香木一般，外表很冷，但摩擦后也会生热伤人的。”艾布·努瓦斯便受了这段话的影响，吟诗道：

祖海尔赶着骆驼唱着歌，

---

① 《史事泉源》，第1卷，第231页。
② 同上书，第239页。
③ 同上书，第121页。
④ 《古代帝王的明灯》，第331页。

你对他说：哼哼唧唧太啰嗦。
你从极冷变极热，
在我看来似团火。
闻者莫惊讶，
冰雪冷又热。

伊本·古太白认为："这首诗表现了物理学观点，因为印度声称否极泰来，冷极热至。"

甚至阿拉伯诗人也受到印度天文学的影响。关于酒，艾布·努瓦斯有这样的诗句：

天上群星各有位，
美醇几与宇宙同。

"艾布·努瓦斯想说明，'酒'早在真主创造宇宙时就已有了。数学家们说：至高无上的真主在创造星体时，将群星停在十二宫，后又使其运行，至今仍要在该处会合。如果群星重新停留在十二宫，天下就要大乱。印度人说：在努哈诺亚时代，大部分星体聚集在南鱼星座，众生万物被洪水吞没，逃脱厄运的是那些在南鱼星座之外的生灵。"①

我们没有忘记，印度人——正如很多学者所提到的——是象棋②的发明者，通过他们，象棋得已传到世界各地。穆斯林就是从印度人那里学会下象棋的，尽管人们对学习的途径，即直接从印度，还是通过波斯学到的——有不同的看法。印度象棋有各种玩

① 《历代诗人传》，第 506 页。
② 即现代国际象棋的前身。——译者

法，比鲁尼在其《印度》一书中做过介绍，其玩法与现在众所周知的玩法有些不同。

下象棋，在穆斯林中很普遍。哈伦·拉希德哈里发曾送给查理大帝一副象棋。有人以下象棋出了名，连名字都带上了象棋的字样。如苏里·谢突兰吉、艾布·哈夫苏·谢突兰吉。[①] 此外，还出现了波斯和阿拉伯的象棋文学。如费尔道斯用优美的诗歌语言写了许多关于象棋的文章。阿拉伯人也写了很多有关象棋的诗，如伊本·鲁米是这样描写象棋大师艾布·卡赛姆·泰瓦齐的：

设棋坛力克众将，
挫群雄无人抵挡。
他人求和乐不尽，
你非大胜不罢兵。
谈笑间巧布迷阵，
轻落子突出奇兵，
杀得对手难招架，
杀得棋盘战火浓。
你不是在下棋，
而是在嬉戏，
你精明无比，
你狡诈出奇。
弈子不用看，
心中有全盘，
观者齐惊叹，

① 谢突兰吉是“象棋”一词的阿拉伯语音译，即国际象棋。——译者

莫非脖颈长眼睛！

*　　　　*　　　　*

最后，印度还有自己的风俗、习惯、礼仪、制度和典律，如杀牲，在原则上是不允许的。但人们有时会无视任何禁令，不过婆罗门却严格执行，该教禁止其信徒纵欲行乐。[①]

艾布·阿拉可能受到婆罗门教教义的影响，因为他不吃肉，并讨厌杀牲。印度人对结婚、守限、胎儿及分娩都有规定；对诉讼、审判方式、刑罚、赎金、遗产都有立法。印度人还有自己的节日习俗。印度人等级森严，界限分明。

所有这些印度的宗教、哲学、数学原理、文学故事与格言、社会习俗、传说都融化在伊斯兰王国里了，并且成为阿拉伯文学的一个重要组成部分。

① 参看比鲁尼：《印度察考录》，第 276 页。

第三章　希腊、罗马文化

如果到了希腊，就会触摸到一个由智慧、感情和美学所创造的宝藏，一笔无法估量的巨大财富。在哲学、数学和天文学，在自然科学和医学，在文学和历史，在政治和美术等各个领域都闪烁着希腊人的智慧的光芒。希腊人用他们的见解哺育了人们的头脑；用他们的思想、文学、科学和神话给世界提供了营养；用他们的艺术、雕刻和美术培养了人们的美学观念。

如欧几里得从公元前三世纪到公元十九世纪一直是几何学的泰斗。医学从古代到中世纪一直建立在希波克拉底和格林的著作的基础上。今天的哲学家们，在苏格拉底和柏拉图的理论、亚里士多德等希腊哲学家的政治以及柏拉图的共和思想面前，依然是小学生。亚里士多德是各种新政治理论的源泉，是科学、哲学、艺术各领域新观点的发源地。穆斯林哲学就是建立在希腊哲学的基础上的。现代文明中的科学和文学也是站在希腊人的肩上发展起来的。现代欧洲复兴的第一个火花也是从希腊人的著作中燃起来的。

希腊的科学和哲学有一个被历史学家几乎一致公认的特点，即希腊人是为了追求真理而进行研究的。而当时很多民族却是为了物质利益或为了支持宗教事业而研究哲学的。历史学家们不把印度、埃及、中国、亚述及巴比伦人的主张看作是哲学，因为只有希腊人的哲学研究是在完全自由、扬弃物质利益的情况下进行的。

他们追求的是纯粹的真理。历史学家也不把塞涅卡、西塞罗等罗马人当成哲学家，因为他们对世界没有提出新的哲学观点，以丰富希腊哲学财富。

我们不是研究希腊人在科学、哲学和艺术各个领域中所取得的成就，因为那是一本书中的一个章节无法承受的。我们只想说明穆斯林从希腊、罗马文化中借鉴的内容，并简要探讨一下这一文化传到穆斯林手中的途径。

马其顿国王亚历山大对亚洲和非洲很多国家的远征是希腊文化在东方传播的一个重要原因。当时的马其顿王国包括希腊本土和欧洲的马其顿领地，非洲的埃及和利比亚，亚洲的沙姆、巴勒斯坦、伊拉克、波斯、土耳其、阿富汗以及印度的一部分。亚历山大大帝执行的是使各被征服国家与希腊相互接近，并使希腊人与亚洲各族人民在文明、建筑、统治制度和文化上同化融合的政策。为此，亚历山大鼓励希腊人到这些国家定居，并与当地人通婚，并按希腊模式从事城市建设；鼓励文学家、作家和科学家传播他们的学问。由于这些原因，并由于那些继承了亚历山大统治的东方诸王国中的希腊总督们的努力，使希腊文明和希腊文化得到了广泛的传播。当时，底格里斯河与幼发拉底河之间的地区均被古希腊文化所征服，以致传说，当克拉苏的死讯传到安息[①]国王奥罗迪兹耳边时，他正在阅读欧里庇得斯[②]的悲剧。希腊文化不断发展，并结出果实，因而，军队从当地撤走之后，文化影响并没有消失。伊斯兰教产生前后，东方有很多传播希腊文化的城市，最著名的有君迪沙普尔、哈兰和亚历山大城。

① 即帕提亚，亚洲西部古国，公元前 247 年—公元 226 年。——译者

② 欧里庇得斯(公元前 480—前 406 年)是古希腊三大悲剧诗人之一。——译者

君迪沙普尔：该城位于胡齐斯坦，为沙普尔一世所建，并以他的名字命名。沙普尔一世将该城作为罗马俘虏的大本营，这也许是后来使该城市成为希腊文化发源地的原因之一。科斯洛埃斯[①]在市内建立了一所著名的医学院，希腊课程都用阿拉马语讲授。穆斯林征服波斯时占领了君迪沙普尔，医学院一直保存到阿拔斯时代。雅古特在世时，该学院只剩下些残垣断壁，而今天这些残存的遗迹也早已荡然无存了。该城即今天的"沙赫巴德"遗址。[②]

波斯国王还在君迪沙普尔修建了一所医院。这所医院既治病，又从事教学。格夫忒描述道：君迪沙普尔是按照君士坦丁堡的形式修建的。最早在该城进行医学教学的是一批罗马医生。"当他们在君迪沙普尔住下来后，就开始教当地的青少年学医，使当地的医学得到发展。他们根据各地的特点，拟就了许多不同的治疗方案，因而名声大震。""科斯洛埃斯国王在位第二十年时，君迪沙普尔的医生根据国王的命令曾举行过一次集会，就一些医学问题进行讨论，曾名噪一时。如果仔细研究一下他们所讨论的问题以及所得出的结论，就会知道他们的学识是多么渊博，就会看到他们对医学的发展做出了多么大的贡献。"[③]

君迪沙普尔的医生认为医学是他们的职业，除了他们自己、他们的子孙及其族人之外，概不外传。相传，阿拉伯医生哈里斯·本·卡莱达·赛格菲在伊斯兰教产生前不久，曾在君迪沙普尔的学校里学习过。后到波斯行医，给一些波斯显贵看病，得到一笔钱和一个女奴。哈里斯给女奴取名苏迈娅。苏迈娅即齐亚德·本·

---

① 科斯洛埃斯(公元 531—579 年)是波斯萨珊王朝的国王。——译者

② 参看《伊斯兰大百科全书》中"君迪沙普尔"词条。

③ 《哲学家传记》，第 133 页。

艾比希[①]的母亲。哈里斯卒于伊斯兰教初期，关于他皈依伊斯兰教的说法是不确切的。[②]

除希腊文化外，君迪沙普尔学校还讲授印度文化。有的印度人用巴列维语[③]从事教学。在伊斯兰时代，君迪沙普尔学校与波斯时代一样，仍然进行教学活动。到了阿拔斯时代，该校才增加了与穆斯林的往来。艾布·加法尔·曼苏尔修建巴格达时，患了胃病，御医们束手无策，便向曼苏尔推荐了君迪沙普尔的首席医生久尔吉斯·本·伯赫帖舒。[④] 自此以后，哈里发的宫廷便与君迪沙普尔学校有了联系，一直到拉希德哈里发命捷伯里勒·本·帕赫帖舒按照君迪沙普尔医院的样式，在巴格达兴建了一所医院。医院由君迪沙普尔的医生及其弟子管理。[⑤]

阿拔斯时代，君迪沙普尔学校的著名人物是曼苏尔哈里发的御医久尔吉斯·本·帕赫帖舒，拉希德哈里发的御医捷伯里勒·本·帕赫帖舒等人。他们都是聂斯托利教(景教)教徒。

哈兰：哈兰是伊拉克北部捷齐莱地区的一个城市，位于鲁哈和莱厄斯·阿因之间。哈兰是一座希腊、罗马时代的古城，是基督教和伊斯兰教的见证。在亚历山大时代，很多马其顿人定居在伊拉克北部，从而使哈兰人供奉的诸神都取了希腊名字。基督教产生时，伊拉克北部，其中包括哈兰的土著人是古沙姆人以及一些马

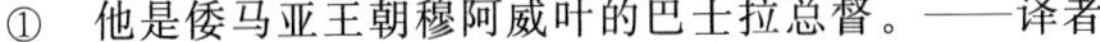

① 他是倭马亚王朝穆阿威叶的巴士拉总督。——译者

② 《哲学家传记》，第 161 页及其后。

③ 波斯中部语言。——译者

④ 《哲学家传记》，第 157 页。

⑤ 同上书，第 383 页。

其顿人、希腊人、亚美尼亚人和阿拉伯人。当基督教强大起来，成为罗马人的国教之后，基督徒企图强迫哈兰人改奉基督教，但没有成功。为此，教会称哈兰为一座拜物教徒的城市（希利努布里斯）。[①] 哈兰一直是那些不愿信奉基督教的希腊人及其他人的逃亡地。哈兰人的宗教看起来是巴比伦教、古希腊宗教和新柏拉图派的混合体，哈兰人的这种地位一直保持到伊斯兰时代。麦蒙执政时，哈兰人自称为萨比教徒，这可能是出于《古兰经》把萨比教徒认为是有经典的人的考虑。哈兰人以前没有这样称呼自己。被称为萨比教徒的是那些住在比推哈地区、信奉一种犹太教和基督教混合宗教的人。比推哈位于瓦绥脱与巴士拉之间的广阔地带。

伊本·奈迪姆叙述道：麦蒙哈里发晚年曾赴埃及，有进攻罗马的打算。麦蒙遇见人们正为他祝福，其中就有哈兰人。他们身着长衫、头发又长又密……麦蒙很不喜欢他们的衣着，便问：你们是哪种被保护人？[②] 答：我们是哈兰人。问：你们是基督徒吗？答：不是。问：你们是犹太教徒吗？答：不是。问：你们是袄教徒吗？答：不是。问：那你们有经典或先知吗？众人答不上来。麦蒙说：那你们就是信奉拜物教的异端，杀你们是合法的，你们是不受保护的。众人说：我们缴纳人丁税呀！麦蒙说：人丁税是向那些至尊至大的真主在《古兰经》中提到的信奉其他有经典的宗教的人收缴的。你们要做出抉择：要么皈依伊斯兰教，要么信奉一种真主在《古兰经》中提过的宗教；否则我要将你们全部杀死。你们要在我回来之前做出决定……麦蒙走了，哈兰人便剪掉了长发，丢掉

① 参看《伊斯兰教百科全书》中的“哈兰”和“萨比教”词条。

② 意即“你们信什么宗教”、“被保护人”阿拉伯音为（Ahl-Dhimmeh）或译为“Al Dhimyeh”意为“被保护人”一般指犹太教徒、基督教徒、火袄教徒。——译者

了长衫；很多人改奉了基督教，系上了腰带[①]；有些人皈依了伊斯兰教。只有少数人保持原状，他们一方面千方百计地想摆脱困境，一方面又感到惶恐不安。后来选出了一位教法长老，长老对他们说：我有一个使你们免于一死的办法。众人便送给他很多钱……长老说：如果麦蒙回来，你们就对他说，我们是萨比教徒！萨比教是真主在《古兰经》中提到的名字，你们就信奉萨比教吧，你们会因此而得救的。但麦蒙在旅途中死去了……从此，那些人便借用了萨比教的名字，因为以前哈兰及其周围没有人以萨比教相称。当麦蒙去世的消息传来后，大部分皈依基督教的人又恢复了原来的信仰，重新蓄起长发，等等。[②] 但自那时起，这些人就被称为萨比教徒了。

*　　　　*　　　　*

不管怎么说，这些哈兰人在伊斯兰时代是希腊文化的一个重要来源。继君迪沙普尔学派之后，哈兰学派也与阿拔斯的哈里发们有了接触。最早与阿拔斯人发生联系的是萨比特·本·古赖（伊斯兰历 221—288 年/公元 835—901 年）。他是由受过麦蒙栽培的穆萨·本·沙基尔家族介绍给哈里发穆阿台基德的。从此，哈兰人便得到哈里发及布韦希人的信任。哈兰派著名人物有：数学和天文学家萨比特·本·古赖，已皈依伊斯兰教的医生和哲学家伊本·西那和他的孙子易卜拉欣·布·西那。著名的人物还有希拉勒家族。希拉勒·本·易卜拉欣是一位医生，他的儿子易卜拉欣·艾

① 腰带是古代伊斯兰国家中基督教徒的标志。——译者

② 伊本·奈迪姆：《目录大全》，第 320 页。

比·易司哈格·萨比——《书信集》的作者——是著名的文学家，他善于雄辩，并对数学、几何学和天文学都有很深的造诣。

哈兰的名人还有“巴塔尼”，他是一位著名的天文学家和几何学家，又是“巴塔尼历法”的编制人。此外，还有数学家艾布·加法尔·哈齐尼和奈巴特耕作法的发明家伊本·瓦赫什耶，等等。如果说，君迪沙普尔学派在传播希腊文化上的巨大影响是医学和哲学的话，那哈兰学派的影响则是在数学，特别是天文学方面。哈兰人宗教中对星相的崇拜、庙宇的兴建也许是使其数学及天文学发达的一个原因。

*　　　　*　　　　*

亚历山大城：它是希腊化时代的埃及的首都。在该城诞生了一个最大的哲学派别，即亚历山大学派，或者叫新柏拉图派。其创始人是埃及人“普罗提诺”（公元 205—269 年）。该学派的主要思想均源于希腊哲学家的理论，它的基本内容来自柏拉图、亚里士多德和斯多葛学派[①]的主张。亚历山大学派的特点是宇宙的神性化和对唯物主义的批判。普罗提诺甚至说他一生中已有数次达到了“独我”，或者如苏菲派所说的“神人合一”的境界。他的弟子福尔夫里尤斯只有一次达到过这种境界。这一哲学派别在其创建人死后的两个半世纪内一直在罗马帝国占统治地位，直到查士丁尼于公元 529 年下令关闭雅典的哲学学校，没收了哲学家的财产，并禁锢了他们的思想和言论。

---

① 关于斯多葛学派，请见本书第一册《阿拉伯伊斯兰文化史》（黎明时期），第 153、154 页及其后面有关古沙姆人的段落。

除了这一哲学运动之外，还有一个广泛的文学、科学和艺术的运动。这些运动被称为亚历山大学派。该学派自公元前 306 年起，到公元 642 年一直存在。当时的亚历山大城博物馆及其著名的图书馆哺育了这一运动。

亚历山大学派的历史学家将该派的历史分为两个时期：第一个时期，始自托勒密王朝的建立，终于罗马人的胜利（即公元前 323 年至公元 30 年）。这一时期的亚历山大文学被认为是走在世界前列的。

第二个时期，从公元 30 年到公元 642 年，即阿拉伯人占领亚历山大城那年。这个时期的特色是前已提到过的哲学。亚历山大学派在这两个时期与外界都有联系，并给外界带去了光明。

在罗马时代基督教已在亚历山大城得到传播，正如在其他地方传播一样，且亚历山大城基督教是与希腊哲学为伍的。基督教徒之间教派林立，对耶稣的本性、人性和神性及他与上帝的关系展开了辩论。辩论中，各派都求助于哲学中的逻辑和条理，以及其中某些唯物主义观点。因此，基督教就与希腊哲学发生了联系，首次接触在亚历山大城，以前犹太教与哲学的联系也是发生在亚历山大城，那是经斐洛[①]之手完成的。卡里曼·亚历山大[②]是最早将柏拉图主义与基督教结合起来的基督徒之一。其次是欧里金（公元 185—254 年），他是普罗提诺的弟子。欧里金因受到迫害，逃离亚历山大城，

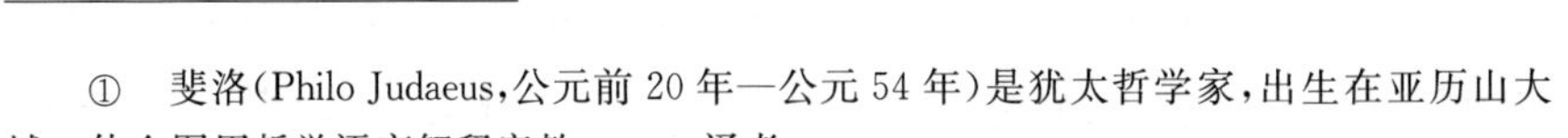

① 斐洛（Philo Judaeus，公元前 20 年—公元 54 年）是犹太哲学家，出生在亚历山大城。他企图用哲学语言解释宗教。——译者

② 卡里曼·亚历山大：大约在公元 150 年出生在雅典，其父母都是拜物教徒。——译者

依照亚历山大城的模式，在巴勒斯坦的盖依索里耶建立了一所学校。后来，在奈绥宾又建立了一所学校，而后该校迁至鲁哈。就这样，将基督教与哲学融为一体的亚历山大城模式在东方广为流行。教会里很多人都将基督教哲学化了，或者说是将哲学基督教化了，他们努力调和两者的分歧和对立。例如：基督教徒说："耶稣是上帝的儿子。"因为父先于子，因先于果，故上帝先于尔撒。哲学则认为"前因"即"上帝"是永恒的，不变的，怎么会成为父亲呢？"上帝"以前也不是父亲，因此，对儿子要做出符合哲学观点的解释。

当时从事这一运动的人大都是基督教中的景教徒。他们在东方建立学校，传播其主张。他们用古沙姆语从事教学，并将希腊著作译成古沙姆文。在亚洲，波斯和希腊之间经常进行战争，很多国家时而被罗马人征服，时而又被波斯人统治。拜尔苏玛说服了波斯国王费鲁兹[①]使其相信景教徒因受迫害是讨厌罗马人而支持波斯人的。国王接受了他们的观点。景教徒一直信守诺言，站在波斯人一边。

*　　　　*　　　　*

上述内容对解决研究者碰到的难题也许有所帮助。如：波斯人是怎样与希腊哲学扯在一起的？波斯人是如何了解《逻辑学入门》等希腊著作的？东方的修道院如何成为希腊哲学的发源地的？穆斯林又如何与希腊哲学联系在一起的？希腊哲学在麦蒙时代前后被有组织地译成阿拉伯文之前，就已在宗教辩论中，在穆阿台及勒派人的讨论中出现过了；为什么从古沙姆文或希腊文译成阿

① 费鲁兹，公元459—483年在位。——译者

拉伯文的早期翻译家,大都是基督徒或者是拜物教的信徒呢?读者也许从我们的叙述中找到了这些问题的答案。

当时,亚历山大城和埃及的教堂大都属于一性派教会,使用的语言是古沙姆语和科普特语。亚洲的景教徒用古沙姆语写的哲学著作比一性派人在埃及取得的成就要大。因为亚洲,特别是伊拉克的宗教辩论——不管是在基督徒之间,还是在基督徒与其他宗教徒之间——都比埃及要甚。亚历山大学派是以医学、化学和自然科学闻名于世的。阿拉伯人征服埃及时情况依然如此,但当时学派的研究中尚混杂着幻术、符录和占星问卜的内容。在埃及,战胜一性派的是新柏拉图主义,他们崇尚苏菲派和喜欢过修道院的生活。在亚洲,控制景教徒的是哲学思维和逻辑推理。尽管景教徒也有修道院,但不沉溺于物质以外的精神世界,不愿过出家修行的生活。

穆斯林早在倭马亚时代就与亚历山大城打过交道。"伊斯塔芬[①]"给哈立德·本·叶齐德·本·穆阿威叶翻译过一些关于新柏拉图派的书,格夫忒把伊斯塔芬称为"亚历山大"的伊斯塔芬。还有伊本·艾伯吉尔——亚历山大城的一位医生——经哈里发欧麦尔·本·阿卜杜勒·阿齐兹之手皈依了伊斯兰教。他伴随欧麦尔,成为欧麦尔的御医,医学问题全靠他解决。

在阿拔斯时代,有些亚历山大学派的弟子,如伊本·艾比·乌索依拜阿[②]说"拜利塔扬"是埃及教会的一位著名的基督教医生,

① 伊斯塔芬:倭马亚时代,"亚历山大学派"(即新柏拉图派)的翻译家,公元七世纪末人。——译者

② 伊本·艾比·乌索伊拜阿(公元1203—1270年)大马士革医生。以《医学家传记》一书著称。——译者

在曼苏尔时代做过亚历山大城的大主教。拉希德出任哈里发时，他的一位埃及女奴生了病，拉希德为她请了一位埃及医生，这位医生就是“拜利塔扬”。继拜利塔扬之后，还有艾哈迈德·本·图伦的御医赛义德·本·陶菲勒等人。[①] 但是，我们发现阿拔斯王朝哈里发与亚历山大学派的关系不如与君迪沙普尔学派及哈兰学派的关系密切，其影响也没有后者大。

其原因恐怕有：一、埃及距伊拉克远，而哈兰则离君迪沙普尔近。二、亚历山大学派只注重符录咒语、修道养性、占卜预言，这恰与伊拉克众学派相反。后者精通人间事务，对世俗科学兴趣极大，此点正符合阿拔斯王朝这样一个新兴国家的需要；而亚历山大学派的观点则适合苏菲派的口味。关于这一点，在谈及苏菲派时再说。再一个原因是，在伊斯兰教产生前不久，亚历山大学派已经衰落，学人受到迫害，图书被烧毁，以致很多人被迫信奉了基督教或逃离家乡。

总之，聂斯托利派人和一性派人对很多希腊著作做了解释，并将这些著作译成了古沙姆文。当他们与阿拉伯人接触后，又率先将这些古沙姆文的译著又翻译成阿拉伯文，并加了注释。一性派的翻译家的翻译史说明他们有两大缺点：一是缺少创造，除了翻译之外，没有增加新的学科、新的理论，甚至连新的见解也很少。二是翻译不够准确，篡改之处不少。阿拉伯人在学术上犯的很多错误皆源于此。说实在的，阿拉伯人在这方面更富有创造性、更仔细、更审慎。研究穆斯林的医学、代数学、几何学、化学和哲学的历

① 《医学家传记》，第 2 卷，第 82 页。

史学家几乎都将穆斯林所取得的学术成就分为两部分：一部分是向希腊人学来的，一部分是他们自己发明创造的。

在阿拔斯时代前期，亚里士多德最主要的著作及亚历山大学派对这些著作所做的注释，还有柏拉图的部分著作和格林的主要医学著作，一句话，即希腊人的智慧在科学和哲学上所取得的成就，都被译成了阿拉伯文。对这些译著我们不想详述，但可以将这个时期的翻译运动分为三个阶段：

第一个阶段：起自曼苏尔哈里发，止于拉希德时代，即从伊斯兰历 136 年至 193 年。这期间翻译的著作有：波斯文的《卡里莱和迪木乃》，印度文的《信德罕德》，亚里士多德的《逻辑学》，托勒密的《天文大集》等等。这个时期最著名的翻译家有：伊本·穆加发（前面已做过介绍），久尔吉斯·本·法伯拉依勒和约翰·本·马赛维，他俩都是基督教医生。在这个时期，穆阿台及勒派接触了这些译著。该派的元老，如奈扎木便知晓亚里士多德和他的一些哲学著作。穆阿台及勒派人的研究受到逻辑学的影响，他们谈论飞跃、本质和现象，等等，详情容后再述。穆阿台及勒派人的言论先于哈里发麦蒙，这证明他们早在翻译时代初期就已接触到哲学了。

第二阶段：起自麦蒙时代，即伊历 198 年，止于 300 年。其间，最著名的翻译家有：约翰·伯特里格——麦蒙的释奴——他在哲学上的造诣比其医术还要深。他翻译了很多亚里士多德的著作；库法的书商哈加吉·本·优素福·本·麦脱尔，生于伊历 214 年；巴尔莱拜克的盖斯塔·布·鲁高，生于伊历 220 年；阿卜杜勒·麦西哈·本·纳依麦·侯姆绥，卒于伊历 220 年；侯奈因·本·易司哈格（约伊历 260 年卒）；侯奈因的儿子易司哈格（伊历 298 年卒）

像喜欢医学那样，也喜欢上了哲学。萨比特·本·古赖(伊斯兰历288年/公元901年卒)，以及侯奈因姐姐的儿子哈比什·艾阿赛姆等等。这个时期翻译了希腊各个学科的最重要著作，重译了托勒密的《天文大集》，翻译了毕达哥拉斯的《金色格言》和希波克拉底与格林的全部著作，以及柏拉图的《理想国》和《法律篇》，亚里士多德的《范畴篇》。这些著作都是由侯奈因·本·易司哈格及其学人翻译的，其中大部分亚里士多德的著作是由他的儿子易司哈格翻译的。

第三个阶段：继上述翻译家之后翻译的作品都算是第三个阶段的成果。这个时期，最著名的翻译家有：麦泰·本·优努斯、息南·本·萨比特·本·古赖(伊斯兰历360年卒)、叶海亚·本·阿迪(伊斯兰历364年卒)和伊本·宰尔阿(伊斯兰历398年卒)。翻译的主要作品是亚里士多德的《逻辑学》和《物理学》及其注释。

*　　　*　　　*

造成翻译运动在阿拔斯王朝时期兴盛的原因是：

第一，倭马亚时代从整体上讲仍是游牧时代，阿拉伯人对其他民族占有明显的统治地位。他们对哲学不感兴趣，但对阿拉伯文学、对谈论阿拉伯人的过去战事却津津乐道。哈里发们喜欢的只是聆听阿拉伯诗歌，研究晦涩难懂的词句。到了阿拔斯时代，非阿拉伯血统的穆斯林身居高位，阿拉伯人才认识到文明生活必须建立在科学的基础上。因为国家的财政需要精细地计算，多元化的文明生活需要综合治理。当他们有了一些知识，可以不依靠外族人治理国事时，好奇心便驱使他们去了解各民族的各种学问，即使并非急需，也要去学。

第二，倭马亚王朝后期，宗教运动已经十分高涨，——对此，《阿拉伯伊斯兰文化史——(黎明时期)》一书已做了叙述——宗教研究已发展到谈论命运和前定等问题。有人主张宿命论；有人则鼓吹自由选择的反宿命观点。在穆斯林中间，在穆斯林与基督教徒和犹太教徒之间开展了辩论：哪种宗教最好？哪种宗教对具体问题的主张最正确？穆阿台及勒派高举着保卫伊斯兰教的旗帜，与对手辩论。犹太教和基督教早就用希腊逻辑学和希腊哲学武装起来了，并在辩论中运用了这一武器。穆斯林感到要在辩论中取胜，必须采用以其人之道还治于其人之身的办法。因此，他们埋头钻研逻辑学和哲学，从中尝到了思维的乐趣。最初是作为保卫宗教的一种手段来学习的，后来才成为对哲学和逻辑学本身的研究。

第三，正如奈勒里诺教授指出的，"经过不断的征服与扩张，到倭马亚王朝后期，伊斯兰教的势力已在其旗帜所到之处——从河外地区的土耳其斯坦，到马格里布和安德鲁斯——站稳了脚跟。光荣的阿拉伯语战胜了当地的语言而成为通用语，各民族的穆斯林在著述中都使用阿拉伯语。宗教的统一也要求语言和文明上的一致，因此，波斯人，伊拉克人，沙姆人和埃及人都将其古老的文化注入了新的伊斯兰文明之中。"①

第四，阿拔斯时代的哈里发喜欢哲学。一般说来，哈里发最能使人们爱他所喜欢的东西，人们也愿意为实现哈里发的愿望效力。阿拔斯时代前期的哈里发大都对科学感兴趣，如曼苏尔、拉希德和

① 奈尔里诺：《阿拉伯天文学史》，第141页。

麦蒙。而且每位哈里发都有各自喜欢科学的特殊原因。如：曼苏尔哈里发患有胃病，这是使他关心医生、重视医学的原因。塔巴里在《先知与帝王史》一书中提到了阿里·本·穆罕默德·本·苏莱曼引用他父亲的一段话："曼苏尔不思饮食，让医生给他开一种药，但医生称服用该药会加重病情，便命曼苏尔减食。后请来一位印度医生，曼苏尔告之病情，医生便给开了一副含有香料及辛辣物的粉剂。服后，积食化去，曼苏尔称赞不已。"①此外，曼苏尔还相信占星术，与星相学家交往密切，详情容后再叙。拉希德对学术的兴趣是由伯尔麦克家族培养的。麦蒙则是受到拉希德和伯尔麦克人教育的结果。很多人仿效哈里发，关心学术，如穆萨·本·沙基尔家族就是一例。

读者了解了这些情况，就知道那种将翻译希腊著作的原因归于麦蒙梦见亚里士多德之类的说法是荒诞的。《目录大全》一书是这样写的："哲学及其他古代学术著作增多的一个原因是：麦蒙在梦中看见一位白面红颜的人。他宽额、连眉、秃顶；长着一双碧眼，聪慧和善，端坐床上。麦蒙说：好似我就在他的手中，对他充满了尊敬之情。我问：你是谁？答：我是亚里士多德。我听了很高兴，便说：智者呀，我可以提个问题吗？答：问吧。我问：何为美？答：美在智慧。问：还有呢？答：美在法律。问：还有呢？答：美在民众。问：还有呢？答：只此而已。……这个梦就是促成翻译希腊典籍的重要原因。"②

① 塔巴里：《先知与帝王史》，第9卷，第292页。

② 伊本·奈迪姆：《目录大全》，第243页。

这个故事到了伊本·艾比·乌索依拜阿的口中又成了另外一种样子。他说:麦蒙在梦中看见一位漂亮的长者坐在讲台上演讲,并说"我是亚里士多德",麦蒙听罢惊醒。问:亚里士多德是谁?有人告诉他:亚里士多德是希腊的一位哲学家。于是,麦蒙便命人把翻译权威侯奈因·本·易司哈格找来,要他将希腊哲学家的著作译成阿拉伯文,并给了他很多钱和其他物品。

把这类故事传说当成翻译希腊著作的起因是不对的,翻译运动产生的原因已有前述。伊本·艾比·乌索依拜阿的说法更是不着边际,麦蒙不可能连亚里士多德的名字都没听说过。而伊本·奈迪姆的说法如果正确的话,只能说明梦是麦蒙日有所思、夜有所梦的一种自然反应。

* * *

萨伊德·安德鲁希在其《世界民族志》一书中写道:"伊斯兰教初期的阿拉伯人除了对医学、对他们的语言及律例感兴趣外,对其它学问都不大关心。因为医学在民间早已存在,是人民大众都需要的学问,更加之先知说过鼓励医学的话:'真主的奴仆啊!你们相互医治吧,因为至尊至大的真主对衰老以外的各种疾病都有解救的药方'……"

这就是倭马亚王朝时阿拉伯人的情况。当真主将权柄交给哈希姆家族时,阿拉伯人才从沉睡中奋起,恢复了信心和活力。最早重视学术的是第二位哈里发艾布·加法尔·曼苏尔——愿真主怜悯他。曼苏尔除了精通教法之外,对哲学,特别是星相学很有研究,并喜欢与星相学家交往。

到第七位哈里发阿卜杜拉·麦蒙·本·拉希德·本·穆罕默

德·迈赫迪·本·艾布·加法尔·曼苏尔执政时，实现了其曾祖父的愿望。麦蒙以他非凡的勇气和信心，派人到科学的发祥地求学问教。他与罗马皇帝交往，送去贵重的礼物，以换取希腊的哲学著作。罗马皇帝送给麦蒙大批柏拉图、亚里士多德、希波克拉底、格林、欧几里得和托勒密等人的哲学著作。为此，麦蒙请来许多著名的翻译家精心翻译。译成后，麦蒙又鼓励人们阅读、学习这些著作。麦蒙时代是学术繁荣的时代，"智慧之家"就是在当时建成的。有才华的人见麦蒙厚待学人而竞相进取。麦蒙常与学者聚会，兴致勃勃地聆听他们的争论，学者们因此而得到高位和封赏。麦蒙对其他学者，对教法学家、圣训学家、教义学家、语言学家、历史学家以及通晓诗歌及谱系的人也很重视和关心。因此，一大批具有各种专长的人也学到不少哲学知识。他们为后人制定了求学的纲领，奠定了文学的基础，以致使阿拔斯王朝的鼎盛时代可以与罗马帝国相媲美。[①]

萨伊德·安德鲁希在另一处写道：最先受到重视的哲学科目是逻辑学和星相学。阿拔斯王朝最早以研究逻辑学著名的学者是艾布·加法尔·曼苏尔的书记官——波斯籍的演说家——阿卜杜拉·本·穆加发。他翻译了亚里士多德的《形而上学》，包括《同一律》、《矛盾律》和《排中律》三部分。据传，伊本·穆加发只翻译了第一部分。与此同时，还翻译了《逻辑学入门》一书，该书通俗易懂。他还翻译了波斯著作《卡里莱和迪木乃》，这是译成阿拉伯文的第一部波斯文著作。

① 萨伊德·安德鲁希：《世界民族志》，第47页及其后。

阿拔斯王朝最早研究星相学的是穆罕默德·本·易卜拉欣·法扎里。以伊本·阿达米著称的哈桑·布·穆罕默德·本·侯迈德在其历法著作《璎珞运行法则》中提到：伊斯兰历156年有位印度学者带着一本名为《信德罕德》的有关星体运行的著作谒见哈里发曼苏尔……哈里发命人将该书译成阿拉伯文，并编写一本供阿拉伯人使用的星相书。法扎里承担了这项工作。……直到麦蒙哈里发执政时，人们一直都在使用该书。[①]

在回顾了翻译运动的历史之后，可以得出如下结论：

（1）伊斯兰教初期最早重视翻译的是哈立德·本·叶齐德·本·穆阿威叶。给他译书的是亚历山大城的“伊斯塔芬”。他是从希腊文和科普特文翻译成阿拉伯文的。哈立德最感兴趣的是工艺和炼金术，志在将金属变成黄金。促使他研究炼金术的原因是：他想成为哈里发，因为他父亲（叶齐德·本·穆阿威叶）和他的兄弟（穆阿威叶·本·叶齐德）都是哈里发。但后来，哈里发的职位落到了麦尔旺·本·哈克木的手里，哈立德被剥夺了当哈里发的权利。这对他是一个沉重的打击。哈立德为了消愁解闷，便找到一种与其贵族身份相称的消遣方式，即炼金术。他认为，如能将金属变成黄金，他就能赢得人心，至少也能得到一种令哈里发妒忌的地位。伊本·奈迪姆写道：“哈立德十分慷慨。相传有人对他说：你把大部分精力都放在炼金术上了！哈立德回答道：我这样做，完全是为了使我的朋友和兄弟们富裕起来。我想当哈里发，但却失去了机会，我只能从炼金术中得到安慰。我不愿有人——不管我认

① 萨伊德·安德鲁希：《世界民族志》，第49、50页。

识不认识，也不管是自愿还是被迫——站在权力的门口。”[1]哈立德还研究星相，认为天文学能帮助他炼出黄金。因为，当时星相学与炼金术是合为一体的，并在下层社会颇有影响。哈立德也许希望星相学能帮助他达到自己的目的。

（2）倭马亚王朝对医学已有所重视。因为人们需要医学，也因为医学与其他外国科学相比，对宗教的影响最小，因此，允许翻译医学书籍不会使任何倭马亚人，其中包括最虔诚的欧麦尔二世感到为难。

（3）倭马亚时代的翻译只是些个人的尝试，从事翻译的人死了，翻译也就停止了。到了阿拔斯王朝时，翻译已成为民族的，而不是个人的事业了。如果读者愿意，可以将阿拔斯王朝比作一所大的翻译学校，其中个别几个人死了，对翻译毫无影响。

（4）倭马亚时代的翻译尚局限于实用科学，如化学、医学和星相学等，而没有涉及逻辑学、哲学和几何学等理性科学。对理性科学著作的翻译到阿拔斯王朝时才开始出现。

（5）我们发现穆斯林最早是通过波斯人接触到希腊哲学的。因为伊本·穆加发翻译了很多希腊有关逻辑学的著作。显然，他是从波斯文翻译的，因为没有人知道伊本·穆加发懂得希腊文。直到后来，才由一性教的基督教徒从古沙姆文翻译希腊著作。

（6）阿拔斯王朝哈里发的注意力首先集中在医学和星相学上，原因是实际生活的迫切需要。如曼苏尔因生病而需要医学和星相学，因为他认为星宿运动及形态与现实世界中的凶吉有关。

---

① 伊本·奈迪姆：《目录大全》，第354页。

从那时起，医学和星相学就成了两种官方的事业，由国家派专人掌管。如君迪沙普尔的久尔吉斯·本·捷伯里勒·本·伯赫帖舒成了曼苏尔的御医。当其年迈时，曼苏尔又任命他的弟子伊萨·本·谢赫拉纳为御医。迈赫迪任哈里发后，让外号为“古莱氏之父”的伊萨·索依达拉尼做他的医生，让鲁哈的基督教徒陶菲勒·本·突马作他的众星相学家的首领。拉希德掌权后，伯赫帖舒·本·久尔吉斯和约翰·本·马赛维成为他的保健医生。麦蒙继位后，宫廷中的医生和星相学家就更多了。星相学家有哈拜什·哈西布、阿卜杜拉·本·赛赫勒·本·努拜赫特、穆罕默德·本·穆萨·花拉子密和犹太人马萨艾拉；医生有赛赫勒·本·萨布尔、约翰·本·马赛维、久尔吉斯·本·伯赫帖舒、伊萨·本·哈克木和扎卡里亚·塔依夫里。哈里发穆阿泰绥姆登基时，他的御医先是赛勒马维，后来是约翰·本·马赛维，等等。①

读者从中可以看到医学和星相学成为受到哈里发庇护的两门学科。哈里发对它们的需要是出于实际目的，当然，对医学的需要是显而易见的。历史上充满了有关哈里发们求教星相学家的传说，如曼苏尔在选择兴建巴格达的吉日时就曾请教过星相学家。迈赫迪在出游马斯布扎尼地方时也问过他的星相学家陶菲勒·本·突马。哈里发穆阿泰绥姆的星相学家劝他只有在无花果和葡萄熟了的时候再出征，穆阿泰绥姆没有听从他们的劝告，照样攻占了“阿姆里耶”。诗人艾布·台玛木为此作了一首韵诗“宝剑胜过书中语”。哈里发瓦绥格病重时，将包括哈桑·本·赛赫勒·本·

① 见于伊本·阿伯里的零散著述。

努拜赫特在内的星相学家召来看相。他们根据哈里发的生辰估计他还能活五十年，可是，瓦绥格在他们说过这话十天之后就死了。

我们并不是说哈里发鼓励天文学仅仅是出于上述目的。因为星相学包括有我们现在所说的天文学，同时也包括研究地球因星体位置的不同所发生的变化，及由此产生的影响。这些问题希腊人都研究过，阿拔斯人也很重视。在麦蒙时代，对星体进行了观测，并改进了观测仪器。我们想指出的是：引起哈里发对星相学兴趣的首先是想了解星体运行规律的热望，后来才逐渐变成对研究纯数学天文学的支持。

看来，医学和星相学这两个学科是将穆斯林引进哲学领域的两扇大门。因为我们现在所了解、所掌握的医学和天文学知识，在阿拔斯时代有很多是不为人知的，因此当时的医生和星相学家都有很多哲学知识。哲学几乎包罗万象，医学、神学、数学、逻辑学、音乐、几何学、天文学都是它的分支。因此，医生和星相学家对上述学科大都懂得一些，然后，再深入研究医学和星相学。医生和星相学家都想精通自己的业务，这就要求他们必须掌握外国语，特别是希腊语。如果掌握了希腊语就可以阅读各种哲学著作了。伊本·奈迪姆给我们开列了一份学医者的必读书目，其中有医学、解剖学，等等，还有逻辑学、伦理学、玄学，一本名为《优秀的医生应是一位哲学家》的书也是必读书。[①] 情况一直如此，直到后来有了穆斯林的哲学家，如叶耳孤卜·肯迪，“他是一位精通医学、哲学、数学和逻辑学的学者，他还能谱曲，对几何学、数的性质及天文学也

① 伊本·奈迪姆：《目录大全》，第289页及其后。

有研究。”[①]伊本·西那也是一位逻辑学家、医生、数学家、物理学家和天文学家。

因此，我们看到很多受到哈里发资助的医生和星相学家都很注重，甚至主持翻译医学、天文学以外的著作。如伊本·阿卜里写道：“拉希德让他的医生约翰·本·马赛维翻译医学古籍……他对古籍做了分类，并组织了一个委员会对译文进行审校，对各种古典学问都做了很好的表述。”[②]他还说：“麦蒙的释奴——医生兼翻译家约翰·本·巴脱里格主持翻译格言和谚语。他译文准确，但阿拉伯语讲不好，有些口吃。他的哲学才能比他的医术还要高明。”[③]

*　　　　*　　　　*

这些希腊文化对穆斯林有很大的影响，尤其是穆斯林接触希腊文化时，正值阿拉伯学术记载成文的时代。因此，希腊文化渗入到阿拉伯学术的各个领域，使之染上了特殊的色彩，对阿拉伯学术从形式到内容都产生了巨大的影响。

形式上的影响主要是希腊逻辑学的影响，即给阿拉伯学术打上了逻辑学的烙印。正如伊本·西那所指出的：逻辑是“科学的仆人”。穆斯林在伊斯兰教初期就重视逻辑学。我们看到伊本·穆加发翻译了亚里士多德的逻辑著作，后来的翻译家也不断地翻译有关逻辑学的书。传到阿拉伯人手中的逻辑学是经过斯多葛学派和亚历山大学派加工后的亚里士多德的逻辑学。阿拉伯人没有增

---

① 格夫退：《哲学家传记》，第268页。

② 同上书，第227页。

③ 同上书，第239页。

加什么新的内容，只是做了一些注释而已。因此，我们现在手中的逻辑学就是亚里士多德的逻辑学，译文也很准确，没有像对希腊神学那样进行删减或篡改。当时亚里士多德的逻辑学以及阿拉伯人的注释比我们今天手中的逻辑著作更为广泛，更为深刻。演绎法占了很大的比重，此外还有《证明篇》、《辩论篇》、《诡辩篇》、《演说篇》、《诗歌篇》等等。[①] 但是，后人删去了其中的很多章节，或者只是简单地提一下，保留下来的只有五种宾辞、命题、演绎法等等。删掉的部分比保存下来的内容更重要，更深刻。[②] 从而使逻辑学失掉了它的灵魂。

总而言之，逻辑在阿拔斯时代对思维有很大的权威，因而使当时的辩论、研究、表达及论证方法都染上了一种与以前不同的色彩。如果将《古兰经》和教义学家的风格做一比较，就会发现两者有很大的区别，以致使你能得出这样的结论：教义学家是按照亚里士多德的逻辑思维行事的，《古兰经》则不是这样。也门萨那人穆罕默德·本·易卜拉欣·侯斯尼写了一本名为《〈古兰经〉的风格优于希腊风格》[③]的书。《古兰经》在肯定真主存在时是这样讲的："你说：'谁从天上和地上给你们提供给养？谁主持你们的听觉和视觉？谁使活物从死物中生出？谁使死物从活物中生出？谁管理事物？'他们要说：'真主。'""难道他们没有仰观天体吗？我是怎样建造它，点缀它，使它没有缺陷的？我曾展开大地，并将许多山

① 参看英文版的亚里士多德的《逻辑学》。早期阿拉伯人采用了希腊的亚里士多德注释家增添的《演说》与《诗歌》的版本。

② 参看伊本·赫勒敦的《历史绪论》，第 41 页。

③ 该书由埃及学院出版社出版。

岳投在上面，还使各种美丽的植物生长出来，为的是启发和教诲每个皈依的仆人。我从云中降下吉祥的雨水，就借它而生长许多果树和五谷，并生长扶疏的海枣树，它有累累的果实，用作众仆的给养。”[①]至于教义学家的风格就不同了，如“世界是存在的，每个存在的事物一定有它的造物主。因此世界也一定有它的造物主。”等等。他们还使用本质、现象、数量、状态、原理、法则等希腊哲学术语。

同样，如果将正统哈里发时代和倭马亚时代的法学家的表达方式进行一下比较的话，就会发现前者完全是阿拉伯式的，后者是亚里士多德式的。例如：我们在读马立克教长写的《圣训易读》（穆宛脱）时，会发现作者先提出格言、警句，然后用圣训或名言进行论证，根本见不到逻辑学的影子。但是在读到《教法指南》一书时，尤其是读到有关艾布·哈尼法和沙斐仪之间的歧见时，看到的则是亚里士多德的辩论原则得到了大量运用，如大前提、小前提、结论、类推的方式、充分条件量等等。

读者读西伯威的语法时，也会发现该书的编排很有逻辑性，如讲词的分类，先将词分为名词、动词和虚词，然后，给各种词下定义，并提出具体的例子，最后提出规则。亚里士多德曾经指出：“时间与空间像是容器，因为任何被造物都是在一定的时间与地点产生并存在的。这就是语法学家将时空状语称为‘容器’的缘故。”[②]与此同时，一些有关逻辑学或受逻辑学影响的著作也问世了，如：《逻辑绪论》（或《逻辑入门》）、《语法前言》等。

① 马坚译：《古兰经》，10:31、50:6—11。

② 《久维依迪教授的演讲集》，第58页。

在亚里士多德的逻辑学中占有重要地位的类推法在阿拉伯学术中得到了很好的运用。如教法中的类比、语法和语言中的类比，哲学中的演绎法，都是对类推原理的实际运用。此外，类推在对问题进行分类，对类似问题制定同一规则，对没有先例可循的案例作出裁决，都产生了很大的影响。这对学术膨胀，以及学科分类都起了一定的作用。①

这是形式上的影响。就内容而言，希腊哲学对教义学家也有很大的影响，其内容在介绍穆阿台及勒派时再谈。新柏拉图主义对苏菲派也有影响，具体情况在谈及苏菲派时再说。而穆阿台及勒派和苏菲派都对伊斯兰哲学产生过巨大的影响，这个问题列入伊斯兰哲学史似乎更合适一些。此外，希腊修辞学对阿拉伯修辞学也有影响，但这是阿拔斯时代前期以后的事，故这里暂且不提。

但毫无疑问的是，阿拉伯人或穆斯林很好地利用了从希腊文化中学到的知识，并在此基础上有所补充和创造。他们并不是一味地生搬硬套，而是用一只眼睛看着希腊文化，用另一只眼睛盯着看伊斯兰的教导和阿拉伯文化，从前者选择适合后者的内容，使两者融合在一起，成为既不是纯粹希腊的，也不是纯粹伊斯兰的新文

① 教法中的类比，以后再讲。而语法上的类比，则被作了近乎教法定义般的解释。语法学家像教法学家一样使用类比。伊本·安巴里说："需知，否认类比是不行的，因为整个语法都是类比，谁否认类比，谁就否认了语法。"当时语法学家将语法问题的出处分为听说的和类比的两种。所谓听说的系指听阿拉伯人讲过的；类比的则根据听到的内容作出的比较。人们说，巴士拉的语法学家比库法的语法学家更会使用类比，因为巴士拉人不大理会听到的传闻，不将个别的例子作为类比的依据。这就是说，库法人使用类比的范围比巴士拉人广，因为他们对个别例子也作为类比的依据。安德鲁希说："库法人如果听到一句与语法规则有出入的诗，他们就会为此定出一条规则，巴士拉人则不这样做。"

化。这一特点，在阿拔斯时代后期表现得尤为明显。是的，翻译运动结束了，学习和建设开始了，涌现出精诚兄弟社、法拉比、伊本·西那、伊本·鲁世德等代表人物。

*　　　　*　　　　*

除此之外，还有一种影响较小的希腊罗马文化，即由阿拉伯人和希腊、罗马人杂居后产生的文化。因为有些罗马人生活在阿拉伯人中间，他们有自己的习俗、思想及政治观点，有自己的歌唱和绘画艺术等等。阿拉伯人从中吸取了合乎自己需要的内容，但不是通过有组织的学习，也不是用科学的研究方法，而是通过观看、通过交谈。如果说伊拉克是希腊科学文化的最重要的发源地的话，那么沙姆地区就是准希腊、罗马文化最主要的泉源。因为：伊斯兰教向外扩张时，沙姆地区处于罗马人统治之下，而由于伊拉克与另一个强国——波斯很近，并经常处于波斯人的统治之下，故罗马人在伊拉克的势力没有在沙姆地区的势力大。沙姆地区有很多阿拉伯人，罗马人也不少，他们完全混杂在一起。罗马人走后，他们的习俗、艺术及一些制度却保留下来。例如唱歌，《诗歌集》告诉我们，穆斯林向罗马人学到一些歌曲；在谈到伊本·穆赫里兹时，有这样一段话："他到了波斯，就学习波斯歌曲，到了沙姆就学习罗马歌曲。他从罗马人的演唱中吸收适合自己演唱的曲调。"[①]伊本·米斯捷哈也提到：伊本·穆赫里兹曾到过沙姆，学过罗马人的歌唱艺术。[②]

① 《诗歌集》，第1卷，第151页。

② 同上书，第3卷，第84页。

我们知道，当时有很多奴隶是罗马人。哈里发的宫廷里以及富豪、诗人、学者的家中都养有男女奴隶，哈里发麦蒙就拥有很多穿着系有腰带的罗马服装的女奴，诗人艾布·台玛木也有一个罗马男仆。[①]

伊本·艾比·乌索依比阿讲过这样一个故事：拉希德有一名罗马女奴，名叫赫莱莎，她有个表妹与其同住。一天，拉希德没有见到那一女子，便问赫莱莎，那女子到哪里去了。赫莱莎告诉拉希德，她把那女子嫁给了她的一个亲戚。拉希德听后非常生气，说：没有我的允许，你怎么敢这么做呢？你是用我的钱把她买来的！拉希德命令赛拉姆·艾卜莱什教训一下她表妹的丈夫。赛拉姆找到那个男人后，给他施以阉刑。赫莱莎的表妹生下孩子时，拉希德已经去世了。赫莱莎便将婴儿收为义子，让他读书识字。他学习了希腊语和罗马文学，因为他知道，学会希腊语可以出人头地。他就是当时有名的阉人之子——易司哈格，很多学者文人都与他有过交往。[②]

在阿拔斯时代前期，穆斯林与罗马人之间的战争一直不断，双方都有俘虏落在对方手中。穆斯林俘虏被送到君士坦丁堡，罗马俘虏则被送到伊拉克。历史上，尤其是拉希德时代有很多关于俘虏的传说。这些俘虏成了融合社会生活，促进民族间相互学习的一个媒介。加之很多伊斯兰国家曾经受过罗马人的统治，又通过和平时的交往，战时的接触，因而，如果说穆斯林中没有人会讲罗马

① 《诗歌集》，第 15 卷，第 107 页。

② 《医学家传记》，第 1 卷，第 185 页。

语，罗马人中也没有人会讲阿拉伯语，那是不可思议的。例如，生活在阿拉伯人家庭中的罗马奴隶，起初当然是讲罗马语，后来则讲带有罗马腔的阿拉伯语，以后逐渐能讲比较流利的阿拉伯语了。在罗马的穆斯林俘虏，只要定居下来，情况也是如此。这就使双方一些有才能的人能够交流思想，交换看法，讨论语言和文学。《诗歌集》举了一个有趣的例子：罗马皇帝的一位使者拜见哈里发拉希德时问到艾布·阿塔西耶，并用地道的阿拉伯语朗诵了几句艾布·阿塔西耶写的诗。罗马皇帝知道此事后，便让使者请求拉希德派艾布·阿塔西耶访问罗马，并同意留下人质作为抵押。拉希德向艾布·阿塔西耶转告了皇帝的愿望，但被婉言谢绝了。[①]

*　　　*　　　*

这里有一个值得思考的问题，即希腊人对阿拉伯人在文学方面的影响远远小于在自然科学和哲学方面的影响。读者看一下由希腊文译成阿拉伯文的书目，就会发现其中大部分都是数学、医学和哲学类书籍。尽管希腊和罗马有大量的文学作品，但几乎找不到一本阿拉伯文的译本。其原因，在本书《黎明时期》卷中已做过解释。[②] 现在再补充一点，即哲学和科学是世界性的，而文学则带有民族性。因为哲学和科学是智慧的产物，智力尽管有高有低，但却是每个人和每个民族都具有的一种能力。逻辑学，人们都能接受；几何学与医学人们都在使用；至于文学，则是感情的语言，而感情是不受逻辑制约的。文学是社会生活的影子，每个民族都有自

① 《诗歌集》，第3卷，第179页。

② 参看《阿拉伯伊斯兰文化史》（黎明时期），第142—146页。

己特殊的社会生活内容和生活方式。因此，阿拉伯人能够欣赏亚里士多德的逻辑学，能享用格林的医学，但却接受不了荷马的《伊利亚特史诗》。君不见，即使是在各民族人民交往比古代更为密切的今天，除了那些对希腊的社会生活非常了解，并懂得其精华所在，而且是经过希腊文化长期熏陶的人，一般的阿拉伯人仍欣赏不了《伊利亚特史诗》。

第三个原因应该是：希腊文学是拜物教文学，其中有对各种天神和英雄的崇拜。在翻译希腊学术著作时，阿拉伯人早已信奉了伊斯兰教，故无法再接受那种拜物教文学了。

尽管如此，希腊对阿拉伯语及阿拉伯文学还是有影响的。这表现在：

(1) 阿拉伯语中的希腊外来语。这些外来语中大部分是阿拉伯人原来不知道的希腊或罗马的各类服装的名称，阿拉伯人穿上这些服装后，还叫它原来的名字。如“布尔久德”，意为带条纹的粗毛布衣服；“艾布·盖莱蒙”是一种看上去五光十色的罗马服装。还有一些阿拉伯半岛没有的，只是在与罗马人接触后才知道的一些实物名词，如：黄玉、祖母绿、宝石；还有罗马的计量单位，如：基拉特，欧几亚；或是一些医学或植物名称，如：痰、腹绞痛、李子、药豆、羽扁豆；或者是一些基督教名词，如：景教教长、基督教大主教等等。看来，这些字词大都是从沙姆地区渗透到阿拉伯语中来的。

(2) 被译成阿拉伯文的希腊故事。伊本·奈迪姆列举了译成阿拉伯文的罗马历史及名人的书目。[①] 查希兹在他的《动物志》中写道：希腊有个名叫里西蒙的人，智者们往往能一口气讲出八十多

① 伊本·奈迪姆：《目录大全》，第305—306页。

篇有关他的趣闻轶事，而且篇篇都很精彩。其中有一篇是这样的：里西蒙每当清晨到幼发拉底河河边出恭或大净时，都要在他家的门轴处放上一块石块，使门不致关上，这样，回来时就不用再开门了。可是他每次回来，石头都不翼而飞，门也关上了。为了弄清谁关的门，一天，他躲在隐蔽之处，忽见一人走来，径直拿走石块，门随之就关上了。里西蒙走出来对那人说道：这石块与你何干？你为什么要动它？那人答：我不知道石块是你的。里西蒙说：但你知道石块不是你的呀！

另一篇轶事是这样写的：有人问，为什么里西蒙只教别人写诗，而他自己不写呢？里西蒙回答说：里西蒙的作用像磨石一样，只是磨亮别人，而不会伤害别人。

又如，有人看见里西蒙在市场上吃东西，便说：你怎么在市场上吃东西？里西蒙答道：如果里西蒙饿了，他也会在市场上吃东西的。①

（3）格言。毕达格拉斯、苏格拉底、柏拉图、亚里士多德等人的一些格言被译成了阿拉伯文。当时的文学作品，如《修辞与阐释》、《史事泉源》中，这类格言比比皆是。基督教人阿里·本·莱班翻译了一本有关波斯、罗马和阿拉伯文学及格言、谚语的书。②

看来，阿拉伯人喜欢希腊、罗马的故事和格言、谚语，而不喜欢《伊利亚特史诗》之类的文学作品、诗歌和演说，原因已有前述。故事和格言都具有世界意义，它没有特殊社会生活的瓜葛，没有那些令阿拉伯人头疼的希腊人名，也没有阿拉伯人不喜欢的诗律，更没

① 查希兹：《动物志》，第1卷，第140页。原文中的错误已被更正。

② 伊本·奈迪姆：《目录大全》，第316页。

有为信仰伊斯兰教的阿拉伯人所不熟悉的社会生活的描写。

总而言之，希腊文化对阿拉伯的哲学、数学和医学的影响是广泛而深刻的，但对文学的影响则很小。

最能够体现出阿拉伯文化受到希腊文化影响的代表人物是侯奈因·本·易司哈格。

*　　　　*　　　　*

侯奈因·本·易司哈格

侯奈因·本·易司哈格，别号艾布·宰德，生于伊斯兰历194年/公元809年。其父易司哈格是阿拉伯人，隶属希拉的耳巴德部落，他是一个聂斯脱里派的基督教徒，因此，他儿子也信奉基督教。易司哈格是药剂师，故想让儿子学医。侯奈因开始受教于约翰·本·马赛维。因侯奈因太爱提问题，使老师不悦，遂被赶走。约翰·本·马赛维甚至说了这样的话："希拉人与医学无缘，只能到街市做买卖！"约翰对君迪沙普尔及其学派怀有一种宗派主义情绪，认为科学非他们莫属。于是，侯奈因来到罗马，学会了希腊语，后又回到巴士拉，追随哈利勒·本·艾哈迈德，向他学习阿拉伯语。据说是侯奈因把哈利勒的辞典——《阿因书》带到巴格达的。

侯奈因精通四种语言：波斯语、希腊语、阿拉伯语和古沙姆语。他最擅长将希腊语译成阿拉伯语和古沙姆语。从十七岁起，他就开始从事翻译工作，但译文不太好。当他成熟后，对以前的译作很不满意，便做了校订或重译。

侯奈因与麦蒙结识后，被派到"智慧之家"里任职。"智慧之家”里有大批从小亚细亚及君士坦丁堡得到的书。侯奈因先将书译成古沙姆文，然后，再从古沙姆文译成阿拉伯文。后来，他还给穆阿台绥姆、瓦西格和穆台瓦基勒三位哈里发译过书。

侯奈因对“智慧之家”的丰富藏书并不感到满足，于是到伊拉克各地云游，到沙姆、到亚历山大城和罗马旅行，收集图书珍本。侯奈因大约活了七十多岁，于伊历264年去世。他在学术上的贡献，在以后数百年之内都无人能与之相比。

侯奈因除了自己译书之外，还指导很多人从事翻译工作。“穆台瓦基勒哈里发给他配备了一些懂得翻译的、有经验的书记官，如：伊斯塔芬·本·拜西勒、穆萨·本·哈立德、叶海亚·本·哈伦。他们翻译，侯奈因校阅。”[①]侯奈因翻译了很多作品，并有不少著述。他有时给译著作注释；有时又对译著进行改写，将长篇改成简本；或者修改前人的译著。总而言之，他的一生，是孜孜不倦地做学问的一生。他所开创的事业，在其逝世之后由他的两个儿子及其弟子们继承下来。[②]

侯奈因翻译的大多是医学著作，特别是格林的著作。据说：“他将格林的七十五部著作译成了古沙姆文，又将其中的三十九部译成了阿拉伯文。他还校译了六部由他的学生译成古沙姆文和大约七十部译成阿拉伯文的著作。此外，他还对由赛尔吉斯·拉苏阿依尼、艾尤布·鲁哈威等早期医学家们翻译成古沙姆文的五十部著作进行了修订。”[③]

① 《哲学家传记》，第171页。

② 参看伊本·艾比·乌索伊拜阿的《医学家传记》中的书目。

③ 引自马依尔霍夫教授的作品。

不仅如此，我们还见到很多侯奈因翻译的非医学书籍，如逻辑学、物理学、天文学的著作，及柏拉图和亚里士多德的哲学著作。科学考证表明，列在他名下的译著作品中，有一部分实际上是由他的弟子或其学派中的成员翻译的。

侯奈因在开始翻译希腊著作时，遇到了数百个古沙姆语和阿拉伯语中所没有的希腊词汇，其中包括医学及哲学术语，动、植物的名称及天文学的名词等等。侯奈因不得不创造出与之相应的阿拉伯词汇，如果找不到合适的阿拉伯词汇，就只好将外来语阿拉伯化。了解了这一切，就会懂得侯奈因肩上的担子有多重，就会知道他的艰辛，也就会更加了解到他成功的含义！

西蒙教授在发表侯奈因和侯拜什翻译的格林著作时，曾指责他俩说："翻译中到处都是原著中没有的段落。译法是逐字直译，文字并不都是很美的。"对此，贝尔·吉斯特拉西尔教授作了反驳。他认为："侯奈因和他的学生侯拜什在尽可能清楚地表达希腊原著的词义时，付出了极其艰巨的劳动。他俩的翻译是逐字直译的，甚至不惜牺牲语言的和谐及文字的优美。但侯奈因的翻译更好一些，也更准确，使人觉得它不仅仅是诚实劳动的果实，而且也是运用语言表达艺术的产物。这些在无可挑剔的希腊语与阿拉伯语的互译中，在既准确又精练的文字中得到充分的体现，这就是侯奈因语言的特点。"①

我们读一下侯奈因的翻译作品或著述，以及伊本·艾比·乌索伊拜阿在《医学家传记》中所提到的书目索引，就能发现侯奈

① 见贝尔·吉斯特拉西尔教授《侯奈因·本·易司哈格及其学派》一书。

因涉及了科学的各个领域。除了大量的医学译著外，他还有哲学等方面的著作。例如：《空气、水和住宅》、《雏鸡的诞生》（书中说明雏鸡是由鸡蛋中的蛋白变来的，雏鸡生长所需要的营养则来自蛋黄。）、《太阳与月亮的作用》、《天空与世界》、《涨潮与落潮》、《逻辑学》、《创造人类说》、《击石取火》、《希腊人的语法规则》、《哲学家、智者轶事及学子的礼貌》、《耕作篇》、《论彩虹》、《世界历史——创世、先知、帝王、民族、哈里发》、《费尔夫里尤斯的逻辑学绪言》、《相书》、《宗教真谛》。

要是把侯奈因翻译和著述的作品都统计一下的话，那就太离题了。仅从以上所述，就可以看到：侯奈因及其学派把希腊典籍的精华都译成了阿拉伯文，并做了注释和摘要。他们将各学科的希腊文化都展现在穆斯林和基督教学者面前，任其享用。他们以及其他学者的劳动为后来问世的各派教义学家和穆斯林哲学家提供了丰富的营养。

侯奈因精通各国文字，因而给翻译带来了新的特色。学者们深知，侯奈因的翻译与从前的翻译有很大的不同，他的翻译详尽而准确，前人的翻译毛病很多，以致伊本·马赛维在读了侯奈因的一段译文后说了这样一句话："你可见过基督在当代给过谁这样的灵感吗！"以表示对侯奈因译文的钦佩，对他高超的翻译技巧的折服。

现在让我们举个例子。侯奈因在其所翻译的希波克拉底写的《星期篇》及其对格林著作所作的注释中写道："格林说：希波克拉底用宇宙来比喻人，称人为小宇宙，因为人是依照宇宙规律行事的。本书是为类比学家，即那些具有辩论和对话才能的医生们撰写的。希波克拉底在这里提到了医学的两个部分：一部分叫做‘夫斯尤鲁基亚’，即认识人体中液体的医学，另一部分叫做‘拜突鲁基亚’，即认识操作的医学。”①

侯奈因在另一处写道：“希波克拉底说：小熊星座中的帝星和太子星很像人体内的热量。格林说：这位超人允诺将世界分成七个部分。他实现了自己的诺言，将世界分成了七个部分，他以极远的世界开始，以地球告终。然后，将世界的各部分与人体的各部位联系起来进行观察和比较，得出人始自地球，终在地狱的结论。我们分析了这句话的含义，发现希波克拉底想将人体各部分与世界各部分联系起来。人生活在地球上，在地球表面上行走，因此，以地球作为起点。希波克拉底多次重复这句话，其目的是为了使人们记住他的观点。重复的次数越多，理解就会越深刻，记得就会更牢固。”②

侯奈因又写道：“需知愤怒能被理智抑制。如果用理智控制感情，不让愤怒爆发——愤怒很可能造成极坏的后果——，那感情就可以得到控制。

你们还应当知道，是太阳使小熊星座中的帝星和太子星运转的，但并不是太阳真的在起作用，而是太阳的起落使帝星和太子星显露出来。因此，这位杰出的学者说，太阳在摆布帝星和太子星，但并不是真的使二星转动，而是像我们刚才解释的那样，使二星显

① 《星期篇》，第 4 页。——作者。“夫斯尤鲁基亚”即四液体说，认为人体有血液、黏液、黄疸和黑疸四种液体组成。——译者

② 同上书，第 68 页。

露出来。

诗人乌拉突斯也提过这个观点，并做了极好、极准确的描述。谁想详细了解这方面的知识，就请研究一下希波克拉底写的天文学著作吧！"[①]

*　　　　*　　　　*

由此，我们可以作出这样的判断，侯奈因的用词是清楚的，行文是流畅的。如果说他在迫不得已的情况下，用音译的办法使用一些科学术语，如使用"杜俄马托基依"、"夫斯尤鲁基亚"和"拜突鲁基亚"等词时，他紧接着就用阿拉伯语对该词进行解释，并在原文上面加上引号，在注释中也是如此。后来的穆斯林学者在写书时也采用这种办法。

总而言之，侯奈因及其学派是希腊文化的最优秀的代表，是向阿拉伯读者介绍希腊智慧成果的杰出人物。

① 《星期篇》，第 82 页。

第四章　阿拉伯文化

阿拉伯文化有两个重要的方面：(1)宗教，即对《古兰经》、圣训和教法的研究；对伊斯兰文化在帝国居民中的传播及对他们思想、精神上产生的影响。这些问题本书将一一谈到。(2)语言和文学，即本章要谈的内容。阿拉伯半岛是阿拉伯语的发源地，是伊斯兰教的故乡。阿拉伯人走到哪里就将阿拉伯语带到哪里；征服到什么地方，就将语言带到什么地方。真主的使者穆罕默德是阿拉伯人，《古兰经》是用阿拉伯文写的，最早号召各民族信奉伊斯兰教的也是阿拉伯人。在弄清了宗教及语言的来源以及阿拉伯人的贡献之后，不言而喻，应将由此而产生的文化称做阿拉伯文化。

语言，正如研究闪族语系的学者们证实的那样，阿拉伯语是最高级的闪族语言，阿拉马语和希伯来语等其他闪族语言都无法与阿拉伯语相比。阿拉伯语同时也是世界上最优秀的语言之一，它的最大特点是使用灵活及派生词多，在这一点上，甚至比亚利安语系的语言还要突出。如果将一个阿拉伯字词的各种派生词，以及每个派生名词的词意与欧洲语言的一个字词及其派生词进行比较，在大多数情况下，阿拉伯语都要更丰富些。比如，以“朵尔布”(意为：打，击)这个字为例，它的派生词计有：他打了，他正在打，你打吧！打人的，挨打的；其工具名词是(球)拍、棒，还有打架、斗殴、动荡、晃摇、混乱、不安、语无伦次、杂乱无章、税、捐(税)、砍、杀、买空卖空、投机倒把、投机商等等。

此外，该字还有隐喻的用法。如：铸造迪尔汗和第纳尔、打金戒指、旅行、（鸟）移栖、觅食、奋起、禁治产、罢工、受冻、遇寒、枯萎、去壳、除籽、搅拌、类似、相等、式样、举例、说明、打比方等。这只是证明阿拉伯语词语丰富的大量字词中的一个例子。阿拉伯语的派生词之多，隐喻之丰富，其他语言很少能与之相比。同时，阿拉伯语的字母变换五花八门，造词方式多种多样，难以尽数。在《阿拉伯伊斯兰文化史》（黎明时期）一书中，我们对阿拉伯人精细的分辨能力已做了说明，如他们给骆驼、马以及地球上的万物，都设置了名称，只要稍有变化，就会出现新的名词。但对那些他们没有见过的东西，如海产品和各种当地没有的动植物就叫不出名字来了。[①]

阿拉伯语的这种灵活性，这种派生语言的特点及大量隐喻的使用和字母的变换，以及造词能力强的特点，使它能够成为《古兰经》和圣训的语言，能够表达经、训中无比崇高的意境，表达阿拉伯人在蒙昧时代所不曾有过的宗教、社会和立法概念。同时，也能成为翻译波斯、印度、希腊等民族的学术成就的工具。在阿拔斯王朝建立后的八十多年中，上述民族的文化精华都被用阿拉伯文记录了下来。原来对算术、几何、医学等术语一无所知，对亚里士多德的逻辑和哲学根本没听说过的阿拉伯人，在很短的时间内，就能用阿拉伯语来表达欧几里得的最精细的理论，表达印度数学中的正弦定理，表达亚里士多德的唯物论，托勒密的天文学原理，以及盖伦（格林）的医学、比兹莱吉姆海尔的格言和波斯国王的政治了。假如阿拉伯语没有生命力，没有柔韧性，没有优于其他语言的特

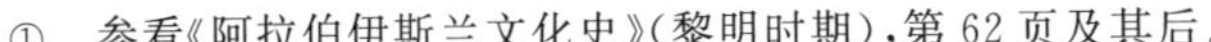

① 参看《阿拉伯伊斯兰文化史》（黎明时期），第 62 页及其后。

点，这一切都是不可能的。

阿拔斯时代的阿拉伯人在将这批外国学术财富译成阿拉伯文的过程中，特别是在制定语法和教法术语时遇到了极大的困难。他们面对着新的学科、新的思想；在伊斯兰帝国开拓的辽阔的版图内，到处都有许多前所不知的动物、植物；到处都有互不熟悉的社会制度与习俗；倭马亚时代没有的一些政府机构建立了；一些没有阿拉伯文名称的曲调，一些波斯和罗马的乐器都有了阿拉伯名称；样式独特的各民族服装，色味各异的民族食品和饮料……都呈现在阿拉伯人面前。总之，那时的阿拉伯人遇到的阿拔斯文明，如同今天的阿拉伯人面对的西方文明一样。在这巨大的洪流面前怎么办？要么让这些字词保持原来的发音——这样会损害阿拉伯语的特性；要么给它们冠以阿拉伯的名称——这样做难度是很大的。但所有这些困难都被准确、巧妙地克服了。阿拉伯字词迅速膨胀起来，阿拉伯语词典从下述两个方面得到充实和补充：

第一，这是最主要的，即阿拉伯语字意得到了扩展。比如，阿拉伯人原本不知道语法学家所理解的“主语”、“主动名词”、“被动名词”[①]；也不知道逻辑学中的“命题”、“题目”、“宾词”；更不知道韵律学家给各种诗律起的名称。史书中记述了很多发生在语法学家与阿拉伯游牧人之间的有趣的故事。游牧人听不懂语法学家讲的话，因为语法学家使用了很多游牧人一无所知的语法术语。语

① 主动名词和被动名词是分别说明动作的主动者和被动者的名词，均由动词变化而来。——译者

言学家则向游牧人求教，努力创造游牧人能听懂的词型。

这样一来，阿拉伯语的字义和词型剧增。如果翻开倭马亚时代的字典，在“长的”一字中是找不出“长律”这个字意的。在字典中也找不到语法概念上的“主语”和“副词”，等等。字意的扩展满足了学术上的大部分需求。当读者阅读语法、词法及教法著作时，再也找不到一个外来语，就连希腊人的逻辑全书，除了像“诡辩”这样的字词之外，也几乎找不到一个外国字。哲学、数学的情况也是如此，质量、数量、本质、现象、三角形、四边形、角等术语都是阿拉伯语，而不是外来语的译音。

第二，将外来语翻译成阿拉伯语。其中大部分是国名，动、植物名称，以及阿拉伯人以前不知道的工具、疾病及食物的名称。翻译时，阿拉伯人各行其是，没有遵循统一的规则。捷瓦里基[①]说：“阿拉伯人在翻译外国名字时常常是很大胆的，他们变换字母的发音，如‘易司马仪’，原音是‘易诗马依’。有时又变动字母的位置，或干脆随心所欲地增减字母。”[②]实际上，只要将原文与译文作一比较，就会发现这一特点。

希腊语中的一些字词是通过两条途径被译成阿拉伯文的。其一，是研究希腊著作的学者，他们将一些动、植物的名称翻译成阿拉伯文，他们的译文最接近于原意，词型也较统一。其二，是普通老百姓的翻译。那些目不识丁的阿拉伯人在翻译时是很随便的。如某个阿拉伯人听到一个波斯城镇的名字，或听到希腊某种物品

① 捷瓦里基（公元1073—1144年），即艾布·曼苏尔·貌忽布·捷瓦里基，阿拉伯语言和语法学家。——译者

② 《木兹雪尔》，第1卷，第133页。

的名称，他就会根据习惯，用最简便的音来表示；另一个阿拉伯人对他所听到的其他外来字词又会根据他的习惯来译音，这样，即使同一个译成阿拉伯语的字词的发音也会截然不同。因此，一个字词可能会有两种以上的发音，这使研究人员很难找到阿拉伯人翻译外国字词的规律。当然，这不是我们要讨论的内容。

*　　　　*　　　　*

阿拉伯语从翻译外来语的困难中健康地走出来，而且变得更加强大，使用范围也更加广泛了。阿拉伯语变成了宗教语言、学术和哲学语言，以及文学语言。与此同时，被征服国家的各种语言逐渐消失了。如曾用来翻译希腊著作的古沙姆语，在将那些著作译成阿拉伯文之后，就开始走下坡路了。对波斯人来说，他们的学术和文学语言已被阿拉伯语所取代。波斯人如要著书立说，或要吟诗作赋，都得使用阿拉伯语。只是在日常生活中，或在履行袄教的仪式时，才使用波斯语。沙姆和埃及的罗马语及科普特语等其他语言的命运也大致如此。阿拉伯语成了表达这些民族思想和心声的工具，而这些民族又通过阿拉伯语接受了伊斯兰文化。

如果说外国人丰富了阿拉伯书面语言的话，那他们的语法错误则使口语受到损害。在实行对外扩张和外国人皈依伊斯兰教之前，阿拉伯半岛的语言是地道而纯正的。后来，语法错误才开始蔓延开来，其历史可以追溯到穆圣时代，追溯到四大哈里发和倭马亚人时代。对此，暂且不提。我们只想对阿拔斯王朝前期的语音、语法错误讲一句话，即随着非阿拉伯人在政治上的得势，开始形成了两种语言：一种是书面语言，地道的阿拉伯游牧人的语言，以及仿效游牧人讲话的语言；另一种则是查希兹所说的“混血儿”语言，当地人的方言。查希兹说:“假如你听到游牧人讲的趣闻,而后又向别人传述,你一定要注意他们的语法和发音。倘若不注意,那你讲的就不是游牧人的趣闻了,而且这是功德一件。反之,如果你听到的是其他老百姓的轶事,或是下层社会的俏皮话,那你传述时千万不能照搬,而要重新斟酌,用准确的语言重新表述。”“城里人出言锋利、措辞巧妙,但一般老百姓语言中的错误比比皆是,越不注重语法越好。”“错误多出自聪明机智的女奴,乳峰突起的女郎,俏丽活泼的姑娘,以及误入风尘的女子。这也许是为了博得男人的欢心,女奴没有不会装腔作势的。”①

查希兹还说过:“艾布·阿绥声称:他从未见过乡下人在讲话或与他人交谈时不犯语法错误的。只有语法学家艾布·宰德和教师艾布·赛德讲话时不犯语法错误。”

伊本·古太白讲了这样一件事:一游牧人走进市场,听到商人们讲话错误百出,感叹道:“赞美真主！他们张口出错能赚钱,我们说话地道,却不能把钱赚!”②

当时语言上的错误五花八门。比如一个男人对另一个男人说:“把那个人给我带过来”(将句中的命令式动词变成了阴性);再比如:“我对他说了多次,他都拒绝了”(将介词的受词变成主格)。在构词方面,比如:“一个奈巴特人被问道‘你为什么买牲口’,他回答:‘骑啊,让它给我下个小崽’(动词‘生育’中间字母读错了音)。在构句方面,如查希兹所说:“我对一个佣人说:‘这小伙子给谁干

① 《修辞与阐释》,第1卷,第111、123页。

② 《史事泉源》,第2卷,第159页。

活儿?'他回答:'主人,铁匠,塞纳德。'其实他想说:'我给塞纳德的铁匠铺干活儿。'"[①]有时候,他们喜欢把单词的尾部读成静音,以避免语法错误。麦赫迪·本·穆海尔希勒说:"希夏姆·本·哈萨和我说话的时候,把所有词的尾符都吞掉了。那时候,他还不是语言学家,这样做是为了避免出错。"这类错误极为普遍,甚至连学者也不能幸免,如艾布·哈尼法、阿慕尔·本·阿比德、拜什尔·麦里西都犯过这类错误。[②] 但这无损于他们的学问,因为掌握语言知识与口头表达能力是有区别的。一个人可能精通语法,了解字义,清楚每个字词的读音,但却不善于讲话,不善言谈,正如有些语法权威表现得那样。

由此,可以得出这样的结论:在阿拔斯时代前期,口语错误日渐增多,并开始出现两种语言;一种是土语方言,即查希兹所说的"混血儿"和当地人的语言。这种语言用词不考究,不讲究语法,字尾多为静音。[③] 另一种是上流社会、有教养阶层的语言,即合乎语法规范,并经过筛选的语言——尽管也有语法错误——这是一种书面语言。

*　　　　*　　　　*

因此,当时的语言学家和语法学家只向沙漠中的原住民学习,只向那些没有受过定居人影响的贝都因人求教。他们认为,定居

---

① 《修辞与阐释》,第 1 卷,第 122 页。

② 同上书,第 2 卷,第 156 页。《罕世瓔珞》,第 1 卷,第 296 页。《文学家传记》,第 179 页。

③ 据《诗歌集》(第 3 卷,第 177 页)记载,哈里发拉希德在一次泛舟时十分欣赏水手们的演唱,但嫌歌词不优美,错误也多,便让随行的诗人作诗供水手演唱。艾布·阿塔希亚最会写这种诗,于是便写了一首。

人的语言因与其他民族的混杂而受到损害，而那些能听懂带有语法错误的语言的游牧人，其本身的语言已受到其他民族语言的影响和损害，故他们的语言也是不纯正、不地道的。语法学家一旦发现这样的游牧人，就不再向他们请教，也不再听其讲述，因为他们已不是真正的游牧人。当时的巴士拉人看不起库法人，他们认为："我们的语言是从狩猎鳄蜥、吞食飞鼠的人那里学来的；而你们（指库法人）的语言则来自喝酸奶、卖泡菜人之口。"[①]

学者在向游牧人求教之前还要考一考游牧人，比如艾布·阿慕尔·本·阿拉就对艾布·赫依莱的语言是否地道存有疑问，便问了他一个问题。听了回答后，艾布·阿慕尔·本·阿拉评价说："艾布·赫依莱呀！你的皮肤已变得柔软了。"[②]

当时，有很多游牧人涌入伊拉克的城市，学者们便向他们学习语言。对这些游牧人，伊本·奈迪姆在他的《目录大全》一书中曾做过统计，计有艾布·齐亚德·基拉比、艾布·赛瓦尔·盖奈威——艾布·欧贝德曾向他求教过、绍尔·本·叶齐德——伊本·穆加发曾向他学习过、艾布·赫依莱·阿达维、艾布·迈赫迪耶、艾布·米斯哈勒和艾布·朵姆朵姆·基拉比，[③]其中有些人还从事写作，著书立说。如艾布·齐亚德·基拉比就著有《珍闻集》、《差异》、《骆驼》、《创造人类》等著作。有的则一方面教授阿拉伯

① "狩猎鳄蜥、吞食飞鼠的人"指游牧的阿拉伯人；"喝酸奶、卖泡菜的人"指波斯人。——译者

② "皮肤变软了"暗喻艾布·赫依莱因久居城市，语言的纯正受到了损害，变得不那么地道了。

③ 《目录大全》，第43页及其以后。

语，一方面又向学者学习语法，如艾布·米斯哈勒就向基萨依学过语法。有的则标新立异，说话时故意使喉音发得很重，举止粗鲁，以显示自己是地道的游牧人，如艾布·穆哈莱姆·谢依巴尼。他们中有的教小孩学习，收取学费，如艾布·拜依达·赖巴希；有的投靠王公贵族，如艾布·朵姆朵姆便拜在哈桑·本·赛赫勒的门下，很多游牧人成了易司哈格·摩苏里的清客。[①]

正如游牧人跑到城市谋生、求学一样，语言学家和文学家则深入沙漠学习语言和文学。《诗歌集》中是这样谈论拜沙尔的："有人对他说：没有任何一位阿拉伯诗人写的诗不受到阿拉伯人的批评和怀疑，你写的诗就没有疑点吗？拜沙尔回答道：哪儿来的错误呢？我出生在这里，在八十位阿基勒部落的长老的教育下长大，他们的语言都十分纯正，一个错字都没有，他们妻子的语言更加地道。我初懂人事后便住在沙漠里，直到成才，错误从何说起呢？"[②]《诗歌集》又说，一伙属于盖斯·阿兰部落的游牧人住在巴士拉城外，其中不乏能言善辩之士，拜沙尔便前去求教（实际上去的是艾巴奈·拉哈基）。[③] 巴士拉和库法的语言学家争相赴沙漠地区进行学术旅行，著名的学者有艾布·宰德·安萨里、艾布·阿慕尔·本·阿拉、艾斯麦仪和基萨依。艾布·宰德在其《奇闻轶事》一书的开头写道："书中的每一首诗，无不是听穆方才理·本·穆罕默德·朵比的吟诵；其中的语言以及长短格的诗，无不是听游牧人的讲述。"基萨依问过哈利勒·本·艾哈迈德：你的这些学问是从哪

---

① 《诗歌集》，第5卷，第77、81、90、120页。

② 同上书，第3卷，第26页。

③ 同上书，第52页。

里来的？答：从汉志、纳季德及帖哈麦的沙漠中学来的。基萨依后来用了十五瓶墨汁记录他从游牧人那里听到的一切，背记的内容还不包括在内。[①] 艾布·阿慕尔·本·阿拉"根据地道的阿拉伯人的讲述而写成的著作，整整堆满了一间屋子，书堆得都快高到屋顶了"。[②] 艾斯麦仪的一生更是与沙漠中的游牧人讲述的故事、语言和诗歌紧紧地连在一起。

当时语言学家的工作只是记录从阿拉伯人那里听到的一切。阿拉伯语的大部分内容都是在阿拔斯时代前期，而不是更早的时候被记录下来的。记录的最主要的途径是学术旅行。阿拉伯人到伊拉克去，或者是伊拉克的学者到沙漠中去求教，语言学家将直接或间接听到的材料进行整理归纳。语言学家们的记述都正确无误吗？作为学生的语言学家和作为老师的阿拉伯游牧人都那么可信吗？都是语言权威吗？答案是否定的。不管是阿拉伯游牧人，还是语言学家，他们都有弄错或说谎的时候。学者们感兴趣的是新的、不为他们所知的语言。语言学家之间的竞争是很激烈的，他们的虚荣心在哈里发和王公贵族的聚会上表现得尤为明显。一字之差就能决定一个学者的智、愚，因此，有的学者不免要杜撰编造或无中生有。有些阿拉伯人察觉到这种心理，便故意弄些生僻的字词或进行杜撰来为难他们。造成这种状况的另一个原因，是巴士拉人和库法人之间的敌对情绪达到了白热化的程度，两地的学者自成一派，成见极深，为压倒对方，有时不惜弄虚作假。这类例子

① 伊本·安巴里：《文学家传记》，第84页。

② 伊本·赫里康：《人物传记》，第1卷，第550页。

在有关语法和语言的著作中比比皆是。

至于阿拉伯游牧人的错误,可能来自下述方面:一是不懂字义,如将字意为"染色的皮革"一词误认为是"普通织物",将"缝制的皮革"误认为是"上乘的铁器";[①]有时,又因不懂物质的特性而弄错词义,如误以为产于海中的珍珠出于河水之中。二是混淆历史事件,如说艾斯莱姆部落攻击了基法尔部落,其实根本没有此事。三是混淆词型变化,如误将字词本身原有的柔弱字母与增加的柔弱字母混为一谈,等等。至于阿拉伯游牧人编造的谎言,穆拜莱德在其《辞章集成》一书中专门辟了一章,取名为《阿拉伯人的谎言》。

学者们的错误,可用伊本·艾阿拉比的传述加以说明。他说:艾布·穆哈莱姆与一个游牧人遇见我,艾布对我说:"我带着这个游牧人来见你们,是为了让你们了解艾斯麦仪的谎言。安泰拉有这样一句诗:

饮尽杜哈莱特水,

避开德邑莱姆地。

艾斯麦仪将诗中的'德邑莱姆'解释为'敌人',因为他们是非阿拉伯人。(当时阿拉伯人把所有的非阿拉伯人都视为敌人。)你们问问这个游牧人,德邑莱姆是什么意思?"游牧人说:"德邑莱姆是个很深的水池,我曾不止一次地在那里饮过我的骆驼呢!"

看来,后来的字典收集了所有传述的内容,连那些订正谬误,以及学者们的不同意见都不经考证地一一记录在案,给人以阿拉

① 《阿拉伯大辞书》,第2卷,第306页。

伯人在使用语言上绝不会有错误的假象,甚至说什么阿拉伯人就是想说错话,他的舌头也不会答应。实际上,真正的阿拉伯人与真正的英国人、法国人并无二致。如果法国人想故意说一句错话,那是轻而易举的事,在用词造句上也会犯错误,阿拉伯人也是一样。但是,不管是错误也好,谎言也好,都只是些偶然的、个别的现象,语言传述中的大部分内容还是正确无误的。

早期的语言学家对收集到的字词进行了认真地提炼和筛选。他们发现很多字词来自不同的部落,而每个部落又都有自己常用的词汇或独特的发音;发现有些字词不够准确,传述人也不可靠;有些字词的词义又有多种解释,因为字词都是随句子传述的,同一个字在不同的句子中词义不完全相同;还发现有些字词是书写上的错误,有些是发音上的问题,如讲话人的舌头过大,而收集语言的人误以为他发的音就是正确的,等等。在这种情况下,语言学家不得不对收集到的语言进行整理、加工,对语言的地道、纯正程度一一加以说明。为此,他们付出了令人钦佩的辛勤劳动。伊本·哈勒维写了《并非阿拉伯人的语言》一书。书中列举了那些虽然使用,但不是从阿拉伯人那里听来的字词,如艾斯麦仪传述的“雷声”,实为“一滴”(雨水)。对同一个字,各部落有不同的发音,因而写出的字形也不一致,这种差别,数以百计。不过这种不同只是发音上的差异,当然,有时也有学者们书写上的错误,即所谓的印刷错误。有时又因阿拉伯人的口齿不清,发音不准而出现差错。后来的语言学家,特别是《语言海洋》的作者却将这类错误不经鉴别,一股脑儿地堆积在一起,他们以增添前人未有的材料而自豪。当时最好是舍去发音不准的字词,考证书法错误,丢弃各地的方言土

语。如果那样做了，字典就不会像现在这样庞大了，而且还可以填补一项我们最需要的巨大空白，即给成千种没有统一名称的东西命名。

*　　　　*　　　　*

在阿拔斯时代前期，语言记载经历了三个步骤：第一步，见一个字记一个字，而且是按照听到的先后顺序记，如先听到“马”字，尔后又听到“雨”字，在另一处又听到“矮小的男人”等。第二步是分类收集。这在艾斯麦仪的著作中表现最为明显，如他有“果核”、“赌博”、“卜签”、“马匹”、“骆驼”、“羊”等分类书。他将相关的词汇搜集在一起，称之为书，一本书也许只有数页。第三步是编纂字典。

这是阿拉伯文化在语言方面的简单情况。文化的另一方面是文学。阿拉伯人有着丰富、优美的文学财富。当时在传述语言的同时也传述文学，甚至可以说，很多语言的传述是在传述文学作品时完成的。阿拉伯游牧人既是语言的出处，又是文学的源泉。

人们之所以乐意聆听游牧人的讲述，是因为游牧人生性活泼、质朴，语言优美、纯正。查希兹说：“地球上没有一种语言，其动听、优雅能比得上聪明的游牧人的言谈话语；没有一种语言，比阿拉伯学者的雄辩更理智、更畅达、更富于启迪和教益。地球上没有一种享受，能像聆听他们滔滔不绝的言辞更令人心旷神怡。”[①]伊本·阿卜杜·莱比在谈到游牧的阿拉伯人的语言时说：“那是最高贵、

① 《修辞与阐释》，第1卷，第110页。

最文雅、最明快、最畅达而又最少做作的语言……”[①]莱比用了很大的篇幅引述了游牧人有关修行、赞美、贬斥、爱情、马、雨、轶事珍闻、食物等言论。[②] 侯斯里在题为《游牧人在各种场合讲话的片断》中也有记述。[③] 说实在的，读者一读到这些文字，就会相信阿拉伯人的文学文字优美，意思浅近，绝少做作。

一个游牧人是这样来形容他所喜爱的女人的：“看她一眼都觉得舒服，一想到她就会心疼。我到她家看望她，因有亲属在场，她含情脉脉，以示对我的衷心欢迎，但她那尖刻的舌头却使我坐立不安。”一游牧人对巴士拉及巴士拉人都没有好感，他便说道：“我进了巴士拉城，看见奴隶也穿着自由人穿的衣服。奴隶走运，贵人败幸；枝叶繁茂，根茎枯萎，恶习使他们难以积善好施。”一个游牧人回到沙漠——他得到过伯尔麦克家族的好处——，有人问他：你怎么看伯尔麦克家族？答：“我见他们乐善好施，恩惠犹如他们的衣饰一般。”诸如此类，不胜枚举。游牧人还有许多轶闻趣事，供哈里发取乐，并成为私人聚会的话题和文人夜谈的材料。艾斯麦仪传述了很多这类趣闻。如：一游牧人到某人处未受到款待，当别人问他时，他说：“这一趟一无所获，还耽误了礼拜，至于受到的炎热之苦，见到了那些牲畜，简直是个惩罚，让我们大失所望。”又如：有人问一游牧人，你们沙漠中有医生吗？答：野驴不需要兽医！又如：游牧人向一男人发问，该男人致歉不答，游牧人道：如果你说谎，安拉会让你说实话的！再如：艾斯麦仪说：游牧人在闹饥荒，我从一

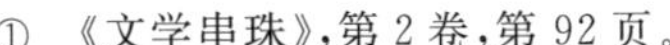

① 《文学串珠》，第 2 卷，第 92 页。

② 同上书，第 92—132 页。

③ 同上书，第 2 页。

位与妻子一起坐在路中间的男人身边走过。那男子说：主啊！你看我和妻子都坐在地上，腹内空空饥断肠。我们的主啊！对此，你怎样想？

游牧人的格言也是十分精彩的。他们的格言与艾克赛姆·本·萨菲和艾哈奈夫·本·盖斯的格言，同属一个类型，与谚语十分相似。一游牧人说："世界无口，却能告诉你前车之鉴，后事之师的道理。""最好莫过于尘世，最坏莫过于一死。"另一游牧人说："迪尔汗像一把烙铁，它能烙出赞美与责难。谁积攒它，谁就成了它的奴隶；谁花掉它，它就为谁所有。施财者未必受到赞誉，贫穷者未必卑贱！"又一游牧人说："如果意见不被采纳，武器不被使用，金钱不被花费，那还有什么意义呢！"有人问一游牧人：你为什么不写谩骂性长诗呢？答："套在脖子上的项链已经够你受的了。"凡此种种，不一而足。

游牧人的诗歌柔和、甜美，如一游牧人在悼念其子的诗中吟道："我亲自埋葬了自己的亲骨肉，生者死人尽在坟。"

游牧人在形容一黑人妇女时写道：她化妆打扮涂眼睑，眼圈好似皮肤染。

里亚什[①]为一游牧人吟道：

妙哉，令人销魂的害人精，妩媚妖艳；

赛勒玛负我，我善待，除了我谁能这样？

一游牧人的兄弟杀死了游牧人的儿子。凶手被送到游牧人面

① 里亚什：全名为艾布·法都勒·阿拔斯·本·法拉吉·里亚什。语言学家、诗人，公元871年卒。——译者

前，让他报仇雪恨。游牧人置剑于地，吟道：

用吊唁来安慰自心，我不愿手足相残，

两人同样失去亲骨肉，一个失去兄弟一个失去儿子。

游牧人也有自己的战争故事。他们讲的是发生在蒙昧时代及伊斯兰时代的战役、事件，如：费加尔战役、底高尔战役、盖斯战役、达西斯与盖布拉战役，古莱卜·本·瓦依勒之死等。他们讲述先知传记及其征战史，谈论圣门弟子及他们之间发生的事情，传述蒙昧时代及伊斯兰时代诗人们的诗歌，演说家们的口才，智者讲的谚语，聪明人讲的奇闻轶事。

所有这一切都是发生在沙漠中的事情。游牧人是阿拉伯古典文学的传述人，同时也有他们自己的文学新作，因此，学者们要向他们学习、求教。

阿拉伯游牧人居住在沙漠里，很少与其他民族交往，造成了他们因袭前人所走的道路，欣赏前人的业绩的风格，按照前人的模式进行文学创作的特点。如果说，伊拉克的诗人和文学家受的是波斯人及波斯后裔影响的话，那阿拉伯游牧人受的则是他们蒙昧时代和伊斯兰时代祖先的影响。游牧人的文学是古典文学的生动写照，他们对先人的一切了如指掌，其生活方式也与前人相似。欧麦尔·本·阿卜杜勒·阿齐兹[①]说："没有一个民族比阿拉伯游牧人更像他们的祖先了，如果不把粗野计算在内的话！"[②]

显而易见，在阿拔斯时代前期存在着两种文学，一种是纯粹的

① 欧麦尔·本·阿卜杜勒·阿齐兹（公元681—720年）：倭马亚王朝第八任哈里发。——译者

② 《评论》，第2卷，第93页。

阿拉伯文学，这种文学没有受到文明及各民族文化的多大影响，正如我们所说的，这是一种文笔轻快、活泼，文字细腻的文学。其中见不到酗酒，见不到与娈童歌女调情，见不到淫乱放荡，但是作品没有思想深度，缺乏哲理。

另一种是城市文学，如读者在阿慕尔·本·麦斯阿戴和伊本·穆加发的作品中见到的。城市文学受到波斯人的很大影响。据笔者看，城市文学没有纯粹的阿拉伯文学那样明快、细腻、优美，要动些脑筋才能读懂。如拜沙尔和艾布·努瓦斯的诗就有深度，而且放荡。阿拉伯人原来用以表达强烈、朴素情感的适于演唱的诗歌，在城市里变成了令人乏味的东西；原本表现沙漠生活、表现英雄、勇敢、力量的文学作品，开始表现城市生活，表现安逸、舒适、宽裕了；散文也由原来的短句或口头演说变成了表现城市各种文明的书面作品了；原来用口头表现自然环境的阿拉伯人变成了用笔墨、纸张表现科学教育的成果。

总之，这两种文学都是社会生活的影子，一种表现的是城市生活，另一种表现的是沙漠生活。由于沙漠一直没有变化，阿拔斯时代的沙漠与倭马亚时代的沙漠没有什么不同，故而游牧人的文学仍是先前的样子；而城市的文明是在发展变化的，阿拔斯时代的伊拉克不能与倭马亚时代的伊拉克同日而语，故城市文学与以前相比有了很大的差别。如写作有了很多新的题材，出现了新的爱情诗，文学作品描绘的也是新的社会生活，等等。

*　　　　*　　　　*

正如在收集语言的过程中曾出现过错误和杜撰一样，文学也有这种情况，而且后者的动机比前者更为强烈。原因在于总督、贵族们欣赏的是动听的诗歌和新奇的故事，对文字的使用是不大注意的。诗歌为炫耀或贬低某部落所做的夸张，故事中的趣闻，以及为抬高个人或部落的地位而对其功过的评述，这些都最能引起听众的兴趣。在这方面文学比语言有更大的活动舞台，有更充分的表现余地。这些文学作品中的杜撰家有阿拉伯游牧人，也有学者、文人。“两个游牧人相互说谎，一个说：有一次，我骑马外出，突然眼前一片黑暗，我朝着黑暗走去，原来是夜幕降临。我身披着夜幕冲出黑暗，迎来了曙光！另一个游牧人说：有一次，我向一只羚羊射出一支箭。羚羊向右躲，箭也向右偏；羚羊向左闪，箭也向左边；羚羊腾空，箭向上，羚羊落地，箭下旋。直到将羚羊射中！”台瓦扎[①]说：关于这类阿拉伯人的传说，我请教过艾布·欧贝德，他说，波斯人也在扯谎，如他们说：以前有个半身是铜、半身为铅的人！因此，阿拉伯人就用这类传说与波斯人对抗。

赛阿里比在他的《语言学》一书中，专门写了《阿拉伯人的神话》一章。阿拉伯人把人与女精灵所生的孩子叫做“胡斯”，将人与女妖所生的后代称为“胡木鲁格”，将人与天使所生的子孙命名为“尔勒巴奈”。阿拉伯人声称主尔胡木人[②]为天使与人结合的产物；说萨巴女王比勒基斯是天使与人所生的后代，还说雅朱者和马朱者[③]是植物与某些动物联姻的结果，等等。[④]

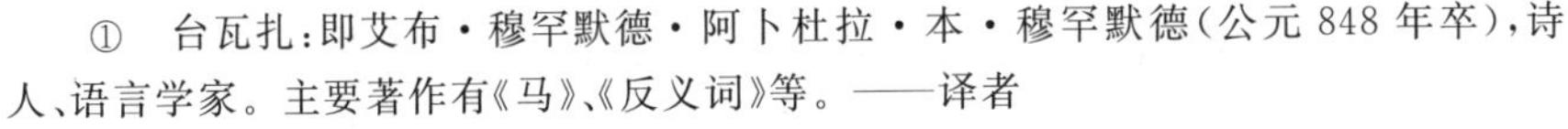

① 台瓦扎：即艾布·穆罕默德·阿卜杜拉·本·穆罕默德（公元848年卒），诗人、语言学家。主要著作有《马》、《反义词》等。——译者

② 主尔胡木人是古代阿拉伯部族。——译者

③ 雅朱者和马朱者，古代北方的强悍民族。——译者

④ 《语言学》，埃及版，第117页，本章内容被基督教教皇们删去了。

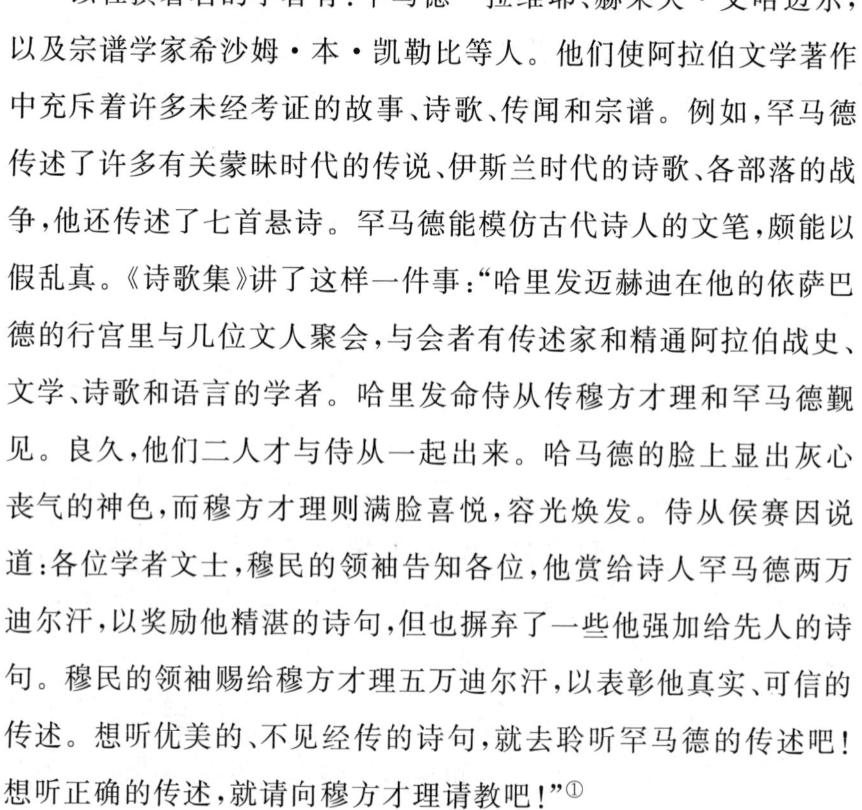

以杜撰著名的学者有：罕马德·拉维耶、赫莱夫·艾哈迈尔，以及宗谱学家希沙姆·本·凯勒比等人。他们使阿拉伯文学著作中充斥着许多未经考证的故事、诗歌、传闻和宗谱。例如，罕马德传述了许多有关蒙昧时代的传说、伊斯兰时代的诗歌、各部落的战争，他还传述了七首悬诗。罕马德能模仿古代诗人的文笔，颇能以假乱真。《诗歌集》讲了这样一件事："哈里发迈赫迪在他的依萨巴德的行宫里与几位文人聚会，与会者有传述家和精通阿拉伯战史、文学、诗歌和语言的学者。哈里发命侍从传穆方才理和罕马德觐见。良久，他们二人才与侍从一起出来。哈马德的脸上显出灰心丧气的神色，而穆方才理则满脸喜悦，容光焕发。侍从侯赛因说道：各位学者文士，穆民的领袖告知各位，他赏给诗人罕马德两万迪尔汗，以奖励他精湛的诗句，但也摒弃了一些他强加给先人的诗句。穆民的领袖赐给穆方才理五万迪尔汗，以表彰他真实、可信的传述。想听优美的、不见经传的诗句，就去聆听罕马德的传述吧！想听正确的传述，就请向穆方才理请教吧！"[①]

赫莱夫·艾哈迈尔说："我来到库法，替库法人笔录诗歌，但他们非常吝啬，不肯对我讲述。我只好用杜撰的赝品去换取正确的诗句。后来，我病倒了，对他们说：愿你们受难！我向真主悔罪！诗是我写的，而不是先人的创作。但他们不信，因此，我杜撰的诗一直被认为是阿拉伯游牧人的作品。"[②]

伊本·凯勒比是一位语言学家，并精通阿拉伯人的历史、战

① 《诗歌集》，第5卷，第172页。

② 伊本·赫里康：《名人传记》，第1卷，第293页。

役。他是个多产作家，根据伊本·奈迪姆的统计，他的著作多达一百五十种以上。艾哈迈德·本·罕百里对他的评价是："他是一位传记和宗谱学家，我不认为有人会引述他的材料。"达莱古突尼[1]说："希沙姆毫不足取，人们都说他不可信。"[2]

这些杜撰家给学问和传述工作带来了灾难。他们使那些权威学者们为弄清其传述的真伪而耗尽了精力。学者们有时得到成功，有时又遭到失败，因为杜撰家们的言论充斥人间，流散各地，而且人们对文学和历史中真伪的要求一向不如对圣训那样严格。

*　　　　*　　　　*

阿拉伯民族在这三个世纪——即伊斯兰教产生前后各一个半世纪——中，在语言和文学上所取得的成就是巨大的。但它不是哲学，也不是数学等自然学科上的成就，而是文学成就。它不像波斯人和希腊人那样已有成文的著作——除极少数的作品之外——大都是世代相传的口头文学。记忆力当然不及书本牢靠，遗漏、增添、变更以致改头换面的事都发生过。但总的来讲，如果将其与同时期其他民族的文化遗产进行比较，并考虑到阿拉伯民族当时所处的地位的话，那是一笔巨大的、宝贵的文化财富。

这笔财富是多方面的，如诗歌多得惊人，以致使人以为每个阿拉伯人都是诗人，而且他们作诗如同说话一样容易。其次，阿拉伯诗歌的题材广泛，诗律繁多，表达的意境各异。从乌姆鲁·盖斯到拜沙尔·本·布尔迪，留下了众多的诗集。这些诗集只收集了诗

---

① 达莱古突尼：即阿里·欧麦尔·艾布·哈桑，圣训学家，公元995年卒。——译者

② 雅古特：《地理辞书》，第7卷，第250页。

人们的部分作品。诗中表达了作者的爱与憎，道出了他们的情感与心声，描述了他们对故乡的眷恋，对亡人的忠诚，描绘了家乡的自然景象，历数了家乡的植物与动物。

演说的作用并不比诗歌逊色。蒙昧时代人们用演说来煽动部落的情绪；伊斯兰时代则用演说来组织政党。人们通过演说散布有关和平或战争的思想，达到统一意志或涣散人心的目的。

阿拉伯人还有谚语和格言，他们在这方面的表现十分出色，留下了一大笔遗产。谚语和格言在阿拉伯人中的地位犹如哲学对希腊人那样重要。丰富的经验、细致的观察和精巧的技艺为谚语和格言提供了养料。

阿拉伯人有很多歌颂英雄的传说，其中有慷慨好客的主人，有英勇杀敌的勇士，有忠诚践约的楷模，也有辨别踪迹的高手和能卜凶吉的预言家，等等。

阿拉伯人的故事讲的是有关代表团[①]、集市贸易、统治者、骑士，以及仇敌和窃贼等内容。阿拉伯人也有自己的神活、有自己的喜怒哀乐和幻想。

关于历史上的战役，崇拜过的偶像和以前的信仰，伊斯兰教产生前的正教徒、犹太教徒和基督教徒的历史，阿拉伯人有很多传说。

*　　　　*　　　　*

伊斯兰教产生后，阿拉伯文化便与伊斯兰教紧密地联系在一起了，以至于要通过伊斯兰教来学习阿拉伯文化，掌握阿拉伯语，

---

① 此处代表团系指关于穆罕默德于公元630年攻占麦加后，阿拉伯半岛各部落先后派代表团到麦地那谒见穆罕默德，表示皈依或归顺伊斯兰教这一史实。——译者

了解阿拉伯的历史。伊斯兰教为提高阿拉伯文化的水准和使阿拉伯文化规范化做出了重大贡献。因为《古兰经》和《圣训》都是用阿拉伯文写成的，人们只是为了伊斯兰教才学习阿拉伯语的。因此，伊斯兰教是传播并重视阿拉伯文化的最大的原动力。当阿拉伯语出现了语法错误之后，穆斯林因担心《古兰经》会受到这些错误的损害而制定了语法。为制定语法，他们跑去向游牧人请教，与游牧人对话，最后定出了主格、宾格、属格等规则。那是一场汹涌澎湃的运动，人们付出了巨大的努力，最后以西伯威语法的问世而达到高潮。如果没有《古兰经》，就不会有这一切。[①]

《古兰经》和《圣训》中都有些难懂的词句，人们便骑上骆驼跑到沙漠里向游牧人求教字义，或了解某个习惯用语。为此要背记一些诗，因为诗中有时会有能解释《古兰经》字义或帮助理解《古兰经》表达方式的词语。于是人们传述了大量的语言和诗歌，并对传述内容进行了认真考证。如果不是出于宗教动机，是不可能付出这么大的努力，也不可能进行这样的考证的。[②]

学者们很重视方言和土语，为了弄懂《古兰经》的各种读法，他们注意调查泰米姆部落和古莱氏部落的发音，了解读音中的变化。同时，他们也注意区别《古兰经》中的外来语和阿拉伯人固有

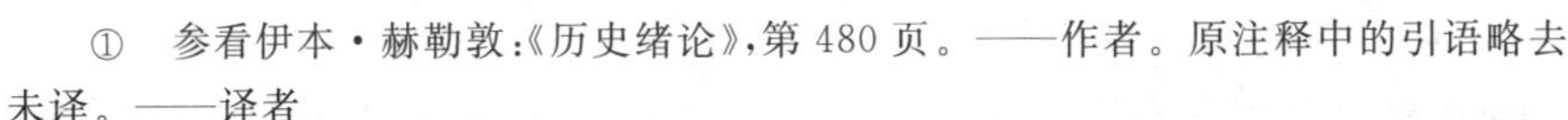

① 参看伊本・赫勒敦：《历史绪论》，第 480 页。——作者。原注释中的引语略去未译。——译者

② 赛阿里比在《语言学》一书的开头说：“谁热爱真主，谁就热爱真主的使者穆斯塔法；谁热爱阿拉伯的先知，谁就热爱阿拉伯人；谁热爱阿拉伯人，谁就喜欢被用来书写《古兰经》的阿拉伯语；谁喜欢阿拉伯语，谁就会尽力爱护它，使用它。”又说：“阿拉伯语是最好的语言，是最容易了解宗教的语言，因为阿拉伯语是掌握学问的工具，是通晓宗教的钥匙……”

的语言。

为了弄懂《古兰经》中显示的奇迹，也是为了欣赏《古兰经》中修辞的技巧，有的学者还认真研究修辞，归纳总结出一些修辞规则。①

《古兰经》是精神文化和理性文化的源泉(对此，以后再详述)，也是阿拉伯文化和学术的源泉。

*　　　*　　　*

伊斯兰教产生后所发生的重大事件，如穆圣的传记，正统哈里发的历史，对外扩张与征服，以及随之而产生的诗歌、文学和故事，投靠哈里发和王公大臣们的诗人及其作品，哈瓦立及派、什叶派、麦尔吉阿派、穆阿台及勒派等宗教派别及其相应的文学，还有政党的出现和诗人及演说家对政党的依附，这些都丰富了阿拉伯文化的内容。

这就是阿拉伯文化，是当时真正的阿拉伯人、波斯人以及罗马人、希腊人用以受教育的阿拉伯文化。总之，凡在伊斯兰帝国境内生活的，尤其是皈依了伊斯兰教、并学习了阿拉伯语的人，要想出人头地、有所作为，就必须了解并掌握一些阿拉伯文化。阿拉伯文化是当时阿拉伯文明的一个组成部分。

*　　　*　　　*

在阿拔斯时代前期，阿拉伯血统的学者和释奴出身的学者都参加了阿拉伯文化的建设。他们从各个方面开展工作，研讨问题；

① 阿卜杜·吉西尔在谈到修辞时说："修辞是一门学问。翻开修辞学，就可以学到很多有益的词句；看到它对宗教的影响及给宗教带来的益处。它防止并订正了很多在注释《古兰经》时出现的错误。"

时而跑向沙漠，时而奔赴各地，聆听男人、妇女、孩童们的讲述，不管讲述人是贵族，还是平民。为此学者之间还产生了分歧，如要不要向疯子学习语言等。学者们到帐篷中向妇女请教，到牧场上向牧驼人学习。如：艾布·哈梯姆询问海依赛姆的母亲；艾斯麦仪跑去听儿童朗诵诗句；查希兹传述艾赛德家族一黑奴谈话的内容；瓦基迪则传述从法蒂玛——门才尔的女儿、希沙姆·本·阿尔瓦的妻子那里听到的话……这些学者最重要的工作是将大多是口头的阿拉伯文化变成书面的阿拉伯文化，为以后的加工整理、明辨正误、制定规则铺平了道路。

学者们分成若干小组，每个小组都有自己的研究领域。如：哈利勒·本·艾哈迈德、艾布·宰德·安萨里和艾斯麦仪等人主要从事词汇的整理和分类。穆方才理·朵比、赫莱夫·艾哈迈尔和罕马德等人则对诗歌和谚语进行搜集和加工。穆罕默德·本·易司哈格、瓦基迪、艾布·米赫奈夫、海依赛姆·本·阿迪和麦达因尼则记录历史事件，如征服沙姆、征服伊拉克、骆驼战役、绥芬战役等，以及有关先知的生平，先知写信给各国王的书信，先知参加的征战，伪信者的名单，谒见先知的代表团等。而伊本·凯勒比等人感兴趣的是宗谱，是显贵名门，是部族间的争斗，是有关活埋女婴的传说，有关阿德部落的早期历史及消亡的经过，有关偶像、占卜用的神签、阿拉伯人的战役、夜谈等。

如果想要选出一名能代表阿拉伯文化各个方面的学者，我们不会选艾斯麦仪，因为他的著作谈的都是语言问题；也不会选中穆方才理·朵比，因为他的《诗集》和《谚语集》代表的只是文学方面；查希兹和伊本、古太白的著作也不行，因为那是另一种文化的代

表，留待以后再讲。能代表阿拉伯文化的是穆拜莱德和他的著作《辞章集成》，其次是高里的《艾马里》。《艾马里》不是当时成书的，故暂且不提。这里只谈谈穆拜莱德和他的《辞章集成》，尽管穆拜莱德是介于阿拔斯时代前期和后期的人物。我们之所以选中《辞章集成》一书，因为它是阿拔斯时代前期留给我们的最好的一部书。该书既代表了阿拉伯文化的各个侧面，又反映了当时教授文化的方式和著书立说的方法。

穆拜莱德与《辞章集成》

关于穆拜莱德的生平不想多做介绍，我们感兴趣的是他的著作。

穆拜莱德即穆罕默德·本·叶齐德，属素玛莱部落的阿拉伯血统。素玛莱部落是艾兹德部族的一个分支，艾兹德又隶属盖哈坦，故穆拜莱德是也门的阿拉伯人。艾兹德人对倭马亚王朝有很大的影响，曾帮助过齐亚德·本·艾比父子，并与赖比阿部落结盟反对泰米姆和盖斯部落联盟，站在穆海莱布·本·艾比·素福莱——他也是也门人——一边，反对哈瓦立及派。

穆拜莱德于伊历 210 年出生在巴士拉，曾拜捷尔米和乌齐尼为师。“穆拜莱德为巴格达阿拉伯语界的泰斗，集巴格达的学问于一身。他能言辞，善口才，演说生动，传述真实。他讲起奇闻轶事，更是妙趣横生，挥洒自如。”[①]当时争执巴格达学术之牛耳者，就是他和赛阿莱卜。争霸的原因之一是学派之间的分歧。穆拜莱德是巴士拉人，属巴士拉学派；而赛阿莱卜则是库法人，为库

① 《文学家辞典》，第 7 卷，第 137 页。

法学派。两人在语法、词法、语言以及能否使用类比、演绎等方面都存在着巨大的分歧。最后,穆拜莱德占了上风,因为他用词优美,表情动人,口齿伶俐,释义明了。赛阿莱卜则显得保守、萎缩,没有穆拜莱德的文雅和口才。穆拜莱德喜欢与赛阿莱卜公开辩论,而赛阿莱卜则不敢与之交锋。

穆拜莱德掌握了大量的语言材料和生僻字词,是当时背记史料最多的人。他的语法知识极为丰富,他不像同时代的其他学者那样重视语言和文学的传述世系。他写了许多有关阿拉伯文化各个方面的著作,如《简明语法》,《古兰经》的语法分析,有关诗词格律,阿拉伯人的话语解释与词语精华,以及有关盖哈坦部落、阿德南部落,等等。[①] 其中最重要的著作是《辞章集成》。穆拜莱德在穆阿台迪德哈里发执政时,于伊斯兰历 285 年卒于巴格达。

《辞章集成》

穆拜莱德是一位阿拉伯血统的穆斯林,是也门艾兹德人。他是一位语言和语法学家,他潇洒、文雅、风趣而又幽默。除了阿拉伯文化之外,他好像没有受过其他文化的熏陶。这段评论中的每一个字都能在他的《辞章集成》一书中得到印证。

穆拜莱德在该书的卷首写道:“我们撰写的这部书,汇集了多种文学题材:散文、韵诗、流行的谚语、发人深省的箴言、精彩的演说和文笔洗练的书信。本书的目的在于注释其中的生僻、难解的

① 其书目在《目录大全》及《文学家辞典》中均可见到。

词义，详解其中的语法现象。读者无须多加费力，便可读懂本书。”在书中某章的开头又写道：“本章的内容五花八门，为使读者不至感到厌倦，严肃中带有少许笑料，为使读者读来心旷神怡。”[①]书中大部分内容都生动有趣，引人发笑，只有很少几处提到死亡和吊唁的话题。

穆拜莱德在书中选用了圣训及艾布·伯克尔、欧麦尔、奥斯曼、阿里和欧麦尔·本·阿卜杜勒·阿齐兹等直传及再传弟子的言论；蒙昧时代的艾克苏姆·本·索依菲，伊斯兰时代的艾哈奈夫·本·盖斯等智者的谚语、格言；大量的蒙昧时代和伊斯兰教初期的诗歌，少量的跨时代诗人的作品，以及与历史事件和宗教派别有关的文学作品，如哈瓦立及派文学、艾布·加法尔·曼苏尔与阿里派的穆罕默德·本·阿卜杜拉·本·哈桑之间来往的书信等等。

穆拜莱德最喜欢的文章需同时具备三个特点：一、内容健康；二、语言上有生僻的字词；三、语法上有难点。素材选定后，便在语言和语法的注释上下功夫。例如选了一句穆圣赞扬辅士的话：“危难时你们挺身而出，享受时你推我让。”穆拜莱德解释了其中“危难”一字的各种含义，并一一举例说明。例句中若有难懂的字词或语法也予以解释。

穆拜莱德对所选的内容，隔几段就要冠以章、节的字样。在大多数的情况下，读者很难看出各章、节之间的区别，只是像《哈瓦立及派》等个别章节才自成一体，与其他章节有明显的不同。这样就

---

① 《辞章集成》，第2卷，第2页。

给人以章、节就是“课”的意思，好像穆拜莱德将每课或几课就当成一个章节。对“课”的划分也带有随意性，只要有文学成分，只要带有字义和语法上的难点，即可成为一个章节。

《辞章集成》代表了阿拉伯文化的各个方面。书中开始讲到圣训，讲到直传弟子的言论，如：艾布·伯克尔病死前的讲话；欧麦尔写给艾布·穆萨·艾什阿里有关司法的信；奥斯曼被围困在家中时写给阿里的信；阿里在得知穆阿威叶的骑兵已到达安巴尔，并杀死了他的总督哈萨努·本·哈萨努时发表的演说。接着，有一章简明扼要地引用了一些阿拉伯人的言论，对他们使用的语言进行对照比较，指出有的言简意赅，有的粗俗不雅。尔后，又转向智者哲人的名言，其中引用了伊本·欧麦尔的话：“我们是古莱氏人，我们慷慨、宽容；我们廉洁、公正；我们豪爽、豁达。”引用了艾哈奈夫·本·盖斯的话：“好诙谐，使严肃失色；多玩笑，使尊严无光……”然后，又对引文详加解释。此外，他还引述了阿卜杜勒·麦立克·本·麦尔旺、艾布·苏福扬和穆阿威叶等人的言论，传述了某人攻击比拉尔·本·白耳勒的诗，艾布·塔·麦哈赞美拜几尔·本·伊亚斯的诗，以及某人否认他人宗系的诗等等。在第三章中又列举了穆阿威叶和艾哈奈夫·本·盖斯等阿拉伯人的格言。

第四章选了一首吊唁诗，但突然又转到谈情说爱的话题，继而是唱歌和情诗。第五章选的又是一些阿拉伯智者的言论。

全书就是这样编排的。有的章节引述了阿拉伯人有关酒、有关主权和尊严的说法；列举了捷里尔和法莱兹达格对荣誉的看法，对诸如欧麦尔·本·阿卜杜勒·阿齐兹和阿里·本·艾比·塔列布等警世者的箴言及警语的评价；然后又转向阿拉伯人聚会的主题……继而又谈到阿拉伯人的谚语，阿拉伯人的挽歌、悼词；阿拉伯人对语言、对生活的看法。该书对伊斯兰教初期的战争，如骆驼之役、《古兰经》仲裁等也有所涉及。此外，还提到齐亚德和哈加吉等人的演说，以及爱情趣闻，阿拉伯人的精明、宽容、慷慨和勇敢，阿拉伯人之间的颂扬和攻击，他们之中的侵略者、强盗和骗子，游牧人结婚及离异的趣闻，以及胡子的长短、情人之间的轶事、部落之间的攻伐等等。接着，是阿拉伯人对骆驼、驴、鸽子及赶驼者的描述。其后是有关哈瓦立及人的战争、信仰、演说、诗歌及轶事的大段章节。在上述内容中，还穿插一些语法及修辞的段落。

上述是对《辞章集成》一书走马观花式的浏览，想以此来说明该书代表的是阿拉伯文化，并能勾画出这一文化的轮廓。虽然书中所述的是当时的文人学士对各个具体问题的个人见解，如阿拉伯人对于主权的看法散见在书中各处，没有集中在一起，但是这些见解都是情趣盎然，并具有语言特色的精品。至于那种按专题分类的写作方法不是该书，也不是当时所能做到的。

我们讲过，穆拜莱德只受过阿拉伯文化的教育，该书清楚地表明了这一点。因为他只在个别的地方涉及非阿拉伯文化，在有限的几处提到波斯，提到释奴，而且他是站在阿拉伯人的立场上说话的。穆拜莱德在书中讲述了阿卜杜拉·本·阿卜杜·艾阿拉和拜占庭皇帝利奥三世的交往，欧麦尔·本·阿卜杜·阿齐兹曾派他去劝利奥三世皈依伊斯兰教。穆拜莱德还讲了拜占庭皇帝请求穆阿威叶允许其与之较量的故事，皇帝派了两个人去见穆阿威叶，一个个子很高，一个体魄健壮，……但这些都算不上是外国文化，只是些与阿拉伯穆斯林有关的事件，而且穆拜莱德只是按照阿拉伯人的说法传述而已。

我们前已说过，穆拜莱德是也门艾兹德部落的阿拉伯人，《辞章集成》一书就流露出了部族主义情绪。穆拜莱德对艾兹德部落和也门人有着特殊的感情，为了抬高其身价和地位，引用了大量正确和不正确的材料，并专门写了《伊斯兰时代的也门国王》的章节，其中列举了蒙昧时代的也门国王，如卡拉阿、努瓦斯和鲁阿因；对伊斯兰时代的国王则提到了胡宰麦·本·萨比特，提到了他与天使的传说。赛阿德·本·穆阿基临终时有七万名天使降临，这是前所未有的事。天使还为罕扎莱·本·艾比·阿米尔施洗礼，等等，这是在该书结尾时提到的事。在书的开头，穆拜莱德挑选了穆圣对辅士的评价“危难时你们挺身而出，享受时你推我让”。辅士均出自奥斯和赫兹莱吉部落，宗谱学家认为，这两个部落均属于也门的艾兹德部落。穆拜莱德还选用了艾布·伯克尔责备迁士的话。

穆拜莱德在哈瓦立及派上大做文章，看来有两个原因：(1)穆拜莱德反对查希兹，因为查希兹的著作中曾提到“舒欧比亚”。“舒欧比亚”是非阿拉伯人反对阿拉伯人的一种运动，而大多数的哈瓦立及派人是纯粹的阿拉伯人，他们有自己的阿拉伯文学。(2)镇压哈瓦立及派的穆赫莱卜·本·艾比·苏福拉及其族人与穆拜莱德一样，都是艾兹德人。艾兹德人都支持穆赫莱卜，因此，赞扬镇压哈瓦立及派就意味着赞扬艾兹德部落。穆拜莱德对穆赫莱卜大加称赞，并为其辩护。人们说：“甚至圣训都说穆赫莱卜欺诈不实。”穆拜莱德则辩解道：穆赫莱卜是在打仗时才欺骗、说谎，而战争就是欺诈，在战争中欺诈不实是允许的。全书中充满了对穆赫莱卜家族的颂扬。

穆拜莱德还援引了阿里的一句话:"艾兹德有其他地区不具备的四大特点:慷慨大方,肯为他人倾其所有;保卫家园,奋不顾身;土地富饶,无求于人;人人勇敢,决不怕死贪生。"①

《辞章集成》就是这样一部书,它在各个方面都表现了民族主义和部族主义的情绪。

*　　　　*　　　　*

如果说波斯文化代表了有着纷繁文明、各种典章制度、供人享受的文明设施,同时也带有某些社会弊端的波斯帝王生活的话,那么阿拉伯文化所反映的则是一种简朴、单纯而又一目了然的生活。这种生活朴实无华,语言洗练明快,生活中充满了浓厚的沙漠气息。另一方面,阿拉伯文化又代表了一个民族。该民族在蒙昧时代生活在永无休止的部族斗争之中,自豪、赞美、诋毁、崇拜偶像是其生活的内容。后来,伊斯兰教将该民族聚集在一起,启迪其心灵,开发其智慧,开始了一种既有部族主义痕迹,又有许多新内容的生活:如认主惟一,敬畏真主,惧怕惩罚,渴望得到真主的恩典;体会到了征服者的尊严和统治者的权力;对自己有着一种从未有过的自信,对语言和宝剑,更有着无比的信心,他们依赖的是他们正在熟悉的其他民族的文明。

如果说,波斯文化早在古代就已有了文字记载,虽历经沧桑,到了伊斯兰时代,部分典籍仍能完好地保存下来。然而,阿拉伯文化在蒙昧时代全靠记忆和传述,到了伊斯兰时代,受到重视的也只是《古兰经》和部分圣训。至于文学和语言仍如蒙昧时代的诗歌和

① 《辞章集成》,第1卷,第35页。

文学一样，大都是口耳相传，直到倭马亚王朝末期和阿拔斯王朝初期，学者们才着手加以记载和整理。

如果说希腊文化已经经历了学术发展的各个阶段，即从个别问题入手、到系统地分类，到归纳总结，到经过逻辑加工，经历代希腊哲学润色后而传到穆斯林手中的话，我们所写的这个时代的阿拉伯文化，从语言到文学、到历史等其他学科，都尚处在学术发展的初级阶段。当时语言著作中的杂乱无章的现象便是证明，《辞章集成》一书也有这种缺陷。阿拉伯文化只是到了阿拔斯时代前期结束或即将结束时才走完这个过程。

总而言之，阿拉伯文化所使用的语言既是统治者的语言，又是宗教语言。阿拉伯文化是当时世界诸文化中的一个组成部分，而且是诸文化中的一个至少不亚于其他文化的重要部分。

第五章　宗教文化

——犹太教、基督教和伊斯兰教

除了前几章所述的那些文化，我们称之为“城市文化”——如果这种表达正确的话——之外，还有由各种宗教，主要是伊斯兰教、基督教和犹太教传播的精神文化。

犹太教和基督教　梅兹教授说：“中古时代，伊斯兰国家与基督教欧洲的区别在于：大批信奉伊斯兰教以外其他宗教的人生活在伊斯兰国家里，但穆斯林在欧洲却无法生存。此外，在伊斯兰国家里，基督教的教堂、修道院林立，似乎不属于政府权力的管辖，又好像是国中之国，能享受到穆斯林给予的种种权利，使犹太人和基督教徒能与穆斯林生活在一起，从而出现了一种中世纪欧洲所不能想象的和睦气氛。犹太教与基督教徒完全有信仰的自由，但是，如果改奉伊斯兰教后又叛教者必处死；但在拜占庭帝国，凡改奉伊斯兰教者一律处死。”①

当时的基督教会禁止基督徒（不论男女）与外教人通婚，除非对方改奉基督教；而伊斯兰教则仅禁止伊斯兰女子与非穆斯林结婚，男穆斯林可以同保持其原宗教信仰的基督教或犹太教（有经典

① 梅兹：《伊斯兰教的兴起》。该书系胡达·拜赫希由德文译为英文。

的人）的女子结婚。真主云：“今天，准许你们吃一切佳美的食物；曾受天经者的食物，对于你们是合法的；你们的食物，对他们也是合法的。信道的自由女，和曾经受天经的自由女，对于你们都是合法的。”[①]因此，穆斯林与犹太教、基督教女子结婚者很多。这些女子，有的皈依了伊斯兰教，有的仍信奉其原来的宗教，这是当时穆斯林与基督教和犹太教徒有密切关系的原因之一。

在对待穆斯林杀害异教徒的态度上，哈乃斐派与沙斐仪派之间有着巨大的分歧。前者主张凡杀害异教徒的穆斯林均应处以死刑，后者则认为无须偿命。两派辩论，旷日持久，喋喋不休。哈乃斐派的论据之一是：哈里发欧麦尔的儿子欧贝德拉——当其父被害时——被控参与策划并杀害基督教徒久法依奈一案。奥斯曼继任哈里发后，召集迁士和辅士说：“你们说，此人（即欧贝德拉·本·欧麦尔）该不该杀？”众迁士和辅士一致要求奥斯曼要严惩凶手，应处以极刑。这就是说，穆斯林杀了被保护人是要偿命的。但是奥斯曼没有那样做，因为阿慕尔·本·阿绥劝他不要杀，原因是事件发生在奥斯曼任哈里发之前，发生在他对人们行使权力之前。[②]

在艾布·优素福任法官时，发生过这样一件事：一穆斯林杀死了一个异教徒，艾布·优素福便判处该穆斯林以死刑。于是，一诗人吟道：

为异教徒而杀害穆斯林的人啊！

你犯了罪，正义者不该犯罪。

---

① 马坚译：《古兰经》，5:5。——译者

② 伊本·古太白说：欧贝德拉·本·欧麦尔当其父被害后，拔出宝剑杀死了艾布·鲁厄鲁厄的女儿，杀死了哈尔·麦扎尼和久法依奈——一个波斯人，他说，凡是波斯人，我都要杀死。被害者的家人要杀他，他便逃到穆阿威叶处，后在绥芬战役中战死。参看《知识篇》，第61—62页。

巴格达城郊的学者、诗人啊，
你们转回来，为你们的宗教而哭泣吧！
忍耐吧！坚忍的人是有善报的。
艾布·优素福离经叛道，
他为了异教徒而杀害穆斯林。

哈里发拉希德怕引起穆斯林的不满，便命艾布·优素福设法改变原判。于是，艾布·优素福便要苦主拿出证据，证明所控是实。苦主拿不出证据，艾布·优素福便宣布撤销原判。[①]

而沙斐仪认为：只有杀人者和被杀者在伊斯兰教中处于同等的"自由地位"时，才谈得上偿命。如果杀人者比被杀者享有更多的自由，或者信奉伊斯兰教，例如自由人杀死了奴隶，穆斯林杀死了异教徒，均无须偿命。沙斐仪还认为：只要伊玛目同意，被保护的犹太人和基督教徒可以参加穆斯林军队，与穆斯林并肩战斗。沙斐仪举了两个例子，一是穆圣在征讨海邑巴尔的战役中，曾求得强大的盖依努高尔犹太人的帮助，二是在侯乃尼战役中，又有多神教徒索夫万·本·倭马亚为之效力。沙斐仪以此来说明用多神教徒攻打反叛的多神教徒是不妨事的，给参战的多神教徒一些赏赐也就够了，而不是像穆斯林那样分享战利品。[②]

这里，我们不想讨论犹太人和基督教徒与伊斯兰政府的税务

① 律例第 219 条，查希兹说："我们的法官，或者说大部分法官认为景教教长、主教及大主教的血应用来偿还加法尔·阿里·阿拔斯和哈姆宰的血。"见《三封信》，第 18 页。

② 《阿尔·温姆》，第 4 卷，第 177 页。巴格达迪援引艾布·胡赖莱的话说，一些犹太人曾随穆圣参加了一些战斗，穆圣像对待穆斯林一样，分给了他们战利品。见《巴格达志》，第 4 卷，第 160 页。

关系，他们的首领与哈里发的关系，他们的独立程度；不想将伊斯兰王国内的基督教徒的情况与基督教国家里的穆斯林的情况进行比较；也不想研究犹太人与基督教徒在伊斯兰帝国里怎样行使司法权，以及他们与穆斯林法官的关系之类的问题。因为，上述内容更像是政治史的研究对象，我们只想阐述一下犹太人和基督教徒对文化的影响。

中世纪时，有大量的犹太人和基督教徒分布在伊斯兰国家境内。伊斯兰历 560 年/公元 1165 年，有一位犹太人旅行家写道：在伊斯兰帝国里，非阿拉伯人中的犹太人大约有三十万人，分布在两河流域：捷齐莱、摩苏尔、欧克拜莱、瓦绥脱、巴格达、侯赖、库法、巴士拉，还有波斯境内的哈姆丹、伊斯法罕、设拉子、伽色尼、撒马尔罕等地。在波斯有两个地方被称为“犹太人区”，一个是久尔加尼，一个是伊斯法罕。在巴格达约有一千名犹太人，有一胡同被称为“犹太胡同”。艾布·穆罕默德·阿卜杜拉等犹太人圣训学家就生长在这条胡同里。[①] 伊斯兰历三世纪初，巴格达收缴的人头税每年为十三万迪尔汗，四世纪初为一万六千第纳尔，从这两个数字可知当时巴格达缴纳人丁税的非穆斯林为一万五千人。[②] 伊本·郝盖勒说：鲁哈和替格里特的基督徒最多。

当时，在沙姆从事金融交易者多为犹太人，而巴格达宫中的御医多为基督教徒。犹太人多以从事特殊的职业而闻名于世，如兑换货币、制革、铸造。[③] 查希兹说：“基督教人骑的是有名的驮马

① 参看《各国辞典》，“犹太教”条目。

② 米特兹引自胡尔达扎拜提供的数字。

③ 查希兹：《给基督教徒的复信》，第 17 页。

和纯种马，他们有乐队，打曲棍球，穿着丝绸、有衬里的衣服，他们还使用雇工，并且使用阿拉伯人的名字，如哈桑、侯赛因、阿拔斯、法都勒、阿里等。①”

总之，在与穆斯林交往的人当中有很多信奉其他宗教的人，特别是犹太人和基督教徒。穆斯林与他们混杂在一起，甚至把他们当成朋友。查希兹说：艾布·索利哈·麦斯欧迪写诗称赞那些与他们杂居在一起的犹太人：

尽管犹太人的宗教令人生疑，
我在他们之中找到了知己。
凭你的宗教起誓，
我和我的两位犹太朋友，
似水乳交融、亲密无比。
他俩是我结识的好友，
我获得了真诚的友谊。

艾布·塔马哈·艾赛迪写诗称赞信奉基督教的哈达人：

着宽袍者为我友，
美醇下肚话不停。
豪爽好客哈达人，
血统高贵令人敬。
纵是基督教信徒，
我亦衷心表欢迎。
与他们促膝一堂，

① 查希兹：《三封信》，第18页。

心情舒畅难忘情。[①]

艾布·努瓦斯吟道：

我问我的兄弟艾布·耳撒[②]，
他是有头脑的人。
我说，美醇喜人，令我销魂，
他言，喝多害死人。
我说，人生四乐酒为本，
他道，种种嗜好有分寸。

总之，犹太教和基督教都有自己的文化，有些已渗入了穆斯林的群体，让我们分别加以说明。

犹太教　《旧约》(讨拉特)是犹太文化最重要的源泉。《古兰经》曾提到它，说它是上帝降下的一部经典："我确已降示《讨拉特》，其中有向导和光明，……"[③]并说尔撒是为证实《旧约》的内容而降世的，"我在众使者之后续派麦尔彦之子尔撒以证实在他之前的《讨拉特》，并赏赐他《引支勒》，其中有向导和光明，能证实在他之前的《讨拉特》，并作敬畏者的向导和劝谏。"[④]《古兰经》还列举了一些《旧约》中的律例。"我在《讨拉特》中对他们制定以命偿命，以眼偿眼，以鼻偿鼻，以耳偿耳，以牙偿牙；一切创伤，都要抵偿。"[⑤]

圣训也提到过《旧约》，提到过《旧约》中的一些律例。如艾

① 《动物志》，第5卷，第52页。
② 艾布·耳撒，即捷伯里勒·本·伯赫帖舒，曾任哈里发拉希德的御医。——译者
③④⑤ 分别见马坚译：《古兰经》5：44、46、45。——译者

布·达乌德援引伊本·欧麦尔的话说:一伙犹太人来到穆圣面前,请穆圣为他们裁断。穆圣将他们带到专门讲授《旧约》的地方。众人道:我们当中有个人与一妇人通奸,请裁断吧!他们拿来个坐垫,穆圣坐在上面,说:把《旧约》拿来!《旧约》拿来后,穆圣抽出坐垫,将《旧约》放在上面,然后说:我相信你,相信命你降世的人。接着对众人说:把你们当中最有学问的人找来。于是找来一个青年人,穆圣就讲了处以石击刑(用石头打死)的故事。[①]

穆斯林对《旧约》有三种不同的看法。一种意见认为《旧约》的全部,或者大部分已被篡改过,已不是上帝降给摩西的原本。因为《旧约》中矛盾百出,难以自圆其说。[②] 另一派的观点认为:被篡改的是注释部分,而不是《旧约》的正文。这是一些圣训、教法和教义学家的观点,也是布哈里的主张,他在《布哈里圣训实录》中说:"他们改动了一些字词的位置。"拉齐认为他们取消了某些字句,但不是正文中的字句,而是注释中的问题。持这一观点的人的论据是:《旧约》已通行于世界各地,其册数之多只有真主知道,要想串通一气对那么多本《旧约》进行篡改是不可能的,改成一个模式更是不可思议的。他们说:真主已对先知如何驳斥犹太人作了明示:"你说:'你们拿《讨拉特》来当面诵读吧,如果你们是诚实的。'"[③]等等。第三种观点是:《旧约》中增加、篡改处极少,大部分都保持了

① 参看《布哈里圣训实录》认主唯一章、坚忍章和解释章。

② 伊本·哈兹姆是力主这一观点的人之一。他在其著作《宗教与教派的分界》一书中对此做了仔细研究,并对我们手中的《旧约》中的矛盾做了长篇论证,读者可参考该书。

③ 马坚译:《古兰经》,3:93。——译者

降世时的原貌。这是伊本·泰伊米耶的主张。他在《对篡改基督教者的正确答复》一书中提出了上述观点,《旧约》中的一句话为他的观点作了佐证:"真主对易卜拉欣说:杀你的长子或你的独子易司哈格吧!"其中易司哈格一字系犹太人增添的。[1]

穆斯林所说的《旧约》大都指犹太人的全部经典,其中包括《诗篇》等等,犹太人自己有时也这样说。

犹太人除了《旧约》之外,还有未经穆萨(摩西)书面转述的训诫、忠告和解释,经世代口耳相传,最后被录成书,即《塔木德》(犹太法典)。对这部口传法典,犹太人有两种意见,一种主张接受,即赖比尼派,一种主张拒绝,称卡拉派。

《旧约》(摩西五经)共分五章。第一章是《创世记》,内容是关于上帝创造世界、有关亚当和夏娃及其儿女的故事,诺亚及洪水、亚伯拉罕(易卜拉欣)、以撒(易司哈格)、雅各(叶耳孤卜)、伊索及约瑟(优素福)的故事。

第二章是《出埃及记》,即犹太人从埃及出走。讲的是摩西降世及其受命、法老、以色列人从埃及出走、摩西登上西奈山、上帝颁给他十诫的故事。

第三章是《利未记》,即祭司章。内容有祭祀仪式及有关圣洁的法律,还有其他礼仪等。

第四章是《民数记》,其中有关于立法的内容,也有关于穆萨(摩西)及以色列人在旷野荒漠中流浪的记载,黄牛的故事。

第五章是《申命记》,即重订法律章。

---

① 参看伊本·盖依姆:《援助悲伤者》,第415页及其后。

在古代，除了《旧约》之外，还有《约书亚记》，即以色列人占领巴勒斯坦的历史；《士师记》，士师即大法官；《列王纪》，记述了以色列四位国王的历史，第一任国王是撒母耳和扫罗①，第二任国王是大卫（达乌德）②，第三任国王是所罗门（苏莱曼）③。

《塔木德》是一部带有历代宗教人士解释的有关早期宗教的讨论集。其中有犹太教的刑法与民法，换句话说，就是划定了宗教与世俗之间的关系，记载了犹太人近千年的生活及传统，人们的道德观念与宗教意识完全融合在一起了。

《塔木德》的收集历时近三个世纪，始自公元四世纪初，止于六世纪末。《塔木德》的第一部分叫做"密西拿"（Mishnah），是一部用古希伯来文写成的古代口传法律集。第二部分"革马拉"（Gemara），是祭司们——即犹太法学家——对"密西拿"的释义和补编，用阿拉马文写成。

围绕着这些宗教典籍编织了大量的犹太文学、故事、历史、立法及神话传说。

犹太教与希腊拜物教、犹太教与基督教之间的斗争，在东方，尤其在亚历山大城——最重要的希腊文化中心——十分激烈。很多犹太人被迫学习希腊语、讲希腊话。这场斗争带有社会生活、文化及宗教的性质。很多犹太人被迫改变他们的生活方式以及对希腊生活的看法——以前他们是不准到剧场观看希腊戏剧的——不得不吸收一些希腊文化。犹太人面临一个新的问题，即在保持犹

① 扫罗，公元前1025—前1013年在位。——译者

② 大卫（达乌德），公元前1013—前973年。——译者

③ 所罗门，公元前973—前930年。——译者

太教教义的同时，对希腊人的学说能接受到什么程度？最著名的代表人物是斐洛，他力图将犹太教的宗教观念与希腊的科学融合在一起，从而形成了既不是纯粹的犹太教，也不是真正的哲学，而是哲学化的犹太教。斐洛吸收了柏拉图和斯多葛派的某些观点，并使用了哲学术语。他这样做，完全是为了复活宗教感情，摆脱犹太教当时所面临的困境。基督教教会从中得到了好处，因为他们也面临着犹太人以前所面临的问题。

总之，犹太人固有的文化包括宗教、文学、历史和法律，后来这些文化与希腊文化逐渐融合在一起了。

犹太文化早在伊斯兰教产生以前就已传入阿拉伯。伊本·阿拔斯说："麦地那人原本信奉拜物教。有犹太人居住在那里，并自认为在学问上高人一等，当地人多模仿他们。"

伊斯兰教初期，有些穆斯林还诵读其他经典。伊本·赛阿德在《人物传记》中引述了麦依姆奈的一段话，她说：我父亲每七天读一遍《古兰经》，每六天读一遍《旧约》，诵读的最后一天，很多人都来听经。我父亲说：诵经结束时，将有天恩降世。[①]

艾布·胡莱勒说："当时有经典的人，用希伯来语诵读《旧约》，用阿拉伯语向信奉伊斯兰教的人进行解释，于是，穆圣说：'你们不要相信有经典的人说的话，也不要揭穿他们的谎言。你们说：我们相信降给我们，也降给你们经典的人，我们与你们有同一个神！'"[②]据传，瓦哈卜·本·穆奈比海说过这样一句话："我读了九

① 伊本·赛阿德：《人物传记》，第7卷，第161页。

② 《布哈里圣训实录》中有一段圣训与此正好相反，禁止向有天经的人询问。请看其中的《有天经的人的证言》一章。

十二本书，这些书都是天降的经典，其中七十二本是教堂及人们手中有的，另外二十本天经则鲜为人知。”①

犹太文化从几个重要渠道渗入穆斯林文化。主要是通过皈依了伊斯兰教的犹太人，特别是也门地区的犹太人，如卡尔白·艾哈巴尔、瓦哈卜·本·穆奈比海等人。犹太教徒改奉伊斯兰教者很多，其中有圣门弟子、有再传弟子，直到如今（阿拔斯王朝初期）他们之中仍有圣训学家，其佼佼者为艾布·欧贝德·麦阿麦尔·本·穆赛那。

伊斯兰教受犹太教文化影响的诸方面：

一、古兰经注：正如读者所见，《古兰经》与《旧约》的部分内容是相似的，“先知的故事”表现得尤为明显，但二者讲述的方式不同。《古兰经》仅以鉴诫为宗旨，不涉其细节，不载其事件经过及发生事件的地点和人名，只点其精华，以为殷鉴。让我们以《亚当的故事》为例，《古兰经》曾在多处提到这个故事，尤在《黄牛》章讲得最为详细，其中有下述一段话：“我说：‘阿丹啊！你和你的妻子同住乐园吧！你们俩可以任意吃园里所有丰富的食物，你们俩不要临近这棵树；否则，就要变成不义的人。’然后，恶魔使他们俩为那棵树而犯罪，遂将他们俩从所居的乐园中诱出。我说：‘你们互相仇视下去吧。大地上有你们暂时的住处和享受。’然后，阿丹奉到从主降示的几件诫命，主就恕宥了他。主确是至宥的，确是至慈的。我说：‘你们都从这里下去吧！我的引导如果到达你们，那么，谁遵守我的引导，谁在将来没有恐惧，也不忧愁。不信道而且

① 《人物传记》，第5卷，第397页。

否认我的迹象的人，是火狱的居民，他们将永居其中。'"[①]。

读者从这段经文中可以看出，《古兰经》不提天堂的地点，也不点明禁止阿丹吃其果实的树的名字，没有指出诱使阿丹和哈娃犯罪的是什么动物，没提真主与阿丹对话的细节，也没有说出阿丹被从天堂逐出后的去向等等。

但是，《旧约》则提到了这一切，甚至更加详细。如《旧约》指明天堂在东方的伊甸园，禁食的果树位于天堂的中间，那生命之树能知凶吉，与哈娃对话的是蛇。还指出，真主为惩罚将阿丹和哈娃诱出天国的蛇，使蛇只能附地而行，以泥土为食；为惩罚哈娃，而使其承受怀孕之苦等等。《古兰经》的经注家们便引用这些皈依了伊斯兰教的犹太人的说法，来解释《古兰经》。例如，塔巴里就援引瓦哈卜·本·穆奈比海的话，声言该树结有果实，众天使吃了可以长生不老。又如，当魔鬼撒旦想诱使阿丹、哈娃犯罪时，钻入长有四足的蛇腹内，当蛇进入天国后，他便从蛇腹中出来，变成真主禁止阿丹和哈娃食用的禁果。当阿丹及哈娃吃了禁果后，真主对哈娃说：哈娃呀，你引诱我的奴仆，你将被迫受孕，如想生出腹内之物，将数次濒临死亡。真主对蛇说，可诅咒的东西进入你的腹内，使你引诱我的奴仆犯罪，你将失去四足，你只能以土为食，等等。伊本·阿拔斯也讲过这个故事。[②] 读一读塔巴里的《古兰经注》，就可以清

① 马坚译：《古兰经》，2：35—39。——译者

② 塔巴里：《塔巴里经注》，第1卷，第186页及其以后。查希兹在《动物志》中引用了卡阿布·艾哈巴尔的话：《旧约》中写道，夏娃、亚当、蛇都受到十项处罚。查希兹对此表示怀疑，因为《旧约》并没有提到此事。查希兹说：卡阿布的传述即使正确，那也只是犹太人书中的提法。

楚地看到这些经注学家用《旧约》及其诠释的内容，来诠解《古兰经》章节。他们时而引用瓦哈卜·本·穆奈比海的说法，时而传述以色列人的诠释，对于凡是在《古兰经》中出现的来自《旧约》中的故事，他们都采取这样的做法。而这些人并不都是精通犹太教的学者，其中有些人——正如伊本·赫勒敦所说的——只是普通的犹太人，他们的知识并不比一般有经典的人丰富。经注学家却不管这些，到处引用他们的诠释。[①] 这些“以色列式”的诠释越来越多，就连赛阿里比的《先知的故事》等书中都充斥着这类内容。

穆斯林颇重视移植以色列人及其众先知的历史。如塔巴里和伊本·古太白在其《先知与帝王史》及《知识篇》中都充满此类记载。经历代的考证证明，这一类关于以色列历史的记载都是不真实的，其中大多数的传述都是来自普通老百姓。伊本·古太白对瓦哈卜·本·穆奈比海的传述与《旧约》中的记载做了比较，还对其中的一些差异做了说明。

犹太人对一些伊斯兰教派的影响是不小的。伊本·艾西尔在谈到艾哈迈德·本·艾比·杜瓦德[②]的时候说：“他鼓吹‘《古兰经》被造说’，并宣扬穆阿台及勒派的其他主张……”[③]

《罕世瓔珞》的著者传述了谢阿比对马立克·本·穆阿威叶说的一段话：“我警告你，别私心用事，什叶派中的拉费兹派是我们当

① 伊本·赫勒敦：《历史绪论》，第367页。

② 艾哈迈德·本·艾比·杜瓦德，公元854年卒，穆阿台及勒派的法官，受到哈里发麦蒙的重用，穆阿台绥姆执政时，任首席法官。——译者

③ 原文列举了受犹太人影响的六个传述线索，略去未译。——译者。伊本·艾西尔：《全史》，第7卷，第26页。

中的犹太人，他们仇恨伊斯兰教，有如犹太教仇恨基督教一样。他们改奉伊斯兰教，并非喜欢伊斯兰教，也不是出于对真主的畏惧，而是要对穆斯林进行报复，因为阿里曾烧过他们……。拉费兹派的许多观点与犹太人是一致的。犹太人认为：只有大卫的后裔继承王位；拉费兹派也跟着主张只有阿里家族的人才能继承哈里发之位。犹太教徒说：要为“耶和华”进行圣战，直到“救世主”出世，那时有声音来自天空；拉费兹派也学着说：要为真主进行圣战，直到迈赫迪从天而降。犹太人把婚礼延迟到星星交错闪烁之时；拉费兹派也是如此。犹太人认为“对妻三休”不算什么，拉费兹派也是如此。犹太人认为“妇女不必守限”，拉费兹派也是如此。犹太人篡改了《旧约》，拉费兹派也篡改了《古兰经》。犹太人贬低伽百利天使，说他是以色列的敌人；拉费兹派也认为：真主的天启本来应该降给阿里，但是伽百利错误地把它降给了穆罕默德。犹太人禁吃骆驼肉，拉费兹派也是如此……”①

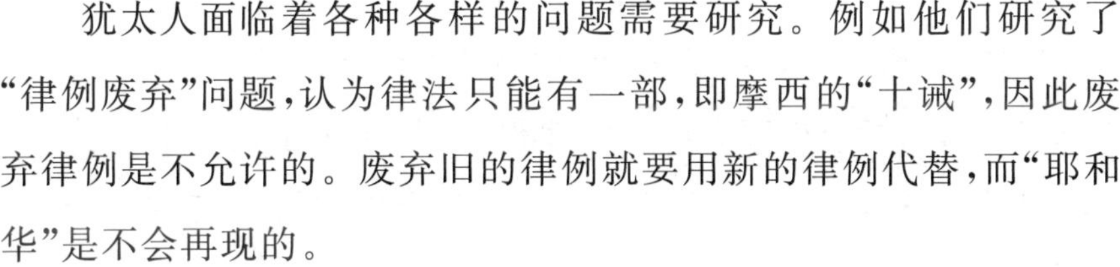

犹太人面临着各种各样的问题需要研究。例如他们研究了“律例废弃”问题，认为律法只能有一部，即摩西的“十诫”，因此废弃律例是不允许的。废弃旧的律例就要用新的律例代替，而“耶和华”是不会再现的。

犹太人还使“耶和华”形象化：“耶和华”降临在西奈半岛的图尔山上，端坐在宝座上，并大声讲话。

犹太人还主张某些人死后可以复生，声称真主让欧宰尔②死

① 伊本·阿卜杜·莱比：《罕世瓔珞》，第1卷，第269页。

② 欧宰尔，为《古兰经》故事人物。——译者

去百年后，又使他复活。有人说欧宰尔确已死去，将会转世再生；也有人认为欧宰尔只是隐遁逝去，并没有死，他会再次出现的。[①]

这些主张和异说都是通过改奉伊斯兰教的犹太人流入穆斯林中的。我们看到，正如犹太人研究废除《旧约》中规定的律法一样，穆斯林也在讨论废除《古兰经》中某条律例的可能性。广大的穆斯林认为在有明文的情况下也可以废除旧的律条，并且确实这样做了。当然，也有人反对，艾布·穆斯林·艾斯法哈尼就是其中的一个。在有关教法原理的著作中——在谈及废除原有律例时——能看到穆斯林与犹太人进行讨论及辩论的情景。[②] 这就证明这类问题是由犹太人引起的。我们还看到有些什叶派人仍持先知再现的观点，而这一点早就被犹太人否定了。穆赫塔尔，即穆罕默德·本·哈乃斐[③]是最早持这种观点的人。沙赫力斯坦写道："穆赫塔尔之所以鼓吹伊玛目再现的主张，因为他声称他能通过天启或伊玛目的信示知道将要发生的情况。如果他向其信徒有所许诺，而该许诺若能兑现，则证明他的主张可信，若不能兑现，他则声称已向你们的主禀明了。穆赫塔尔弄不清'废弃律例'与'先知再现'的区别，认为只要允许废弃原有的律例，先知再现也是可能的。"[④]很多什叶派人相信伊玛目再现说，对很多历史问题都持这一观点。犹太人是极力反对再现说的。[⑤]

① 这些都是沙赫力斯坦在其《宗教与教派》一书中传述的犹太人的观点，请看该书第85、86页。

② 参看伊本·哈吉布的《教义学原理》，第2卷，第188页。

③ 穆赫塔尔(公元642—700年)，正统哈里发阿里之子。——译者

④ 沙赫力斯坦：《宗教与教派》，第55页。

⑤ 请看麦斯欧迪《警戒与监督》一书中叶海亚·本·扎卡里亚的讲述。

同样，犹太人将“耶和华”形象化、比喻法的观点也渗入了穆斯林。于是，有人采用犹太人的方法来随便诠释某些《古兰经》经文，例如：“真主的手就在他们的手上”，“大仁大慈的真主端坐在宝座上”，“你的主那尊严、伟大的脸将永世不变”等等。圣训中也有这类词句，例如“穆民的心就在大仁大慈的真主的两个手指之间”。穆斯林在此问题上分成若干派别。有人说，我们不相信比喻法说，我们确已知道真主不像世上万物。而有些什叶派的极端分子和在诠释圣训时使用比喻法的圣训学家却鼓吹比喻法，声称真主是可以移动、停留、降世与升入天国的，等等，完全是照搬犹太人的说法。沙赫力斯坦在谈到这个问题时说：这些人是按照形体特征来比喻的。他们编造历史，将谎言强加在穆圣身上，内容大都是从犹太人那里拾来的牙慧。将真主形象化已是他们的天性。沙赫力斯坦在另一处还说：“将‘耶和华’形象化纯系犹太人所为，但不是所有的犹太人都持此观点，只是卡拉派[①]人这样做，因为该派在《旧约》中找到了很多证明其观点的词句。”[②]

什叶派对人死后可以复生的说法与犹太人的说法是一致的。犹太人称先知以利亚[③]曾升天而去，后又回到世上，以恢复宗教和法律。根据伊本·哈兹姆[④]讲述的材料，犹太人伊本·萨巴在阿里被害后说过这样一句话：“纵然你们将他（阿里）的头颅拿来千

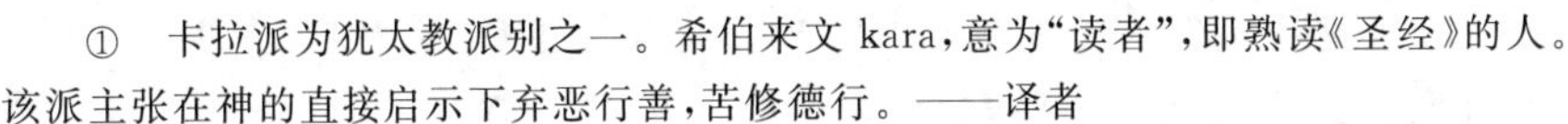

① 卡拉派为犹太教派别之一。希伯来文 kara，意为“读者”，即熟读《圣经》的人。该派主张在神的直接启示下弃恶行善，苦修德行。——译者

② 《宗教与教派》，第 31 页。

③ 以利亚，《圣经》中的人物。——译者

④ 伊本·哈兹姆（公元 994—1063 年）：法学家、诗人、哲学家、历史学家、教义学家。生于科尔多瓦，代表作品有《鸽子的项圈》和《宗教与哲学派别》。——译者

遍，我们也不相信他已死去。在为世人伸张正义、铲除暴虐之前，他是不会死的。”这种思想在什叶派中传布很广，他们对一些隐遁的伊玛目也说过类似的话，并说人们所期待的迈赫底（等待中的救世主）将会重返人世。

读者由此可以看出，教义学中的很多问题的根子都在犹太人身上，很多说法都是犹太人的主张。穆圣说得对：他们完全遵循先人的律例戒条，即使先人进入鳄蜥的洞穴，他们也会紧随而入。我们问：穆圣啊，你说的是犹太人和基督教徒吗？穆圣答道：还能有谁呢！

有些教义学家的主张和信仰就是来自犹太教。例如拜什尔·麦里西有很多使人反感的独特见解，为此，几乎被人杀死。他就是鼓吹“《古兰经》被造说”的著名人物之一。

伊本·古太白说：“《古兰经》念诵家哈伦·艾阿瓦尔·本·穆萨是犹太人，后来皈依了伊斯兰教。艾斯麦仪说哈伦讲过这样的话：以前我用希伯来文将亚当读成伊扎姆。”①

以色列人众先知、贤人的训导、箴言进入了文学作品。如传说西耳亚对以色列人说：“牲畜因运动而使肢体柔软，你们的心只有靠大量的箴言才能更加坚强。体魄健壮，只需少量的食物；心地善良，无需更多的箴言！多少盏灯被风吹灭，多少崇拜者被惊愕所误！以色列人呀，你们听我的话吧，讲箴言者与听讲人是一对伙伴，谁按箴言行事，谁就是贤人。”②

① 《知识篇》，第 180 页。

② 《罕世瓔珞》，第 1 卷，第 356 页。书中有很多这类箴言、训诫。

总之，在伊斯兰时代特别是阿拔斯时代，穆斯林中流传着大量以色列式的传说和犹太教文化，其中有正确的，也有不正确的；有的是从犹太学者传入的，有的是由普通犹太人讲述的。久而久之，便成为好像是出自伊斯兰的传说了。犹太人与穆斯林进行争论，双方都宣传自己的宗教，都为自己的宗教辩护，古籍中讲述了很多这类争论。早期的争论之一可从古赖宰族[①]人奥斯写的诗里窥见一斑。奥斯的妻子皈依了伊斯兰教，并劝奥斯也改奉伊斯兰教，但遭到拒绝。奥斯吟道：

吾妻邀我奉真主，
我请我妻信耶和华；
我有摩西的经典，
她有穆罕默德的教导；
各自都说自己的宗教好，
都认为自己找到了正道。

索法迪[②]在他的著作中也讲述了犹太人与穆斯林就“前定”问题的争论，这使双方不得不研究对方的宗教，以从中找到驳斥对方的论据，这就是当时犹太文化与伊斯兰文化都得到传播的原因之一。

基督教　《古兰经》也提到《新约》（福音书），并把它当成一部

① 古赖宰族系指原居住在麦地那的犹太部落，他们因在穆罕默德与同盛军的战役（公元627年）中，援助了同盟军而受到讨伐，古赖宰族的壮丁六百名被处死，其余的被逐出麦地那。——译者

② 索法迪：即萨拉丁·哈利勒（约公元1296—1362年），文学家兼历史学家，其代表作为《已故名人传记》和《当代名人》。——译者

天书。"在他们之后，我曾继续派遣我的众使者，我又继续派遣麦尔彦(马利亚)之子尔撒，我赏赐他《引支勒》，我使他的信徒们心怀仁爱和慈悯。""那时，真主将说麦尔彦之子尔撒啊！你当记忆我所赐你和你母亲的恩典。当时，我曾以玄灵扶助你，你在摇篮里，在壮年时，对人说话。当时，我曾教你书法、智慧、《讨拉特》和《引支勒》。""信奉《引支勒》的人，当依真主在《引支勒》中所降示的律例而判决。"[①]

穆斯林对《新约》的正确性，对《新约》是否受到篡改，也像对待《旧约》一样，持有不同的看法。伊本·哈兹姆和伊本·台依米耶等人甚至根本不承认《新约》的存在，这比他们对待《旧约》的态度还要严峻。[②]

总之，当时的基督教文化，主要来自《新约》，以及有关《新约》的诠释和有关尔撒及其信徒的故事与传说。这一切通过几条渠道传入穆斯林，最重要的渠道是阿拉伯人中的基督教徒。早在伊斯兰教产生以前，基督教已在一些阿拉伯部落，特别是台格里布和纳季兰两个部落中得到了传播。第二条渠道是来自基督教徒中改奉伊斯兰教者。穆斯林受基督教的影响是多方面的，首先是《古兰经注》。

《古兰经》里有许多章节包含《新约》的一些内容，如有关尔撒、麦尔彦的故事，有关尔撒的奇迹。《古兰经》的文笔简洁精练，目的

---

① 马坚译：《古兰经》，57：27、5：110、5：47。——译者

② 请看伊本·台依米耶《宗教与教派——兼谈对"谁篡改了基督教"的答复》一书的有关章节。

在于劝诫，而一些经注家却模仿《福音书》，引用皈依伊斯兰教的犹太人和基督教人的说法，任意诠释经文。《塔巴里经注》便有不少来自《新约》的形形色色的诠释。这些诠释多半来自瓦哈布·本·穆奈比海、伊本·朱来吉、扎克里亚·本·叶海亚等人。《古兰经》中在历数尔撒的奇迹时有这样一段经文："他要使他去教化以色列的后裔。尔撒说：我确已把你们的主所降示的一种迹象带给你们。我用泥做一个像鸟一样的东西，我吹口气在里面，它就会奉真主之命而飞动。"[①]伊本·朱来吉将经文中的鸟解释为蝙蝠。而塔巴里则用伊本·易司哈格讲的故事，来说明经文中的鸟即为蝙蝠的原因。[②] 这类经注越来越多，在赛阿莱比写的《先知故事集》中有很多关于扎克里亚父子、有关麦尔彦、尔撒及其使徒、最后的晚餐等长篇故事。

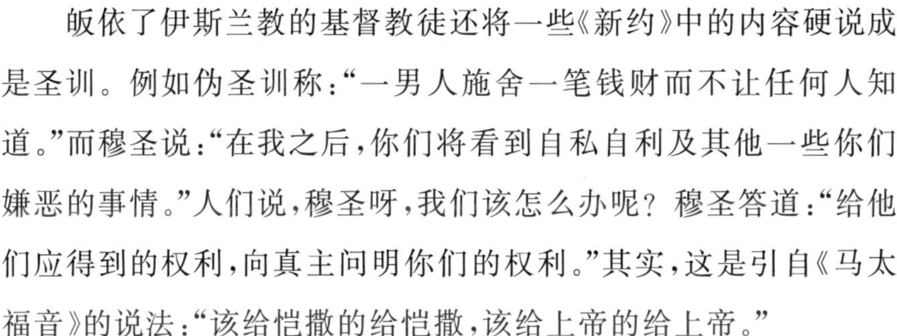

皈依了伊斯兰教的基督教徒还将一些《新约》中的内容硬说成是圣训。例如伪圣训称："一男人施舍一笔钱财而不让任何人知道。"而穆圣说："在我之后，你们将看到自私自利及其他一些你们嫌恶的事情。"人们说，穆圣呀，我们该怎么办呢？穆圣答道："给他们应得到的权利，向真主问明你们的权利。"其实，这是引自《马太福音》的说法："该给恺撒的给恺撒，该给上帝的给上帝。"

基督教还笼统地主张"穷人比富人高贵"，这完全是基督教的观点。圣训中有这样的说法："我民族中的穷人将比富人早 500 年进入天园"，"你们成为像鸽子似的傻瓜吧"。《马太福音》中是这样

---

① 马坚译：《古兰经》，3：49。——译者

② 《塔巴里经注》，第 3 卷，第 190 页。

说的："我差你们去，如同进入狼群，所以你们要灵巧像蛇，驯良像鸽子。"[①]艾布·达乌德转述了艾布·达尔达的这样一段话：我听穆圣说："你们谁诉苦，或者谁的兄弟诉苦，那就让他说：'我们上天的主——真主，你的名字多么神圣，你的权威在于天地。将你在天上的怜悯也降给大地吧，你宽恕我们的罪孽与过错吧！你是好人的主，用你的怜悯、你的药物来医治这伤痛吧。'他将痊愈、康复。"这是基督教著名的祈祷词，公然被伪造成圣训。

尽管我们同意久尔德·扎希尔教授关于有些基督教的提法被塞进圣训，而当成穆圣言论的观点，但我们不同意他的所有观点，不同意将他提到的圣训都说成是基督教主张的做法。例如贫为贵的思想，并不完全是基督教的提法，因为所有的一神教——犹太教、基督教和伊斯兰教——都持有这种观点。这一点读者看得很清楚。宗教的基石之一是将善行，而不是金钱作为衡量人的价值标准，这与人们通常以财富的多寡来评价人是大相径庭的。宗教认为善行有其自身的价值，不管是来自富裕者还是贫穷者。自然，贫穷者的善行要比钱财上的施舍更为可贵，因为贫穷者的牺牲更为伟大，因此应得到更多的报偿。真主的使者穆罕默德不爱财富，不愿成为富人，尽管他是有可能成为富商巨贾的。《古兰经》中有赞美贫穷者的章节："(施舍)应归那些贫民，他们献身于主道，不能到远方去谋生；……"[②]"那些逆产一部分归迁士中的贫民，他们曾被驱逐出境，以致丧失自己的房屋和财产"。[③]伊斯兰教和基督教都

① 《新约·马太福音》，10：16。——译者

②③　马坚译：《古兰经》，2：273、59：8。——译者

赞美贫穷，并不能说明伊斯兰教抄袭了基督教的主张。阿拉伯人早就有嫌贫爱富的思想，例如欧尔瓦·本·瓦尔第[①]说过：

让我发财致富吧！

因为我看到干坏事的都是穷人！

但是，另一个阿拉伯人盖斯·本·哈推姆[②]却认为：

富裕者未必长寿；

贫穷者不见得永远受穷。

这两位诗人的话不能说明问题，还是让我们到伊斯兰教中去寻找答案吧。《古兰经》云："行一个小蚂蚁重的善事者，将见其善报；行一个小蚂蚁重的恶事者，将见其恶报。"[③]"他的财产，和他所获得的，将无裨于他。"[④]但是，毫无疑问，穆斯林受到基督教的影响，传述了许多有关基督教提倡的贫为贵的故事，并把这些传说用伊斯兰箴言的形式写出来。如著名哲学家安萨里在《宗教的复活》一书中写道："尔撒——真主赐福他——在行程中，遇见一个身裹斗篷、卧在路边的人。尔撒唤醒了他，说道：'你纪念真主吧！睡着的人！'那人说道：'你唤醒我做什么？我已经弃绝红尘了。'尔撒说道：'那么你睡吧！'"书中还记载了一段有关穆萨（摩西）的故事："穆萨路见一人卧在地上，以土坯为枕，面盖斗篷，便说道：'主啊！你的这个奴仆没有归宿啊！'于是主便启示穆萨道：'穆萨啊！难道

① 欧尔瓦·本·瓦尔第（公元596年卒）：蒙昧时代的流浪诗人。——译者

② 盖斯·本·哈推姆（约公元620年卒）：蒙昧时代叶斯里布（麦地那）的诗人。——译者

③④ 分别见马坚译：《古兰经》，99：8、111：2。——译者

你不知道吗？我看见了这个人，我让他弃绝了今生。'"安萨里还写道：尔撒说："富人难以进入天堂。"穆萨说："主啊！在你所造的万物中，你喜欢谁，我就喜欢谁！"耶和华答道："我喜欢所有的穷人。"[①]

看来，这些来自基督教或犹太教的传说给穆斯林生活染上了特色，然而这些与伊斯兰教的精神是格格不入的。伊斯兰教是热爱生活、号召劳动、赞美勤劳的，不管是富人、还是穷人的劳动都受到称赞。但是，我们在《宗教的复活》一书中看到的是另一种观念，即逃避财富，丢下世俗的劳动，跑去膜拜、修行。这是一种类似抛弃红尘、出家修行的倾向，这在伊斯兰教初期是不多见的。相传，一伙艾什阿里派[②]人外出旅行，来到一个地方，他们说：穆圣啊，继你之后，我们还没见过比某人更好的人呢，他白天斋戒，夜间礼拜。穆圣问道：他的衣食从哪里来的？答曰：我们供给他的。穆圣说：在真主面前，你们都比他好。

穆斯林历史学家很重视基督教的历史。例如历史学家叶耳古比在其历史著作中，引用了一些《新约》的内容。历史学家塔巴里在其《先知与帝王史》的著作中，也包括一部分基督教的历史，如使徒列传、圣徒吉尔吉斯的传说。据塔巴里说，吉尔吉斯即阿卜杜·索利哈，是巴勒斯坦人。他知道尔撒众使徒的后代的故事，以及洞中人的故事，等等。历史学家麦斯欧迪也引用了不少基督教的

---

① 安萨里：《宗教的复活》，第 4 卷，第 152 页及其后。

② 艾什阿里派为公元 10 世纪时伊斯兰教正统派的神学哲学派别，由艾什阿里（公元 874—936 年）所创，故名。该派既反对穆阿台及勒派的唯理论的主张，又反对正统信仰的极端形式主义，后成为正统的教义学派。——译者

史料。正如在传述犹太人历史时发生的情况一样,历史学家们在其著作中,既有真实的史料,也有辗转口述的未经证实的传说。

被穆斯林征服的各个地区,如沙姆和伊拉克等地,很多人原信奉基督教。战争结束,生活恢复正常后,穆斯林与基督教徒之间的宗教论战便开始了。穆斯林号召人们信奉伊斯兰教,故必须从理论上提出大量的证据来证明伊斯兰教的正确性和优越性;基督教徒也同样以自己的证据来迎战,因而在穆斯林与基督教徒之间发生了激烈的论战。这是在倭马亚王朝时代就发生的事,当时大马士革是伊斯兰阿拉伯帝国的首都。过去,沙姆一直是在信奉基督教的罗马人的统治之下,基督教极为流行。而倭马亚王朝缺乏人才,不得不大量使用沙姆的基督教徒。哈里发宫廷中的重要职位,多为基督教徒担任。在大马士革人叶海亚的著作中,有明确的记载。叶海亚为基督教徒,而且十分虔诚,严守基督教的教义。他和他的父亲在阿卜杜勒·麦立克·麦尔旺任哈里发时,都在宫廷里任职。叶海亚写了一部针对伊斯兰教的宣传为基督教辩护的书。其中有这样的话:“如果阿拉伯人问你:你对基督能说些什么?那你就对他说:基督是圣灵。然后,你问穆斯林:在《古兰经》里怎样称呼基督?你在穆斯林回答之前不要开口,这时穆斯林将不得不说:圣灵是真主降给麦尔彦的,是真主的精神。倘若穆斯林是这样回答的,你就问他:圣灵和精神是不是被造之物?回答如果是肯定的,你就说:上帝无所不在,为何成为被造。”叶海亚说:这将使穆斯林无言以对,因为上述说法被穆斯林视为异端邪说。对此,穆斯林反驳说:圣灵指的是天启的经典和真主的命令。《古兰经》云:“在真主看来,尔

撒确是像阿丹一样的。他用土创造阿丹，然后对他说：'有'，他就有了。"[1]至于精神，系指怜悯、慈悲。经云："并且以从他（真主）降下的精神援助他们。"[2]尔撒不是因精血而生，而是得到了天使的灵气，该灵气被称为精神，真主曾称伽百利为精神。真主在谈到阿丹时说："我把我的精神吹入他的塑像"，[3]真主对尔撒也说过这样的话。真主还说："我这样启示你从我的命令中发出的精神。"[4]等等。

总之，当时穆斯林与基督教徒之间确有论战。为了找到能驳倒对方的论据，双方都不得不研读对方的经文及其他有关的著述。

在伊斯兰教的各教派中也能看到基督教教义的影子。如基督教各教会对惩罚的永恒性曾开展过辩论，其中希腊教会的神父们否认人们将在火狱中永远受苦，于是捷赫姆·本·索夫旺[5]便说：天堂与地狱连同其中的众生都将要毁灭的。[6]

冯·克里迈尔教授甚至认为：穆阿台及勒派源于基督教，因为教会的神父辩论过有关意志自由、天命、前定的问题，而且还讨论过上帝的属性。在穆斯林征服了沙姆地区之后，上述观点通过基督教徒渗入穆阿台及勒派。倭马亚时代与穆斯林接触最多的基督教徒有大马士革的叶海亚和赛尤杜尔·艾布卡拉。叶海亚曾说过：上帝是善之源。还说：正如光明来自太阳一样，善源自上帝。

①②③④　马坚译：《古兰经》3：59、58：22、15：29、43：52。——译者

⑤　捷赫姆·本·索夫旺（公元845年卒）：撒马尔罕人，捷赫姆派创始人，该派主张反宿命论观点。——译者

⑥　伊本·哈兹姆：《宗教与派别》，第4卷，第83页。

早期的穆阿台及勒派人关于前定及真主品性的观点便是从基督教人那里学来的。

但是我们不同意这种看法，我们认为对前定的看法来自穆斯林自身，因为《古兰经》中有些章节字面上是主张天命、前定的。如《古兰经》云："如果我欲忠告你们，而真主欲使你们迷误，那我的忠告是无济于你们的。他是你们的主，你们只是被召归于他。"[①]"应当受刑罚的判决者，（必入火狱），难道你还想拯救他吗？"[②]"我在每个民族中，确已派遣一个使者，说：'你们当崇拜真主，当远离恶魔。'但他们中有真主所引导的，有应当迷误的。"[③]"当你射击的时候，其实你并没有射击，而是真主射击了。"[④]除此之外，还有一些字面上主张自决，认为人应当对其行为负责的章节。如："这确是我的正路，故你们遵循它；你们不要遵循邪路，以免那些邪路使你们离开真主的大道。"[⑤]"真理是从你们的主降示的，谁愿信道就让他信吧，谁不愿信道，就让他不信吧。"[⑥]"谁作恶或自欺，然后向真主求饶，谁将发现真主是至赦的，是至慈的。谁犯罪，谁自食其果。真主是全知的，是至睿的。"[⑦]

此外，也有很多谈论前定、天命的圣训。据加比尔记载，穆圣说过这样的话："奴隶只有相信天命和前定，才能成为信士，才能懂得正误与对错都是命中注定的。"

由此可以看出，穆斯林早就有前定和天命的思想。各种宗教差不多都相信命运，犹太教、基督教和祆教均信天命与前定。为什

①②③④⑤⑥⑦　马坚译：《古兰经》11：34、39：19、16：36、8：17、6：153、18：29、4：110—111。——译者

么把伊斯兰教中的天命思想说成是源于基督教呢？穆阿台及勒派的历史表明，该派与波斯袄教徒的辩论比与犹太人及基督教教徒辩论要多得多。该派的许多主张是针对波斯人，而不是基督教人的，主要是为驳斥捷赫姆派的反宿命论观点（捷赫姆派创始人捷赫姆·本·索夫旺是呼罗珊人）。我们认为穆阿台及勒派尽管受到其他宗教的影响，但早期的观点却纯粹是伊斯兰教的观点。从另一方面讲，穆阿台及勒派与犹太教、基督教及袄教的争论是由这些宗教挑起的。例如改奉了伊斯兰教的袄教徒鼓吹拟人说和宿命论，穆阿台及勒派表示反对，并与之辩论。穆阿台及勒派人的论据是建立在伊斯兰和理性思维的基础上的。至于穆阿台及勒派后来的观点和主张就是另外一回事了。

*　　　　*　　　　*

穆斯林与基督徒的论战，直到阿拔斯王朝前期仍在继续。在一些书中记载了很多这类事例，如查希兹在《对基督教徒的答复》的信中，描述了基督教徒和犹太人提出的疑点，以及穆斯林的批驳。同时，还提到了犹太人和基督教徒的部分历史。当时穆斯林与犹太人之间的敌对情绪远比与基督教徒的对立严重得多。据说，麦蒙任哈里发时，阿卜杜勒·本·伊斯玛仪·哈希米曾写信给阿卜杜·麦西哈·易司哈格·肯迪，请他皈依伊斯兰教。阿卜杜·麦西哈在回信中却要麦蒙改奉基督教。①

查希兹在《动物志》中讲述了他与基督教徒就宰牲、祭献一事

① 该信是在比鲁尼著的《古代的遗迹》一书中提到的。

的争论。[①] 这类例子很多。这些论战表明，犹太人和基督教徒都了解穆斯林的典籍，并从中寻找支持自己观点的证据；穆斯林对犹太人和基督教徒的著作也了如指掌。

在文学方面，基督教的某些观点已从几个方面渗入阿拉伯文学：

(1) 有些诗人原本就是基督教徒，他们在其作品中加入了一些基督教观念。最好的例子就是倭马亚时代的诗人艾赫泰勒[②]，从他的诗中可以看到基督教的影响。例如他写道：

我已向穆萨(摩西)之主发誓，
我要为他和天房而战。
普天之下的隐士僧人，
为主祈祷身着粗布衣衫。
我为哈里发的儿子大唱赞歌，
我要使他的功德四方扬传。

伊本·艾西尔引用了艾赫泰勒的下列诗句：

只见十字架高悬，
赛尔吉斯英勇善战，
身披甲胄催战马，
旌旗招展光闪闪。

哲利尔[③]吟道：

战场厮杀急，鲜血染大地，

① 参看《动物志》，第 4 卷，第 138 页及其后。
② 艾赫泰勒(公元 640—710？年)：倭马亚时代的著名诗人。——译者
③ 哲利尔(约公元 729 年卒)：倭马亚时代著名的讽刺诗人。——译者

十字架和赛尔吉斯怎能敌?!

艾赫泰勒答道:

没有援兵,没人搭救,

只能靠赛尔吉斯和十字架保佑!

艾赫泰勒的诗中确有基督教的影响,但从信仰上来说,他受到伊斯兰教的熏陶比基督教还要深。例如他写道:

我以飞奔起舞的骆驼,

以麦加天房的幔帐,

以朝拜时宰杀的祭品,

以渗渗泉的白发长者,

以叶斯里布的妇人、姑娘的名义起誓。

艾赫泰勒还说过这样的话:

我诚心实意地宣誓,

我信奉真主,

我朝拜天房。

我奉献的祭品上的血,

可以表明我的心迹。

艾赫泰勒在生活习惯上也受到基督教人和穆斯林的双重影响:他既饮酒,又戴十字架;他休妻再娶,甚至还纳妾。

阿拔斯时代就没有那么多写阿拉伯诗歌的基督教人了。著名的基督教诗人有希拉的艾布·卡布斯。他投靠伯尔麦克家族,写诗赞颂他们,他们则报以奖赏。艾布·卡布斯的诗很少被人传述。为了得到一件节日时在教堂里穿的衣服,他给加法尔·本·叶海亚·伯尔麦克写了一首赞美诗,其中有这样几句:

大恩大德的主啊！

节日的教堂，耀眼生光。

我需要您赐一件外袍，

再加上等的围巾一条。

但是，总的来说，阿拔斯时代的基督教诗人没有几个。对阿拉伯诗歌的影响也不大，没有像艾赫泰勒那样水平，或接近于他的水平的诗人。[①]

（2）比诗人的影响还要大的是修道院中的僧侣、修士们的箴言、基督教著作中出现的训诫、教训。伊本·古太白传述了这样一件事："有人说，我来到沙姆，路过哈尔麦莱修道院。院中有一修士，他两眼红肿。我问：什么使你哭泣？修士答：穆斯林呀！我为我枉活了这么大岁数而哭，为我在过去的岁月里没有干好工作而泣！后来，我再次经过修道院时，问起那位修士，人们回答说：他改奉了伊斯兰教，参加了圣战，在罗马帝国的战场上战死了。"[②]伊本·古太白还讲了一个他在《新约》中读到的箴言："不要将你们的财宝藏在地下，蛀虫会蛀坏它，窃贼会盗光它。将你们的财宝存在天上吧，因为财宝与你们的心同在……"[③]

在《罕世璎珞》中有这样两个故事："尔撒（耶稣）对众使徒说：你们不要像主人那样看待别人的工作，而应像奴仆似地对待他人的劳动，正如人的两条腿往往一条有病、一条健康。怜悯不幸的人吧，赞颂上帝赐给健康吧！"[④]"一个男人遇见一位修士，便说道：修

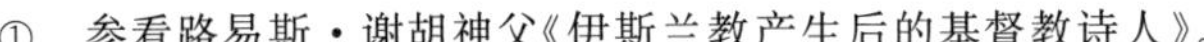

① 参看路易斯·谢胡神父《伊斯兰教产生后的基督教诗人》。

② 《史事泉源》，第2卷，第297页。

③ 同上书，第270页。

④ 《罕世璎珞》，第1卷，第356页。

士呀，给我描述一下尘世吧！修士说：尘世创造躯体，更新希望；它使愿望远去，死亡靠近。”[①]诸如此类，不胜枚举。

令人感到奇怪是，这些修道院竟是两种截然对立的事物的同一源头：既是远离红尘的虔诚的修身养性之地，又是文人墨客放荡不羁、调情淫乐的场所。修道院大都位于风景秀丽、空气清新、果木环绕、花香四溢的风景区。布赫台里[②]吟道：

思美人淡妆素裹，
受煎熬难以满意，
踏遍伊拉克各地，
何处风景最秀丽？
阿古勒修道院绿荫遍地，
登高可望古奈地。
橄榄、椰树林立，
枝头白鸽唱不息。

诗人们都喜欢饮陈年美醇，品琼浆玉液。诗曰：

古奈(修道)院中若不醉，
真是愚笨之极。
夜色笼罩院中美啊，
香气沁肺透衣襟。
美醇流处香四起，
珍藏玉浆洒满地。

---

① 《罕世璎珞》，第1卷，第271页。

② 布赫台里(公元820—877年)：阿拔斯王朝的著名诗人，著有《坚贞诗集》。——译者

酒商乘机在修道院周围开设了很多酒店。伊本·法都勒拉说："在贞女修道院四周有许多酒店、园林和游览胜地。"[①]有的修道院每年还举办节日集会。哈立迪对凯勒比修道院是这样记述的："修道院每年都有自己的节日。是时，基督教男女信徒要在院中居住，穆斯林则去参观游览，淫荡之徒也前去聚会。院内歌弦之声不断，娱乐场所林立，宰牲售卖，美酒痛饮。"

诙谐而且淫荡的诗人利用这一切有利条件，创作了大量的诗歌和丰富的文学作品。从艺术角度来看，都是些美妙的精品，如伊本·穆尔泰兹[②]写了如下诗句：

重现卡尔赫美景，
再度苏西修道院良宵；
麦脱莱之夜美如天堂仙境，
无奈不长存；
饮美酒我神迷心醉，
韦立德[③]当年命丧美醇。

诗人还写道：

修道院内何所见？
遍地玫瑰红一片。

① 伊本·法都勒拉：《目睹纪实》，第1卷，第258页。

② 伊本·穆尔泰兹(公元861—908年)，即艾布·阿拔斯·阿卜杜拉，阿拔斯王朝的诗人，文学家，曾当过一天半的哈里发，后被绞死。著有《诗歌集》、《历代诗人传》等。——译者

③ 韦立德·本·叶齐德(公元743—744年在位)：倭马亚王朝第十任哈里发。——译者

努尔曼[1]若见此景，
各种玫瑰也难以分辨。

又一诗曰：

教堂精美迷煞人，
真主神威慑凡尘。
精雕细刻呈异彩，
巧夺天工美绝伦。
我观此景魂消尽，
谁见谁爱谁动情。
妒嫉神父常伺守，
但愿毁物是他人。

这类习俗传到了帝国各地，在伊拉克、沙姆和埃及都可看到赞美教堂和修道院、赞美教堂和修道院中的人和物的诗人。读一下沙布赛第[2]写的《修道院录》和伊本·法都勒拉写的《目睹纪实》，就会对那么多描写修道院及院中人物的诗感到惊讶。诗人们各显其能，自树一帜。有的含蓄，有的放荡；有的文雅，有的粗鄙。就这样，修道院成了当时社会两种生活格调的发源地：一种是避世修行、逃离现实、面对来世的悲哀情调；一种是追求享乐、一醉方休的欢快生活。两种格调，两种生活，各有各的群众，各有各的知音。

*　　　　*　　　　*

① 努尔曼三世(公元 580—602 年)：赖赫米王朝最后一位国王。——译者
② 沙布赛第(公元 998 年卒)：埃及文学家。——译者

犹太人和基督教徒的一些宗教习俗也进入了穆斯林的生活。有的穆斯林将基督教的许多节日当成了伊斯兰教的节日。例如，复活节前一周举行的棕枝主日，在阿拔斯王朝时，也成了穆斯林所熟悉的节日。为此，阿拉伯诗人还写了很多诗，其中有几首阿卜杜勒·本·阿拔斯写的诗：

莎地娜啊！棕枝主日你我相见，
你的芳容、你的美貌使我心醉。
你道：你何以如此？
我说：你同我也一样可怜！

长夜漫漫不见黎明，
空许诺令我心神不宁；
节日已过三次，
竟无讯息半点。
原约棕枝主日相会，
最迟不过复活节。
求真主惩罚不义女，
贪婪之心永难填。

恋人心中处处伤，
莫再责难添惆怅。
棕枝主日美啊，
我却未把幸福分享。
尽管你让我爱上，

却不时对我申斥无常。
男女相爱非我首创，
莫责怪，
此乃自古就有的病状。

若懂医道快来医，
斥责只能燃情欲；
棕枝主日的秋波呀，
害得我丢了魂。
……

根据伊本·泰伊米耶[①]的记载，穆斯林把墓地当成清真寺使用，也是模仿犹太人和基督教徒的做法。有关这类记载很多，例如："在你们之前谁以墓地为清真寺呢？如果没有，那你们也不要用墓地做清真寺。"大教长沙斐仪说过："我讨厌人们以墓地为清真寺，我担心这样做，以后会发生祸乱。"[②]伊本·泰伊米耶在书中列举了大量事实证明穆斯林游坟时的种种习俗都是模仿基督教徒的异端陋习，如陵墓里灯火辉煌，在墓前念祈祷词等。他的结论是："这一切都是模仿基督教的异端。"[③]

总之，在阿拔斯王朝时代，犹太教式的和基督教式的传说、故事以及习俗等已渗入到穆斯林群体之中，使《古兰经》、圣训、教派、文学、习俗等都受到影响，并与伊斯兰阿拉伯文化糅合在一起，成为当时文化中的两个组成部分。

---

① 伊本·泰伊米耶(公元1253年卒)：罕百里派的教法学家和学者。——译者

② 伊本·泰伊来耶：《正路的需要》，第160页及其后。

③ 同上书，第175页。

*　　　　*　　　　*

伊斯兰教　阐述伊斯兰教的教训、主张及其教法，不是这里要谈的主题。这些内容在本书的《黎明时期》卷中已有论述，这里要谈的是阿拔斯王朝时代的伊斯兰教历史。

阿拔斯人没有为扩大伊斯兰帝国的版图作出很大的贡献。如果与倭马亚王朝做一比较，就会发现帝国的扩张和伊斯兰教的传播，大都是在倭马亚时代完成的。倭马亚人征服了信德、布哈拉、撒马尔罕，并打到中国的边界——喀什。安德鲁斯（西班牙）也是在倭马亚人统治时被征服的。在那些征服大军中，有宣传宗教的鼓动家，也有文人学者。因此，阿拉伯人的对外扩张，不仅仅是政治和军事的扩张，而且也传播了伊斯兰教的主张，讲授了伊斯兰教义和教法，制定了伊斯兰的政策、制度，推广了阿拉伯语等等。随之而来的是大批被征服地区的人民皈依了伊斯兰教。[①] 阿拔斯人最关心的是保住并维护从倭马亚人那里继承下来的遗产。最初阿拔斯人取得了某种成功，但后来终于失败了。总起来讲，阿拔斯人没有为伊斯兰帝国增添什么新的领土。

尽管早在正统哈里发和倭马亚人时代，被征服国家和地区的很多居民就皈依了伊斯兰教，但是，阿拔斯人又充分运用手中的权力，通过行政命令的手段，使大批的犹太人、基督教人和袄教徒改奉了伊斯兰教。在倭马亚时代，伊斯兰教的传播靠的是将领、学者和宗教人士的努力，而不是政府的行动。倭马亚王朝的大多数哈

① 据有些历史学家记载，欧麦尔任哈里发时，伊拉克的人丁税达一亿至一亿二千万迪尔汗。阿卜杜勒·麦立克·本·麦尔旺任哈里发时，由于被保护人大批皈依了伊斯兰教，人丁税减少到五千万迪尔汗。

里发——欧麦尔·本·阿卜杜勒·阿齐兹除外——重视的是政治和经济，而将宗教放在了次要的地位；而阿拔斯王朝的哈里发却给自己染上了鲜明的宗教色彩，并以伊斯兰教的捍卫者和保护人自居。艾布·加法尔·曼苏尔给哈里发职位戴上了宗教的光环，他不仅从物质上，而且从精神上加强了阿拔斯家族的神圣不可侵犯性。其后果是，当阿拔斯哈里发的实力已经削弱、并失去了对臣民的控制时，宗教权力仍掌握在阿拔斯家族手中。实行封建割据的各地将领、王公大臣以及其他握有实权的人都利用这一点，用宣布得到哈里发认可及精神支持的办法来笼络人心。在阿拔斯时代，对哈里发宣誓效忠要举行各种繁杂的仪式，以突出宣誓的隆重和威严，并显示对哈里发拥护的一致性。

这样，阿拔斯哈里发便从各个方面控制着宗教，他们对宗教的干涉远远超过了倭马亚人。如哈里发迈赫迪大肆迫害异端（精底格），并命学者著书对异端进行批驳。迈赫迪以后的几位哈里发都承袭了迈赫迪的做法。哈里发拉希德与法官和学者关系之密切是倭马亚时代所没有的。例如，倭马亚时代的任何一位法官与哈里发的关系，都不如艾布·优素福与拉希德的关系那样亲近和密切。

艾布·优素福描绘了哈里发在老百姓眼中的形象。他在《赋税》一书的开头是这样形容拉希德的："真主以他的恩惠、怜悯和宽恕使哈里发成为世上的掌权者。真主给他们光明，以照亮黑暗中的黎民百姓，以解除他们心中的疑团。"又如，信德人易卜拉欣双膝跪在麦蒙面前，麦蒙对他说：你坐下吧。易卜拉欣说：凭真主发誓，我不敢冒犯哈里发的尊严，我只能以奴隶对主人的身份跪坐！

布赫台里为哈里发穆台瓦基勒写了一首诗，描述哈里发在开斋节去清真寺时的场景：

万马军中，显出你帝王尊严，
真主之助，哈里发勇往直前。
骑士呐喊，战马嘶鸣，
盔甲耀眼，剑光闪闪；
人马过处山地动，
大地微垂尘埃卷。

君颜一露顿生辉，
宛如雨后彩虹现；
万头攒动翘首望，
见君如见先知面；
崇敬议论颂不绝，
大哉真主齐声赞。

你身披正道之光登上礼拜坛，
你行走虔诚恭谦。
连讲坛都要迎你欲奔，
讲道之中真理、警句充满。

你身披先知的斗篷，
以真主的名义，
时而讲道警世人，
时而传教播福音。

直到愚者明事理，

直到忧虑之人放宽心；

彷徨之人得正道，

与你一起拜主勤。

除了哈里发的努力和人们的热情，致使原本信奉其他宗教的人大批皈依伊斯兰教，还有下述原因：

(1) 有人对伊斯兰教心悦诚服，认为伊斯兰教简单易行，只要说一句“万物非主，唯有真主，穆罕默德是真主的使者”，便可成为穆斯林。这一切无须经过任何仪式，也不要任何手续，不管在什么地方，也不问经何人之手。

(2) 基督教教派林立，如一性论派[①]、聂斯托利派、麦勒卡派[②]等，各派之间的敌对和迫害比各宗教之间的敌对和迫害还要严重。因此成千上万的基督教徒为逃离迫害，纷纷加入伊斯兰教就不足为怪了。[③]

(3) 以穆阿台及勒派为首的教义学家在阿拔斯时代的初期为传播伊斯兰教做了大量工作。他们一直在研究伊斯兰教，用理性思维对伊斯兰教的教导和主张进行分析；而圣训学家和经注学家则通过传述圣训的办法解释伊斯兰教。因此，教义学家在使用理性的同时不得不用希腊的逻辑学武装自己，将遇到的各种问题放

① 一性论派为基督教的一个派别。产生于公元五世纪。该派认为基督只有一个本性——神性。盛行于沙姆、埃及、埃塞俄比亚、亚美尼亚等地。——译者

② 即沙姆麦勒卡派，沙姆基督教的一个派别，流行于沙姆、埃及等地。该派反对一性论派，使用阿拉伯语和拜占庭礼仪。——译者

③ 请看艾布·努尔德教授著的《伊斯兰教义》，第61页及其后。

到逻辑模式中进行检验。他们了解并使用辩论的规则，而且还读了一些希腊的哲学著作。穆尔泰忒写道："奈萨姆[1]研读了一些哲学著作。他到了巴士拉以后，学到了一些以前拜艾布·胡载里[2]为师时没有学到的教义学知识"。奈萨姆说："我与艾布·胡载里进行了辩论。感到以前他只是为了消遣、为了显示辩论的谙练才研究教义学的。"[3]穆尔泰忒在另一处还写道："当加法尔·本·叶海亚·伯尔麦克提到亚里士多德时，奈萨姆说：我已批驳了他写的书。加法尔说：这怎么可能呢，你看不懂他的著作吧？奈萨姆答道：让我背给你听，不知你想让我从头背到尾呢，还是从尾背到头？然后，奈萨姆一边背亚里士多德的著作，一边给予批驳。这使加法尔大为惊讶。"[4] 穆阿台及勒派人阅读并深入钻研有关其他宗教的著作，穆尔泰忒说："奈萨姆背记了《古兰经》、《圣经》及其诠释。"[5]

有人是这样形容瓦绥勒·本·阿塔[6]的："对什叶派极端分子，对哈瓦立及派中的误入歧途者，对伪信者、无神论者、中庸派[7]人等其他违背伊斯兰正统教义的派别的言论和主张的了解，以及对他们的批驳，没有人能比得上瓦绥勒·本·阿塔。"[8]

教义学家，尤其是穆阿台及勒派人在经过充分准备之后，做了两项工作。一是同伊斯兰教其他各派开展了辩论，批驳了各派的

① 奈萨姆（公元？—约 845 年）：穆阿台及勒派的著名代表人物。——译者

② 艾布·胡载里（约公元 753—850 年）：穆阿台及勒派的教义学家和思想家。——译者

③④⑤ 穆尔泰忒：《命运与希望》，第 26、29 页。

⑥ 瓦绥勒·本·阿塔（公元 699—748 年）：穆阿台及勒派的创始人之一。他认为犯大罪者不是信士，也不是叛教徒；主张人类意志自由。——译者

⑦ 即麦尔吉阿派：一译穆尔吉埃派，意为主张延缓判断的人们。——译者

⑧ 《命运与希望》，第 18 页。

观点，号召各派相信穆阿台及勒派的信仰和主张。穆阿台及勒派反对宿命论的观点，也反对拒绝派[①]的主张。各派围绕宿命论和自由意志、真主的本性及真主是否具有人形、奖赏与惩罚等问题进行了辩论。史籍中对此有很多记载，这里不便赘述。二是同信奉祆教、犹太教和基督教的人进行了辩论，并号召他们改奉伊斯兰教。当时，这场辩论十分激烈。如摩尼教人历数该教的优点，并引经据典对伊斯兰教进行攻击，号召人们信奉摩尼教。犹太人和基督教徒也是如此。面对这种情况，圣训学家无力进行反驳，教义学家只好担起了捍卫伊斯兰教的重任。

穆尔泰忒讲了这样一个故事："信德国王要求哈里发拉希德派一人前去辩论宗教问题。拉希德派了一位法官，而不是教义学家前去辩论，因为当时拉希德禁止宗教辩论，并将教义学家监禁起来。信德国王选了一位素姆那派人与法官进行辩论。素姆那人问法官道：请告诉我，你所崇拜的神是万能的吗？法官回答说：是的。问：他能再造一个与他一样的神吗？答：这是教义学的问题，是我们反对的异端邪说。于是素姆那人对国王说：这就是他们的宗教。信德国王写信给拉希德告知了此事。拉希德见信后闷闷不乐，叹道：难道伊斯兰教中竟无人为保卫它而战吗？众大臣道：有的，穆民的领袖。他们就是那些被你禁止辩论宗教的人，有些人现在还被监禁着呢！拉希德吩咐道：把他们找来！众人被找来后，拉希德说：如有人问：真主能再造一个与他一样

① 拒绝派：什叶派中的一个教派，因拒绝承认艾布·伯克尔和欧默尔为正统哈里发而得名。该派认为穆罕默德死后，应由阿里任伊玛目。——译者

的神吗？你们怎样回答？一少年答道：这个问题是不能成立的，因为被造物只能是新的，新的怎么能与旧的一样呢？因此，说什么能不能再造一个与之一样的神，这一命题是不能成立的。同样地，说什么真主能成为无能或无知的神也是不可能的。拉希德听罢说：就派这个少年去见信德国王吧。众人道：对其他问题他不一定回答得了。拉希德说：那你们就选个人吧！于是，众人选中了麦阿麦尔·本·阿巴德（穆阿台及勒派的首领之一）。麦阿麦尔在赴信德的途中被毒死。”[①]

穆阿台及勒派对摩尼教、犹太教和基督教十分了解，同时，这些教派的学者也了解伊斯兰教。各派都竭力宣传自己，驳斥对方的观点。经穆阿台及勒派人之手，有很多人皈依了伊斯兰教。据穆尔泰忒记载：经艾布·胡载里——穆阿台及勒派的长老——之手加入伊斯兰教者达三千余人。[②] 伊本·赫里康写道：“艾布·胡载里有一本名为《米拉斯》的书。米拉斯原为袄教徒，后改奉伊斯兰教。改教的原因是：米拉斯见到艾布·胡载里与一伙二元神教[③]信徒辩论，艾布·胡载里将众人驳得哑口无言，米拉斯遂皈依了伊斯兰教。”[④]

查希兹讲了这样一件事：“基督教的一位牧师打赌说：他脖子上的木质十字架不怕火烧，因为它是用当年钉耶稣的木桩制成的。若不是教义学家及时识破了牧师的谎言，几乎将那些无知的人引

① 《命运与希望》，第 31 页。

② 同上书，第 26 页。

③ 二元神教：相信善、恶两个相互对立之神而以善神为崇拜对象的宗教。——译者

④ 伊本·赫里康：《名人传记》，第 1 卷，第 285 页。

入歧途。原来卡尔曼[①]出产的木材不易燃烧。”[②]穆尔泰忒在他的《演讲集》中有这样的记载：“艾布·胡载里年轻时有人告诉他，有个犹太人来到巴士拉，将一群教义学家辩得无言以对。艾布·胡载里对他的叔叔说：叔叔，带我去见这个犹太人吧，我要同他辩论。经再三要求，叔叔带他去了。一见面，艾布·胡载里就将犹太人驳倒了。”[③]伊本·赫里康提到瓦绥勒写了一本宣传宗教的书，其内容是宣传伊斯兰教，或者是宣传穆阿台及勒派的。前已提到，查希兹写过一封给基督教徒的信。

据伊本·奈迪姆的记载：“哈里发麦蒙写信给摩尼教的一个首领叶兹坦·拜赫特，答应保证他的人身安全，请他从雷伊来到巴格达。教义学家将他驳得体无完肤。麦蒙对他说：叶兹坦·拜赫特，你皈依伊斯兰教吧！如果我们不保证你的安全，我和你都会遇到麻烦。叶兹坦·拜赫特回答说：穆民的领袖呀，你的忠告我听见了，你的说法是可以接受的，但你是不会强迫别人放弃自己的信仰的。麦蒙答道：是的，并答应为防止歹徒的袭击而给予保护。叶兹坦·拜赫德是一个极富口才，极善雄辩的人。”[④]

除了这些运用思维和逻辑论证宣传伊斯兰教的唯理主义者之外，也有人利用榜样的力量，利用某些人的高尚情操、正直的为人、光明磊落的生平，去宣传伊斯兰教。伊本·赫里康写道：

---

① 卡尔曼，波斯的一个城市，公元640年被阿拉伯人征服。——译者

② 查希兹：《动物志》，第5卷，第95页。

③ 穆尔泰忒：《演讲集》，第1卷，第124页。

④ 《目录大全》，第338页。

"据说，艾哈迈德·本·罕百里死的那天，有二万名基督徒、犹太人和袄教徒皈依了伊斯兰教。"[1]另外，也有用劝诫和苦行的办法宣传伊斯兰教的，例如艾布·卡塞姆·久奈德[2]在清真寺设座讲学时，有一基督教少年当场改奉伊斯兰教。[3] 后来的艾布·法拉吉·本·焦齐是一位很有鼓动性的劝诫家，有很多人是通过他信奉伊斯兰教的。

由于阿拔斯王朝的哈里发具有上述的宗教色彩，他们在传播伊斯兰教方面最为积极，哈里发麦蒙是其中最热心的一个。麦蒙周围有很多教义学家，号召人们信奉伊斯兰教，他本人也在军队中宣传他的主张。据白拉祖里记载："麦蒙继任哈里发后，向粟特、乌什鲁赛那发动进攻，向那些在他任呼罗珊总督时反对过他的拔汗那人进军。麦蒙在派军队前去征伐的同时，又写信号召他们皈依伊斯兰教。""麦蒙——愿真主怜悯他——给呼罗珊的总督们写信，让他们征讨那些没有臣服或皈依伊斯兰教的河外[4]地区的居民。麦蒙还派出使者去给新加入伊斯兰教的军士发饷。他恩威并施，如有人求见，他都招待，并有封赏。穆阿台绥姆任哈里发后，继续采取麦蒙的依靠波斯人的政策，军队中的兵士和将领大都来自河外地区的粟特、乌什鲁赛那和赭时等地。这些地区的贵族、

① 《名人传记》，第 1 卷，第 23 页。

② 艾布·卡塞姆·久奈德（公元 910 年卒）：苦行者，曾三十六次徒步去麦加朝觐。——译者

③ 《名人传记》，第 1 卷，第 165 页。

④ 系指阿姆河，阿拉伯语和波斯语都叫质浑河（Jayhun），前称乌浒水。赛浑河（细浑河）是质浑河的姊妹河，即药杀河，也即现代的锡尔河。——译者

将领成了哈里发的座上客，伊斯兰教征服了那里的人民。”[①]

有个呼罗珊人，原信奉基督教，改奉伊斯兰教后又叛了教。麦蒙命人将他带到巴格达。麦蒙问他：是什么使你对伊斯兰教感到失望？叛教者回答道：是你们宗教里的众多分歧！麦蒙说：我们有两类分歧。一类是有关礼拜、送葬、诵作证词的仪式，有关《古兰经》不同的读法，对使用法律意见的不同主张，等等。其实，这些算不上分歧，只是做法上的不同，处罚上的轻重而已，如礼拜时叩拜的次数多少，相互无须指责。另一类分歧是，穆斯林虽然都承认《古兰经》是真主降示的，是史料的出处，但对经文及圣训的诠释却有不同的见解。如果这使你感到失望，以至否认我们的经典，那么《旧约》与《新约》中的所有字词都应像降示时那样与诠释吻合，犹太人和基督教人在诠释经文时也不应有分歧……如果真主在降示其经典、选派其先知、使者时想不要诠释，真主早就那样做了。但是，我们从宗教及世俗生活中并未发现完美无缺的事。如果什么事都已尽善尽美，那灾难和考验也就不存在了，比赛和竞争也就没有了。该人听了麦蒙的教诲后，重又皈依了伊斯兰教。麦蒙立即跪倒，向真主叩拜。然后，对众人说：你们要善待他，不要给他的敌人说他是被迫信奉伊斯兰教的口实。不要忘记，仁爱、援助、友善是你们对他应尽的责任。

总之，阿拔斯王朝初期的哈里发是积极宣传伊斯兰教的，但很少采用强制手段。麦蒙对叶兹坦·伯赫特的态度就是一个很好的例证。叶兹坦·伯赫特承认，麦蒙不强迫别人放弃其原有

① 白拉祖里：《各国的征服》，埃及版，第436—437页。

的信仰，麦蒙的行动也证实了这一点。芬西克教授写道："尽管东方的基督教徒皈依伊斯兰教的不多，但他们当中也很少有人是被迫的。"

的确，在阿拔斯王朝初期，有些哈里发对基督教徒采取过严厉的政策。塔巴里是这样记述伊斯兰历 191 年发生的事件的："拉希德下令拆毁边境的教堂，并写信给迪·本·沙希克，命其让巴格巴城里被保护人要穿与穆斯林不同的服饰，坐车要有不同的标志的车。"[①]这仅是由于伊斯兰国家与拜占庭帝国政治关系恶化的结果，而不是出于宗教上的偏见。否则，为什么拉希德的命令只限于巴格达的被保护人，而不涉及伊斯兰帝国境内的其他地区呢？让被保护人穿特殊的服饰及对他们采取严厉态度的做法是随着政治关系的恶化而发展的。十字军战争时，这种情况达到了顶点，这是对罗马人粗暴对待穆斯林的报复。

同时，我们也不否认有些人是为了得到名誉、地位才皈依伊斯兰教的，如乌什鲁赛那的国王卡乌斯，他是在战争中被打败后，才表示愿意加入伊斯兰教的。他的儿子海德尔，即著名的艾夫辛也是如此。艾夫辛最后以伪信罪死在穆阿台绥姆的监狱里。[②]

杰赫谢亚里[③]说：法都勒·本·赛赫勒[④]（原为袄教徒）为叶海亚·本·哈立德·伯尔麦克翻译了一本书。叶海亚很欣赏他的文笔和对波斯文及阿拉伯文的深刻理解，便对他说：我看你很聪明，

---

① 塔巴里：《先知与帝王史》，第 1 卷，第 100 页。

② 白拉祖里：《各国的征服》，第 436、437 页。

③ 杰赫谢亚里（公元 942 年卒）：历史学家、文学家。主要著作有《大臣和书记传记》、《穆格台迪尔哈里发的生平》。——译者

④ 法都勒·本·赛赫勒（公元 818 年卒）：哈里发麦蒙的宰相。——译者

你前途无量,信奉伊斯兰教吧! 这样,我就可以让你参与政务,你也会得到好处。法都勒说:好吧,愿真主保佑你,我就在你面前皈依伊斯兰教吧。叶海亚说:不。然后,叶海亚将仆人赛拉姆召来,对他说:你拉着这少年的手去见加法尔,让他在麦蒙面前皈依伊斯兰教吧(当时麦蒙年纪尚幼,正在加法尔的怀里)。法都勒便在麦蒙面前信奉了伊斯兰教。[①] 法都勒后来成为麦蒙的宰相。

当然,有些人是为了逃避缴纳人丁税才加入伊斯兰教的,以至于有些地方的总督指责哈查吉[②]:"被保护人纷纷改奉伊斯兰教,土地税已无法收缴,但哈查吉仍向他们征收人丁税。巴士拉的《古兰经》念诵家见此情景痛哭不已!"[③]当时的人丁税并不算重,而且"不向靠施舍为生的可怜人,不向没有职业、没有工作的盲人,不向靠施舍度日的被保护人,不向修道院中的贫苦的修士、也不向上了年纪无法工作、又没有财产的老人征收"。[④] 富人每年要缴纳人丁税四十八个迪尔汗,中产阶级的人缴纳二十四个迪尔汗,工匠缴纳十二个迪尔汗。这笔钱对一般人来说还是负担得起的,不至于使大批的人逃离他们原来的宗教。

* * *

正如基督教徒对伊斯兰教派和习俗有所影响一样,穆斯林对基督教徒也产生了一定的影响,如在基督教徒中出现的一些新观念中就有伊斯兰教的影子。公元八世纪,即伊斯兰历二、三世纪

---

① 杰赫谢亚里:《大臣和书记传记》,第 287 页。

② 哈查吉(公元 661—714 年):曾任汉志、伊拉克总督,是阿拉伯历史上著名的政治家、演说家。——译者

③ 伊本·艾西尔:《全史》,第 4 卷,第 179 页。

④ 艾布·优素福:《赋税》。

时，在萨布塔玛尼亚[①]出现了一个反对在神父和牧师面前忏悔的运动。该运动认为神父、牧师无权接受人们的忏悔，人们只须向上帝忏悔其所犯的罪过。伊斯兰教没有神父和牧师，没有僧侣和道士，也没有祭司和主教，自然也就无须向他们承认自己所犯的过错。

此外，还出现了捣毁圣像的反对崇拜偶像的运动（Iconoclast）。公元八—九世纪/伊历三、四世纪时，有一个拒绝供奉圣像的基督教派别。拜占庭皇帝利奥三世分别于公元726年和730年颁布了禁止供奉圣像的命令，认为供奉圣像就是崇拜偶像的异端。君士坦丁五世和利奥四世继续执行这一政策。与此同时，罗马教皇格雷戈里二世和三世、君士坦丁堡大主教久尔马尼以及皇后伊勒娜[②]都支持并拥护圣像派。当时这场反对与拥护圣像供奉的斗争十分激烈，对此无暇详述。我们想指出的是，有些历史学家认为，禁止供奉圣像是受伊斯兰教影响的结果。他们说：都灵的主教克鲁迪尤斯[③]曾焚毁过圣像和十字架，并在他的主教管区和安德鲁斯的利达鲁比禁止供奉圣像。伊斯兰教反对崇拜偶像是众所周知的。圣训学家布哈里和穆斯林姆都引用过阿以涉讲的一段话。她说："穆圣从外地回来时，我已将放有偶像的窗台挂上了幔帐，穆圣发现后，便撕下幔帐，气得脸色都变了。

① 萨布塔玛尼亚（Septimania）：位于法国西南部，濒临地中海的一个古代的省份。——译者

② 利奥四世的皇后。——译者

③ 克鲁迪尤斯（Claudius），公元828年（伊斯兰教历约213年）被任命为主教。——译者

说道：阿以涉呀！复活日时，要受到最严厉惩罚的是那些与真主造物攀比的人。阿以涉说：我们将幔帐撕碎，用它做了一二个枕头。”这类圣训很多。

与此同时，基督教中还出现了一个将三位一体的观点解释成近似一性论，并否认基督具有神性的宗教派别。

*　　　　*　　　　*

阿拔斯王朝前期的另一个具有重要意义的问题是，穆斯林对伊斯兰教的理解和认识与伊斯兰教初期相比，已有了很大的变化。阿拉伯人原本简单、朴实的生活变得复杂了，各种宗教的影响已渗入伊斯兰教。原来信奉拜物教和摩尼教的波斯人皈依了伊斯兰教，但他们头脑中的原有的宗教意识并没有得到澄清；他们生活在多元化文明的世界里，他们是用本民族的眼光，而不是用早期阿拉伯人的眼光来看待伊斯兰教的。

有人说得好：各民族尽管信仰同一个宗教，但各民族对宗教内含的理解和认识却是不一样的。每个民族都是从本民族的历史、社会制度，从以前所信奉的宗教，从语言、传统、文化及教育等方面来理解和认识宗教的。所有穆斯林都讲“万物非主，唯有真主，穆罕默德是真主的使者”这句话，但是，博学的学者和愚昧无知的普通老百姓对这句话就有不同的理解和认识，而这两种人的看法又与苏菲派人的见解不同，如此等等。甚至，埃及穆斯林——从整体上说——对伊斯兰教的理解与印度穆斯林和土耳其穆斯林对伊斯兰教的理解也不尽相同。

因为每个民族都有不同的历史背景，受到不同因素的影响，因此，每个民族的观点和思维都有自己的特点。人们对伊斯兰教的看法随着时代的变迁也会发生变化。笔者很欣赏布哈里和泰尔米齐[1]对艾奈斯·本·马立克[2]的下述记载——马立克说："对于穆圣时代的宗教礼仪，我一无所知，有人问：难道连礼拜都不知道吗？答：不就是你们每天所履行的仪式吗？"马立克熟知先知和倭马亚时代的情况，尽管这两个时代相隔不远，马立克还是发现了两个时代在对伊斯兰教的认识和做法上的区别。如果他看到了阿拔斯人及其后人对宗教的态度和做法，真不知会做何评论了。

伊斯兰教原是简便易行的宗教，穆圣说过："这个宗教简便平易，谁都会被其征服。""你们不要苛求自己，否则，就会被人苛求。对自己苛求的人，就会被人苛求，那些在寺院和修道院里修行的人就是苛求自己的人……"但是，那时宗教中有一种极端的倾向，它打破各种传统常规，标新立异。例如："有些释奴大、小净时过于讲究，连阿拉伯人都讨厌那种过分的做法。"[3]还有人认为必须穿粗毛织衣以示质朴，如卡塞姆，本·穆罕默德[4]穿着粗麻衣服，萨里木·本·阿卜杜拉也穿着粗毛衣服，端坐在麦地那清真寺里，二人谁也不指责谁。[5] 对这一做法，有人则极力反对。"罕马德·本·赛勒麦来到巴士拉后，法尔盖德·辛吉穿着粗毛衣衫去看他。罕马德说：'丢掉你这身基督教的打扮吧！'"[6] 伊本·赛马克对苏菲

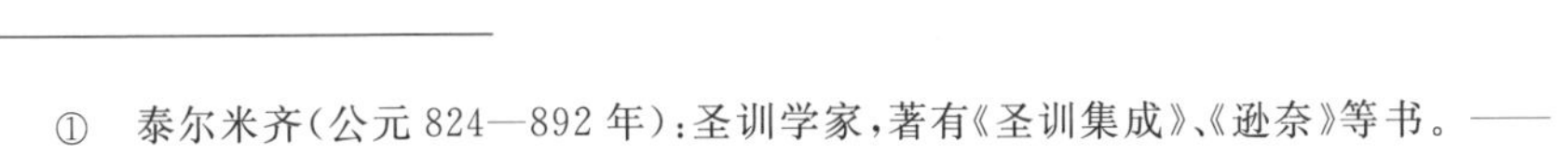

① 泰尔米齐（公元 824—892 年）：圣训学家，著有《圣训集成》、《逊奈》等书。——译者

② 艾奈斯·本·马立克（约公元 715—795 年）：伊斯兰教马立克教法学派的创始人，圣训派的领袖。——译者

③ 伊本·阿卜杜·莱比：《罕世璎珞》，第 2 卷，第 91 页。

④ 卡塞姆，本·穆罕默德（公元 720 年卒）：正统哈里发艾布·伯克尔的孙子，麦地那的七大教法学家之一。——译者

⑤⑥ 伊本·阿卜杜·莱比：《罕世璎珞》，第 1 卷，第 250 页。

派人说:“以真主起誓,如果你们的装束是出自本意,那是你们的喜爱,否则,你们要被毁掉的!”

上述这种极端的宗教倾向,受到穆圣的反对,如阿卜杜拉·本·阿慕尔告诉穆圣:他不睡觉,不吃饭,也不履行对家人的义务,一心崇敬真主。穆圣对他说:“阿卜杜拉呀,你比真主的使者做得还好,因为真主的使者既把斋,又吃饭,又吃肉,又要履行对家人的义务。阿卜杜拉呀!你确实对不起真主,对不起你的身体,也对不起你的亲人。”

更为重要的是,在穆圣及正统哈里发时代,人们诵读或聆听《古兰经》时,着重理解经文的精神实质。如果说还对其他问题感兴趣的话,那也只是有关解释各节经文降示的原因,或者是为了解释疑难词句和隐晦的文笔,而去引证阿拉伯古代诗歌中的诗句。《塔巴里经注》或圣门弟子对《古兰经》所做的诠释大都是这种类型的。在伊斯兰教初期,圣门弟子对宗教的看法还是一致的。到了倭马亚王朝后期,我们才看到有关天命、前定的言论;看到教义学家按照自己的观点研究《古兰经》的现象。有的人主张宿命论,有的人主张人具有自由意志,双方都用各自的观点来解释《古兰经》。

到了阿拔斯时代,有关宗教的辩论已成为一股洪流,各教派及各派的首领都用本教派的观点去看待宗教。虽然各派的主张对帮助穆斯林在与非穆斯林的辩论中取胜、对号召人们改奉伊斯兰教颇有益处,但是对宗教的精神及对人们心灵的启迪则造成了损害。教义学家和各教派的学者用希腊哲学的观点研究《古兰经》,这对思维的发展和开阔人们的思路不无帮助,但它却削弱了精神的力量,降低了心灵的热情。不管是穆阿台及勒派、还是艾什尔里派,还是马突里迪[①]派，他们都在宗教信仰里加进了希腊哲学的成分，这不是《古兰经》号召人们信奉伊斯兰教的方法。各教派的这种做法，几乎割断了理智与心灵的联系，他们对思维的发展是以牺牲感情为代价的。为了证实真主的力量，读者不妨读一下下列经文：

> 你的主曾启示蜜蜂："你可以筑房在山上和树上，以及人们所建造的蜂房里。然后，你从每种果实上吃一点，并驯服地遵循你的主的道路。"将有一种颜色不同，而可以治病的饮料，从它的腹中吐出来；对于能思维的民众，此中确有一种迹象。[②]

然后我们再读一下教义学著作中艾什耳里派和马突里迪派关于"能力"的辩论。马突里迪派认为"能力"是一种与意志有关的永恒的品质，艾什耳里派认为"能力"是一种左右必然要发生的事情的特性。

由上述可见，两种思维方式、两种精神境界的差别是多么大啊！《古兰经》最重要的目的在于通过阐明人与真主及世界的关系来复活人们的感情，并以此充实人们的精神生活。而教义学家则想通过逻辑思维来达到同样的目的，二者相差何其远矣！逻辑无法使心灵充满热情，无法注入信仰，能够做到这一点的只有精神的力量。

阿拔斯王朝初期，教派林立，数量多得惊人。麦蒙做过这样的描述："教派中的每个人都召集一批人，自封为首领……每个人都反对与自己意见相左的人……"

---

① 马突里迪(公元944年卒)：伊斯兰教正统派法学家，撒马尔罕人。——译者

② 马坚译：《古兰经》，16：68—69。——译者

翻开沙赫力斯坦写的《宗教与教派》一书，各教派及教法数目之多、分歧之大，令人吃惊。各教派都按照自己的观点对待《古兰经》，并依照各自的口味解释经文。如穆阿台及勒派人就是用人有自由意志、真主除本体外不具备任何属性、可用理性检验人的行为的善恶、美丑等观点来看待和解释《古兰经》的。什叶派也有自己的观点和主张。这种对待《古兰经》的态度与早期穆斯林的态度是截然不同的。

《古兰经》是通过两条途径来号召人们信仰真主的：一条是环顾周围的世界，一条是回顾历史。《古兰经》认为：人只要环顾一下周围的世界，就能加强他的信仰，巩固他的信念。诸如天地之间风、云的变换，骆驼的被造，天空的升起，真主迹象的显现等；同时，历史上众先知及其所属的民族经历的事件，都会使人产生对真主的崇敬和信仰。这两种途径都能唤起人们的信仰，不管是知识渊博的学者，还是没有文化的愚人都能从中得到安慰。只有对精神生活的向往才能唤起各种人的兴趣。

阿拔斯王朝前期的学者们沉溺于希腊哲学。他们将《古兰经》变成了一种理性文化和逻辑论证，他们用研究数学、几何学和天文学的方式来研究《古兰经》，因而对伊斯兰教造成了心灵上的损伤。其后果是将原本简单、宽容的伊斯兰信仰复杂化了，以至于形成了穆阿台及勒派和艾什耳里派的教义学家所代表的主张，最后又形成了“奈赛菲[①]的信仰”和“苏努西[②]的论证”。虔诚的苏菲派人感

① 奈赛菲（公元1142年卒）：著名的圣训学家，哈乃斐派的教法学家，辩论宗教的雄辩家。生于波斯的奈赛菲，死于撒马尔罕。主要著作有《信仰》等。——译者

② 苏努西（公元1490年卒）：伊斯兰教学者，著有《信仰论证考》等著作。——译者

到理性思维的缺陷，便按照《古兰经》的教义宣传伊斯兰教。但有些苏菲派人很快也转向从哲学中寻找支持。如蒙主佑，以后将加以说明。

穆斯林对科学和哲学知识掌握得越多，就越要从科学的角度去研究《古兰经》。对于有关雷、电的经文，就用所学到的气象知识进行解释；对于有关星体、天空的经文，则要用天文学知识去验证；对于有关谈论宿命论或自由意志的经文，则要把教义学家的各个派别的主张都要提到；如果是语法问题，就要将巴士拉派和库法派的分歧罗列一番。总之，阿拔斯时代前期的穆斯林用他们所掌握的科学知识理解《古兰经》，并对经文做出诠释。随着岁月的流逝，经注越来越多。读者在法赫尔·拉齐的经注中可以看到，除了对《古兰经》的精神未加注释以外，其他内容均有提及。

*　　　　*　　　　*

下面谈谈哲学和科学对宗教发展的贡献。

阿拔斯时代的人面临着一个难题：一方面要继承各民族的伟大文明，而各民族的典章制度及风俗习惯，无论是在经济、政治、法律、贸易交往及社会生活诸方面，都受到这些民族原来所信奉的宗教的影响。另一方面，又要维护伊斯兰教的教义，遵循教律中的各项规定。

每个时代都会遇到一些以前不曾发生过，或明文中也没有规定的案例。遇到这种情况，学者们只好一只眼注视着伊斯兰教的规定，一只眼面对阿拔斯文明的现实和不断发生的各种现象和事件，要想完全按照伊斯兰教的原则处理发生的各种情况，不是一件容易的事情。是的，这个问题早在阿拔斯人以前的伊斯兰教历史上就出现过了。那时,很多国家和地区被征服,那些曾生活在不同的政权制度下,有着不同的宗教信仰、操着不同语言的各个民族加入了伊斯兰教。正统哈里发欧麦尔·本·赫塔布就遇到了这类问题。欧麦尔和他周围的学者为解决这类问题做出了不可估量的努力,为后人树立了典范。因此,法学家在有关征服、圣战和税收等很多问题上,都规定要按欧麦尔的意见办事,将欧麦尔当成学习的榜样。倭马亚人也碰到过这类问题,他们建立起一批新的政府机构,铸造阿拉伯货币。但是,对阿拔斯人来说,他们所面临的问题要复杂得多。因为当时对征服和扩张的惊叹已经消失,皈依了伊斯兰教的各民族也已安定下来,并繁衍了后代,新的一代继承了本民族和穆斯林的双重传统。阿拔斯人——正如我们前面所看到的——不愿像倭马亚人那样再过简朴的生活,加之有着古老文明的波斯人在政府中占据着主导地位,这就促使阿拔斯人制定了各种完整的规章制度,迎接各种问题的挑战。他们用法律和原则、而不是靠命令和个人意见来解决争端。阿拔斯人做到了这一点,是科学帮了他们的忙,没有科学,阿拔斯人是不能完成这一使命的。

在《赋税》一书中,艾布·优素福为拉希德政权制定了财政制度,规定了土地丈量制度,规定了土地税,制定了海产品等非农产品的税收,制定了用井水或河水灌溉的灌溉制度。此外,四大法学家和其他法学家都创制了有关财政、刑事及民事等项法律。一些行政人员也制定了有关士兵和军队等各项行政制度。法学家制定的律例也许与行政人员制定的制度发生相互抵触的情况,是时,双方就进行调整。此外,还制定了有关邮政、作坊、商业等项规定。这些活动在阿拔斯王朝前期是异常活跃的,并且在原则上都遵循了伊斯兰教的基本原则。因此，我们可以说，在阿拔斯王朝前期，伊斯兰教已被法律化了，成为文明政府的制度。确实，当时在有些做法上是超出了伊斯兰教的范围，在执行律例时也有缺陷，在赋予教法司法权上也有不足之处，但总的来讲，在立法及制定规章制度上，都是执行了伊斯兰教的根本原则的。假如穆斯林不掌握各种科学知识，要做到这一点也是不可能的。

伊斯兰教以其教训加政权使得亚利安人、闪族人、含族人等各伊斯兰民族一直处于它的统治之下，在管理制度、司法、交际等方面都要按照律例办事，因此，各民族间的分歧日益减少，逐渐被伊斯兰教的一致性所代替。这种一致性在阿拔斯时代比倭马亚时代表现得更加明显、更加突出。伊斯兰教已进入了人们的日常生活，进入了政治和行政管理，立法受到了传统习俗的影响，人们的习俗也受到了立法的制约。

在麦加，伊斯兰教还仅仅是一种宗教；到了麦地那，伊斯兰教不仅仅是一种宗教，而且是一种政权；到了阿拔斯时代的巴格达和伊斯兰帝国的其他地方，伊斯兰教已变成了宗教、政权和文明的统一体了。这也许就是当时大批人皈依伊斯兰教的一个原因。那时人们不论走到哪里，不论是在家里、还是在街上；不论是在法院、还是在贸易市场；也不论是在捐税、教育或生活的其他方面，人们呼吸的都是伊斯兰的空气。

当时的伊斯兰文化包括古兰经注、圣训和立法等广泛的内容，这些在下面谈到学术活动时都要提到。

第六章　各种文化的融合

在阿拔斯王朝初期，上述各种文化——波斯文化、印度文化、希腊文化和阿拉伯文化，以及犹太教文化、基督教文化和伊斯兰教文化都汇集到了伊拉克。但是，每种文化都有着自己的特色和韵味，最初它们都在各自的小溪中流淌，没有多久，这些小溪就汇合成了一条巨大的河流。

阿拉伯各个学科的学者并不都愿意品尝这条大河中的水，其中有的学者到伊拉克沙漠中去寻找未曾受过文明侵蚀的清澈的阿拉伯溪流，寻求所需要的饮料，最后带着丰硕的果实，又回到了城市。

这批学者中有艾斯麦伊，据说，他背记了一万二千首短长格的诗，此外，还能背诵很多阿拉伯人的长诗、趣闻轶事，掌握了大量的阿拉伯人的语言，为此，还专门写了一本书。艾斯麦伊曾在清真寺里设座讲学，并在哈里发及王公大臣面前演讲。此外，还有精通阿拉伯语典故和趣闻的艾布·宰德·安萨里，还有罕马德·拉维叶、赫莱夫·艾哈麦尔、穆方达理、艾布·阿慕尔·谢依巴尼、穆罕默德·本·赛拉姆等人。这些人只对阿拉伯文化的源流有兴趣，他们从事学术旅行，到各部落去学习、求教，他们传述诗歌、语言和文学，讲故事、谈趣闻。总之，凡是有关阿拉伯的一切，他们都喜欢。然后，他们回到伊拉克，回到城市，向人们奉献甘甜而又清澈的阿拉伯文化源流中的溪水。如若有人向他们提供其他文化源流中的饮水，他们会采取厌弃、拒绝的态度。

但是也有些学者，如操古沙姆语的医生就只喜欢希腊文化。他们学希腊语、读希腊书，从希腊著作中寻求灵感和启迪。他们认为智慧源于希腊文化，认为哲理是希腊文化的产物。

也有人对文化采取兼容并蓄的态度。他们将两种不同的文化放在同一个容器里，调制成一种为人们喜爱的新型饮料。如艾布·欧贝德·麦阿麦尔·本·穆赛纳—— 一位波斯释奴——既熟悉波斯文学和历史，了解波斯帝王和智者的生平，知道波斯的优势与不足，又精通阿拉伯人的历史、部落、语言、故事及神话传说，他传述的阿拉伯人的古代战争，至今仍为历史学家们所引用。艾布·欧贝德对阿拉伯文学和波斯文学都很有研究，学识十分渊博。他将阿拉伯人的业绩和波斯人的功勋进行比较，写出了《波斯人的美德》、《阿拉伯人的业绩》等著作。他将两种文化放在一个容器里介绍给大家，民族主义强烈的阿拉伯人对此十分反感。他们认为该容器中的水质不纯，也不符合他们早已习惯的口味。但对波斯有感情的人却非常喜欢，例如摩苏里和艾布·努瓦斯。而那些对各种学问都持欢迎态度、认为哲理和格言是信士追求的目标的人，见到这种新型饮料后，便赞不绝口，查希兹就是其中的一个。

有的学者还受到两种以上文化的教育和熏陶，下面将会提到这一点。

实际上，阿拉伯文化这条源流几乎供所有的人饮用。除了那些受过希腊文化教育的古沙姆人，还有受过波斯文学影响而又信奉琐罗亚斯德教的祆教徒之外，其他人或多或少都饮用了阿拉伯文化源流中的水。由于伊斯兰帝国里的哈里发是阿拉伯人，所使用的语言是阿拉伯语，所信奉的宗教也是用阿拉伯语表述的，就连文学作品也是阿拉伯语写的，因此可以这样说，只有阿拉伯化的人才能在王国境内生存。因而，凡是有才学但又不懂阿拉伯语的人，都不得不学习阿拉伯语，并用阿拉伯语表达自己的思想和学问。精通希腊科学的人要将自己掌握的知识译成阿拉伯文，而那些有波斯文学修养的文学家，只有用阿拉伯文书写他们的作品才能显示出自己的价值。一个印度数学家，或者一位印度医生，只有将他的学问阿拉伯化后，才能受到重用和赏识。因此，阿拉伯文化这条源流便成了文学家和学者汲取营养的源泉。有人努力钻研阿拉伯文化，也有人研究其他文化，但是，他们都不得不借助阿拉伯文化源流中的水去向人们推销他们自己的货色。

*　　　*　　　*

这里有个必须回答的问题，即在阿拔斯王朝前期，哪种文化的影响最大、势力最强、权力最盛？是具有语言、文学和宗教优势的阿拉伯文化？还是有着古老的政治制度和文学传统的波斯文化？还是有着科学与哲学特点的希腊文化？这个问题也可以用另外一种方式提出来，即哪种文化对阿拉伯文化的影响最大，是波斯文化、还是希腊文化？是的，这两种文化都给阿拉伯文化染上了一种不曾有过的色彩，但是哪种文化更加鲜艳夺目呢？

这是一个很难回答的问题，我看最正确的做法是不做出绝对的回答。我们可以这样说：各种文化都有自己的、其他文化几乎挤不进来的“势力范围”。例如数学中的算术、代数和几何，天文学和医学以及哲学等是希腊文化的势力范围。与之竞争的是印度文化，但竞争得并不激烈。这些学科的基础都是希腊人打下的——尽管有些角落是印度的，这些学科的大纲无论是从逻辑角度、还是从著述的方式以及注释都是希腊式的。总之，这些学科的著作从内容到风格都深受希腊的影响。印度的数学和天文学也进入了穆斯林的著作，但很快就被融化了。

至于文学，则没受到多少希腊文学的影响，这在当时的文学作品中是十分明显的。阿拉伯文学作品的结构很奇特，见不到丝毫的希腊风格；布局毫无条理，全书，甚至一个章节都没有统一的内容，正如我们在穆拜莱德的《辞章集成》一书中所看到的，查希兹的《修辞与阐释》一书也是如此。在整本书中都是一些随便凑在一起的片断，有点像文人学者在聚会上的夜谈。像希腊人那种系统介绍某一主题、有条不紊地阐述某一思想的做法，在阿拉伯文学作品中是见不到的。

这是就文学形式、结构而言，至于阿拉伯文学作品的内容，大都是波斯或印度式的东方文学，很少有希腊的主题。如在作品中引用阿尔达希尔和拜兹尔·久姆胡尔的格言远比引用柏拉图和亚里士多德的言论多得多；书中所描述的国家的统治方式也是波斯式的，而不是希腊式的；对正义的描写、阶级的划分、国王的署名以及国王与老百姓的关系也是波斯式的，而不是希腊式的。总而言之，阿拉伯文学作品中波斯的影响远远大于希腊的影响，其原因已有前述。

值得注意的是，很多阿拔斯时代的文学界的旗手——诗人和作家都具有波斯血统，他们之中有的父母都是波斯人，有的是父母一方是波斯人。他们学习并掌握了阿拉伯语，使阿拉伯文学中加入了新的成分，并有所创新。如：具有波斯血统的诗人拜沙尔·本·布尔德[①]创造了阿拉伯人没有用过的新式比喻；宗教诗的领袖艾布·阿塔希亚以前是个释奴；有一半波斯血统的艾布·努瓦斯专门描写醇酒和爱情，并开创了讽刺诗的一代新风。作家的情形也大致如此，如伊本·穆加发和赛赫勒·本·哈伦等都是波斯血统或半波斯血统，他们写的作品是波斯文化与阿拉伯文化的共同产物。这些作品所表现的是当时伊拉克的社会生活。文学家当中很少有罗马血统的作家，也很少见到富有罗马色彩的作品。是波斯人，而不是希腊人为奠定阿拔斯文学的基础做出了贡献。后来，阿拔斯文学成为人们纷纷仿效的对象。

我们有权这样说，阿拉伯人在文学方面，特别是在诗歌上一直保持了其固有的特点。直到阿拔斯时代前期，阿拉伯诗歌都保持了蒙昧时代的格律与传统，没有哪个民族的力量可以改变它。我们所说的波斯影响，只是些注入阿拉伯诗歌中的内容，而不是诗歌本身。艾布·努瓦斯曾试图摆脱蒙昧时代诗歌的模式，但是没有成功。

查希兹是这样描写当时人们对蒙昧时代的诗歌及其遗产的感情的："与伊斯兰时代诗歌相比，他们更喜欢蒙昧时代的诗歌，对它的评价也更高。""他们认为哈蒂姆[②]是最慷慨的阿拉伯人。凭公而论，格里布·布·索阿索阿应该是排在海莱姆[③]和哈蒂姆之后

① 拜沙尔·本·布尔德（公元714—784年）：著名的讽刺诗人，新体诗最早的代表人物。因讽刺哈里发迈赫迪，并在醉酒时宣礼，以"伪信"的罪名被鞭笞致死。——译者

② 哈蒂姆（公元605年卒）：蒙昧时代的诗人，以慷慨、好客闻名。——译者

③ 海莱姆·本·西纳（约公元608年卒）：蒙昧时代的贵族，以慷慨好客著称。——译者

的著名人物之一，因为格里布是伊斯兰时代的人，而哈蒂姆是蒙昧时代的人，人们对蒙昧时代阿拉伯人的功业更为留恋，更有感情！”查希兹还写道：“尽管伊斯兰时代比蒙昧时代距阿拔斯时代更近，但是伊斯兰时代的历史和人物在人们心目中的印象却不如蒙昧时代的人物深刻……”[①]蒙昧时代文学对伊斯兰时代文学的影响是深刻的，致使伊斯兰时代的人只能模仿蒙昧时代的文学，而跳不出蒙昧时代文学的框框。

如果说外国文化对阿拉伯科学有明显的影响的话，那么它对文学的影响则是很小的。否则，在阿拉伯蒙昧时代诗歌的诗律中就会加进波斯或希腊的诗律；或者摆脱韵脚的束缚，加进故事诗和表演诗的题材，写出新式的诗歌；也就不会只写些凭吊废墟及在情人的屋前徘徊的内容；就会放弃冗长的爱情诗而加进赞美诗的情节等等；那么，阿拉伯诗歌和文学就会发生革命性的变化，就会像科学一样产生新的飞跃。实际上，诗歌在表现手法上也是发生了一些变化，加进了一些社会生活的内容，但这种变化很小，几乎用显微镜才能看得到。

蒙昧时代的阿拉伯医学与侯奈因·本·易司哈格和伯赫帖舒医学相差何其远矣！阿拉伯人对星体的看法与努伯赫特[②]的见解是多么不同啊！就连伊本·麦斯欧迪[③]和穆罕默德·本·哈桑传

① 查希兹：《动物志》，第1卷，第37页。

② 努伯赫特：公元七一十世纪巴格达一什叶派家族，波斯血统。该家族涌现出一批星相学家、天文学家和教义学家。——译者

③ 伊本·麦斯欧迪（公元652年卒）：著名的直传弟子，第六个皈依伊斯兰教的人，是在麦加最早公开宣讲《古兰经》的人。——译者

述的教法、艾布·艾斯瓦德的语法和西伯威的语法又有多大的区别啊！……但是读者在蒙昧时代的诗歌和伊斯兰时代与阿拔斯时代的诗歌中就看不到这种区别了。

总之，外国文化对阿拉伯文化影响的方面和程度是不同的。如果想要用具体数字来表达，那是不可能的。我们所能说的是：希腊文化的本质是逻辑思维，它试图将一切事物都分为前提和结果，这一特点在穆斯林数学和哲学中有所体现。这些学科在阿拔斯时代几乎是空白，因此，很容易被染上希腊色彩。

波斯文化的本质是实用主义哲学。波斯格言多围绕正义和暴虐以及统治制度等内容，这在伊本·穆加发的《大文学》和《小文学》书中看得很清楚。阿拉伯格言中没有希腊人那么多的理论，但却是丰富的实际生活经验的总结和提炼。波斯的格言和谚语很容易被阿拉伯人接受，因为它与阿拉伯人的格言和谚语十分相似。

印度文化的本质是格言、哲学和数学理论融为一体。印度格言与波斯格言很相似，这在《卡里莱和迪木乃》一书中有所表现。而印度的哲学与数学理论则与希腊哲学与数学有相似之处。但是，比鲁尼发现印度人不像希腊人那样善于分析和论证。

阿拉伯文化（文学）的本质是语言美，是本能、直觉、天赋的自然流露。这就是查希兹发表下述看法的原因。他写道："印度的著作、希腊的格言和波斯的文学已被翻译成阿拉伯文，有的译文比原文还美。如果将阿拉伯格言译成其他文字，那阿拉伯文的节奏和韵律就都失去了……"[①]其原因是：翻译中最容易的是翻译具体的

① 查希兹：《动物志》，第1卷，第38页。

词义,最难的是译出作品的精神、作品的风格。由于阿拉伯文学的本质是直感和天赋,因此,翻译阿拉伯文学作品是最困难的。用其他语言表达阿拉伯文学的精神实质,将会失去它原有的光彩和典雅。

有各种各样的人致力于传播这些有着不同特点的文化:阿拔斯人的宰相、大臣推崇波斯文化;君迪沙普尔学派及各地的支派推崇希腊文化;阿拉伯人、文学家、语言学家和语法学家推崇阿拉伯文化;印度医生则推崇印度文化。他们都将这些不同的文化传播在空气中,各自根据自己的爱好和特点呼吸着自己需要的成分。当时的宰相和文学家是掌握波斯和阿拉伯文化最多的人;宫廷中的聂斯托利派医生最精通希腊和阿拉伯文化;教义学家看来对各种文化都很精通。查希兹说:"教义学家想知道一切,但真主不同意。"①

是的,教义学家在促使各种不同文化的融合上起了很大的作用,从各个方面做出了努力。教义学家为了宣传伊斯兰教,不得不研究祆教、犹太教和基督教等其他宗教。犹太教和基督教已经有了希腊哲学和希腊逻辑学的武器,因此教义学家也得用同样的武器来武装自己。于是,他们成为最早将希腊哲学引入伊斯兰教的人。教义学家成为联系以经训为依据的穆斯林和以法拉比、伊本·西耶和伊本·鲁世德为代表的穆斯林哲学家的纽带。教义学家的立场是独特的,他们走了一条前人未曾走过的道路,遇到了很多前人未曾遇到的问题,因此引起了以圣训派人为首的保守派穆

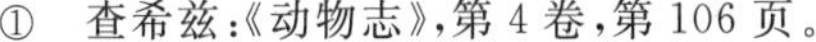

① 查希兹:《动物志》,第4卷,第106页。

斯林的反对。如蒙主佑，在谈到教义学家专题时，将详细介绍教义学家与圣训派的激烈论战。

此外，教义学家还是把希腊哲学与阿拉伯文学联系起来的纽带。他们既接受希腊文化，又学习阿拉伯语和阿拉伯文学，并将两者很好地融合在一起。他们为一些希腊词义和名字，找出相应的阿拉伯字。为了宣传伊斯兰教，他们字斟句酌，选用最好的词义和最恰当的表达方式，从而练就了演说和修辞的技巧，奠定了演说和修辞学的基础。同时，也定出了辩论的规则。查希兹说："著名的教义学家比演说家更有口才，比雄辩家更能言善辩。他们用词准确，恰到好处，为许多阿拉伯语里原来没有的名称统一了叫法，为后人树立了榜样，成为后人的楷模。他们能用阿拉伯语表示'现象'、'本质'等概念；能区分出'虚妄'与'消失'的区别；能说出'身份'、'本质'、'特性'等词的不同含意。"[1]

教义学家也为文学家和诗人提供了一些新的词义。艾布·努瓦斯吟道：

幻想的目光，
难有所获；
再利的口齿，
也难以把他描绘。

仇恨埋心，
犹如石内存火。

① 查希兹:《修辞与阐释》,第1卷,第106页。

赛德·本·侯迈德[1]吟道：

我曾鼓吹“公正”[2]，
但爱情使我改变了初衷；
我相信天命、前定，
求真主饶恕我的言行。

纳西乌为教义学和教义学家感到自豪，他写下了这样的诗句：

我们的功劳尽人皆知，
我们的言论为学者的集会装点。
我们能解决疑难，
揭示真理，驱赶黑暗。
我们沉默，众人不语，
我们开口，众人无言。

艾布·努瓦斯写道：

双颊玫瑰泛红，
肌肤如脂似玉；
端详谛视，
美不胜收。
全身处处美啊，
怎不顾盼回首连连。

总之，教义学家是将各种宗教，将哲学与宗教、哲学与文学联系在一起的桥梁和媒介。可以这样说，教义学家从事文化融合工

① 赛德·本·侯迈德（公元864年卒）：波斯血统的诗人。——译者

② “公正”意指“公正派”，即穆阿台及勒派。因相信真主赏罚分明，主持正义，故有“公正派”之称。——译者

作最为积极主动。

*　　*　　*

如果说教义学家是将希腊与穆斯林联系起来的桥梁，那么阿拉伯化的波斯人则是将波斯人与阿拉伯人连接在一起的纽带。他们将波斯文学与阿拉伯文学融合在一起，将波斯故事与阿拉伯故事融合在一起，“一千零一夜”的故事就是很好的例证。他们还将波斯格言和比喻与阿拉伯格言和比喻融合在一起，如“科斯洛埃斯国王非常喜欢水仙花，他说，水仙花是生长在白色珍珠之间，立于祖母绿之上的一颗黄玉。”他还吟诵了两句阿拉伯诗：

珍珠玉盘托玉黄，
祖母泛绿支娇娘；
盘上露珠晶闪亮，
好似泪挂脸上。

阿尔达希尔·本·巴比克是这样描写玫瑰的：“它是白色的珍珠，它是红色的宝石；端坐在翡翠之上，四周撒满金砂，散发着沁人肺腑的酒香，馥郁芬芳。”

波斯人编造了神话，阿拉伯人便杜撰传说。如阿拉伯人讲的“不死鸟”很像波斯人神话中的一种鸟。在波斯神话中，这鸟栖息在一棵保护种子的树上，该树长在汪洋大海之中，离永恒树很近，所有植物的种子都保存在该树上。①

阿拉伯人当中一直流传着神话。费鲁兹艾巴迪在他的《大辞海》中有这样的记述：据传永恒岛是由七个岛屿组成的幸福之岛，

① 《帝王本纪及其评论》，第56页。

西部环海……，岛内生长着各种东、西方水果、香草和玫瑰。果树花草，无须栽种，自然生长。①

读者在读《帝王本纪》及其神话时，会不由自主地与无数阿拉伯神话行进对照和比较。例如，在艾兹达哈克神话中，艾兹达哈克是一个亚利安神话中的坏精灵，在艾布斯塔克神话中，艾兹达哈克则是一位不让云中雨水降落地面的魔鬼。

艾兹达哈克在阿拉伯语里被称为多哈克，②也有人说他是出生在也门的阿拉伯人。艾布·努瓦斯在诗中还赞美过他，并为他感到自豪。

《大辞海》的作者称多哈克主宰着大地，其母是一个精灵，故他也是妖魔，等等。

灵魂轮回说是由印度传到伊拉克的。什叶派中的极端分子和胡拉米教派的巴比克等人鼓吹轮回说。

当时，伊拉克成了各种文化的集中地和融合场所，各种意见和主张在这里交流，各种文学在这里展现。《诗歌集》有这样的记载："巴士拉清真寺里有思辩派的人在引经据典地大声辩论。"③在思辩派讲席的旁边是诗歌与文学的讲席。出席这些讲席的有各种各样的人，他们有各种宗教信仰和不同的主张。他们在清真寺、在家中、在总督的官邸、在哈里发的宫中聚会，交换观点，开展辩论。查希兹早晨去清真寺学习圣训，然后与侯奈因·本·易司哈格和赛勒维会见，接着又与基督教人和犹太教徒辩论，或者向阿拉伯游牧

① 参看费鲁兹·艾巴迪：《大辞海》中"洁"、"齐"、"莱"词条。

② 多哈克为亚述神话中的一位王子。——译者

③ 《诗歌集》，第12卷，第138页。

人请教。

持有各种宗教信仰的人聚在一起，分别讲述各自经典中有关创世的说法，辩论真主是否能看见人的行为？真主是否具有超出其本性的属性？其他人则辩论各民族的优劣，有的说阿拉伯人是最优秀的民族，有的说波斯人比其他民族都强。学者们还对各种语言和文学进行比较。当时，辩论风极盛，形成一场强大的运动。

在这场辩论中，没有一个学派、一种宗教、一种语言和文学能够不受其他学派、宗教、语言和文学的影响而单独存在。各种文化相互渗透、相互影响，甚至完全融合在一起了，以至于研究人员很难找出各种文化表现形式的来源与出处。各种文化的融合并不是自成一体的油与水的混合，而是糖与水的融合，花香与空气的融合。一经融汇，便连在一起，永不分离。阿拔斯王朝初期，只是文化融合的开始。随着时代的更迭，各种文化的渗透与影响，各种文化的相互融合更加深入和全面了。

伊斯兰教在融合各种文化的过程中起了很大的作用。各民族中皈依了伊斯兰教的人——上层社会的人——认为只有念诵和研究《古兰经》，才能加深其信仰，完成其宗教。为此，必须学习阿拉伯语，接受阿拉伯文化的教育。这样，他们就掌握了两种文化：本民族的文化和阿拉伯文化，亦必然会把两种文化融合在一起，将两种思维方式聚集在一起。很多波斯人阿拉伯化了，很多罗马人和印度人阿拉伯化了，很多奈伯特人也阿拉伯化了。阿拉伯化的含义就是为接受阿拉伯文化敞开了思想和语言的大门，使阿拉伯文化与他们从小就使用的语言和思维方式结合成一体。阿拉伯化还意味着为使伊斯兰教替代他们原来信奉的宗教敞开大门。思想、语言和宗教的融合是阿拉伯人与其他民族通婚的一个原因。在阿拔斯王朝前期,读者几乎看不到一种与世隔绝的、完全独立的世俗或宗教文化。相反,各种文化都是相互影响、相互作用的,既影响和作用于其他文化,也受到和接受其他文化的影响,尽管各种文化在影响和接受影响的程度及方面有所不同。

要想挑选几位融合各种文化的代表人物,那查希兹、伊本·古太白和艾布·哈尼法·迪奈瓦里是最合适不过的了。他们各个都学识渊博,著述很多,对各种学问都有很深的造诣。第一位查希兹是穆阿台及勒派教义学家的领袖。第二位伊本·古太白是逊尼派的首领。第三位艾布·哈尼法·迪奈瓦里是植物学界的泰斗。他们又都是文学家、学者、语言学家和历史学家。总之,他们三个人是当时的一部"百科全书"。如果研究一下他们的著作,就能了解他们所处时代的各种知识和学问。然而,他们三个人有着完全不同的风格、气质、思维,以及对生活的不同理解。这里不想大谈他们的生平,也不想分析他们的作品,不想涉及他们的各个方面,因为这是一本书所容纳不了的。我们只想谈一个问题,即他们所代表的混合文化和多方面的学识。为此,我们从他们的著作中选择了最能说明这一问题的作品加以介绍。

查希兹:原名艾布·奥斯曼·阿慕尔·本·巴哈尔·本·麦哈布卜·基纳尼。基纳尼很可能是查希兹所投靠的部落,而不是他所出生的部落。查希兹的一位亲戚——叶姆特·本·穆扎莱阿说:"查希兹是我母亲的舅舅,他的爷爷是一位名叫费扎赖的黑人,曾给基纳尼部落的阿慕尔·布·盖莱阿当驮夫。”[①]

关于查希兹的生年有几种不同的说法，但人们几乎一致认定他卒于伊斯兰历255年/公元868年，享年九十三岁。因此，可以推断出他大约生于伊斯兰历159年/公元775年。查希兹出生在巴士拉。向艾布·欧贝德、艾斯麦仪和艾布·宰德·安萨里学习语言和文学，向艾赫法什[②]学习语法，向奈萨姆[③]学习教义学。

查希兹经常去巴士拉的米尔拜德[④]向阿拉伯人学习口头文学。查希兹酷爱读书，人们说他“只要见到书，就要一口气读完，他还租用书商的店铺，借阅他们的藏书和稿本”。在米尔拜德，查希兹从艾斯麦仪和艾布·宰德等学者那里学到了阿拉伯文化。通过向研究教义学的学者请教，通过与侯奈因·本·易司哈格[⑤]和赛勒维等人的交谈学到了希腊文化。此外，查希兹通过阅读伊本·穆加发的著作和向艾布·欧贝德学习，又掌握了波斯文化。查希兹还博览群书，查阅典籍，从而丰富、扩展了他掌握的各种文化知识。

查希兹出生在迈赫迪[⑥]哈里发时代。哈迪任哈里发时，他还是个少年，到拉希德执政时已成为一个青年了。他目睹了艾敏与麦蒙为争夺王位而进行的斗争。到麦蒙时代，穆阿台及勒派

① 《文学家传记》，第6卷，第56页。

② 艾赫法什：著名的语法学家，公元793年卒。——译者

③ 奈萨姆：伊斯兰教穆阿台及勒派的著名代表人物，约公元845年卒。——译者

④ 米尔拜德：巴士拉著名的地区之一，为诗人、演说家聚会的场所。——译者

⑤ 侯奈因·本·易司哈格（公元809—873年）：阿拔斯时代最伟大的学者和翻译家之一，有翻译家的长老的美称。——译者

⑥ 迈赫迪：阿拔斯王朝第三任哈里发，公元775—785年在位。——译者

得势时，查希兹已是一位成熟的学者了。他参与了当时的学术和哲学运动，看到了波斯人的权势和优越地位，目睹了穆阿台绥姆[①]执政时突厥人的飞扬跋扈，以及取代波斯人的过程。查希兹还看到了瓦西格[②]掌权时继续执行麦蒙和穆耳台绥木的支持穆阿台及勒派的政策，但也赶上了穆台瓦基勒[③]迫害、镇压穆阿台及勒派的动乱时代。到孟台绥尔[④]、穆斯台因[⑤]和穆耳台兹[⑥]执政时，查希兹已卧床不起，遭受着瘫痪和痛风病的折磨。查希兹在穆赫台迪[⑦]任哈里发时去世。他活了整整一个世纪，时逢阿拔斯王朝的盛世。

查希兹从他的丰富经历中学习到很多东西。他自幼贫穷，因此深知穷人的疾苦和不幸。传说有人看见他在市井码头卖过大饼。查希兹结识了很多文人学士，与各个学科及各个学派的学者打过交道，有过接触。查希兹还在宫中当过一段时间的书记官，因此熟悉书记官的业务，并了解一些其中内幕。查希兹因写作变得很富有，他有一座庄园、一笔钱财和一栋房子。他试种过“艾拉克”树。[⑧] 他对门窗很讲究，请最好的木匠进行安装。此外，他还拥有一些曾伺候过国王的奴隶。[⑨] 查希兹与穆罕默德·本·阿卜杜

① 穆阿台绥姆：阿拔斯王朝第八任哈里发，公元833—842年在位。——译者
② 瓦西格：阿拔斯王朝第九任哈里发，公元842—847年在位。——译者
③ 穆台瓦基勒：阿拔斯王朝第十任哈里发，公元847—861年在位。——译者
④ 孟台绥尔：阿拔斯王朝第十一任哈里发，公元861—862年在位。——译者
⑤ 穆斯台因：阿拔斯王朝第十二任哈里发，公元862—866年在位。——译者
⑥ 穆耳台兹：阿拔斯王朝第十三任哈里发，公元866—869年在位。——译者
⑦ 穆赫台迪：阿拔斯王朝第十四任哈里发，公元869—870年在位。——译者
⑧ “艾拉克”：原意为牙刷树，究竟是什么植物，待查。——译者
⑨ 这些事实均取自查希兹的《动物志》中的某些章节。

勒·麦立克·齐亚特等宰相有过交往。查希兹周游过很多地方，在巴格达住过一段时间，后又到大马士革和安条克等地远游。丰富的经历使查希兹学到了一种极有价值的文化，这种文化与从书本上学到的文化不同，它使查希兹对人的本性、道德品质、生活方式，以及人的优缺点有了深刻的认识和了解。查希兹一方面注意向社会学习，一方面又向社会奉献出自己的作品。查希兹著作的最大特点之一是让读者了解当时的社会生活，并使读者自己触摸和品味这种生活。当时很少有人能做到这一点，在别人所著的《辞章集成》、《艾马勒高里》或《史事泉源》等作品中，读者就不会有这种感觉。因此，查希兹的著作是研究当时社会生活的最丰富的来源。

查希兹写的每个题目，几乎都要从教师写到哈希姆家族，从小偷写到狼，从谈论真主的属性到评论歌女，从法官、总督写到孩子的母亲，[①]从教长的地位写到斜眼人和独眼人，等等，真是无奇不有、无所不包。如果把查希兹的著作看作是一部不按字母顺序排列、反映中世纪阿拉伯社会的一部“百科全书”，是完全正确的。

查希兹有一种他所特有的风格，即充分显示他的个性的查希兹风格。读者可以毫不费力地辨认出哪些是他的著作，哪些不是他的著作。查希兹写作时轻松自如，出口成章。他摆脱了各种清规戒律的束缚，也不受那令人生厌的死板、隐晦的文风的限制。他常常将严肃与诙谐糅为一体，好像在给你吃一口难咽的食物中加入了很多糖分。他总是出人意料地给人以新意，当使你快要落泪

① 孩子的母亲，指为阿拉伯人生下孩子的女奴。——译者

时，突然一段趣闻让你破涕为笑。他牵着你的手，把你引入困境或深渊时，会突然一下子把你带到空中。他对你娓娓而谈，使你忘却辛苦，忘记劳顿。麦斯欧迪说："没有一个说书人或学者读过的书比查希兹多……他的著作尽管非常奇特，却能清除人们头脑中的污垢，揭示真理。他用词贴切，语言得体。为使读者和听众不感到厌烦，他时而一本正经、不苟言笑；时而诙谐幽默，妙语连珠；时而引用格言警句，语言铿锵；时而讲述趣闻，令人捧腹。"①

查希兹不像其他学者那样，将自己死死地局限在所讲的题目中。在他的著作中，读者会发现自己往往在最无聊、最荒谬的题目中读到最重要、最严肃的内容。文学性和文学意识在查希兹的所有作品中都得到了充分的体现，就连《动物志》也不例外。他选用最优美的词句，运用最好的语言手段，而且会迅速地从科学考证跳到诗歌、格言或逸事之类的文学主题。

查希兹写了一些教义学家谈论的题目，如《〈古兰经〉被造说》、《驳真主拟人说》、《驳基督教徒》、《论分离》、②《教长地位论》等。查希兹也写了一些政治、历史题材，如《阿拉伯人与释奴》、《阿拉伯人与波斯人》、《突厥人的美德》——为突厥人加入穆耳台绥木的禁卫军而作、《黑人与白人》、《纯血统的阿拉伯人与混血的阿拉伯人》等等。查希兹还写了当时的社会道德和人情世故，如《悭吝人传》、《政权与人的道德》、《女奴》、《嫉妒与被嫉妒》、《妇女》、《兄弟》、《决心与抱负》、《希望与期望》、《战争中的专断与协商》、《司法与总

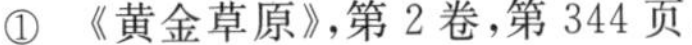

① 《黄金草原》，第 2 卷，第 344 页。

② 穆阿台及勒派又称分离派，该题目与此有关。——译者

督》、《行业的欺骗》，等等。

查希兹还写了有关动、植物的书，如《谷物与枣椰林》、《狮子》、《狼》、《骡子》、《动物志》。

在这些著作中，查希兹将科学与文学糅在一起，他不仅从理论上提出例证，而且用历史和诗歌，用他的经历和体会做出解释或说明。查希兹把他耳闻目睹的事实与学到的知识结合起来，将蒙昧时代的诗歌与伊斯兰时代的诗歌、亚里士多德的学问、格林的医学融合在一起。此外，查希兹还把《古兰经》的经文与圣训，与有神论者和无神论者的观点，与犹太教和基督教、琐罗亚斯德教和摩尼教的信徒的主张糅合在一起。说实在的，如果没有宽容的态度，没有开朗的性格，没有对趣闻、笑话的兴趣和推崇，这些内容是难以融合在一起的。

最能体现这种融合的著作是《修辞与阐释》和《动物志》。

《修辞与阐释》：这是查希兹最后写的一部文学作品，是由《古兰经》、圣训、诗歌、格言和演说，加上查希兹对各种问题的见解的一部文学选集。雅古特说："该书共有两种抄本，第二种抄本更准确，更好。"[①]不知道我们手中的《修辞与阐释》是哪种抄本。

全书以求真主保佑不要口吃开始，引用了很多非难口吃的诗句，讲述了穆萨（摩西）求耶和华解开他舌上的疙瘩，以使人能听懂他讲的话的故事。然后，转到了关于口齿伶俐的话题，并与口吃进行对照。批评了讲话时信口开河、使劲发喉音的做法，但这比结结巴巴，半天讲不出一个字来要强得多。接着讲起穆阿

① 《文学家辞典》，第6卷，第76页。

台及勒派的长老瓦绥勒·本·阿塔的口才,以及他在发音吐字上的毛病,即将颤舌音"拉乌"发成舌边音"俩姆"。然后转到另一个话题:阿拉伯人在使用词汇上的区别,如"房间"一词有两种说法,有的部落用"古尔法吞",有的部落用"耳里耶吞"等。又谈到瓦绥勒,介绍他与拜沙尔的关系,还举出了几首赞颂穆阿台及勒派的长诗。由于瓦绥勒的舌头大,说话总是咬舌,查希兹便专门讲了关于大舌头的问题,列举了能咬舌和不能咬舌的字母,接着又谈到人们讲话时常犯的毛病,如爱用带"乌"的音,说话嘟嘟囔囔,含糊不清。尔后,又讲到演说家演讲时清嗓子、咳嗽的习惯,谈到演说及各个部落的演说家,列举了很多演说家及诗人兼演说家的名字。有位演说家讲话时总带有口哨声,由此谈及了牙齿、牙齿与演说的关系。提到一场争论:牙齿全部脱落对演说的影响小,还是部分脱落对演说的影响小?尔后,又转到反义词和音不和谐的字母,进而又谈到口吃,历数了患有口吃症的人,并以此作为第一章的结尾。

对全书如都加以介绍,那篇幅就太长了。我们只以第一章为例,说明查希兹写作中的混乱现象。读者不要以为上面列举的这些内容已经谈完了,它们在该书的其他章节里会反复出现。

查希兹专门写了一章题为《修辞》。一章谈论雄辩家、演说家、先知、法学家和王公贵族等。一节专门谈论何为修辞,一章谈口才,一章谈沉默,其他章节谈诗和演说。然后又讲述有韵脚的散文,接着又回到演说家、雄辩家的话题,介绍他们所属的部落及其谱系。还有一章列举了盖哈坦部落的预言家、统治者、演说家和学者的名字。查希兹在该书第二部分的开头说,他要反驳舒欧比亚对阿拉伯演说家的诽谤。查希兹喜欢在这部分的开头引用穆圣和先人以及著名再传弟子的言论，然后大量选用圣训、演说、格言和谜语，谈论语法错误，谈论呆子和疯子，谈论遗书以及游牧人的轶事等等。这就是第二部分的内容。

第三部分以《棍棒》章开头，用以驳斥舒欧比亚。然后是《修行》章，讲的是修行隐士及他们的言论、品德和训诫。接着是贤人志士、先人及游牧人的祈祷，然后是阿拉伯游牧人的趣闻和诗歌。

全书的各个章节都杂乱无章、漫无边际。查希兹真应对阿拉伯文学作品中的混乱现象负责，因为后人竞相仿效他的风格。例如他的弟子穆拜莱德的著作就深受他的影响。后来问世的一些作品，如《史事源泉》和《罕世璎珞》等，虽然略有条理，章节编排也有改进，但仍保留了查希兹的某些风格。

阿拔斯时代前期的著作为后来的写作奠定了基础，并确定了记载学术的模式。如：西伯威的语法书规定了语法学家著书的方式，后来的语法学家所做的全部工作只是解释、简化或缩写西伯威讲过的内容；穆罕默德·本·哈桑·谢依巴尼的著作确定了教法的写作特点；后来的逻辑学著作也是按照逻辑学早期著作的写法进行写作的。由于《修辞与阐释》是当时第一部文学作品，因此，它的模式对文学的影响是巨大的。查希兹对阿拉伯文学著作中的缺陷负有责任。与其他学科的著作相比，查希兹对文学作品的最大影响是：内容杂乱，编排缺乏条理；诙谐幽默中掺杂着一些近乎下流的粗俗。我们不想让查希兹承担这些缺陷的全部责任，因为文学本身的特点就是富于变化。不管怎样，查希兹的影响无疑是巨大的，如果他奠定的基础不是这个样子，那阿拉伯文学就会是另一种风格了。

我们感兴趣的是各种文化是怎样融汇在这本书里的。说实在的，阿拉伯文化在书中表现得最明显，因为这是一部文学作品。前面已经讲过，外国文化对阿拉伯文学的影响比对其他学科的影响要小。尽管如此，外国文化在《修辞与阐释》一书中的比重还是不小的。请看，查希兹是如何比较各民族对修辞所下的定义的。他说："问波斯人，什么是修辞？答：了解语句的分与合。问希腊人，什么是修辞？答：修正句式，选择用词。问罗马人，什么是修辞？答：简繁得当，用词贴切。问印度人，什么是修辞？答：层次清楚，句式得体，词语恰当。"[①]

查希兹用一页的篇幅，引用了印度人对修辞及其条件的看法。[②]还引用了一位基督教青年提出的当景教教长必须具备的条件，[③]引用了波斯王艾努舍尔旺与比兹尔·捷姆海尔的对话。波斯王问：对患有口吃症的人来说，什么是最好的东西？答：智慧。问：如果没有智慧呢？答：能为他掩饰的兄弟。问：如果没有兄弟呢？答：讨人喜欢的钱财。问：如果没有钱呢？答：那就当一个哑巴吧。问：如果做不到呢？答：那就痛痛快快地死吧！[④]

查希兹还传述了尔撒——麦尔彦之子的故事：有人问尔撒：我们可以与谁为伍？答：谁的逻辑思维能增长你们的学问，谁的见解能使你们想到上帝，谁的行为能使你们向往来世，你们就可与谁为伍。查希兹还说，基督遇见一群正在哭泣的人，便问：这些人为什么哭泣？答：他们害怕所犯的罪过。尔撒说：丢掉罪过吧，你们将会得到宽恕。[⑤]

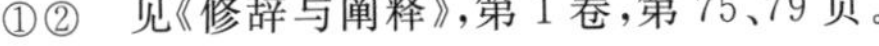

①② 见《修辞与阐释》，第1卷，第75、79页。

③④⑤ 分别见《修辞与阐释》，第1卷，第96、157、251、255页。

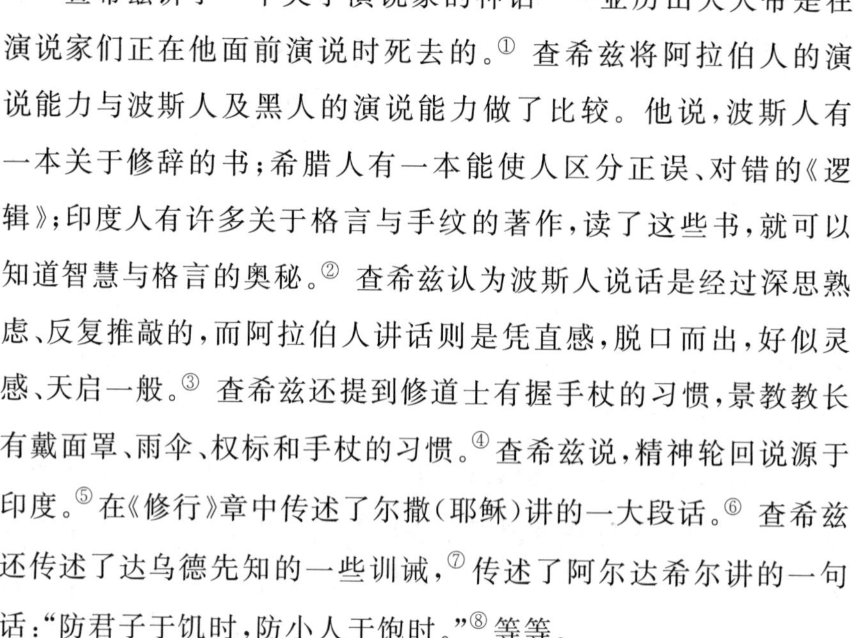

查希兹讲了一个关于演说家的神话——亚历山大大帝是在演说家们正在他面前演说时死去的。[1] 查希兹将阿拉伯人的演说能力与波斯人及黑人的演说能力做了比较。他说，波斯人有一本关于修辞的书；希腊人有一本能使人区分正误、对错的《逻辑》；印度人有许多关于格言与手纹的著作，读了这些书，就可以知道智慧与格言的奥秘。[2] 查希兹认为波斯人说话是经过深思熟虑、反复推敲的，而阿拉伯人讲话则是凭直感，脱口而出，好似灵感、天启一般。[3] 查希兹还提到修道士有握手杖的习惯，景教教长有戴面罩、雨伞、权标和手杖的习惯。[4]查希兹说，精神轮回说源于印度。[5]在《修行》章中传述了尔撒（耶稣）讲的一大段话。[6] 查希兹还传述了达乌德先知的一些训诫，[7]传述了阿尔达希尔讲的一句话："防君子于饥时，防小人于饱时。"[8]等等。

除了上述的各种文化相互融合的例子之外，查希兹还将阿拉伯人的文学、波斯人的文学、印度的格言，以及犹太教和基督教的忠告都展现在读者面前。他引用的是已经阿拉伯化的波斯人的言论及格言，如赛赫勒·本·哈伦[9]、伊本·穆加发和艾斯瓦里等人。无疑，这都是波斯人和阿拉伯人的共同产物，但是正如已经指出的，阿拉伯文学在该书中所占的比重最大，因为这是查希兹最擅长的。

---

① 分别见《修辞与阐释》，第1卷，第96、157、251、255页。

② 同上书，第3卷，第6—7页。

③④⑤ 分别见《修辞与阐释》，第3卷，第15、51、59页。

⑥⑦⑧ 分别见《修辞与阐释》，第3卷，第81、92、99、90、101页。

⑨ 赛赫勒·本·哈伦：公元10世纪初叶的阿拉伯诗人和散文学家。——译者

此外,《修辞与阐释》一书中还有许多方面需要研究,如:查希兹是以什么为蓝本撰写该书的?还有编排的设想,该书的可信、可靠程度,查希兹向哪些学者求教过,参考书目等问题,但这都属于文学研究的范畴。

《动物志》:这也是查希兹晚年写的一部著作,尽管写作年代比《修辞与阐释》一书要早。查希兹在书中多次提到他写书的目的是通过动物显示真主那令人惊异的智慧和能力。《古兰经》曾多次提到这一点:"你的主曾启示蜜蜂:'你可以筑房在山上和树上,以及人们所建造的蜂房里。'"①"他创造了牲畜,你们可以其毛和皮御寒,可以其乳和肉充饥,还有许多益处。"②"……众人啊!有一个譬喻,你们倾听吧!你们舍真主而祈祷的〔偶像〕虽然群策群力,绝不能创造一只苍蝇;如果苍蝇从他们的身上夺取一点东西,他们也不能把那点东西抢回来。祈祷者和被祈祷者,都是懦弱的!他们没有真实地尊敬真主。真主确是至强的,确是万能的。"③"难道他们不观察吗?骆驼是怎样造成的,……"④"真主的确不嫌以蚊子或更小的事物设任何譬喻。"⑤

《古兰经》中有些章节就是以动物命名的,如《黄牛》、《牲畜》、《蜜蜂》、《蚂蚁》、《象》等。查希兹把对孔雀的细致描述说成是出自伊玛目阿里之口,并作为显示真主能力的证据,对此我们表示怀疑。阿拔斯时代的穆阿台及勒派也谈过这类话题,该派的一位领

①② 马坚译:《古兰经》16:68、16:5、22:73、89:17、2:26。——译者

③④⑤ 马坚译:《古兰经》16:68、16:5、22:73、89:17、2:26。——译者

袖比什尔·本·穆阿台米尔[①]就擅长描写动物。查希兹在《动物志》中引用了他写的六七十句的长诗，并做了长篇注释。其中一首写道：

赞美真主功德大，
祸福手中拿；
万物众生靠真主，
鬣狗、角鹿、羱羊。
天高有飞鸟，
荒漠有生灵；
羱羊走高山，
野驴卧崎岖。
哑蛇穴中盘，
狐蚁洞中居；
鸵鸟惧自影，
舞动风有声。
吞石胃口好，
火炭最欢迎；
羚羊啃苦瓜，
蝎子喜椰枣。

诗的其余部分也是这样描述动物特性，并从中悟出哲理的，作者还惊叹蝗虫能够遮天蔽日，蜣螂以单蹄类动物的粪便为生，而夺去它生命的竟是那惹人喜爱的玫瑰：

① 比什尔·本·穆阿台米尔，公元825年卒。——译者

智者见哲理，
全然无屏蔽。

在诗的结尾，作者突然笔锋一转，攻击起易巴德派[①]和拉费兹(拒绝)派等对手，挖苦他们对哲理一窍不通。另一首诗也是这种格式，只是韵脚略有变化。查希兹与比什尔是同时代的人，看来，这两首诗启发了查希兹撰写《动物志》的灵感。但是，查希兹没有专写一个题目的耐心，如果讲某件事，就会离题去谈其他的事，就连严肃也不能持久，很快就会开起玩笑。查希兹把他写的每一个题目都打上了自己的烙印。他说话离题，不着边际，会从很严肃的训诫殷鉴话题转到与动物或其他事情的内容；时而是科学知识，时而是文学典故。查希兹的诙谐幽默也很奇特。有的主题严肃得令人起敬，甚至能激起宗教的感情，正如读者在读到上述经文和比什尔的诗时就会有这种感觉。但是，这种庄重感在《动物志》中一点也没有，该书被查希兹染上了各种奇异的颜色，好似变色龙一样。书中的故事各种各样，有悲剧，也有喜剧。在谈论书的益处时又讲起阉人的话题。有关阉人的部分有许多珍贵的、在其他书中找不到的历史和社会资料。与此同时，又掺杂着辛辣的讽刺、笑话，以及露骨的下流与粗俗。所有这一切，都奇特地融合在一起，该书的每个章节都是如此。

查希兹在《动物志》中有几处提到他的写作方法。他说："从《古兰经》的经文到名言警句，从名言到史料，从史料到诗歌，从诗歌到趣闻，从趣闻到格言、戒律和教训，读者都可以读到。训诫部分最沉闷，令人生厌，故需要幽默、戏谑，讲些笑话以及并不荒诞的

① 易巴德派：伊斯兰教哈瓦立及派中的一个温和派。——译者

神话。”[①]查希兹说:“我为本书准备了美妙的诗句和珍闻奇谈,使读者接触到各种文学形式。我认为,即使是美妙的歌声、动听的歌曲、纯正的旋律,听久了也会厌烦……我的目的是使读者能有更大的收益。”[②]

查希兹对他的这种编排表示歉意,并承认有不足之处,但是他说他是不得已而为之的。他说:“在进入正题之前,我们将会读到很多佳句妙语,以引起思绪、注入活力……假如不是有人要求学、有人要写书,我就不会在书中对他们这样循循善诱,这样小心翼翼,就不需要作这么冗长的铺陈和大量的解释了。我本来是为他们着想,要帮助他们,但看起来,好像是我想从他们那里得到什么好处似的。”[③]

查希兹承认,他的这种写作方法比围绕一个题目写作要困难得多。他说:“要是我写一个题目,就可将主题、长度和字数确定下来,然后再写《偶然性》、《本质》、《飞跃》、《可入性》、《直觉》等题目,那会容易得多,时间短,完成快。因为这用不着到处搜集诗句、谚语,也用不着查找《古兰经》中的经文,或寻找传述中的论证。反之,就要查阅大量的书籍。读者若发现有用词不当、著述不力、结构不整、杂乱无章之处,在了解了我的写作初衷之后就不会见怪了。我只想让读者感受到真主的存在与威力,认识到真主给予他所创造的万物以各种智慧……”[④]

① 《动物志》,第 1 卷,第 46 页。
② 同上书,第 3 卷,第 2 页。
③ 同上书,第 5 卷,第 51 页。
④ 同上书,第 4 卷,第 69 页。

查希兹为写这本书参考了大量的资料，如《古兰经》、《旧约》和《新约》的经文、圣训、传述家讲述的史料、阿拉伯诗歌、谚语，还有他读过的各类书籍、他所信任的医生、商人和各种职业的人的谈话、他本人饲养动物、栽培植物的经验、他的旅行经历以及从那些远涉重洋、周游各地、露宿沙漠、踏遍河谷的旅行家那里听来的见闻。这说明查希兹的学问渊博、阅历丰富，能与其媲美的人寥寥无几。

说实在的，查希兹很有头脑，极难接受神话之类的东西，甚至他还嘲笑那些相信神话的人。他很自信，喜欢怀疑；并亲自动手做实验，直到证实某种观点或理论是正确的为止。读者会对他的准确的逻辑判断，以及他所掌握的只有近代才为人所知的研究方法感到惊奇和诧异。查希兹说过这样的话："你要了解疑点和已知的条件，用它来认识真理。从怀疑可疑之处学习，从踌躇、犹豫到证实、肯定，这就是研究的步骤。"[①]

查希兹还率先做了一些有价值的实验，这些实验现在被称为动物心理学。例如，他对公鸡夜啼进行了观察和研究：在一个村里如果只有一只公鸡，该公鸡是否啼叫？以此了解公鸡啼是出于本能，还是出于对其他公鸡啼的响应。查希兹对母鸡也进行了观察：雏鸡数目的多少是否与母鸡数目有关？是母鸡越多、雏鸡越多呢，还是母鸡越多，雏鸡越少？查希兹还对狗进行了细致观察，了解狗的聪明度，注意力的范围及各种狗的细微差别，等等。

《动物志》比《修辞与阐释》更好地表现了各种文化融合的特

① 《动物志》，第 6 卷，第 10 页。

点。这与作品的主题、写作方法，以及与科学、职业和各阶层人的密切联系有关。

亚里士多德的著作是查希兹写《动物志》时最重要的依据之一。众所周知，亚里士多德写了很多有关动物生活的著作，他酷爱动物学并做了大量的研究。据后人统计，亚里士多德了解大约五百种动物，尽管他对这些动物没有按现代的方法做出分类。亚里士多德为奠定动物学的基础做出了前所未有的贡献。他写的有关动物的著作传到了阿拉伯人手里，并被译成了阿拉伯文。伊本·奈迪姆说："亚里士多德写的《动物书》中的十九篇文章被伊本·伯特里格译成了……[①]尼古拉斯有这本书的缩写本……艾布·阿里·本·扎里阿最早将该书译成了阿拉伯文，并对该书做了校订。"[②]

但是，看来阿拉伯人对这本书——正如对其他书一样——没有仔细研究哪些内容确是亚里士多德写的，哪些不是。总之，这本书落到了查希兹手里，他读了该书，并且成为他撰写《动物志》的重要参考资料。查希兹在书中引用亚里士多德的论述时，称亚里士多德为"逻辑创始人"，或者直呼他的名字。书中这种引证达数十处之多。查希兹对亚里士多德的态度与众不同，他不像伊本·西那等东、西方哲学家那样，常在亚里士多德面前患思想瘫痪症，而是把亚里士多德的论述放到实验室里进行检验。例如，他引用了亚里士多德关于雌麻雀寿命长，而雄麻雀只能活上一年的说法，[③]

① 这一句的删节号"……"原文如此。——译者

② 伊本·奈迪姆:《目录大全》，第 351 页。

③ 《动物志》，第 5 卷，第 67 页。

但又批评亚里士多德没有举出例证来证明这一论断的正确。麻雀到处飞，亚里士多德怎能找到有力的例证呢？房檐儿、笕口处的麻雀、麻雀蛋和刚刚孵化出的雏雀多得很，人们离它们也近，却从未见过一只死雀。尽管亚里士多德等人的论断只是一个大概的估计，但"大概与肯定是两回事，因此应当了解二者的区别，认识例证与准例证的不同。"①查希兹还说："逻辑创始人说，在一个名叫'塔巴古努'(希腊语)的地方，有一条凶狠的小蛇，人被该蛇咬伤后，只有用从古代国王的坟墓中挖出来的石块医治才能使被咬人得救。我(查希兹)不懂这段话的意思，这怎么可能呢？"②

查希兹有时还将亚里士多德的某些论断与阿拉伯蒙昧时代或伊斯兰时代的诗歌中的有关提法进行对照比较，并做出自己的判断。他时而支持亚里士多德的论断，时而赞成阿拉伯人的提法，时而又批驳双方的观点。他说："逻辑创始人声称有一条双头蛇。我向游牧人打听此事，游牧人也说确实有双头蛇。我便问他：双头蛇朝哪个方向行走？哪个头进食？哪个头咬人？游牧人答：双头蛇不会爬行，但会翻滚，就像孩童在沙丘上翻跟斗一样。至于进食，则一张嘴用来吃午饭，另一张嘴用来吃晚饭；咬人时则两个头一齐咬。——这不是教人说谎吗！"③书中这类例子很多，查希兹以他那迷人的风格和惯用的夸张手法，把他所了解的有关希腊和阿拉伯人的诗歌、故事、神话以及其他民族的文化都一一罗列出来，并将它们完全融合在一起。

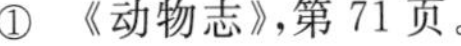

① 《动物志》，第 71 页。

② 同上书，第 4 卷，第 76 页。

③ 同上书，第 52 页。

查希兹的这部书尽管被称为《动物志》，但绝不要以为这是一部专门谈论动物的著作，不是的。如果说书中有关动物的内容比其他内容还要少，那也是不过分的。该书的第一部分和第二部分讲的是狗和公鸡，以及狗和公鸡的主人对它们的抱怨。查希兹对此引证了大量的经文、圣训、诗歌或者是逻辑创始人的言论，或者是故事、神话。例如，说什么精灵将狗当作它的栖身之所，等等。但是，每个题目都会超出狗与鸡的话题，而去谈一些意想不到的内容，如伊玛目的权威、什叶派、诗歌及诗歌对部落兴衰的影响等。

查希兹是通过图书，通过教义学家与希腊人发生联系的。他知道亚里士多德，引证过相术家艾格里蒙有关鸽子的论述，[①]引用过格林有关鳄蜥肉的论断[②]及有关牲畜与鸟类的知识。[③] 查希兹还说过：富有辩才的阿拉伯人是看不懂逻辑学和欧几里得的著作的。[④] 查希兹所掌握的希腊文化，因他常与精通希腊文化的文人学子交往而得到不断丰富和扩展，他与赛勒维、伊本·马斯维、侯奈因·本·易司哈格，以及医生夏蒙都交谈过。

查希兹与波斯人也有交往，对波斯人十分了解。他引用过伊本·穆加发的言论，讲过波斯人的神话，还用了很大篇幅谈论波斯人的火。查希兹还谈到摩尼教和伪信者，传述过他们的著作和信仰。查希兹也传述过犹太人和基督徒的言论，提到过他们对《古兰经》的某些经文，如有关流星的段落所提出的疑点，查希兹批驳了

① 《动物志》，第 3 卷，第 83、87 页。
② 同上书，第 6 卷，第 17 页。
③ 同上书，第 7 卷，第 10 页。
④ 同上书，第 1 卷，第 45 页。

他们的说法。

总而言之,《动物志》一书是展现阿拉伯文化、希腊文化、波斯文化和印度文化等各种文化的陈列室,是介绍摩尼教、琐罗亚斯德教、无神论者、犹太教、基督教和伊斯兰教等各种宗教文化的讲台。如果把查希兹在书中提到的各种文化加在一起,完全可以汇编成一本书。

最后,我们以查希兹提出的学术界的泰斗应具备的条件作为这部分介绍的结语,当然查希兹本人已具备了这些条件。他认为,学者就是那些既精通宗教语言、又精通哲学语言的人,即是那些将认主唯一和通过实践认识真理二者结合在一起的人。

*　　　*　　　*

除了查希兹之外,还有另外两位学者与查希兹一起成为当时各种文化的代表,他们代表着融合在一起的各种文化中的不同味道和颜色。一位是伊本·古太白,另一位是艾布·哈尼法·迪奈瓦里。

伊本·古太白:即艾布·穆罕默德·阿卜杜拉·本·穆斯林,原籍为波斯的木鹿。他在巴格达接受教育,并担任过迪奈瓦里的法官,因而得到迪奈瓦里的绰号。后来,他又在巴格达担任教师。伊本·古太白生于伊历 213 年/公元 828 年,卒于伊历 276 年/公元 889 年,因而可以说,他与查希兹是同时代的人。伊本·古太白不喜欢查希兹,并在《对各种圣训的注释》一书中批评了查希兹,指责他所列举的基督教徒反对穆斯林的论据,要比穆斯林对基督教徒的驳斥更为有力;指责他以充满笑料和嬉戏的作品引诱青少年和酒鬼;还指责他蔑视圣训,在提到黑色的玄石时称玄石原为白色，后被异教徒染成黑色，因此，人们在皈依伊斯兰教时，应将玄石染成白色！伊本·古太白还指责查希兹是一个伪造圣训、支持虚妄的骗子。

说起来，伊本·古太白与查希兹之间出现分歧与争辩的原因，在于二人性格上的不同气质和教派上的不同主张。查希兹生性幽默、活泼、明快、好说，思路开阔、我行我素；而伊本·古太白却是位异常严肃的法官，总带有司法的威严，虽偶尔开开玩笑，但却没有查希兹的活泼、明快的气质。其次，查希兹是穆阿台及勒派的教义学家；而伊本·古太白，正如他自己所说的，是逊尼派人。这两派之间的斗争是激烈而又长期的。查希兹在他的著作中有着很强的个性，他的作品是把学到的知识经过消化后，用他自己的风格和语言写成的。伊本·古太白虽博学多才，但学问中没有鲜明的个性。据笔者看，伊本·古太白知道的东西很多，也收集了大量的材料，并写了很多部书。在这方面可能与查希兹不分伯仲。我们手中现有的他的作品，证明他是一位带有文学家气质的学者。他广涉博览，对语言、语法、文学、诗歌、圣训、教法、历史和教派无一不知，无一不晓。然而，他只是熟知他收集的材料，并从中选择了他所需要的内容，但在收集时并没有显出他的个性。当他企图表现自己的个性时，就会出现混乱现象，如他在谈到舒欧比亚(多民族主义)问题时，就显得前后矛盾、自食其言。《罕世璎珞》的作者也发现了这一点。

查希兹的另一个特点是，他写的一切作品都触及到了当时的社会生活，并且有一定的深度。他会毫无难色地把一个奴隶作为典范；他谈论木匠、魔术师和牧羊人，并向他们学习学问或经验，而

且对这些学问或经验加以传述和评论。而伊本·古太白则不是这样,因为这种做法只有在像查希兹那样大手笔的人的手里才能成功。如果让伊本·古太白也那样做,一定会失败的。

总之,伊本·古太白学识渊博、著述丰厚,而且涉面极广。[①]但我们关心的是各种文化在他著作中的表现,《史事泉源》一书也许最能说明这一点。

《史事泉源》:这是一本文学选集。全书共分十部分,每部分各成一章,计有:《权势》、《战争》、《主权》、《本性》、《品行》、《学问、修辞与修行》、《兄弟》、《需要》、《食品》、《妇女》。

为了不使读者读起来乏味,伊本·古太白像查希兹那样也选用了一些笑料。他说:"我没有忘记使用趣闻、妙语、诙谐、笑料,使读者在紧张中得到休息。老是一种调子,就会令人耳腻心烦。"[②]尽管如此,伊本·古太白还是担心内容太严肃会受到批评。他对他的变通做法表示歉意,他还请求读者原谅他没能将书写成像圣训、教法那样肃穆。伊本·古太白认为书籍应教育人们行善禁恶。宗教感情和道德观念贯穿在他的作品之中,如讲尘世中的事,就要加上些修行者的劝善之言,就要提起世上的灾难与变迁,规劝人们弃恶行善,积德善报……

伊本·古太白在该书的编排与写作上刻意求新,确是有些独到之处。他很自豪地说:"我力求内容与形式的统一,历史与典故

① 关于伊本·古太白的生平及其作品请看《赌博与神签》的前言和《史事源泉》第四部分的绪言。

② 《史事泉源》,第1卷。

的一致，字与词的和谐，以为学子求知、研究者背诵提供方便。”[①] 伊本·古太白说，他将《本性》与《品行》放在《主权》一章之后，是因为二者的内容相近。伊本·古太白坚持这一原则，因此，很少出现那种离题千里、前后不搭界的情况。在这一点上，《史事泉源》要比《修辞与阐释》和《辞章集成》高出一筹。

伊本·古太白在书的卷首列出了该书材料的来源，他说，他向比他年长而且知识丰富的人学习；向他的朋友、兄弟学习；从波斯人的著作和历史中汲取营养；从书记官们的行文中学习语法、修辞，同时也不忽视向少年、向地位卑贱的小人、向愚蠢的女奴请教。他向非穆斯林求教也没有难色，他认为听多神教徒讲话，或接受对手的劝告并不会降低自己的身份。

由于《史事泉源》一书编排合理，故各种文化的融合在书中表现得最为清晰。伊本·古太白在讲某事时，总要辅之以相似的内容，故在谈到某种文化时，便要加进另一种文化的材料。例如，在谈到阿拉伯人有关“主权”的概念时，也要提到波斯人的看法，提到艾哈奈夫·本·盖斯等阿拉伯贵族的看法，以及印度人的看法。在谈到阿拉伯人对快乐的看法时，伊本·古太白说：古太白·本·穆斯林[②]问候索努·本·孟扎尔：何为快乐？答：美女、深宅和骏马。有人问阿卜杜勒·麦立克·本·艾赫泰姆：何为快乐？答：提高当权者的地位，打击敌人的气焰，美名永存。接着，又传述了波斯血统的法都勒·本·赛赫勒对快乐的看法：签署公文，令行禁

① 《史事泉源》，第1卷，“亚乌”章。

② 古太白·本·穆斯林（公元715年卒）：阿拉伯远征军将领，率领军队先后征服了河外地区、布哈拉、撒马尔罕等地。——译者

止。半波斯血统的艾布·努瓦斯是这样说的：

人生三乐：歌舞、美醇、酒友，

若无三乐，何谓人生。

伊本·古太白还引用了基督对其使徒讲的话："如果人们把你们当作头领，那你们就要成为尾巴。"接着，又引用了波斯人著作中的说法："自由人的标志是可以随心所欲。丢弃所厌恶的东西和得到封赏，是他们最喜欢的事。"然后，又传述了阿尔达希尔、伊本·穆加发、科斯洛埃斯等人的看法和主张……伊本·古太白按照查希兹的做法，罗列了阿拉伯人、波斯人、印度人的看法和言论。

伊本·古太白的著作也体现了我们以前说过的"势力范围"的提法。如果将《史事泉源》中的《权势》一章浏览一下的话，就会看到作者大量引用了波斯和印度观点，从而证明在这一章里，阿拉伯文学受到波斯和印度这两个民族的影响最大。我们还发现，在司法、律例、证言章节里，很少引用波斯和印度的说法，而是大量引证阿拉伯人的观点，引用伊斯兰律例。在谈到《修行》题目时，第一节几乎全都是传述犹太教和基督教的见解。在《食物》章里，有一节专门写水和饮料，引用的是医生的观点，有一节讲到肉类和其他食物的益处与害处，以及植物及其特点；此外，仿照查希兹的作法，写了有关动物的章节，并引用了亚里士多德等人的论断。希腊文化在这些章节里占有绝对的优势。

伊本·古太白是一位宗教人士，是逊尼派的领袖。他受过广泛的宗教文化的教育，他的宗教文化不仅仅是伊斯兰教文化，而且有犹太教文化和基督教文化。他读过《旧约》和《新约》，因此引证了其中许多经文。他还传述了瓦哈卜·本·穆奈海比的言论，并引用基督、达乌德和优素福的祈祷词；传述有关隐士的故事，并传述穆圣、直传弟子、再传弟子和穆斯林苦行者的言论。

总之，伊本·古太白的文化异常广泛，各种文化——世俗文化与宗教文化——的融合在他身上的表现是显而易见的。

艾布·哈尼法·迪奈瓦里　他是三位受到科学与文学、文化广泛教育的三位学者当中的一位，尽管他的名气没有其他两位大，但他的学问并不亚于他俩。

艾哈迈德·本·达乌德·本·旺德，生于迪奈瓦里，虽然都说他生于伊斯兰历三世纪二十年代，但没有人知道他出生的确切日期。[①] 他在库法向伊本·西基特[②]和伊本·西基特的父亲学习语法。伊斯兰历 235 年/公元 849 年，他在伊斯法罕观测过星相，并记录了观测结果。他大约卒于伊斯兰历 282 年/公元 895 年。

艾布·哈尼法·迪奈瓦里在各方面都有渊博的学识。在历史方面，我们手中有他的《历史长篇》，其中写有在其他历史书中鲜见的关于阿拉伯人与波斯人关系的资料。正如雅古特所说的，艾布·哈尼法是一位语言学家、语法学家、几何学家、星相学家、会计师、传述家，他所传述或讲述的内容真实可信。

他在修辞上的造诣可与查希兹媲美。人们对他俩谁更技高一筹，有不同的看法，逐去找艾布·赛德·斯拉菲论理。艾布·赛德说："艾布·哈尼法的语言更流畅；艾布·奥斯曼（查希兹）的语言更甜美；艾布·奥斯曼的词意悦耳，动人心弦；艾布·哈尼法的用

① 关于艾布·哈尼法·迪奈瓦里的生平，请看《伊斯兰百科全书》和《文学家辞典》。

② 伊本·西基特（公元 803—859？年）：语言和文学权威。——译者

词更华丽、更新奇,也更合乎阿拉伯人的口味。”[①]艾布·哈扬·陶希迪[②]把艾布·哈尼法列为受到人类和精灵一致称赞的三大学者——查希兹、艾布·哈尼发和艾布·宰德·巴里黑——之一,并形容他是罕见的人物之一,他将哲学家的智慧和阿拉伯人的表达才能集于一身,他在各方面都卓有建树。

的确,艾布·哈尼法所掌握的希腊和印度文化比他的两位朋友查希兹和伊本·古太白都要多。他的数学知识弥补了他俩的不足,他在天文学、算术、代数等学科方面的著述,以及他对印度数学的研究就证明了这一点。

艾布·哈尼法以描写植物著称,他在这方面的著述也许最能体现各种文化融合的特点,遗憾的是我们没有得到他的著作。但是,伊本·西达[③]在他的《专项分类词典》中、伊本·比塔尔[④]在他的《药物与食物词汇手册》中传述了很多他的论述。艾布·哈尼法并没有仅仅介绍阿拉伯植物,他还提到了在其他国家生长的植物。他收集了阿拉伯语言学家传述的植物,以及其他民族撰写的有关植物的材料。他还借助其修辞技巧,对各种植物做了恰如其分的描述。例如,他是这样描写薰衣草的:“它是一种带有长茎的草,叶小,花红,气味芬芳。其花与紫罗兰花相似。”艾布·哈尼法的描述

① 《文学家辞典》,第1卷,第124页。

② 艾布·哈扬·陶希迪(约公元1010年卒):苏非派哲学家、智者、贤人。——译者

③ 伊本·西达(公元1007—1066):安德鲁斯商人语言学家,词典编撰家。著有《精编词典》和《专项分类词典》。——译者

④ 伊本·比塔尔(公元1248年卒):安德鲁斯医生、植物学家。著有《药物与食物词汇手册》。——译者

很细致，并使用一些阿拉伯化的外来语……他了解各种植物在各地生长的不同习性，他能描述出各地大麦，如阿拉伯大麦，伊拉克大麦，埃塞俄比亚大麦的形状和特性。他还能描述一些没有阿拉伯名字的植物，如胡荽、小茴香等。他说：小茴香本不是阿拉伯国家出产的植物。他对各种植物有着广泛的研究和细致观察，他为确定植物的新旧名称奠定了基础。

艾布·哈尼法还写了一本关于飓风的书，但只限于阿拉伯人在这方面的知识。这从伊本·西达在其著作中传述的内容中可以证明这一点。

读者也许和我一样，认为阿拔斯王朝前期是一个熔化各种文化成分的大熔炉，或者是来自各条河渠、各处源头的水流的汇合处。学者们的学问代表了各种不同源流的文化。“山鹰与岩石的色彩一致”，“良马择种而聚”。学者们都在自由地驰骋，他们给我们留下了一笔包罗万象、五光十色的科学和文学财富。如蒙主佑，我们在下一章里将加以描述。

阿拔斯时代前期（公元749—868年）大事年表

公元	伊斯兰教纪元	重大事件
749.8.20	132	阿拔斯王朝建立 赛法哈任哈里发
753.7.7	136	艾布·加法尔·曼苏尔任哈里发
761.4.11	144?	阿慕尔·本·欧贝德卒
762.4.1	145?	伊本·穆加发被害
762.4.1	145	建巴格达城
765.2.27	148	加法尔·索底格卒
767.2.6	150	艾布·哈尼法卒
773.11.21	157	奥扎依卒
774.11.11	158	迈赫迪任哈里发
777.10.9	161	苏福扬·绍里和易卜拉欣·本·艾德海姆卒
781.8.26	165	达乌德·扎希尔卒
783.8.5	167	拜沙尔·本·布尔迪卒
785.7.14	169	哈迪任哈里发
786.7.3	170	哈伦·拉希德任哈里发
788.6.11	172	易德里斯王朝建立
795.3.27	179	马立克·本·艾奈斯卒
798.2.22	182	艾布·优素福卒
802.12.30	187	伯尔麦克事件
804.12.8	189	穆罕默德·本·哈桑卒
808.10.25	193	艾敏任哈里发
813.9.1	198	麦蒙任哈里发

815.8.11	200	麦阿鲁夫·卡尔赫卒
819.6.28	204	沙斐仪卒
823.5.16	208	艾布·欧贝德卒
827.4.2	212	麦蒙提出《〈古兰经〉被造说》
833.1.27	218	穆阿台绥姆任哈里发
834.1.16	219	从巴格达迁都萨马拉
840.10.31	226	艾布·胡戴里卒
833—848	218—234	《〈古兰经〉被造说》的灾难
841.10.21	227	瓦西格任哈里发
841.10.21	227	比什尔·哈裴卒
845.9.7	231	奈扎姆卒
846.8.28	232	穆台瓦基勒任哈里发
848.8.5	234	下令禁止《〈古兰经〉被造说》
854.6.2	240	艾哈迈德·本·艾比·达乌德卒
855.5.22	241	艾哈迈德·本·罕百里卒
857.4.30	243	哈里斯·穆哈西比卒
859.4.8	245	祖·努奈卒
861.3.17	247	孟台绥尔任哈里发
862.3.7	248	穆斯台因任哈里发
866.1.22	252	穆耳台兹任哈里发
868.1.1	255	穆海台迪任哈里发
868.1	255	查希兹卒